我们的节日

中国春节习俗的当代传承与变迁

春节文集

中国民间文艺家协会 编

冯骥才

中国文联出版社

图书在版编目（CIP）数据

中国春节习俗的当代传承与变迁：我们的节日·春节文集 / 中国民间文艺家协会编. -- 北京：中国文联出版社，2025. 1. -- ISBN 978-7-5190-5584-4

Ⅰ. K892.1

中国国家版本馆 CIP 数据核字第 2024QT6908 号

编　　者　中国民间文艺家协会
责任编辑　刘　丰
责任校对　秀点校对
封面设计　吉　辰

出版发行　中国文联出版社有限公司
社　　址　北京市朝阳区农展馆南里 10 号　　邮编　100125
电　　话　010-85923025（发行部）　010-85923091（总编室）
经　　销　全国新华书店等
印　　刷　北京顶佳世纪印刷有限公司

开　　本　710 毫米 ×1000 毫米　1/16
印　　张　32
字　　数　508 千字
版　　次　2025 年 1 月第 1 版第 1 次印刷
定　　价　98.00 元

编委会

2023 年 2 月 3 日至 6 日，“我们的节日——2023 中国 · 隆化元宵节民俗展演暨庙会文化座谈会”在河北省隆化县举行（杨尚志拍摄）

我们的节日——2023中国·隆化
暨“助力乡村振兴　承德温

我们的节日——2023中国·隆化元宵节民俗展演
暨“助力乡村振兴　承德温泉康养”活动
启动仪式

轿

启动仪

2023 年 2 月 4 日至 7 日，我们的节日——2023 中国元宵节俗座谈会暨宣恩元宵节俗考察活动在湖北省恩施土家族苗族自治州宣恩县举行

（吴京男拍摄）

八方财宝进家门

2023 年 2 月 5 日至 8 日，“我们的节日·潮汕传统节日文化调研交流活动”在广东省潮汕地区成功举办

（高寒拍摄）

老玉春香木偶劇團
風調

老醉香園木偶班
風調雨順
國泰民安

2024 年 2 月 19 日至 23 日，“我们的节日 · 2024 广东湛江年例民俗调研交流活动”在广东湛江举办

（邓立峰拍摄）

CoCo

东湛江年
的领导专家

2024 年 2 月 24 日至 27 日，“我们的节日——2024 井陉民间文艺展演暨‘文化乡建’调研交流活动”在河北井陉举办（杨尚志拍摄）

核桃园

目录

1

中华民族多元一体视角下的隆化元宵节民俗

赵世瑜

北京大学教授，中国民间文艺家协会副主席

由中宣部、中央文明办等部门启动的“我们的节日”主题活动到现在已经快20年了，从2010年上述部门发布深化这项主题活动的方案，也已10年过去了。随着各地政府部门的大力支持和普通民众的积极参与，它已经成为全国各地节日文化活动的著名品牌。

短短一天半的时间里，我们欣赏了河北省承德市隆化县章吉营乡和蓝旗镇少府村的花会，参观了县民族博物馆的文物展和民间艺术展，既感受到了年味、体验到了隆化非遗项目的精湛，更感受到了隆化百姓蓬勃向上的精气神和对美好生活的向往。

隆化元宵节的花会是丰富多彩的，既体现了中国北方花会表演的许多共性，比如高跷、旱船、小车、秧歌等，各乡镇村落又都有自己的特色，比如我们看到的“二鬼摔跤”“八大怪”等。民国《隆化县志》卷三记载：“上元节自十三至十六，共四日。城镇居民咸结灯彩，放花炮，演戏剧，或为龙灯及诸色行会。谓为一年中最乐之时。”说明隆化的元宵花会有着长期的传统。

隆化在清宣统二年（1910）才设县，清代属于承德府，金元时期属兴州，明初设兴州卫，后内迁入关，所以关内的河北、山东、山西等地有了“小兴州移民”的传说，属于“中国八大移民传说”之一，此后这一地区就为内蒙古朵颜三卫的居住地。在清代，除了八旗旗地之外，还有内蒙古巴林右旗的旗地，就是后来隆化的皇姑屯。上午去的少府村在清代是四旗厅的辖地，包括了察哈尔内蒙古正白、镶白、正蓝、镶黄等四个蒙旗，后来划入隆化的是正蓝和正白这两个旗。

距这里170公里的塞罕坝，也即拜察山，是直隶和内蒙古的界山，所以在明清的大部分时期，这里主要是内蒙古和满洲的文化传统。由于隆化是清朝皇帝从避暑山庄到木兰围场的必经之路，所以其境内有6座行宫，蒙古王公也曾到行宫来朝觐清朝皇帝。这都说明隆化的民间文化传统是与国家的许多重大历史事件相关的，是中华民族多元一体的建构过程的缩影。

民国《隆化县志》中也记载说:“隆化昔近蒙古荒漠，少人烟。清初始渐开辟，居民十九由山东、山西、直隶三省迁来，故礼俗、言语、谋生之道与口内大同小异。”这说明自明初的“小兴州移民”之后，到清代又经历了一次反向的人口迁移。这说明在长城内外存在着经常性的文化互动，长城内外互为故乡。像山西洪洞的大槐树、广东韶关南雄的珠玑巷、江西鄱阳的瓦屑坝、湖北麻城等早已先后打造了移民文化之乡的品牌，隆化作为一个明朝和清朝双向迁移的历史地标，在中国八大移民传说中是唯一的。我们完全可以在这个问题上也做做文章，可以设计长城内外的寻根问祖之旅，彰显“长城内外皆故乡”的精神。

同时，无论是在隆化的宫廷文化还是民间文化中，都既有汉族的文化标识，也有蒙古族、满族的文化特色，呈现出你中有我、我中有你的特点，这需要我们的文化工作者深入挖掘，认真论证。以刚才提到的“二鬼摔跤”为例，这是隆化的国家级非遗。在河北、山东、山西等地都有这个表演，当然说到这个表演的来源，各地都会强调与本地的传统有关。比如，山西原平的说法是秦朝大将蒙恬为了对付匈奴骑兵，让士兵扎草人背在背上，穿上服装，引诱匈奴骑兵的刀砍在草人身上。山东邹平的说法是本地满族的花会行当，起源是为了纪念康熙捉鳌拜的“布库游戏”。这些说法都是与北方民族的摔跤传统有关的，北京天桥的撂跤也是传自八旗的善扑营，与内蒙古的“博客”也非常相似。所以“二鬼摔跤”是源自中原汉人的“相扑”还是草原民族的摔跤，还要分别深究。

有个细节是“二鬼摔跤”的面具或者假面。各地“二鬼摔跤”的面具有很多不同，但很多地方都不是“鬼脸”。我们需要去搜集一些老的用于“二鬼摔跤”的面具，或者是制作面具匠人保存的脸谱，看看过去的面具是什么样子。我怀疑这与藏传佛教的“打鬼”或者“跳布扎”有关系，只不过后者是由喇嘛戴着鬼面，有两人对舞，也有四人对舞。因为隆化也有“喇庙子”，就是喇嘛庙，承德的外八庙就更为人所知了。按《天咫偶闻》的记载，清代至民国京城喇嘛寺里举行“打鬼”仪式，东、西黄寺是在正月十三，东、西黑寺是在正月初十，雍和宫是在正月二十一，栴檀寺是在正月初六，这些与汉人的元宵节时间接近，所以这里有没有可能具有不同民族间的相互影响，至少是某种文化元素的借用？

承德地区在清代有八旗驻防，很多人来自京城，所以县志说本地“言语为京音”，对京城的文化传统很熟悉，蒙古人也信奉藏传佛教，清宫廷也很重视这种文化传统，所以在民间文化中吸收和渗透各自的元素在本地应该是很常见的，比如以承德为中心，再向周边各县传播扩散。有学者告诉我，乾隆皇帝在平定准噶尔之后对喇嘛庙里的“跳布扎”做了改造，加入了不同的形象，其中就有布袋和尚，所以我想，现在花会中的大头和尚是不是都是同一个来源，是否都来自“大头和尚度柳翠”的故事？还是有可能是一种合流？另外，乾隆皇帝改造了跳布扎之后，就把这种钦定的形式重点推广到承德、伊犁、金川、后藏，还让兵部做了新的面具、行头，送到这些地方，相信这一定对这些地方的文化传统产生了影响，经历了一个由民间到国家，再由国家到民间的互动过程。因为“跳布扎”是一种公开的、面向大众的仪式活动，不知道今天在隆化或承德地区还有没有遗存。

再比如，与皇姑屯有关的娘娘庙会“八大怪”，是省级非遗。据说它本来是一种祭河的仪式活动，后来也在正月十三的节日期间展演，据说是为了祈求伊逊河河水不要泛滥成灾，保佑丰收。这个活动又被称为“皇会”，传说是和康熙皇帝把公主下嫁给蒙古王公有关。除了祭河以外，这个会后来也去几个主要的庙，包括去我们看过的火神庙拜庙。按民国《隆化县志》的说法，隆化“地处数山间，而山占十之六，水占十之一，故可耕之地只有十之三，则下地又居其半”。因为天气寒冷，每年农作物只是一熟。到民国初年，隆化的粮食作物每年只有50多万石，其中只有十分之三用于自食，清代的情况可想而知。所以这个祭河仪式与农业生产的关系需要再考察。

“八大怪”据说是郝姓大商人创办的，因为直到清末，隆化社会上还很少使用货币，主要是以物易物。另外，每年自产粮食除自食者外，“余皆由商家运售口内及转贷民间”，所以商人应该是很有势力的，这个项目与当时的商人、商业有什么关系，需要深究。据说“八大怪”的编创是受到戏曲《水漫金山寺》的启发，而在剧中各种水族是作为反抗者或者兴风作浪者的面目出现的，他们反抗的是以法海为代表的正统卫道士。直到现在“八大怪”也被老百姓称为“水怪”或者“王八精”“鲤鱼精”等，这个表演一开始是在村里，后来逐渐到了镇上，我们知道在传统庙会中会出现一些与日常统治秩序对立的表演，所以这项表演在清代晚期的节日文化中具有怎样的象征意义，还需要再研究。

还有一些例子我就不赘举了。我第一次到隆化来，很多情况都不熟悉，这两天看了一些表演，但没有做过深入的调研，所以很多想法只是猜测，只是把问题提出来。我想要表达的是，“我们的节日”主题活动只是一个符号，它本来是各地老百姓生活中的一部分，所谓“我们的节日”就是老百姓的节日，就是人民的节日。过去皇帝还会说元宵期间“与民同乐”“金吾不禁”。前者是说节日的欢乐气氛是老百姓创造出来的，我们只是跟着沾光；后者是说我们要做的就是为这种气氛提供条件，不要限制，而要支持和保护。这种支持和保护，就是要在创造性转化和创新性发展的同时，保持原生态的元素，尊重百姓的传统。所谓庙会，就是以庙为中心，就像隆化的火神庙会这样。从 20 世纪 90 年代开始，我在许多地方就看到把各村各乡的社火队拉到城里的中心广场，像大会演。庙会不是大会演，也不是广场舞。隆化乡村里的社火队还保留着游走于大街小巷的传统，各户迎接的时候烧香放炮，这才能起到祝福家户安宁、邻里安康、万事顺遂的作用。

“我们的节日”的另一个象征意义，就是指它是共享的：“我们的”不是“我的”，是大家的，就是费孝通先生强调的“美美与共”，也是今天讲的“和谐社会”。隆化有超过一半的少数民族人口，其中又以满族、蒙古族为多，其余汉族人口，也大多是近二三百年里从各地前来的，所以具有文化的多样性。过去隆化有很多庙会活动，庙会是做什么的？从表面上看是在经济上互通有无，民国《隆化县志》记载皇姑屯、郭家屯、张三营庙会的时候，“行商云集，乡民空村而赴”。但在本质上，这些庙会就是一个个文化整合的空间，不同来源的人在这里发生了联系，展示了各自的文化传统，加深了相互间的了解和认同。前面说到的两个项目都是非遗，什么是“遗产”？就是老祖宗留下来的东西。如果老祖宗的东西都被改造得面目全非了，那还是“遗产”吗？那只能算是“文创”。所以，我们要把“文化遗产”和“文化创意产品”区分开来。前者是后者的源泉，后者是前者的发展，二者缺一不可。前面说过，隆化境内曾有 6 个清代皇帝的行宫，现在很少有人提了，但看看隆化的民间传说和故事，一大半都与康熙和乾隆有关。隆化的少数民族人口占多数，我们发掘出来加以保护的各类文化遗产能达到这个比例吗？所以，发掘和展示我们的地方特色、民族特色，并不是在强化差异，而是通过“各美其美，美人之美”，达到“美美与共”。

2

元宵节关键要素的文化意义

林继富

中央民族大学教授，中国民间文艺家协会副主席

作为超越民族和地域的元宵节早在西汉时期就有记录，相传汉武帝正月上辛夜在甘泉宫举行祭祀“太一”活动，成为元宵节祭祀仪式发生的先声。隋唐时期有关元宵节的传说及围绕这些传说和当时的社会风俗、时代愿景等形成的元宵节民俗、民间生活文化就已有很多。至宋代，随着城市经济繁荣和市民阶层崛起，元宵节作为寄寓团圆、丰收、幸福等众多美好情感与愿望的生活传统成为极具中国特色的传统节日内容，包含了许多关键要素，以及由此彰显出来的内涵要旨。

一、“灯”与“火”的关系

元宵节是“年”的一部分，是“送年”的仪式，且以“灯”为核心的传统生活。从历史和现实来看，元宵节是“过年”的一部分。“过年”作为时段，每天均有不同仪式活动和生活安排，因此，“过年”是充满节奏的生活，也是张弛有度的传统实践。当“过年”进入正月十二“点丁日”时，就是“试灯”，由此进入元宵节的时间阈内，围绕“灯”形成了元宵节的“灯”及其仪式，比如“十三试灯，十四起灯，十五正灯，十六圆灯”等，这些构成了相对完整的仪式生活和仪式传统体系。民间流传有“年小月半大”的说法，元宵节掀起了“过年”的高潮，民众走出户外举行最大、最热闹的聚会和交流，丰富的民俗表演、花枝招展的“采莲船”、奔腾苍劲的龙灯舞、欢快跳跃的瑞狮，热热闹闹“闹元宵”，告别“年”的仪式后，回归日常生活。

“元宵节”，也叫“过月半”，它与“过年”具有同样的意义，这里的“过”就是跨过的意思，就是跨过“年”的所有仪式，是“过年”活动的结束。于是，在正月十五的“月半”时间点上，进入“新年”的一个“阈限”期，就是正月十五的系列活动，尤其是以“灯”为核心的各类文化活动。

元宵节的所有活动均以“灯”为中心，采用“闹”的方式，诸如玩龙灯、花灯，以及各类祭祀活动。这些活动是集体性的、村落性的，是人们在新的一年最大规模的集体活动，以集体的形式实现“阈限”的生活秩序、社会秩序的调整。这与大年三十围绕火塘边“守岁”，以家庭为单位、封闭式形成祭祀性、团聚性的活动对比，正月十五的元宵节的热闹、红火，当然也带有祈愿性质，这些均说明了“年”的结束，也意味着新年的生活行为和生产活动走向了正常化。

二、家庭与社会的关系

相比于除夕夜以家庭为单位的封闭性、自足性活动，一家人围坐在一起包饺子，吃团圆饭守岁，元宵节则是人们重新从家庭走向社会，进行各种社会交往活动的开放性、社会性节日。

在中国传统社会，元宵节期间，人们就开始走出家庭，此时人与人交流互动，各类以集体为单位的民间文艺活动也在民众中开展起来，大家在一起娱乐，男女相遇，充满了浓浓的情感。南宋词人辛弃疾的《青玉案·元夕》描写了临安元宵夜满城灯火、士民同乐的景象：“东风夜放花千树。更吹落、星如雨。宝马雕车香满路。凤箫声动，玉壶光转，一夜鱼龙舞。蛾儿雪柳黄金缕。笑语盈盈暗香去。众里寻他千百度。蓦然回首，那人却在，灯火阑珊处。”

元宵节主要活动是娱乐，但其社会文化意义却不仅仅是娱乐。正月十五还有很多在户外的集体性质的信仰活动，以祈求神灵保佑。正月十五在很多地方均有“走百病”的习俗，有的地方也叫“散百病”“走桥”等，这是消灾祈健康的活动。元宵节晚上妇女相约出游，结伴而行，见桥必过，认为这样能祛病延年。近现代以来，各地元宵节增加舞龙、舞狮、踩高跷、划旱船、扭秧歌、打太平鼓等游艺活动，这些游艺活动是娱乐性的狂欢，更是人际互动、共贺佳节的社会文化交流。元宵节以它独有的“狂欢”打破了传统社会文化结构，在开放性的社会生活中建立新的社会秩序和生活秩序，人们走出了阖家团聚的过年模式，走入了普天同庆、全民参与的狂欢，在充满生活气息的热烈氛围中迎来新春、重归日常。

三、男性与女性的关系

除夕是以男性为主的活动，祭祀祖先和团年饭都由家里的男性长辈主持；元宵节则是以女性为主的活动，女性不仅主持祭祀活动，而且在社会活动中也可以自由活动。

元宵节有很多占验活动，尤其是特殊的“迎姊姑”习俗。唐代李商隐曾在《观灯行乐》中写道：“月色灯山满帝都，香车宝盖隘通衢。身闲不睹中兴盛，羞逐乡人赛紫姑。”就是写的唐代“正月十五”观灯、请紫姑的习俗。民国时期黑龙江《双城县志》记载：“正月十五夜，妇女请姑姑神，卜问本年一切休咎。”这个习俗是正月十五重要的习俗，主要是女性参加，女性在一起占卜当年的年成、家庭健康等，这些似乎在告诉我们正月十五是一年的开始。大年三十的活动以家庭的男性为主，正月十五的活动则是以女性为主，这种阴阳配合严整而默契，显示出孕育万物复苏来临时期女性的重要性，尽管我们说这里面有某种巫术的行为，但是正好映照了物候和农耕生产的自然规律。

受封建礼教束缚，传统社会的青年女性往往“养在深闺人未识”。据《西京杂记》载：“西都京城街衢，有金吾晓瞑传呼，以禁夜行。唯正月十五夜，敕许金吾弛禁，前后各一日。”元宵三日，宵禁解除，唯有在元宵节，女性才得享纵情自由、结识异性的机会。“游伎皆秾李，行歌尽落梅”（苏味道《正月十五夜》），“月上柳梢头，人约黄昏后”（欧阳修《生查子·元夕》），“满街珠翠游村女，沸地笙歌赛社神”（唐寅《元宵》），这些元宵诗篇再现了传统社会年轻女性暂时摆脱礼教规训，元宵出游、邂逅爱情的绰约风姿。

与“女不祀灶”相对，元宵节迎“紫姑”“女性群游”的节日习俗，在春节的特殊时间阈限内形成了男女平衡、阴阳调和的社会性别文化结构，元宵夜女性走出“私人领域”，进入社会“公共空间”，享受理想生活中的自由与平等。

“元宵节”记录了中华民族的历史发展和多民族文化交往交融的社会生活。元宵节中关于“灯”的习俗就与佛教有一定关系，汉明帝为了弘扬佛法，下令每年正月十五在宫中和寺院“燃灯表佛”。唐代道教“三元”观念影响元宵节，以及元宵节中记录的与各类历史人物有关的传说故事等，这些均是中国社会历史进程中的事件和人物附会在元宵节之上的，也记录了元宵节的发展历程。更为重要的是，中华民族的“元宵节”具有地方性和民族性，这些意味着元宵节具有穿越民族与地方的文化力量，意涵了元宵节具有的包容性和适应性，展现出元宵节的价值具有普遍性的意义。元宵节凝聚中华民族文化认同，在中华儿女心中有着与众不同的生活地位和情感地位。

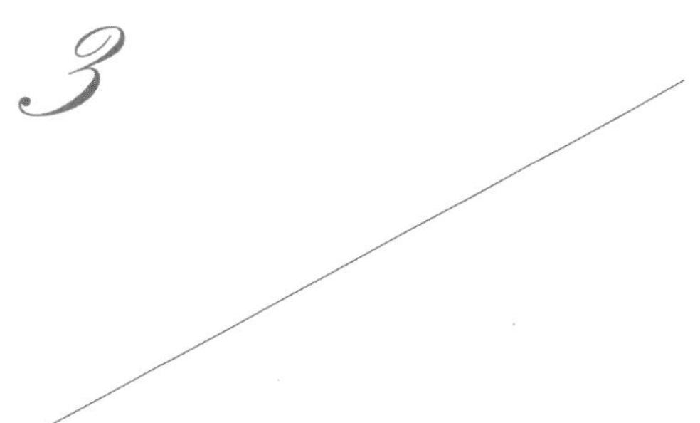

传统节日的传承与新变

——山西襄汾春节民俗调研报告

毛巧晖

中国社会科学院民族文学研究所研究员、博士生导师

柴书毓

山西师范大学文学院讲师

岁时节日是古代民众依照自然规律在长期的生产生活中形成的一种经验化的时间制度，通常反映出农业社会的生产周期、宗教信仰和文化习俗，是一个国家或民族时间制度的重要组成部分。作为我国宝贵的文化遗产，春节是历史的传承沿袭与现实的生动演绎相统一，是传统节日中最隆重的一个节日。春节因其持续时间长、节日内容丰富，“不是一个‘节日’的单元时间，而是一个‘节期’的系列时段”[①]，这一系列时段包含民众迎神、祭祖、交往等活动，承载着一个地方的民情风尚，多方位展示出民众的精神世界与物质世界，具有广泛意义上的公共性，在日常生活意义上为公众所认同和享有[②]，是具有中华民族标识性的传统节日，在建构民众日常生活世界和民族国家文化体系方面发挥着重要作用[③]。2006 年 5 月 20 日，“春节”民俗经国务院批准被列入第一批国家级非物质文化遗产名录。

伴随着现代化进程的快速发展，春节民俗在适应现代生活节奏的过程中，其发展和演变受到一定的影响，但春节作为中国最隆重且富有特色的传统节日的地位并没有改变。一方面，传统的春节习俗得到了保护和传承。在春节期间，人们仍然会进行一些传统的庆祝活动，如贴春联、放鞭炮、拜年、吃团圆饭等。这些传统习俗是春节文化的重要组成部分，也是中华优秀传统文化的重要代表。政府和社会各界也在加强对传统文化的保护和传承，通过各种方式宣传和弘扬春节文化，让更多的人了解和参与到春节的庆祝活动中来。另一方面，春节也在不断发展和创新。伴随着社会

① 乌丙安:《中国春节传统行事：祭典与庆典的严密组合》，载《非物质文化遗产保护理论与方法》，文化艺术出版社 2016 年版，第 93 页。

② 参见毛巧晖《乡村振兴战略背景下民俗节日的传承发展》，《中国非物质文化遗产》2021 年第 2 期。

③ 参见张士闪、李海云《春节文化的价值传承与形式创新——以“好客山东贺年会”为核心个案》，载李松、张士闪《节日研究》第 3 辑，山东大学出版社 2011 年版，第 67—76 页。

的现代化和人们生活方式的改变，春节的庆祝方式也在不断变化和创新。例如，越来越多的人开始通过手机和互联网发送祝福和拜年信息，传统的拜年方式也因为人们生活方式的改变而有所简化。此外，春节期间也出现了许多新的庆祝方式，如旅游过年、看电影过年等。这些新的庆祝方式反映了人们生活方式的改变和对于春节庆祝方式的多元化需求。

笔者选择山西省襄汾县2024年春节作为调研案例，主要有以下原因：一是襄汾县是人类起源、国家起源和三晋文化的重要承载地，历史悠久、文化底蕴深厚，襄汾县位于黄河流域中游地区，汾河和浍河交流的河谷地带，1954年由原襄陵、汾城（原名太平）两县合并而成，土地肥沃，宜种粮棉，是典型的农耕文化区，有“金襄陵，银太平”之说。丁村文化遗址的发掘彰显出10万年前丁村古人“黄种人”的文化血脉，陶寺龙山文化遗址则印证4000多年前的帝尧在此开创“最早中国”，当地春节元素中也融入这一地方文化。二是本次调研以襄汾地区村落为主，襄汾县境内村落大多为汉民族文化特征的农业村落，地方文献充分记录了这片土地民风民俗特点，《民国襄陵县新志》记载：“襄陵，晋魏旧地，陶唐遗风，勤俭力穑，敦本思深，士有儒雅之习，民获盈宁之庆。”[①]《道光太平县志》载：“太平，古唐虞畿内地，人尚淳朴……男务畎亩，女务织纺。”[②]春节习俗在以农业生产为主的村落表现出鲜明的地域性，扎根襄汾村落的春节生活，观察在现代化语境下这些村落春节习俗何以呈现，对于理解农业村落传统习俗传承演变具有一定价值。三是笔者作为山西襄汾人，生长于斯，经历从幼时到成年对于春节长时段的身体经验，且能够实现从方言到情感的无障碍沟通，可以更为深刻地感受自己家乡春节习俗的变迁。正如刘铁梁强调要发现春节中鲜活的个人体验[③]，这也是对节日本土化研究的进一步深化。基于此，笔者以参与观察为主，通过口述访谈、田野实录和文献整理

① 《中国地方志集成·山西府县志辑·民国襄陵县新志》，凤凰出版社、上海书店、巴蜀书社2005年版，第33页。

② 《中国地方志集成·山西府县志辑·道光太平县志（一）》，凤凰出版社、上海书店、巴蜀书社2005年版，第292页。

③ 参见刘铁梁《社会发展与春节文化》，《山东社会科学》2012年第1期。

的方法，勾勒出襄汾村落民众春节生活的真实现状，尝试通过以小见大的方式，把握春节习俗在现代语境下的存续特征，挖掘襄汾地区春节习俗的文化内涵并弘扬其中的人文精神。

一、除旧与备新：年前二重奏

节日虽稠，春节为首。春节俗称“过年”，是一年内历时最长、仪式最为繁多的节日。从社会学角度看，传统节日文化是被“嵌入”在社会结构中，以春节为代表的传统节日源于农业社会，并有儒家文化支撑[①]，集中呈现出民众生活的多元化内涵，是平衡人们物质生活与精神生活的重要纽带。传统意义上的春节是指从腊月初八的腊祭或腊月二十三的祭灶，一直到正月十五甚至二月初二，其中以除夕和正月初一为高潮。春节前为准备阶段，春节后为庆贺阶段，总体而言，过年的起止时间具有弹性和选择性[②]，民间有“忙腊月，闹正月，拖拖拉拉到二月”的说法。襄汾地区曾流传儿歌：“二十三，爷（ya）上天；二十四，扫房子；二十五，磨豆腐；二十六，杀猪鸡；二十七，买炮去（qi）；二十八，蒸枣花（馍）；二十九，城里走；三十，扫院子；初一，打蛋子（一种游戏）。”为过好这一节日，自年末腊月二十三，人们就开始为过节准备起来。

腊月二十三，是送灶王的日子，又有“过小年”的说法。民谚：“腊月二十三，灶爷上了天，先生放了学，学生出了监。”“出监”好比犯人被释放，就是放寒假，即表达盼望、等待过年的急切心情和欢乐情绪。《敬灶全书·灶王经》中将灶神说成是一位女性老母，“管人住宅十二时辰，普知人间之事。每月朔旦，记人诸善恶及其功德，录其轻重，夜半奏上天尊，定其簿书，悉是此母也”[③]。后来发展成既有灶君爷，又有灶君奶奶之

① 参见毛巧晖《传统节日文化的当代传承》，载王加华《节日研究》第14辑，山东大学出版社2019年版，第340—343页。

② 参见高丙中《作为一个过渡礼仪的两个庆典——对元旦与春节关系的表述》，《中国人民大学学报》2007年第1期。

③ 栾保群：《中国神谱》，天津人民出版社2009年版，第144页。

说。民间传说，灶君等上天专门告人间罪恶，一日被告，大罪要减寿三百天，小罪要减寿一百天。《太上感应篇》里又有“司命随其轻重，夺其纪算”[①]的记述。司命即指灶君，“算”为一百天，“纪”指十二年。在这里，重罪判罚又增加到减寿十二年了。所以在祭灶时，要打点一下灶君，求其高抬贵手。襄汾地区村落农户家的灶君神像，通常贴在锅灶旁边正对风匣的墙壁上，多由家庭妇女从集市上购买。灶君神像两侧配联多为“上天言好事，下界保平安”或“上天言好事，下界降吉祥”，横批“一家之主”。神像上方有“二十四节气歌”，两侧为“逢凶化吉”“遇难呈祥”字眼，并饰祥云、龙等图案；中间是灶君夫妇神像，上书“灶君府”，两侧绘八仙，下方亦绘灶君像，左右两侧各站立手持“招财童子”“利市仙官”的仙人像，角落左右分别绘鸡、狗。在地方民众观念中，灶君有三个职责：一是管家庭和睦；二是管食品安全；三是保家人平安，解除病祸。他平时躲在厨房中，观看和记录人们日常生活中有无浪费粮食、勤劳孝顺与否等。传说每年的腊月二十三到正月初一，升天与返回人间的这几天，是灶神汇报此家善恶、功过的时间，人们怕灶王爷到天上说自家的不是，就供献用饴糖做的糖瓜，想黏住灶王爷的嘴，用意是让灶神“上天言好事，下界降吉祥”。襄汾流传民歌《祭灶歌谣》：

> 灶爷爷，你听着，伙房里你见天眊（mao）着过，
> 我顿顿省吃又俭喝，抛米撒面是一时错，
> 炉窝里肮脏是娃里多，你老人家可得担待着。
> 这糖瓜你吃不了全拿上（shuo），捎给玉皇爷尝一尝（shuo）。
> 我这里与你把头磕，上天千万予我把好话说。
> 初一你早点回来别耽搁，到咱家吃我蒸下的枣山馍。[②]

《三媳妇打灶君》：

---

① 冯国超：《太上感应篇》，吉林人民出版社 2005 年版，第 17 页。

② 来源：襄汾丁村民俗博物馆丁村民俗陈列馆。

媳妇：初三十三二十三，家家户户迎新年，人家过年啥都有，咱没有银子又没钱……眼看明天三十日，谁家不把门神贴！

男唱：门神小来灶爷大，有啥来了咱不怕。

媳妇：说什么小来说什么大，说什么害怕不害怕，气不过我把灶君打，没饭吃他也不管咱！①

《祭灶歌》：

灶爷爷，一身青，骑白马，跨金蹬，黑天半夜上天空。
二十三，爷上天，说好事，道好言，初一回来好过年。
马驮金，驴驮银，骡子驮的聚宝盆，全都驮到我家门。②

这些祭灶歌具有鲜明的功利色彩，意在表达民众祈愿灶君上天后，向玉皇大帝隐恶扬善，说好事、言好言。同时，也描绘出灶君“一身青，骑白马，跨金蹬”的形象，反映出襄汾地区燕枣山馍的春节习俗。

祭灶仪式是推进春节节奏的重要象征，一般在黄昏举行，民众俗话说是“打发灶王爷上天”。在襄汾地区村落中通常由家中年长女性祭灶，打破了“男不拜月，女不祭灶”的说法。通常面朝灶王，焚香三炷，斟酒三杯，跪拜祷告。祷告词多是“灶王爷你去天宫时，好话多说，坏话不提，下界多带五谷杂粮”③，当晚，把灶君纸牌位烧于灶内，从烟筒里上天。屋外鞭炮齐鸣，以示欢送灶王上天。

过了小年村民就开始投入新年的准备中了，各类准备事宜的时间不固定，多根据自家情况自由安排。大扫除是其中一项，即“除尘”，襄汾地区村落中多称“扫挂”，腊月二十四到二十八这几天都有打扫的民众。年

---

① 杨迎祺：《临汾民俗》，山西人民出版社 2006 年版，第 137 页。

② 来源：襄汾丁村民俗博物馆丁村民俗陈列馆。

③ 受访者：李姓村民，访谈人：柴书毓，访谈时间：2024 年 1 月 29 日，访谈地点：襄汾县襄陵镇黄崖村。

前的大扫除与往日不同，是要把所有的房间、厨房、庭院、厕所、墙壁、街道彻底清扫干净，清理杂物，再把被罩、窗帘、衣物、餐具器皿清洗干净。“扫挂”有三层含义：第一，把过去一年的“穷运”“陋习”“晦气”扫出家门，迎接新的一年；第二，干净过年，迎春纳福；第三，亲朋好友相聚，留下勤劳卫生的好印象。在个人卫生方面，人们多染发、烫发、焗油，尤其是妇女，多结伴去理发店烫时兴发型。

买肉也是襄汾地区民众年前的一项准备工作，包括猪肉、羊肉、牛肉、羊杂以及鸡、鱼。就农村而言，多在村里喂养猪、牛、羊的家户中直接购买，或者几户熟识人家共分一只猪（或羊），杀猪宰羊当天，也有村民拿着盆接血，定成血块，或炒或煮。于村人而言，谁家的猪羊喂养得好、肉质香，稍打听一下，即可购买到称心的肉。

晋南是粮棉生产地，面食在民众日常生活中占据重要地位，蒸馍、炸各色面食是年前必不可少的一项内容。蒸馍不仅是蒸日常吃的馒头，还要蒸用于年节祭祀的礼馍，即用枣糕馍垒起来的枣山馍。枣糕馍，即以面围枣呈圆形，黏结在一起，层层叠叠，垒成“山”字形状，最上面有一顶，为馒头上点缀一枣，枣红面白，交错其中。枣糕馍的数量以家中供奉神灵数量为基准，以笔者调研的襄汾县襄陵镇黄崖村柴家为例，其家中共供奉10位神灵，除天地神需供奉10个枣糕馍外，其余神灵前至少供奉2个枣糕馍。此外，还要多蒸些用于馈赠亲朋或自家吃的枣糕馍。黄崖村内还有破五之内不蒸馍的习俗，所以正月初一至初五主食馍要在年前蒸好。襄汾民歌《祭灶歌谣》中唱道：“初一你早点回来别耽搁，到咱家吃我蒸下的枣山馍。”《三媳妇打灶君》里面也唱道：“眼看三两天二十七，家家户户把馍捏”，即在说明当地民众蒸年馍的习俗。炸各色面食和肉类也是准备春节食物的重要环节，襄汾民众俗称“搭油锅”，炸麻花、馓子、车轮、油糕、酥肉、豆腐、红薯等食品，以备正月招待亲朋。制作馓子要用油、鸡蛋来和面，这样炸出来的馓子才酥脆；车轮为圆圈状，多用糖稀和油来和面，甜而不腻；油糕为圆形或饺子状，外皮由黍米加油蒸熟而成，内包白糖或红豆。蒸枣糕馍和搭油锅非一人之力可完成，通常邻里互相帮忙。“一家蒸花馍，四邻来帮忙”，这往往是村中女性一展灵巧手艺的大好机会。

二十七折柏叶，多在街道两侧或山上砍些柏树叶，于正月初一祭拜天地神时用。二十八还要清扫灶位贴灶王爷神像，以待除夕烧香设祭请灶王君回来。

腊月三十除夕这天，男性要把院子打扫干净，垃圾扔掉，布置一番，在大门、房门上贴春联。关于贴春联也有讲究，一是本年有家人过世的家庭两年内不贴红色春联，家人过世第一年不贴春联，第二年贴黄色春联，其内容也多为“佳节寄哀思”，表达对逝者的思念之情，第三年开始换成红色春联；二是基督教教徒家中所贴春联多为感谢“主”之类的内容。[①] 除了贴春联，大门中间也要贴门神，多为秦叔宝和尉迟恭两位将军形象。内外照壁上、院子里空旷的墙壁上贴大红福字，在大门上挂灯笼。女性收拾屋内、整理家中供奉神灵的神位、收拾新衣服、包除夕和初一早上吃的饺子，有集市的村中村民还要赶本年最后一个集市。在笔者调研的黄崖村柴家，年三十的神圣时刻莫过于年长女性为家中供奉的神祇书写、张贴神位，除在院中供奉的天地众神、佗老爷（华佗）、九天仙和土地神外，供奉在室内的神祇需要在红纸上用毛笔书写“供奉 ×× 神灵之位”，折成灵牌式样，背面粘在硬纸板上，替换掉使用了一年的神位，并将神位处擦拭干净。香炉、烛台放好位置，香炉内的沙灰要清理，将一年来未烧尽的香圪节全部筛去，留下干净的沙灰，以备接神、敬神时能够顺利地将香插上。

腊月三十的集市是人们为春节做准备的最后一站。黄崖村腊月三十的集市上依旧人来人往，摊位从村中主街道一直外延到村牌楼两侧公路，有200 余个大小摊位。相较于除腊月外其他时候以售卖农副产品为主的集市，腊月二十三之后的集市售卖产品则以年货为主，如对联年画香表老皇历类、碗筷器具类、瓜子花生糖果类、水果类、鱼肉类、蔬菜类、调料类、床单被罩类、衣服鞋类、茶叶类等近几十种，俨然春节年货大型交易场所。黄崖村集市逢三、六、十，逢十为大集，与周边村落逢集时间交错，也是周边村落中较大的集市，赶集人群以本村为主，辐射周边南新店村、

① 笔者调研的襄汾县襄陵镇黄崖村，村中有保留完好的清代教堂，村内有信教村民，春节期间多在教堂做礼拜，不进行家中祭神等民俗活动。

北许村、南许村、北关村、西阳村、景村、薛村、浪泉村、南太柴村、北太柴村等村落。从某种意义上讲，腊月三十的集市为过年增添了热闹的气氛，将春节推向一个小高潮，既是经济交往范畴的贸易，也折射出村落春节生活的深层含义。

36 岁同龄人在汾河边“扔肉”也是襄汾地区民众在腊月底的一项祈福祛灾活动。晋南地区素有青年人在 36 岁人生节点祈福驱邪、积德行善的传统习俗。按照民间传统说法，36 岁被称为“克寿年”，该年 36 岁的同龄人大多都会凑钱建庙宇、放焰火并举行祈福仪式，希望自己 36 岁这一年平安顺遂。①“扔肉”时间通常在小年夜或除夕晚上十二点前，参与的同龄人往汾河中扔一小块生猪肉，扔完就走，路上不能和人说话。寓意丢掉霉运、迎来好运。

二、祀神、交往与娱乐：年节三重主题

春节是前后呼应、有着自己内在叙事的一整套仪式。②除夕子夜鞭炮声响起，迎接新旧更替时刻，春节正式拉开帷幕。在传统社会，襄汾地区初一这日即有燃柏枝、放鞭炮、祭祀、拜年等仪式活动。

《民国襄陵县新志》记载：

> 元旦夙兴，燔柏柴，放爆竹，陈牲醴、果羞，祀神、祀先；家人以次跪拜称寿毕，合家团饮。比明，则亲族邻友，各往来拜贺于其家（今县署各机关及士绅之家，多遵阳历，而乡人仍沿旧习）。③

---

① 参见柴书毓《乡村社会力量何以可为——基于晋南地区老年协会礼俗实践的考察》，《华中农业大学学报（社会科学版）》2021 年第 6 期。

② 参见耿波《仪式与距离：中国传统春节的社会组织意义与艺术性》，载王加华《节日研究》第 17 辑，山东大学出版社 2021 年版，第 3—19 页。

③ 《中国地方志集成 · 山西府县志辑 · 民国襄陵县新志》，凤凰出版社、上海书店、巴蜀书社 2005 年版，第 34 页。

《道光太平县志》记载：

> 除夕，扫舍宇，易门神、桃符，修岁事。老幼团饮，名曰守岁。①
>
> “元旦”，祀神及先祖，悬灯、爆竹、燃柏叶。亲党拜，置柏酒为贺，月终乃止。②

从地方志的记载来看，“春节凝结着中国人的伦理情感、生命意识、审美情趣与宗教情怀，年节仪式是民俗文化传统的集中展示”③。于当下襄汾地区村落而言，正月初一的活动相较传统社会，简化了许多，例如烧柏枝习俗逐渐在一些家户中消失，接神时间由子时也逐渐时间不一，祭神活动在一些传统家庭中依旧被保留。此外，在这一日人们的休闲娱乐活动有所增加。

（一）接神、祭神与拜年：延续的传统

春节既是人们世俗生活中最重要的节庆之一，也是祀神祭祖活动最为密集的时段之一，是人神共度的节日。④正月初一清晨五点到八点，是大多家户接神、祭祀众神的时间。凡是与民众生活密切相关的神祇，无论是出于功利心态还是内心信仰，民众都会祭祀。以笔者调研的黄崖村柴家为例，家中供奉神灵多达十位：天地众神、祖先神、灶王爷、土地神、财神、佗老爷、九天仙、全家安神、福神、狐仙，初一清晨五点，由家中老年妇女带领全家人进行“接神”仪式。其中，天地众神、土地神、佗老爷

---

① 《中国地方志集成·山西府县志辑·道光太平县志（一）》，凤凰出版社、上海书店、巴蜀书社 2005 年版，第 294 页。

② 《中国地方志集成·山西府县志辑·道光太平县志（一）》，凤凰出版社、上海书店、巴蜀书社 2005 年版，第 293 页。

③ 萧放：《岁时：传统中国民众的时间生活》，中华书局 2002 年版，第 108 页。

④ 参见李松《现代时空中年节文化的变迁》，载李松、张士闪《节日研究》第 3 辑，泰山出版社 2011 年版，第 1—8 页。

和九天仙供奉于院内，天地众神即天地神，在院子中间设供桌祭祀，桌上陈列枣山馍、车轮、各色水果和三杯酒，桌前放置香炉；佗老爷即华佗，黄崖村中华佗信仰由来已久，村中央和山上龙澍峪中均有华佗庙，村人多信奉，故春节时村中家户常有供奉，柴家将佗老爷供奉于院内水瓮盖上，朝向村中华佗庙位置，摆放一个枣糕和一个顶，旁置香炉。关于九天仙的供奉，据称 20 年前庙会时一位风水先生看过院落后，建议在家中供奉九天仙，以保全家平安，九天仙神位设于中间房屋外窗台上，同样摆放一个枣糕和一个顶，旁置香炉；土地神神位设于大门后侧下方靠地位置，墙上张贴土地神像，两侧对联为“土能生万物，地可发千祥”，供奉物品与上述神灵相同。屋内供奉祖先神、狐仙、财神、灶王爷、全家安神和福神，祖先神神位设在客厅位置，牌位上书“供奉柴门历代祖先之位”，前方供奉枣糕馍、水果、酒，并放置香炉；狐仙、财神、福神和灶王爷的神位均设在厨房内不同位置，狐仙神位设在前屋与厨房的隔窗处，牌位上书“供奉狐仙神灵之位”，神位前同样供奉枣糕馍，并放置香炉；土地神神位位于灶台正对的墙壁上，以灶王爷、灶王奶奶的神像呈现，下方灶台上摆放枣糕馍和香炉；全家安神、福神和财神并排放置在厨房西北侧供桌上，全家安神为柴家在 1913 年从山东移民到此后在黄崖村家中开始供奉的神灵，意在表示族人安家于此，以求神灵保佑全家；福神为柴家从山东老家带过来的神灵，与全家安神性质相似，也是保佑家人平安顺遂；财神即一小型金身关公塑像，神灵前均供奉枣糕馍。接神时，从天地神最先开始，家中老年妇女携全家在天地神供桌前烧香、烧表、磕头、奠酒，嘴里念叨“天地爷保佑，阖家平安幸福”，完成请回天地各路神仙的仪式，随后在其他神灵处烧香磕头，神灵献完，也要到祖先牌位前叩拜，祭拜过程中，要燃放鞭炮。祭神和祭祖完毕后全家才可以吃饺子，这已成为迎新辞旧的主要象征。

吃完初一早上的饺子后，晚辈先给家中长辈拜年，再按排行大小到村中同家族长辈家中拜年，最后给左邻右舍好友拜年。长辈要给晚辈“压岁钱”，意思是晚辈得到长辈的呵护、保佑，可以平安度过一岁。给同家族长辈拜年时，还需在祖先神位前烧香叩头，一般在中午十二点前本村拜年完毕。这一拜年习俗在襄汾地区村落中一直盛行，成为春节时村庄最具有人情味、最能彰显尊老敬老的一种礼俗文化。

（二）“村晚”：新兴的过节模式

拜完年后，各回各家，做一桌子丰盛的菜肴，一家人欢聚一堂就餐。下午找好友聊天喝茶或玩牌，或到村广场看文艺会演。近两年各地“村晚”如火如荼地进行，成为各地积极组织的公共性春节文化活动。2023 年 3 月 15 日，文化和旅游部推出“四季村晚”项目，鼓励和引导各地在农闲时节全年常态化开展“村晚”活动，相关通知指出：丰富活动内涵，融合乡土文化、乡村旅游等元素，把“村晚”打造成反映农民精神新风貌、乡村振兴新气象的载体。[①] 习近平主席在 2024 年新年贺词中提道“‘村晚’活力四射”。在国家的号召下，山西省“村晚”脱颖而出，2024 年春节“村晚”示范展示点名单被公布，运城市河津市清涧街道龙门村和运城市万荣县解店镇新城村两地入选，成为“潮”玩村落的代表。2024 年 1 月 20 日，尧都区刘村镇泊庄村上演了一场“非遗村晚”并线上直播，发起人为晋南威风锣鼓传承人张勇，晋南威风锣鼓、绛州鼓乐、晋南民歌、天塔狮舞等具有山西本土特色的精彩表演以及唢呐、快板在这场“村晚”中呈现，“临汾村晚·鼓声里的临汾”登上央视，有力地推介了晋南威风锣鼓。在上述事件的鼓舞下，襄汾县襄陵镇景村和黄崖村均组织了“村晚”，以景村“村晚”为例，由村“两委”组织，筛选出 20 余个节目，有威风锣鼓、斗锣、龙鼓、二鬼摔跤、秧歌、蒲剧、眉户剧等传统节目，也有独唱、舞蹈、诗朗诵、快板等现代节目，还有剪纸、书法等艺术展示，参与人群多元化，既有老艺人，也有妇女、大学生和孩童，“村晚”在该村“襄未来”乡村振兴融媒体直播基地举办。黄崖村的“村晚”则是以威风锣鼓表演为主，在村广场进行，广场中央有“黄崖村 2024 年春节文艺会演·黄崖村春节大联欢”的宣传牌，初一九点左右，村委会成员简单开场后，便由

① 参见《文化和旅游部办公厅关于开展“四季村晚”活动的通知》，2023 年 3 月 15 日，中国政府网（https://www.gov.cn/zhengce/zhengceku/2023-03/21/content_5747641.htm）。

12位妇女组织的锣鼓队开始敲打，完毕后，则是在场村民自愿表演环节，自愿表演者较少，仅有两位村民登台唱歌，之后又是集体性的锣鼓表演。“村晚”大约在十一点半时结束。

（三）登山与祈福：初一的休闲时刻

在笔者调研的黄崖村中，正月初一也是本村人及襄汾境内民众前往龙澍峪登山祈福的日子。龙澍峪位于襄汾县黄崖村西东侧，开发之前的龙澍峪中就有众多的人文景观：华佗庙、龙澍菩萨庙、黑虎灵官庙、子孙娘娘庙、关帝庙、十阎殿、三皇庙、官帽石、峨山桥等，还有“渐入佳境”“天桥古蹊”“石门绾秀”等石刻，关于人文景观还有不少动人的传说。明代本县崇祯庚午科进士王维屏的《游龙澍峪记》里写有：“霍山分岭，穿汾绕西而南为姑射一带，迤逦襄治西南二十里，望之蓊郁而如云者，龙澍峪也……岁时清明，四方赴祷者，往来如织，游者、息者、饮者、歌者，毂击肩摩，山林也而城市矣？”[①]2014年，中惠源文化旅游开发有限公司对龙澍峪进行开发，龙澍峪更名为“龙澍峪旅游景区”，现已成为国家4A级旅游景区，以禅宗养心旅游推进文化旅游与康养产业的融合发展。依托龙澍峪原本的自然景观和多元信仰，打造出“晋南仙山，康养福地”，推出拜神祈福、游山玩水、文艺表演等活动。自龙澍峪转变为景区经营模式后，每年正月初一为游客免门票和停车费（门票50元，停车费10元），故这一日前来游玩的游客异常多。2024年，龙澍峪景区开展“双龙春醒·万物福绵”龙澍峪新春游园会，驱车前来的游客车辆往往从山下堵到村北路口，游客顺势将车停到路边，步行登山，盛况甚至超过庙会。景区广场沿途挂满红灯笼，各色小吃汇集于此。龙澍峪牌楼前，设有供游客拍照打卡处，包括财神爷、萌龙。进入景区后，移步易景，景致优美。携带儿童的游客通常去玻璃桥和滑道处玩耍，祈福者则在华佗庙或其他庙宇处烧香祭拜，祈求新的一年平安顺利、身体健康，其中华佗庙香火

① 《中国地方志集成·山西府县志辑·民国襄陵县新志》，凤凰出版社、上海书店、巴蜀书社2005年版，第297—298页。

最旺。大年初一登山祈福游玩，成为新的春节潮流。在这个过程中，民众既向神灵祈福消灾，又感受了大自然的清新，同时也锻炼了身体，生命质量得到提升，这与当地华佗信众的追求不谋而合，与当下民众追求美好生活，提高生命质量的观念相得益彰。

（四）“走亲戚”：拜年方式和礼品的变迁

“初二姥姥家，初三回娘家”，襄汾地区流传有“正月初二三，路上尽是小生和小旦”的谚语，一直到正月十五均为亲戚家拜年时间。其间，可以拜访七大姑八大姨，再有好友聚一聚，一一走访拜年。新婚夫妇从初二到岳父家拜年后，要带上礼品依次将双方亲戚逐个走遍，互相认识，新媳妇头一次登门双方亲戚要送红包。伴随通信工具的发展，此间也有许多村民利用手机视频给远方的亲戚拜年，用微信给晚辈发红包。拜年所带礼品也随着时代的变迁变换着：20 世纪八九十年代流行罐头、点心、煮饼，进入 21 世纪流行酸奶、纯奶、饼干。近几年奶制品有过期和山寨的现象，于是大米、食用油、方便面、鸡蛋成了普遍的礼品，还有许多村民从实际利益出发，直接给人民币，携带方便、花着随便。春节期间的拜年活动，是在外工作一年的村民回村后相互走动、沟通情感的关键日子，以叩拜长辈的形式表达孝道之情，使家庭成员之间、同族之间、亲友之间、邻里之间的相处更加融洽，呈现出和谐的家风与村风，构成中华民族特有的春节礼俗文化。

（五）禁忌：春节绕不开的话题

正月初一到初五期间也有一些禁忌。例如，初一到初五不能说丧气话，不打人，不骂人，不吵架，不哭泣，不倒垃圾，不摔东西，以免坏了一年的好兆头。《道光太平县志》有载：“五日，俗谓之‘月忌’，家物不出。”[①] 万一失手打碎碗碟，不要说话，悄悄将碎片捡起来扔到井里或窖里，意为破财不外流。如今的人们更加灵活处理，无论年节还是平时，遇到失

① 《中国地方志集成·山西府县志辑·道光太平县志（一）》，凤凰出版社、上海书店、巴蜀书社 2005 年版，第 293 页。

手打碎碗盘的情况，都会不失时机地说几声“岁岁（碎碎）平安”。人们对付触犯禁忌的行为自有一套“破解”的方法，一来求得心理平衡，二来趁机增添喜气。此外，一个家庭中如果年前有老人去世，那么在初一至初五这五天内不能外出串亲，于初六才能出门串亲访友。如果家中老人于初一前两三日内去世，不按照传统丧葬习俗放棺椁 5 天或 7 天，需出了初五才能埋葬。种种禁忌，均指向“破五”这一习俗。

三、仪式淡化与娱乐增加：年味浓淡总相宜

现代语境下的襄汾春节节期缩短，传统仪式逐渐被简化，一些仪式甚至不复存在。从笔者的亲身体验来看，如烧柏枝、打旺火的习俗近十年内在大多数家户中都没有举行。另外，一些禁忌观念也被淡化，如在 21 世纪初，成人逢本命年在腰间系一红布条以图吉利的习俗尚在，现在这一习俗已不多见。“走亲戚”拜年时，会给家中有小孩的亲戚家送“刺鲵馍”和“虎头馍”，前者送女孩，后者送男孩，还会给老人送枣糕馍，现在这一习俗也不复存在。再如，对于年轻的家庭妇女来说，能在市场上或超市里买到的东西，如枣馍、麻花、车轮等，就不自己动手去做，因为“太麻烦，超市卖的比自己蒸的还好，过年还想歇两天”[①]。总体来看，人们对于春节的参与度和感受度逐渐降低，除了小家庭内的祭神祀祖、拜年与走亲戚外，与日常生活状态无异，甚至更清闲。探究背后的原因，一是与现代社会经济发展、村民生活条件提升有很大关系，在传统时期，春节是过完一年后改善民众物质与精神生活的重要节日，现在人们的生活水平普遍提高，对于绝大多数家庭而言，吃穿用度在日常生活中已经得到了充分的满足。二是与现代传媒技术的迅速发展相关，近些年从电视到手机，再到手机中抖音、各类直播平台的发展，这些平台上的信息跨越地域和时间限制，带来的娱乐效果冲击着民众生活，一定程度上使民众对于春节的期待

① 受访者：贾姓村民，访谈人：柴书毓，访谈时间：2024 年 2 月 7 日，访谈地点：襄汾县襄陵镇黄崖村。

和感受降低，主动或被动地退出春节集体性的娱乐活动。

在当下襄汾地区，不同人群对于春节的感受有所差异。对于老年人来说，春节成为他们日常生活的重要调节剂，在这一重要的传统节日期间，与儿女团圆、与亲戚互动，亲情得到表达和宣泄。对于中年人而言，他们是家庭生活来源的主力，就笔者调研的襄汾村落来看，中年人的谋生方式主要涉及两种：一是长期外出务工，以供家庭生活和子女教育；二是在周边打零工，同时兼顾种地，春节对他们而言是调节忙碌生活节奏、缓解身心压力的重要时间节点，也是维系上下代际关系和亲朋关系的重要纽带。通常过了初五后，外出务工人员即将离家，因此春节期间的短暂在乡对他们来说倍感珍惜。对于外出读书的青年人来说，春节返乡后，会与家乡的同学聚会、看电影、游玩等，农村青年人也大多进城娱乐消遣，对村落生活文化的感受淡薄。对于孩童而言，春节带来的感受是欢快的，肆意享受放鞭炮、拿压岁钱、吃零食、家人陪伴去游玩等活动。

外出休闲活动的增加是当下春节期间表现突出的节日特点。尤以正月初一为甚，传统时期，“初一不出村”是春节期间的禁忌和民众约定俗成的习俗，现代社会民众打破这一春节禁忌，在初一这日走出村落外出游玩。伴随县域范围内全域旅游的开发，由于距离近、自驾一天可来回的便利缘故，春节成为返乡人群在本地景区游玩的重要时机，景区也适时推出春节免门票的活动吸引游客，了解本土风情、感受家乡变化，在景区享受吃喝玩游赏一条龙服务，这成为春节期间人们热衷的休闲活动。此外，襄汾县城区的春节元素也突出本地文化特色，力在弘扬地方文化并赋予其新的时代意义。2024 年，襄汾县在城区设置迎春花灯，以“最初中国，回家过年”为主题，分别于城区丁陶广场、鼓乐广场、喷泉广场、观象台广场、湖李转盘和城大转盘等处设置不同内容的主题花灯展区，吸引市民观灯赏景、拍照打卡，彰显帝尧文化魅力。从而可以理解，春节不仅作为一种活态的传统在延续，也在不断创新以适应现代社会发展，具备了更多的开放性、多元性和公共性。

四、结语

襄汾县春节习俗既具有晋南地区春节习俗的普遍性，同时也具备地方特色。伴随城镇化发展、城乡融合加速，襄汾地区春节习俗也受到影响而发生着改变。

一方面，春节习俗传统基本被保留，节日传承情况良好。从腊月二十三祭灶，到置办年货、蒸枣馍、炸油糕、贴春联和门神、36 岁同龄人活动，再到接神、祭神等仪式活动的维持，人们依旧进行传统的庆祝活动，彰显出襄汾地区春节习俗的整体风貌和传统的强大惯性。对于襄汾地区民众而言，春节依旧是具备尊天敬祖、亲情人伦、和谐友爱的重要传统节日，春节期间，人与人、人与祖先、人与众神处于一种情感交流的集中迸发阶段。

另一方面，春节习俗在传承中出现新变，传统仪式简化，休闲娱乐元素增加，节日内容也在不断创新。社会的现代化和人们生活方式的改变、生活水平的提高，传统时期烦琐的春节仪式逐渐被简化，尤以民俗信仰仪式日渐式微。与此同时，休闲娱乐内容增加，春节成为一个集传统文化、乡土文化和现代文化集中展示的节日空间。概而言之，对于山西襄汾县春节习俗调研的意义即在于：挖掘传统意义上该地区春节习俗的文化内涵，并关注春节习俗的当代传承、现代性转换及背后的人文精神，使其助益于乡村文化振兴、地方和谐社会建设，这也是弘扬春节民俗的应有之义。

4

春节庙会：年文化传承的良好方式和繁盛标志

黄涛

温州大学人文学院教授，中国民间文艺家协会节日文化研究中心副主任

周静

温州大学人文学院民俗学研究生

春节庙会一般在正月初一至十五前后。这段时间属于春节的后半段，节俗活动由初一前以户内活动为主转为以户外活动为主，主要是社区成员之间、亲戚好友之间的相互拜贺、礼仪往来，并举行社区民众集体参与的盛大欢庆或祭祀活动，春节庙会就是这种户外盛大节俗活动的代表形式。庙会是传承年文化和其他传统文化的重要而有效的方式，它使当地社区充满了浓浓的年味，使这里的民众有更强的过年幸福感。庙会是集中了民间信仰、民间文艺表演、游戏娱乐、地方特色饮食、集市贸易等多种民俗形式的综合性场合，人们可以从春节庙会上体验到浓郁的过年氛围、获得强烈的过年感受。特别是，春节庙会可以显著地弥补现代城市生活中年味淡化的不足。

一、现代社会春节庙会对传承年文化的重要意义

近百年来，中国发生了从传统社会到现代社会的巨大变迁，人们的生活方式和思想观念发生了很大变化，过年的环境、方式和对过年的体验也有了很大变化。但是，春节仍然是中华民族最盛大的传统节日，中国人的内心深处仍然有着很普遍的对传统年味的习惯性需要和执着追求。在社会生活发生巨大变迁的情况下，庙会这样一种民俗活动多姿多彩、人文内涵丰富浓郁、活动空间较为广阔、持续时间较长的文化空间，就成为人们保持传统年俗、体验传统年味的重要而有效的方式。因而，现代社会的春节庙会相比传统时期的春节庙会在传承年文化、造就春节年味方面就有了特殊的、更为重要的意义。

（一）春节庙会增加过年的神圣感

神圣感是年味的极为重要的构成要素。比如河北景县农村的过年祭祖，“请神”到家以后是年正式开始的标志，家里氛围立刻变得庄重神圣，

可以下饺子了、可以放鞭炮了、说话必须小心了。初二“送神”则是家中年节氛围变淡的明显标志，家里人言行轻松了，过年的庄重感没有了。庙会是祭祖先以外的神灵，是初二以后年节神圣感的主要构成途径，即造就初一以后节期神圣感的主要途径。

一般来说，庙会是以祭祀庙中神灵为发端和核心的综合性民俗活动。传统庙会的基本构成要素有三方面：第一，有庙有神灵祭祀。第二，有固定的时间、空间和民俗活动。第三，有当地民众的较大规模参与。大型的庙会一般有当地民间文艺展演和集市贸易。近年来，各地举行的春节庙会不仅仅是传统庙会，还有为适应民众过春节体验传统民俗的需求而创办的新型庙会，故现代春节庙会的主要类型可分为三种：第一种，以祭神祈福为主的庙会。以祭神上香、祈福辟邪为主，活动比较单一的庙会。比如北京的白云观春节庙会。第二种，由祭神祈福发展起来的大型综合性庙会，除了祭祀仪式外，还有民间文艺展演、娱乐游戏、集市贸易等活动，这是民俗繁盛、传承良好的一种庙会。比如河南省浚县庙会。第三种，民俗主义的庙会。为了满足民众在年节期间体验民俗文化的需要，政府部门与某公共场所的管理者合作举办的庙会。这些公共场所可以是公园，可以是商场，可以是广场，也可以是街道，等等。比如北京的地坛春节庙会。能够增加过年神圣感的庙会主要是前两种。

这里以周岙挑灯为例。每年正月十三，浙江省温州市瓯海区周岙村都要举行盛大的挑灯巡游活动，被认为是浙南地区最为热闹、最有韵味、保存传统习俗最为完好的元宵灯会，2016年以“周岙挑灯”为名列入第五批浙江省非遗名录。它实际上是集祭神祈福、民间工艺、游戏娱乐、集市贸易等于一体的乡村庙会和社区节庆。该村不过正月十五，而是把十三挑灯节当作元宵节来过，而且把它当作春节期间最郑重、最热闹的节日。对村民来说，它比大年初一还更具有年的意味，过了挑灯节才算过年了。周岙村由上村、中村、下村三个自然村组成，位于温州市西部风景秀丽的泽雅风景区和纸山文化区。这里青山依依，流水潺潺，竹林茂盛，居民世世代代利用山上的竹子原料和泉水资源造纸，造纸业是当地居民最为关注的经济来源。这里的“四连碓”造纸作坊被确立为国家级文物保护单位，泽雅屏纸制作技艺在2014年被列入第四批国家级非遗名录。泽雅造纸代表性传承人林志文认为泽雅挑灯习俗源自当地的造纸生活:“历史上的温州纸山，在造纸业鼎盛时期，曾经合伙建造水碓一千多座轮流捣刷造纸。大多数水碓捣刷的交接时间是在夜间子时。那时，每天夜间有千余盏灯笼在水碓与家门之间的路上移动。我想，这应该就是周岙挑灯的最初灵感源头。”[①] 而民间传说，周岙挑灯是为纪念当地保护神白马爷，正月十四是白马爷诞辰，故在十三夜晚挑灯祭祀，十四再举行“迎佛（神)”仪式。白马爷本为在这一带抗倭牺牲的英雄，被朝廷追封为王。“挑灯”就是用竹枝挑挂花灯，而花灯也是“竹灯”，用竹篾做灯架，竹纸糊灯笼。挑灯的竹枝必须留有竹叶和竹梢，寓意旺盛美满。竹灯的灯面上写上吉祥词语、许愿辞令，或画上吉祥图案。[②] 正月初一刚过，村民们就开始扎制各式花灯，为挑灯节做准备。到正月十二，人们搭彩门、拉彩旗、贴对联、挂灯笼、挂红绸，为村庄披上亮丽的新装。正月十三这天，村庄面貌焕然一新。各家各户摆新年酒，邀请村外亲朋到家做客，参与挑灯节，每家都要摆上几桌。白天街上就热闹起来，各种商贩沿街摆摊。卖小吃的现做现卖，如灯盏糕、松糕、糍粑、鱼丸、棉花糖、糖葫芦、糖画、臭豆腐，等等。夜幕降临，人们会聚到村中白马殿，先祭拜白马爷，然后挑灯队伍浩浩荡荡开始巡游。从白马殿出发，走经三个自然村的主要街道，其后来到周氏祠堂，烧灯祭神。烧灯又称“评灯”“烧红”。人们评比谁的灯漂亮，评出一些花灯举到白马殿，没评上的灯就在祠堂前烧掉。最后挑灯队伍回到白马殿，挑到这里的每盏花灯的主人都会得到寿桃或红包之类的奖赏。绝大多数花灯都要在殿外烧掉，以祈求白马爷保佑来年生活红火、心愿达成。最好的几盏灯则会被留下，挂在殿中供人继续观赏。整个巡游活动需要三四个小时。全村的人都参与挑灯活动，或者挑着花灯走在队伍中，或者跟随队伍巡游，或者在路旁自家门前摆路祭、放鞭炮。周围村镇也有很

① 林志文:《周岙挑灯：一竹一灯闹元宵》,（2019-02-20）[2024-01-23]，https：//baijiahao.baidu.com/s?id=1625954886072228317。

② 参见林志文《周岙挑灯：一竹一灯闹元宵》,（2019-02-20）[2024-01-23]，https：//baijiahao.baidu.com/s?id=1625954886072228317。

多人前来观灯、看热闹。每年参与挑灯的人数都有上万人。巡游的路上人潮涌动，上千盏花灯争奇斗艳，鞭炮声、燂红声此起彼伏，夜空中不时闪烁着绚丽的烟花。所谓“燂红”，就是队伍路过每户人家，这家就燃起杉木枝条表示接福，枝条燃烧时发出“噼里啪啦”的响声，然后这家的人挑灯加入队伍。这天村里还从别的地方请来龙灯、戏班和马戏团，有的年份还在十三晚上搭席棚摆百家宴。十四上午，村里举行进行“迎佛”活动，队伍从白马殿出发，沿着与昨晚挑灯相反的路线巡游，将白马爷迎回白马殿。完成迎佛仪式，就意味着挑灯节结束了。十四下午，全村的路祭、彩旗、街旁小摊等节期布置就被拆掉收起了。①

（二）春节庙会是人们尽可能充分地庆贺新年、获得狂欢体验的重要方式

春节庙会在开阔的公共场所举行，往往有敲锣打鼓、扭秧歌、踩高跷、舞龙舞狮、唱小戏等大型的民间文艺表演。民众组织、参与这样的表演，可以奔放地表达自己庆贺新年的欢欣，获得挥洒激情的狂欢体验。不能直接参加表演的民众通过观看这些表演或参加游戏娱乐活动，也能获得较为充分的欢庆体验。

河南省浚县春节庙会是大型综合性庙会的代表，被称为中原地区最大的春节庙会。它持续的时间很长，从夏历正月初一一直到二月初二，持续时间这么长的庙会在我国是少见的，在春节庙会里更是罕见。该庙会的民俗活动有两次高潮，一次是正月初九的社火朝顶活动，另一次是正月十六的祭拜碧霞元君的活动。它涉及的地域范围也很广，除了浚县当地民众广泛参与，还有周围县市的许多民众前来。参加庙会的民众有些是三三两两结伴而来，有些是社区组成社火表演队来的。参与人数可达 10 万人以上，涉及周边六个省份。可见该庙会影响之大。该庙会的民俗活动也很丰富，

---

① 2024 年 1 月 21 日，笔者之一周静到周岙村调查，采访了周岙挑灯省级非遗传承人周作平先生。周作平，65 岁，周岙上村人，村医，开着一家诊所，热爱制作花灯，擅长无骨花灯，2017 年以花灯制作艺人身份被评为第五批浙江省非遗代表性传承人。上文资料来自此次田野访谈和前后的电话采访，以及其他相关文献。

有民间信仰、民间文艺表演、民间工艺展示、娱乐游戏活动、集市贸易等，是一个大型的综合性庙会。浚县春节庙会是民众自发组织、自然传承的民俗活动，这是该庙会尤为可贵之处。社火朝顶活动要上山，山路和顶峰的空间相对于众多人流来说显得过于狭窄，周围各个街道和村落的社火队按着惯例约好分别上山的日期，避免过度拥挤。正月初九，大批社火队依次上山，边走边展演自己的节目和才艺；路边上山和观赏的民众熙熙攘攘。人虽多，但秩序井然。[①] 这一大型春节庙会为浚县民众带来浓厚的年味。

（三）春节庙会是人们在公共场所以大型集体活动完成社区内部及社区之间的年度社交礼仪的重要方式

此处以河北省胜芳镇的元宵节庙会为例。这里一年一度的元宵节花会是该镇全体民众共同参与、由内部社团组织的盛大节庆活动。地处京津之间的胜芳是个经济较为发达的大镇，其元宵节节庆活动从正月十二到十六，有五天之久，有灯会、游神走街和耍傩驱鬼等大型民俗活动。其游神走街习俗又称“摆会”“花会”，笔者曾对此做过多次考察。该习俗祭祀的主神是火神。胜芳春节庙会的主要特色是，该庙会主要由镇里的各种花会来组织，而且花会众多。该镇历史上有“七十二道花会”之说，今天尚存三十余道。

正月十二这天，人们要把火神从仓库里请出来[②]，放到庙头胡同里供奉起来。这天上午十一点左右，各档花会陆续前来报到、祭拜，十二点半左右，三声铁炮响过，摆会活动正式开始，要从庙头胡同出发，到镇上主要街道巡游、展演。炮会、中幡会、保婴会、高跷会、武术会、小车会、音乐会等依次列队而行，边游行边展演各自才艺。各档花会的前后次序是历史上传下来的，不能随意变动。乡艺总会的旗帜在最前面，火神座轿走在

---

① 2018 年 2 月 24 日，笔者参加了中国民间文艺家协会与河南省民间文艺家协会联合举办的河南省浚县春节庙会考察活动。以上资料主要来自该次考察。

② 过去火神像供奉在火神庙里，1953 年庙被拆除，后来做的火神像平时就存放在仓库里。

最后。巡游队伍所到之处，观看的人群熙熙攘攘、摩肩接踵，可知此为全镇民众集体参与的盛事。这种摆会活动从正月十二一直持续到十六。这场全镇盛大节会活动完全由民间社团组织。胜芳乡艺总会负责总体指挥，总会首历史上由胜芳四大望族之一——薛家担任，现为70多岁的王志计，各档花会都有会首，听从总会指挥并负责本会的各项活动。[①]

显然，各道花会的沿街巡游和技艺展演既是向全镇民众的献礼，也是各道花会为获得自身荣耀感而进行的竞赛，而各道花会的组织有序则显示了他们强烈的集体归属意识。元宵节花会增进了该镇的内部交流和团结，是一种隆重有效的年度社交礼仪。

（四）春节庙会是现代社区过年体验年味的显著途径

这里以井陉县的春节庙会来说明。2018年3月2日到5日，笔者参加了中国民协、河北省民协与河北省井陉县人民政府组织的春节庙会考察活动。短短的四天时间里，竟然考察了9个传统村落或古镇里的民俗活动。相对于我国北方其他地区来说，井陉县以传统村落古建筑为主的物质文化遗产是留存相当多的，而且与这些物质文化遗产密切关联的民俗活动也非常密集。这里春节期间几乎村村有庙会。这些特色浓郁的庙会使这一带充满了浓浓的年味，使这里的民众有更强的幸福感。

我们考察的时间正好是元宵节期间。元宵节是春节户外庆贺活动的高潮期，也是各地庙会举办最多的时段之一。井陉县的元宵节持续时间长，正月十五和十六是节日的核心时间，当地人说："十六比十五还重要。"从县城到许多村落，正月十七到十八都有很热闹的社火活动，有的村落节期还要更长，比如核桃园村的欢庆活动一直持续到二月初二，这天人们才把除夕请到家里来过年的祖先神灵送走，这标志着春节的正式落幕。

井陉县庙会的一大特色是多在传统村落里举行，而且这样的村落呈密集分布之态。庙会的举行一般需要有比较大的规模，需要有较广阔地域内

① 参见黄涛《近年来非物质文化遗产保护工作中政府角色的定位偏误与矫正》，《文化遗产》2013年第3期。

的众多民众参与。所以许多庙会是由多个村落或城镇的民众共同举办的，主要限于单个村落的庙会比较少。井陉县的春节庙会除了县城庙会是由众多社区或村落联合举办以外，遍布全县的庙会大多是各个村落单独举行的。这突出地表现出此地民众参与庙会的广泛程度：应该是全村人人都参与的。加之举办这些庙会的村落大都是古民居、古庙、古祠堂、古树等物质文化遗存保存较多的传统村落，使这一带的传统文化氛围分外浓厚，彰显出良好的文化生态。

井陉的元宵节有很多独特、古朴、品种珍稀的民俗活动，比如开锁、撵虚耗、扇佞官等是很罕见的节日习俗。还有一些好看热闹而难度大、颇有些惊险的“绝活”项目，如北秀林村的“跑马火”、南张井村的“跑老虎火”、罗庄村的“打铁火”、核桃园村的“打树花”等。此外，还有各种民间文艺表演、武术表演、猜谜灯会、放烟花、走迷阵等活动。井陉庙会活动在活动形式上有两点很突出：一是善跑，跑社火、撵虚耗、跑马火、跑阵等，很多项目都是跑着搞的，这样既热闹又能锻炼身体；二是善用烟火，这一带春节庙会中的烟花火花项目特别多，在晚上搞活动就分外绚丽热闹。

在现代化情境下的中国，一县之内有这么多的春节庙会是罕见的，各村镇包括县城的民众参与庙会的普遍程度之高也是罕见的，庙会活动的特色项目甚至“绝活”项目数量之多也是罕见的。更难得的是，这些春节庙会所体现出的良好传统文化生态与这里的广大民众以传统方式欢度春节的心态与热情。短短几天，这里大大小小的春节庙会让我们真正体会到了什么是年味，怎样才是浓浓的年味。更深深地体会到，这个地方这样过年的人们是幸福的，这样过年对于中国人来说是有特别强的幸福感的，传统文化与现代化的和谐并存能够带给中国人高质量的、理想的幸福生活。

二、合理看待春节庙会的民间信仰因素

上文讨论了春节庙会对造就年味的重要作用，对传承我国年文化的重要价值。毋庸讳言，传统庙会是以神灵崇拜为出发点、活动核心和传承动

力的民俗活动，这就不可避免地遇到怎样看待其中的民间信仰的问题。

其实，不仅春节庙会有民间信仰因素，我国整个传统节日文化体系都有民间信仰因素的重要位置。从历史上来看，民间信仰与一般传统节日的形成和发展有着密不可分的关系。绝大多数传统节日的起源与形成与民间信仰密切相关，其发展传承的过程中也都少不了民间信仰活动。目前的春节作为我国最大的传统节日，在历史上是由多个本来相互独立的节日合并而成的，其中各个节日祭祀不同的神灵，如腊八节源自腊日节，主祭与农业丰收有关的多位神灵；腊月二十三“小年”祭祀灶王爷；除夕与元旦祭祖；元宵节古时祭祀北极星神。除了这些较为通行的祭祀习俗，有些地方祭祀不同的地方神，形成富于地方特色的节日习俗。各地自然传承的春节庙会就是这些春节祭祀习俗的必要组成部分。毋庸置疑，这些祭祀习俗及相关民间信仰活动历来是我国年文化传统的核心组成部分之一，也往往是其他春节习俗的传承动力。同时，它们也是造成春节习俗活动的庄重感、神圣感的主要因素，也是传统年味的重要构成要素。因而，要使年文化传承得顺利、发展得兴盛，要使我们的春节有浓厚的年味，就要充分理解、尊重以至适当保护我国民间自然传承的传统祭祀活动及其他相关习俗。

从民间信仰与我国传统文化的整体关系来看，我国本土世代相传的民间信仰是中华民族传统文化的重要组成部分，而且也往往是其他传统文化的传承动力和重要载体。要顺利传承和妥善保护我国传统文化，就不能用“科学”的标尺来衡量它的存在价值，更不能以科学标准来取缔它。自古以来，科学与神话及其后续形式（宗教或民间信仰）就是人类文明发展的两条并行不悖的路径，不能用其中一个否定、排斥另一个；国际社会已形成在追求科学的同时尊重信仰文化的文明传承与保护的通行观念和准则。20 世纪初期以来，我国在追求现代化的道路时，在这方面是走了弯路的。五四新文化运动固然厥功甚伟，但对中国传统文化批判过度；“文化大革命”时期对传统文化的毁坏更为严重。作为中国传统文化一部分的民间信仰更是被当作“迷信”受到打压取缔。近年来，我国学界和政府主流舆论已经不同程度地认识到民间信仰在传统文化体系中的重要位置和对传承其他传统文化的重要作用，在学术评价、政策制定、媒体宣传、非遗项目评选等许多方面对民间信仰已有了不同程度的合理对待，使它有越来越多的存活空间。但直到现在，仍然有不少人把民间信仰一概视为“迷信”。这种看法显然是不妥的，对传统文化的传承和保护是有害的。必须看到，中国民间信仰是中国传统文化的重要组成部分，打压甚至禁绝民间信仰必然严重损害中国传统文化。而且，还应认识到，有相当大比例的中国传统文化是以民间信仰为出发点、核心和传承动力的，庙会文化就是如此。由祭祀神灵发展出娱神的音乐、文学、舞蹈、绘画、雕塑、工艺、表演等艺术形式，并进一步形成民俗礼仪、社群集会、集市贸易等社会文化活动。在后世的大型庙会中，神灵祭祀活动在庙会活动总量中只占据很小的比例，祭神的音乐、文学、舞蹈等艺术形式以娱神为主转为以娱人为主，庙会活动更多的是人际交流。虽然如此，我们不能只肯定和发展庙会中的音乐、文学、舞蹈等艺术形式和饮食、娱乐、贸易等群众活动，而把其中的民间信仰内容看成落后的丑陋的进而加以禁绝，这样是违背民俗传承规律的，会使那些艺术形式和人际交流活动失去传承的源泉、依托和动力。春节庙会与春节习俗中的其他民间信仰活动更是造成过年的庄重感、神圣感的重要因素，是造就浓厚年味的重要方式。要使广大民众过上有年味的春节，就不必顾及春节庙会中的民间信仰因素，同样也不必顾及春节习俗中的其他民间信仰活动。

如果从国家文化安全的角度来看问题，就能更清晰地看到民间信仰作为中国传统文化的性质和价值。不管怎样，历史悠久的神灵信仰传承到现代社会虽然已经很衰弱了，但在我国相当大比例的民众当中仍然在观念和行为习惯上占据着不可或缺的一席之地。如果把中国人世代相传的本土民间信仰压住了、禁止了，某些排斥其他文化传统的异域宗教就会乘虚占据过多过大的民众信仰空间，中国传统文化就会受到分外严重的排斥和破坏。如果听任这种局面蔓延，中国传统文化的传承就会受到根本阻碍，中华民族文化的根基就会动摇。

春节庙会往往规模盛大，参与者众多，相关政府部门做好庙会秩序、经营活动等管理是必要的。根据各地庙会的不同情况，各地政府部门参与管理春节庙会的模式有多种。对于那些民间自然传承的大型庙会，政府部门应特别注重、利用和发挥好民间社团的组织作用。一般历史较长的大型庙会都有以前传下来的组织方式和活动规律，由民间组织照老规矩遵行，一般情况下都能很好地维持庙会秩序。如果有的地方没有形成这样好的民间组织传统，政府相关部门可以组织协调各个参与庙会的民间社团，确保各个民间社团能充分发挥作用。庙会活动以民众和民间社团为主体，政府部门也应给予必要的支持和保障，比如在庙会活动的高峰日期将进行社火表演或集市贸易的街道设为专门的活动场所，禁止机动车辆通行；了解、监督、协调民间社团的组织情况，确保大型活动不会发生意外事故；等等。但政府部门不能过度干预，应充分尊重民众的传统方式，不能更改庙会活动传统的日期、地点、程序、内容、现场安排等。这样才能确保庙会作为民俗活动的本真性，也才能确保庙会能够被长久传承下去。如果政府部门代替民间组织成为庙会的承办主体，就改变了民俗活动的性质而使它成为“官俗”了，而且在耗费大量人力、财力的情况下，往往还不能维持好活动秩序。另外，当以后政府不出面组织时，这种庙会很可能就中断了。

三、结语

传统节日是我国优秀传统文化的重要组成部分，也是诸多其他传统文化的传承载体和集中展示方式。传统节日的传承状况是衡量我国传统文化传承状况的显著指标。而春节作为我国最大的传统节日，年文化传承的好坏就显得尤为重要。年味浓淡其实是社会大众评价年文化传承好坏的感性评价和显著指标。“年味淡了”是近年来许多人发自内心的感慨和呼声。何为“年味”，顾名思义，就是年的传统味道。年的传统味道只能从过年的传统习俗和传统感受里来，也就是从过年的传统氛围和过年的内心体验中来。怎样使年味浓起来？到哪里去寻找浓厚的年味？可以有多种方式、多种途径。春节庙会是其所在地方的广大民众踊跃参与的盛大场合，是当地各种传统文化形式集中展示和有效传承的综合性民俗活动，也是增加人际交往、增强社群凝聚力的重要集会，有多方面的文化价值和社会功能。声势浩大的春节庙会更是我国年文化的良好传承方式和繁盛标志。

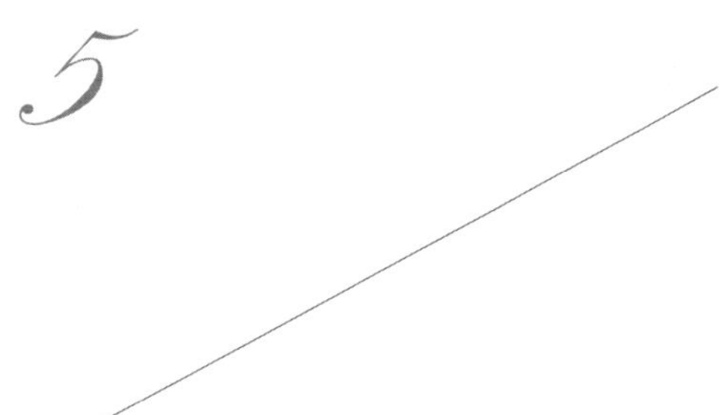

当下粤西年例文化的内涵与传承[①]

——2024 年元宵节考察

刁统菊

山东大学儒学高等研究院民俗学研究所教授

① 本文的田野考察受到中国民间文艺家协会和广东省民间文艺家协会、湛江市民间文艺家协会等单位的支持。此外，2019 年笔者曾与岭南师范学院黄剑教授在湛江吴川进行过冬至期间的年例调查，本文写作也受到黄老师的启发。特此致谢！

年例是粤西地区，特别是鉴江、罗江流域及雷州半岛一带盛行的传统贺年方式，主要在春节期间举行。作为一种年度民俗活动，年例主旨是敬神、祭祖和酬神，祈祷风调雨顺、国泰民安，同时又伴随宴客和民间艺术表演，具有鲜明的岭南文化特色。从已经发表的成果并结合对当地活动的现场调研，可知年例习俗主要分布在湛江市和茂名市。2024 年元宵节期间，中国民间文艺家协会组织学者在广东省湛江市进行了为期五天的田野考察，主题便是年例习俗。

湛江位于中国大陆最南端、广东省西南部。湛江是中国三大半岛中唯一独占一个半岛的地级市，地处粤、琼、桂三省（区）交会处，是中国西南各省通往国外的主要出海口，亦是中国大陆通往东南亚、非洲、欧洲和大洋洲海上航程最短的重要口岸。湛江地处北回归线以南的低纬地区，属于热带北缘季风气候，境内江河纵横交错，鉴江贯穿南北，终年受海洋气候的调节，冬无严寒，夏无酷暑，雨量丰沛，日照充足。湛江自然资源丰富，有充沛的水资源和肥沃的土地，种类繁多的野生动植物、农作物和鱼类资源都非常丰富。[①] 自然环境对湛江的生产、生活影响颇大。访谈中得知，湛江部分县市例如吴川过去常受台风、海潮、洪水侵袭成灾，由于抵御能力低，人们求神保佑，年年定期拜祭，便成“年例”。

2024 年元宵节为期五天的年例考察，包括吴川市兰石镇的年例习俗，吴川梅菉街道的隔海花桥等元宵习俗和漳州街历史文化街区，吴川吴阳镇霞街村的传统村落和状元故居，遂溪县黄略镇殷屋村的舞鹰雄等民间艺术，遂溪县北坡镇的北坡游鱼习俗，吴川鼎龙湾粤西年例文化节，坡头区麻斜街道的省级非遗罗侯王庙会，经开区东海岛的国家级非遗东海人龙舞元宵巡游习俗，以及赤坎区百姓村的年例巡游和民俗表演等。丰富多彩的年例活动展现出丰富的内涵，这也直接促进了这种文化的稳定传承。

---

① 参见《湛江概况》，（2024-04-07）[2024-04-13]，https：//www.zhanjiang.gov.cn/mlzj/zjgk/content/post_1300793.html。

一、年例促进地方文化传承

作为粤西地区的一个重要传统文化符号，年例活动不仅形式丰富多彩，而且可以说是几乎所有村庄都有年例。

年例一般以村为单位举行，一个村庄一般每年只有一次年例，距离较近的村庄会错开时间举行，如此可以方便周边村民尽量有机会参加更多的年例，如此每个村庄的年例都会热热闹闹。各村年例持续的时间也各不相同，一般持续一整天，有的村庄也可能是两三天。举办年例俗称“做年例”，主要有祭祀、摆宴席（俗称“食年例”）和看表演（俗称“睇年例”）等环节。做年例多数是白天游神舞狮，晚上演大戏，或做木偶戏，或请人唱山歌，人们邀请亲友聚餐饮酒，尽情欢乐，通宵达旦。①

相比之下，湛江多数村落做年例的时间更多集中在正月初一到正月十五这段时间，因此元宵节在一年之中变得特殊起来，年例习俗也表现得集中、隆重且典型。吴川隔海村年例由两部分组成，一则是白天请亲戚朋友聚餐，二则是晚上与亲友一起行花桥、贺元宵。届时花桥被人们装饰起来，花团锦簇，灯火辉煌。正月十五晚，花桥是人们必到之处，人山人海，热闹非凡。元宵节行花桥，人们还寄寓着添丁、发财的美好心愿，从桥头上摘得白花可生子、摘得黄花可生女。一位医护工作者听说笔者从山东来到此地，忍不住展示手机里存储的照片，说好像全市的人都去了花桥，她本人也扶老携幼，与亲友约在花桥旁边的送子观音像那里集合。吴川隔海村的花桥原本是群众为过江进城闹元宵而搭起的，现在反而成了闹元宵的核心地点，年例与元宵节的关联在花桥这里展示得最为充分。

湛江年例活动中所体现的，还有传承地方文化的热情。2024 年元宵节期间考察到的九种年例，多数都是由村集体举办的，或者是村民共同捐款，或者是先得到了乡贤的赞助。在吴川梅菉街道漳州街历史文化街区进

① 参见吴川市地方志办公室《吴川县志》，中华书局 2001 年版，第 957—958 页。

行的年例活动，特别是街景装饰和泥塑展就少不了林司茵、林司芹姐妹俩的赞助，街区在多处也表示“衷心感谢乡贤林司茵、林司芹姐妹全力赞助漳州街庆元宵活动”。而在吴川霞街村，许多活动都是依靠村民捐助实现资金募集，比如2023年的第14届重阳节敬老活动，依靠各商户与青年慷慨解囊；2022年大宗秋祭和2023年大宗春祭都是依靠村民捐助的香油款；主干街道也公布了2024年第12届“霞青杯”春节篮球联赛的收支详情与“鸣谢芳名榜”。可以想象，霞街村2024年的年例也会是以人人助力的形式聚集人力和财力，只是我们调研期间尚未公布具体情形。

年例期间，人们通过一起组织活动，凝聚了地方认同。除了人人支持以外，更重要的是人人参与，通过请诸神与村民一起“观看”演出，实现人神同乐。在北坡游鱼活动中，先是舞龙队伍在土地庙门前广场表演，然后便是全民参与的游鱼活动。几乎家家户户都扶老携幼出动，举着各式各样的鱼灯沿街串游，人人脸上洋溢着欢快的笑容。各种民间艺术表演，年轻人逐渐成为主力，甚至中小学生、幼儿园娃娃也都积极参与。遂溪县黄略镇殷屋村的年例有舞鹰雄等民间艺术的展演，表演者基本都是十几岁到二三十岁的小伙子，其中一个是高一学生，寒假期间排练了半个月；经开区东海岛东海人龙舞元宵巡游队伍中，有一个小学六年级的男生，在兼顾学业的同时，坚持排练和表演；吴川鼎龙湾粤西年例文化节表演飘色的演员中，扮演观音的是一个五岁的男童，访谈中家长告诉笔者：“他愿意参加，不让他来，还不高兴呢。孩子们也都愿意参加。”这些青少年的“愿意参加”透露出的集体主义精神、公益精神，保证了民间艺术的传承；村落的公共艺术活动没有衰落，才有了地方认同的持续和文化自信的加强。

二、年例强化家族认同和集体认同

许多村落的年例习俗是包括了家户活动的。做年例的村民在家中举行的祭祖仪式和办酒席请客，组织者则是家家户户的主人，尤其是“食年例”这一环节。家族成员轮流举办，有的是自己操办宴席，也有的聘请厨师操办，但不管如何，一般都是家族成员（有时还会叫上大家都熟悉的朋友）一起聚餐，叫作“食年例”。聚餐融洽了家族成员之间的感情，也深刻地强化了家族成员的身份认同。

吴川兰石镇的传统年例活动包括游神、摆盅、吃年例、唱大戏等内容，祈祷生产兴旺、生活幸福。兰石镇兰石村于2024年正月十三举办年例，当晚村民在自家食年例，家家户户都热热闹闹地大摆宴席，招待亲戚朋友。人们吃饭讲究好意头，有一个菜是炒粉丝，寓意“起粉”，表示长长久久、连绵不断；烧鸡则寓意“吉祥”。吴川民间有“越吃越旺”的说法。他们也欢迎陌生人，谁家在吃年例，都可以进去吃，认为这样人气旺。有的村民说：“你随便去哪一家吃，不用带礼物，我们喜欢热闹。”家族大、房子大的家户，或者亲戚多的人家，甚至在开阔地带临时搭建厨房，摆起流水席。人们笃信，人越多，就越热闹，财运也就越兴旺。年例过后，在兰石古庙后面的开阔地带游神，人们要抢发财炮或添丁炮，气氛紧张而欢乐。

除了祭祖活动对家族成员产生重要影响以外，年例聚餐也是家族成员交流互动的平台，同样具有深远的意义。人们会邀请姻缘亲属来吃年例，在聚餐过程中，大家相互之间会交流各种事务，饭后则来兰石古庙观看抬菩萨巡游。而对于家族成员来讲，无论他们身处何方，都会尽可能回来参加年例活动，共同聚餐，相互认识、增进交流。家族成员可以分享彼此的生活经历、家庭生活、工作进展和人生感悟，拉近了家族成员之间的距离，还强化了彼此之间的情感联系。年青一代往往通过吃年例，近距离地听家族长辈讲述家族历史和传统，家族价值观得到传承和延续，归属感和自豪感得到增强和巩固。老一辈家族成员往往通过年例聚餐表达家族对未来的期望和愿景，鼓励年青一辈好好学习、认真工作。家族成员会共同展望未来，探讨家族的发展方向和目标，这种对未来的规划和展望有助于激发家族成员的积极性和创造力，为家族、家乡和国家的繁荣和发展贡献力量。

和以家户为单位组织的宴请活动不同，湛江各地的年例活动更多是需要全村人一起参与，例如摆盅、摆醮等祭祀活动，神像巡游活动，舞狮、歌舞、粤剧、木偶戏等各种民间艺术表演，等等，非得整个村庄共同参与不可。经开区东海岛东山圩村康皇庙元宵节期间要表演人龙舞，康皇庙墙壁贴上了告示，上面写着“东山圩全体信民：你们好！现将各小队报来参加 2024 年正月十六游神及人龙舞文化节人员一并公布……”，其中包括各种分工，如小车、国旗、横额、花篮、鸣锣开道、和尚、刀斧手、头旗手、龙旗手、八宝灯、凤旗手、神马、五色旗手、土地公亭等，还有总指挥、小车负责人、龙凤旗负责人、五色旗负责人、大小轿负责人、列队指挥等，并对队伍排列做了公开、细致的安排。这样的分工，需要统一的组织，也需要大量人力来支撑。

坡头区麻斜街道春节期间举办罗侯王庙会，参与主体是 15 个敬奉罗侯王的村庄。正月初十到十五的白天，人们抬着各自敬奉的神像举行陆地巡游，近 20 台神轿汇集到村广场游神，要放鞭炮、舞狮竞技，还要敲锣打鼓迎神、颂神和抖神，仪仗队气势浩大。正月十五夜晚是海上巡游，人们抬着各村神轿到海边码头，进行三个多小时的巡游。此外，还要举行大型祭拜仪式和文艺会演。整个活动仪式可谓壮观隆重，聚集了人气、增添了喜庆的气氛。

无论是把全村共同崇拜的神仙“请”出来游神，还是请歌舞团和粤剧团到村中演出，这些活动都不是一个家庭或一个家族可以操办得了的。更重要的是，这样的大型活动，尤其要注意秩序管理，例如交通秩序的维护、公共场所的卫生监督，特别是海边洗神时尤其要注意防止拥挤、踩踏。正月十五夜晚罗侯王庙和麻斜码头，有许多志愿者在维持秩序，当人群拥挤着往前欲将洗神看得更加清楚时，志愿者大声呼喊“不要再往前了”，并采取一定的措施劝阻人群。这样的大型集体活动，没有村落基层政府和民间组织共同介入和管理，是很难顺利、安全开展的。也正是年年举办这样的活动，集体的合作能力和社会治理能力得到了锻炼与提升，村民的集体认同得到了显著的强化。

三、年例习俗的传承原因

湛江绝大多数村子每年都会举行各自的年例，能够传承至今，离不开各种自然和文化因素。

第一，年例习俗与其他习俗相互支撑。作为一种传统节俗，年例习俗所展演的村落在其他节日也有非常丰富的表现。春节从大年三十那天开始，家家户户张灯结彩，贴“年红”（春联、横批、门神、年画），挂年橘，摆年糕，穿新衣，室内外焕然一新；二月初二，要庆祝“土地诞”即土地公诞辰；五月初五端午节，有吃粽子、赛龙舟等端午习俗可以辟邪招安[①]；九月九重阳节，开展敬老活动[②]；冬至日，人们一般会煲姜饭或做“冬约”（米粉包）吃，并做“冬约”送亲戚，叫“送冬”。[③]不同节日所表达的文化内涵，大体一致，如祭祖、拜神都是为了生产顺利、生活如意。在面对自然灾害等不可抗力时，人们往往寄希望于神灵和祖先的保佑，而年例活动正好为人们提供了一个表达敬畏和祈求平安的场所。

第二，年例习俗需要经济和人力的支撑。年例习俗与当地的自然环境和社会环境密切相关。湛江地处热带北缘季风气候区，冬无严寒、夏无酷暑的气候特点为年例活动的举行提供了良好的条件。同时，湛江地区丰富的自然资源和多样的农作物也为年例活动提供了丰富的物质基础。通过访谈我们发现，年例的开展需要一定的经济支撑，但这都有村民积极参与，即使是在外地工作的村民，也会赶来参加。从整体情况来看，在“食年例”活动中，家族成员亲自操办的事情越来越少，许多工作都已经外包给专业的厨师团队。年例文化中的商业气息浓厚，但是人情也非常浓厚：调研过程中，看到哪户房子，我们感到好奇，敲门进去，人家接受访谈，同时也邀请我们喝茶；打交道的出租车司机、医护人员，听我提起年例，马上热情地介绍本地年例习俗，自豪之情溢于言表，也提醒我们注意“水土不服”。除了群体的参与，年例习俗的传承也得益于当地政府和民间组织的支持和推动，他们为年例习俗的传承提供了有力的保障。众所周知，广东是中国经济发展的头部地区，但经济的发展与传统民俗的传承、公共精神的维系相互之间并没有出现矛盾。

---

① 参见邓碧泉、余石《民俗文化》，岭南美术出版社 2013 年版，第 170—172 页。

② 参见吴川市地方志编纂委员会《吴川市志（1979—2000）》，广东人民出版社 2014 年版，第 647 页。

③ 参见吴川市地方志办公室《吴川县志》，中华书局 2001 年版，第 957 页。

第三，年例习俗中需要的民间文艺展演，恰恰是湛江民间传统文艺活动的长项。湛江民间艺术特点突出、亮点纷呈，拥有一批全国乃至世界知名的民间艺术种类。东海人龙舞素有“东方一绝”的美称；遂溪醒狮蜚声海外，曾代表广东参加2008年中国奥运会开幕式文艺展演[①]；吴川传统文化古老而深厚，民间艺术丰富而多姿，其中飘色、泥塑和花桥被誉为“吴川三绝”，一般在春节、元宵节、冬至日等重大节日时举行[②]。这些民间艺术活动的功能不仅仅是娱乐，更重要的是表达美好的愿望，例如遂溪县殷屋村的舞鹰雄表现的是“鹰”镇一方邪祟，而“雄”守一方平安，最后传达出来的是人们对风调雨顺的期待，将武术、舞蹈与祭祀、祈福有机融合。赤坎区百姓村的年例巡游活动，最引人注目的是“穿令箭”和“滚刺床”，这两项绝技表演也有敬拜、祭祀神灵的意义。

四、结语

在2024年元宵节的田野考察中，我们深入了解了湛江各地年例习俗的丰富多样，这些活动不仅展示了当地的历史文化，也体现了地方文化的独特魅力。通过年例活动，人们能够感受到集体的温暖和力量，从而增强对家族的认同感和归属感。村民在年复一年的年例活动中，也加强了对地方传统文化的尊重和继承，这进一步强化了他们的集体认同和文化自信，对于维护文化多样性和地域特色具有重要意义。

---

① 参见《湛江概况》，(2024-04-07) [2024-04-13]，https：//www.zhanjiang.gov.cn/mlzj/zjgk/content/post_1300793.html。

② 参见吴川市地方志编纂委员会《吴川市志（1979—2000)》，广东人民出版社2014年版，第644页。

东风夜放花千树、锣鼓声动鱼龙舞

——元宵灯节的起源、形成、发展与文化内涵漫论

向柏松

武汉科技大学人文社会科学高等研究院特聘教授，

中南民族大学文学与新闻传播学院教授

元宵节的核心民俗是灯俗，以灯俗为核心，形成了张灯、观灯、舞龙灯及相关节日民俗事象。宋代辛弃疾《青玉案·元夕》描写了当时元宵节灯火辉煌的盛况：

东风夜放花千树，
更吹落，星如雨。
宝马雕车香满路。
凤箫声动，
玉壶光转，
一夜鱼龙舞。

灯俗贯穿了元宵节的起源、形成、发展的全过程，并包含了节日的主要文化内涵。

一、元宵节起源于古代祭天仪式

追溯元宵节的起源，必然要从其灯俗入手。元宵灯俗起源于古代祭天仪式。祭天，是天神崇拜的形式。天神崇拜观念早在远古时代就初露端倪。仰韶文化陶器上的彩色太阳纹、大汶口文化陶尊上的日、月、山图案，原始时代岩画上的日月纹样等都留下了远古崇天意识的痕迹，但详情已难考证。

较早的祭天仪式见于先秦典籍。据载，古人所祭之天，称天帝、上帝、玄天，或昊天上帝，是古人心目中的至上之神。祭祀的方法为燎祭。《周礼·春官·大宗伯》载："以禋祀祀昊天上帝，以实柴祀日、月、星、辰。""禋祀""实柴祀"都属于燎祀，为古代祭天礼仪。先点燃堆起的柴火，让浓烟升天，再把牛、羊、猪等牲体或玉帛放于柴火上焚烧，意为让天帝嗅味以享祭。燎天之祭多有记载。《礼记》载:“柴于上帝。”《说文解字》释柴:“柴，烧柴燎祭天也。”《仪礼·觐礼》:“祭天燔柴。”从这些记载可以看出，祭天的专门仪式是烧柴，这就与灯火发生了联系。烧柴燃烧的火光，在夜晚特别明亮，照得夜空如同白昼，既取悦于人，又取悦于神。于是，人们在想象焚烧牲体的柴烟为天神所接受的基础上，又产生了烧柴的光亮取悦于天神的幻想，这可以说是燎天之祭意义的延伸。这种延伸又形成了专门以火光祭祀天神的仪式，名之曰“庭燎”。周人已有庭燎。《周礼·秋官·司烜氏》:“凡邦之大事，共坟烛庭燎。”郑玄注:“坟，大也，树于门外曰大烛，于门内曰庭燎，皆所以照众为明。”庭燎即在庭院烧火祭天。烧火用大烛，大烛由松、竹、苇等捆扎成束，浸以油膏制成。夜晚祭天时，将大烛立于庭院中燃烧，照亮夜空，以此取悦于天神，即所谓“照众为明”。《诗经·小雅·庭燎》记庭燎仪式，也突出了庭燎之光照亮夜空的情形，诗中“庭燎有光”“庭燎晰晰”“庭燎有辉”等诗句都突出了庭燎之光。当然，这首诗还有一种解释：赞美君臣勤于国事、燃烛早朝，这显然是出于儒家的误读，不足为信。庭燎大烛之光，开启了元宵灯节的灯火之光。大烛即后世灯笼的雏形。但是，不少古老文化演化成新形式之后，往往还同时保留其原型形式。庭燎烧火祭祀演变为灯笼祭祀之后，后世仍保留其原型形式。明代高濂《四时幽赏录》载:“除夕，唯杭城居民家户架柴燔燎，火光烛天，挝鼓鸣金，放炮起火，谓之松盆。”“火光烛天”仍保留了先秦庭燎之意。《帝京景物略》载：除夕“夜以松柏枝杂柴燎院中，曰烧松盆……”晚近，燎天遗俗称为烧毛狗、照毛虫、赶毛狗等，均是在田地山野烧火，以驱赶危害庄稼的毛狗与害虫，并祈求农作物丰收。至此，燎天之祭内涵已发生了很大改变，但是燎天的形式依然存在，其古老意义也尚有残存。其价值在于它是元宵灯节萌芽状态的活化石，但不值得再度发扬光大，因为其形态原始、简陋，烧火的活动也容易造成火灾或空气污染。一种文化事象已由原始形态进化到了高级文明的形态，我们的明智之举就是不要本末倒置，再去追求它的原始形态了。

周人祭天，兼及日、月、星，即所谓“祭天之礼兼及三望”。三望即日月星三光。周人祭天为什么要同时祭祀日月星呢？一方面是由于周人心目中的天并无实际形体，比较虚空，所以将日月星作为混合的偶像（玉皇大帝是后起之天神偶像）。另一方面，是因为周人往往根据日月星的运行来确定祭天的时间节点。先秦时期天空中五颗耀眼的行星已经引起了古人的注意，称之为五纬，即东方岁星、南方荧惑、西方大白、北方辰星、中央镇星，这些星宿的运行规律成为人们划分时间节点、制定天文历法的重要参考依据。其中的岁星，又称“木星”，是人们划分“年”的节点的重要依据。《星备》载：“岁星，一日行十二分度之一，十二岁而周天。”原来，古人将木星的运行路径，由北向西、再向南、再向东、再向北绕一圈划分成了十二段，称十二次。木星绕太阳运行的速度，正好比地球慢十二倍。这样，木星每进一段，即一次，代表地球的一年，绕一周，正好是十二次，为地球上的十二年。因此，木星又称为“岁星”，人们便根据岁星每进一段的位置，来确定旧年结束和新年的开始，并在这个时间节点上对着岁星举行祭天仪式，祈求来年风调雨顺、五谷丰登、吉祥平安。其祭祀仪式也逐渐演化为节日，祭祀岁星既是农历春节（元日）的源头之一，也是元宵节的源头。这是因为春节与元宵节本为一个整体，在形成发展过程中，两者的文化元素往往是相互置换、相互调剂的。民间有“三十晚上的火，十五晚上的灯”的说法，即表明除夕晚上的火与正月十五晚上的灯是遥相呼应的，具有相关性。两汉及其以降，新岁燎天仪式逐渐移至正月十五，逐渐向元宵节演进。

二、元宵灯节的形成与发展

西汉仍承继先秦燎天之祭，不过祭天的对象不再那么宽泛，而是具体到了太一神，祭祀的形式不再是点燃熊熊的大火，而是改用灯烛祭祀。尽管有了这些演化，但是其间仍存在一脉相承的联系。

西汉祭祀对象“太一”，又称“泰一”“太乙”，是天帝的具体化神灵。竹简《太一生水》载：“太一生水，水反辅太一，是以成天。天反辅太一，是以成地。”可见，“太一”是创造天地的创世大神。《史记·封禅书》载：“天神贵者太一，太一佐五帝，古者天子以春秋祭太一东南郊。”《史记·天官书》张守节正义："泰一，天帝之别名也。刘伯庄云：泰一，天神之最尊贵者。"可见太一是由先秦天帝演化而来，其内涵更为具体丰富。

西汉祀太一神与先秦庭燎在祭祀形式上有继承与演变的关系。西汉祀太一天神继承了先秦庭燎夜祀的习惯。《史记·乐书》载："汉家常以正月上辛祠太一甘泉，以昏时夜祠，到明而终。常有流星经于祠坛上。使僮男僮女七十人俱歌。"西汉祀太一神用灯火，与先秦庭燎用柴烧之火，在性质上是一致的。从柴烧之火演化为灯火，是出于方便、经久的缘故。但由于改用灯火，通宵达旦地举行祭祀，便悄然滋生了观赏、娱乐、欢庆的节日因素。所以汉代祀太一，也有节日欢乐气氛：流行与灯火交相辉映，少男少女以歌为祭，既娱神，也娱人。有趣的是，汉代祭太一的仪式，作为元宵节的前期形式，在晚近仍有保留。清代潘荣陛的《帝京岁时纪胜》："初八日传为诸星下界，燃灯为祭。灯数以百有八盏为率，有四十九盏者，有按玉匣记本命星灯之数者。于更初设香楮，陈汤点，燃而祭之。观寺释道亦将施主檀越年命星庚记注，于是夕受香仪，代具纸疏云马，为坛而祭，习以为常。"就是北京的祭星，是西汉祭太一的仪式的遗存。两者的一致性，不仅体现在燃灯仪式上，也体现在祭祀对象上，太一又指星名，祭星即为祭祀太一。总之，西汉祀太一活动，上承先秦庭燎祭仪，下启元宵灯节习俗，成为燎天演变为灯节的过渡形式：确立了活动的具体时间是正月十五，祭天的对象具体化，烧柴祭祀演变燃烛祭祀。

东汉，佛教进入中国，为了广泛传播，必须实行中国化。佛教中国化的途径之一就是将其法规仪典与中国的民俗相融合，形成中国老百姓所喜闻乐见的民俗形式。在这种背景下，佛教的仪式也和元宵节发生了融合。高承的《事物纪原》载："西域十二月三十乃汉正望日，彼地谓之大神变，故汉命令燃灯表佛。"燃灯表佛，本为印度佛教点花灯祭佛的仪式，随佛教传入中国，即为汉明帝所倡导，并将其融入正月十五祭祀天神的仪式。燃灯表佛与原有的祭太一仪式相融合，便形成了更为强盛的传播力。这是因为，外来文化一旦与本土文化相耦合，必然形成一种时代风尚，得以在广大民众中传播。从东汉开始，宫廷燃灯祭天神的礼仪，就开始向民间流传，逐渐成为全民性的习俗。由此，东汉可以视为元宵节逐渐发展的时期。

唐代，道教成为国教。道教又在燃灯表佛基础上，对正月十五的灯祀仪式做出了道教式的解释，即祭祀天官，以为赐福。道教有三元之说，即上元、中元、下元。上元为正月十五，为天官之诞辰，即为天官赐福之日，为上元节；中元为七月十五，为地官诞辰，也是地官赦罪日，为中元节；下元为十月十五，为水官解厄日，为下元节。从唐代开始，正月十五被称为“上元节”。道教正月十五燃灯祭祀上元天官祭礼，上承先秦至两汉祭天神的传统，有着深厚的本土文化渊源，有着广泛的群众基础。同时，所谓天官赐福之说，又能满足国人对趋吉求福活动的偏好，很快为国人所普遍认同。可以说道教和佛教在元宵节形成发展的过程中，起到了推波助澜的作用。

元宵灯节终于在唐朝完全定型成熟了。唐朝本有宵禁制度，但在元宵节前后几日，却特许“弛禁”，允许通宵放灯。《太平御览》引唐人韦述《两京新记》：“惟正月十五日，敕金吾弛禁前后各一日以看灯。”唐代的灯会盛况空前。《雍洛灵异小录》载：“正月十五日夜……灯明如昼，山棚高百尺，神龙以后，复加俨饰，士女无不夜游，车马塞路。”张祜的《正月十五夜灯》：“千门开锁万灯明，正月中旬动帝京。”宋代元宵节持续盛况有增无减。宋代孟元老《东京梦华录》：“正月十五日元宵，大内前自岁前冬至后，开封府绞缚山棚，立木正对宣德楼，游人已集御街两廊下。奇术异能，歌舞百戏，鳞鳞相切，乐声嘈杂十余里，击丸蹴鞠，踏索上竿。赵野人，倒吃冷淘。张九哥，吞铁剑。李外宁，药法傀儡。小健儿，吐五色水、旋烧泥瓦子。大特落，灰药。榾柮儿，杂剧。温大头、小曹，嵇琴。党千，箫管。孙四，烧炼药方。王十二，作剧术。邹遇、田地广，杂扮。苏十、孟宣，筑球。尹常卖，《五代史》。刘百禽，虫蚁。杨文秀，鼓笛。更有猴呈百戏，鱼跳刀门，使唤蜂蝶，追呼蝼蚁。其余卖药、卖卦，沙书地谜，奇巧百端，日新耳目。至正月七日，人使朝辞出门，灯山上彩，金碧相射，锦绣交辉。面北悉以彩结，山沓上皆画神仙故事。或坊市卖药卖卦之人，横列三门，各有彩结金书大牌，中曰‘都门道’，左右曰‘左石禁卫之门’，上有大牌曰‘宣和与民同乐’。彩山左右，以彩结文殊、普贤，跨狮子、白象，各于手指出水五道，其手摇动。用辘轳绞水上灯山尖高处，用木柜贮之，逐时放下，如瀑布状。又于左右门上，各以草把缚成戏龙之状，用青幕遮笼，草上密置灯烛数万盏，望之蜿蜒，如双龙飞走。自灯山至宣德门楼横大街，约百余丈，用棘刺围绕，谓之‘棘盆’，内设两长竿，高数十丈，以缯彩结束，纸糊百戏人物，悬于竿上，风动宛若飞仙。内设乐棚，差衙前乐人作乐杂戏，并左右军百戏，在其中驾坐一时呈拽。宣德楼上，皆垂黄缘，帘中一位，乃御座。用黄罗设一彩棚，御龙直执黄盖掌扇，列于帘外。两朵楼各挂灯球一枚，约方圆丈余，内燃椽烛，帘内亦作乐。宫嫔嬉笑之声，下闻于外。楼下用枋木垒成露台一所，彩结栏槛，两边皆禁卫排立，锦袍，幞头簪赐花，执骨朵子，面此乐棚。教坊钧容直、露台弟子，更互杂剧。近门亦有内等子班直排立。万姓皆在露台下观看，乐人时引万姓山呼。”宋朝元宵，张灯结彩，舞龙盛行，杂戏表演成风，热闹非凡。宋以后，元宵灯节盛行不衰，延续至今。

三、元宵节的文化内涵

元宵节的文化内涵主要随着灯俗的演进而形成的，多寄寓于灯俗之中，但也有由其他文化因子的渗入。

（一）祈年：祈求风调雨顺、五谷丰收、吉祥如意

元宵花灯盛会多书祈年之语，以示人们对来年岁熟年丰的祈求。如湖北黄陂过元宵节，“各村都出灯会，牙牌上书‘风调雨顺’‘国泰民安’‘五风十雨’和‘万紫千红’等句”。不少地方还将元宵节祈年的花灯与祭社神、谷神联系起来，以表达人们对于丰年的祈望。1914 年《和顺县志》载：“十五日，‘上元节’。里巷立社。蒸层糕插连藁谷供神，逐门张灯三夜，以祈丰年。”1929 年《辽州志》载：“‘元宵’，里巷门首张灯火，村中多立社，点九曲灯。蒸层糕，插谷穗供神前，祈丰登之意。”一些地方的农村，在元宵节还保留了先秦烧火祭天祈年仪式的变形遗存形式——放烧火，即以火祭田祈年，系由先秦以火祭天祈年仪式演化而来，演化之

后，祭祀对象由天变为田，意义与祭祀仪式并没有改变。胡朴安的《中华全国风俗志》叙述了江苏南通元宵节夜晚农民放烧火习俗："月望之夜，用草把柏枝握于手中，燃其一端，旋舞不已，且高声歌唱。"所歌多为祝年之辞。"以上所述，系南通农家风俗，名曰放烧火，年年正月望有此举动也。"湖北监利市的放烧火，是从大门烧到田野，祈年之中又夹杂辟邪之意。"至初三日，燃烛于大门，将屋檐所插松柏，合楮焚于街际，谓之烧门神纸。"正月上元夜，"各乡村，燃炬火以照田间。声彻远近，谓之赶门狗"。浙江、江苏一带称放烧火为"烧田蚕"，意即烧火驱除田间的害虫，祭土地神仪式则演变成了除虫害之巫术，但仍以祈年为最终目的。明万历三十三年（1605）《嘉定县志》载："'望之夕'，农家以高炬照田之四隅，曰'照田蚕'。"清光绪十七年（1891）《枫泾小志》载："'元宵'，演龙灯，马灯，农家束刍烧田间，曰'着田蚕'，以祈丰年。"元宵节祈求丰收、吉祥的活动主要寄寓于舞龙灯活动。元宵夜，在各种花灯的映照下，一条条火龙翻腾起舞，活灵活现，群情激昂，欢声雷动。舞龙之时，又配有舞狮子、划采莲船、演蚌壳精、踩高跷等杂艺节目，增强了节日的吉祥气氛。

（二）祈子：祈求子嗣繁衍、人丁兴旺

花灯历来是中国人祈子的吉祥物，这与"灯"字的一部分为"丁"有关。旧时元宵节挂灯、送灯、妇女观灯等都或显或隐地带有祝殖求育之意。

挂灯在元宵节之前，一般为去年生了小孩的人家所为，既有庆祝之意，也有祈望再生子之意。广东翁源将挂灯称为"庆灯"，即缘于此。《中国民俗大观》卷下载："广东翁源要举行'庆灯'，日子是预先择定的，也有在十三或十四举办的。这一天，凡是去年生了儿子的人家，必得先备花灯……纸灯的中间置油灯一盏，把它用红绳吊到宗祠的梁上去，同时敲着锣鼓，放着鞭炮，意思是'灯'愈闹而'丁'愈旺。另外还得买许多灯，一种叫'鼓子灯'的，必须送给神庙；一种叫'莲花灯'的，得送给观音棚。这天大家要大吃大喝，酒席由生子的人家或宗祠来备办。开始举杯的时候，大家该说吉利的颂词：'恭喜，多生贵子！添丁！添丁！'"一些

地方还将元宵节前挂灯之日视为花灯生日，以此日祈子最灵。“广东东莞有‘灯头生日’‘回家接子’的俗行，就是正月十三灯头生日，凡是新娘子，必须回到夫家，说是到娘家‘接子’回夫家。”元宵节送灯祝子，一般是亲友送灯给盼子心切的人家以祝早生子。“江苏（淮安）旧历元宵节后，二月二日以前，此十数日间，有所谓送子者焉。此事亦系出于亲友之所为。盖凡老年无子，及成婚多年而无生育者，亲友知其盼子心切，咸乐送之。然送者非人，乃一纸糊之小红灯耳。”

元宵夜观灯历来为大众娱乐活动，可是旧时妇女观灯则怀有祈子心愿。“正月十五元宵夜，潮汕各地还有所谓‘新娘落祠堂’的习俗：凡是乡中当年新婚的新娘，是晚要到宗祠里观灯……宗祠内面，灯烛辉煌，人们熙熙攘攘，争挤观灯看新娘，新娘来到祠堂，先由伴娘点燃三炷香，让新娘顶香跪拜祖宗，祈求明年得子。拜完祖宗，伴娘偕新娘绕堂一周，逐屏观灯。”在福建、台湾等地的元宵节之夜，妇女看灯则不必有特定的场所，却仍含祈子之意。已婚未育的女子看灯是祈求早育，尤其是祈求早生男孩，民间谚语“钻灯脚，生男胞”，即反映了观灯能感应妇女生男孩的观念。未婚待嫁女看灯则有祈求喜结良缘之意，其深层内涵仍与祈子有关。旧时广州妇女元宵观灯祈子活动是与祭神活动相联系的。《广东新语》载：“广州灯夕，士女多向东行祈子。宝灯供神。夜则祈灯取彩头。凡三筹胜者为神许。许则持灯而返，岁酬灯。生子者盛为酒肴庆社庙，谓之灯头，群称其祖父曰灯公。”

（三）团圆：祈盼阖家团圆、幸福美满

中国人历来以家人的团聚特别是节日家人的团聚为幸福美满之事，家人团聚聚餐是中国节日最基本的庆典形式。正月十五为一年之中的第一个月圆之夜，更容易让人们联想到家人的团聚，当然这也与中秋节的影响有关。中国的节日之间从来存在互文性的关联，尤其具有相同或相似民俗的节日，更容易发生互融。八月十五与正月十五都是相同的月圆之夜，其间的节日文化内涵难免相互渗透，中秋团圆的主题也难免渗入元宵的习俗之中。所以元宵节在宋代又增添了吃汤圆祈团圆的民俗。宋代元宵节的节令

食品，最初是油煎的团子，称为油锤，因为是圆形的，所以用于元宵灯节象征团圆。宋代郑望之的《膳夫录》载："汴中节食，上元油锤。"油锤唐代已有，但与元宵无关。唐人王梵志非常喜欢这种食品，有诗赞曰："贪他油煎锤，爱若菠萝蜜。"油锤与今日武汉的"欢喜坨"极其相似。到了宋代，油锤才成为节令食品，并被称为圆子，或元宵。同时，宋代的汤圆还经过改进，演化为糯米作材料煮制的汤圆。《岁时广记》载："《岁时杂记》：'京人以菉豆粉为科斗羹，煮糯为丸，糖为臛，谓之圆子。'"宋代糯米汤圆不断传承发展，至今已是五花八门、异彩纷呈，但基本做法却也是大体相同的。汤圆用芝麻、豆沙、核桃仁、果仁、枣泥、白糖等为馅，用糯米粉和水成浆，或包或滚成圆形，也可素食不用馅，只用糯米粉浆搓成圆形，可汤煮、油炸、蒸食，寄寓团圆美满之意。元宵节增添食汤圆习俗，也与节令相关。中国传统饮食文化讲究顺应时令进食，以适应季节、生活的变化，认为这样才可养生宜年。汤圆香甜软糯，口味偏于素淡，可以消解春节饕餮大餐积累的油腻，正合节令。至于汤圆的团圆之意，只是人们赋予的象征性意义，是节日食品精神层面的升华。

（四）辟邪：驱除百虫及一切不祥之邪气，以保人畜平安

元宵辟邪也用灯烛，这是因为人们相信灯烛的光亮能够驱除在黑暗中生存的百虫和邪气。旧时元宵夜在室内室外各处遍置灯笼或烛火，其用意就在于辟邪。皖南山区正月十五夜，家家户户在宅前宅后、屋里屋外的地上，遍插红纸扎糊的灯笼或红蜡烛，俗信经过红光照耀，屋内外的蜈蚣、蝎子、毒蛇之类，均会逃之夭夭，当地称此俗为"照灯"。清道光九年（1829）《阜阳县志》载："（上元夜）门户、碓、井等各设灯，谓之'照耗'。""耗"，即"虚耗"，为一种使财物消耗之鬼，"照耗"，即燃灯照明以驱除"虚耗"之鬼，保佑一年吉祥如意。东北三省称置放灯烛为"送灯"。当地的灯用面粉捏塑蒸制而成，分三种：玉米面做成的灯称金灯，麦面做成的灯称银灯，荞麦面做成的灯称铁灯。元宵节日落星出之前，便开始送灯。要先为祖宗板、天地板、灶里板、仓房、牛马圈、井台、碾磨房等处送灯，然后再往大路口、祖坟送灯，祖坟所送之灯为金灯、银灯。

此俗也是以遍置灯盏辟邪。陕西铜川一带以灯烛辟邪之时，还要在灯旁置饼，称“伴灯馍”，以示对灯的祭祀，可见，具有辟邪功能的灯已被视为具有吃喝功能的灯神，其辟邪之功力更显神异。有些地方元宵节的灯烛辟邪仪式，并不要求遍置灯盏，只需一人持一灯各处照一照就行了。如陕西扶风一带照黑角的习俗就属此类。当地元宵夜，满屋灯火通明，一人提着灯笼，把房前、屋后、院中的黑暗角落普照一遍，认为哪一处黑角没有照到，就会出现蛇、蝎等毒虫。

元宵灯节习俗除包含祈年、祈育、辟邪等主要意义外，还兼含祈求其他多种吉祥如意之义，诸如祈求健康、长寿、发财、升迁等，而且多种祈求意义往往是混杂在一起的。旧时普遍流行的“富贵寿考”灯，就包含了多种祈求意义。该灯分四面，绘有天竹子、蜡梅、百合、柿子、灵芝和松枝，分别象征寿命绵长、百事如意、长生不老、子孙繁昌等。又有一种“富贵多子”灯，以牡丹图案象征富贵，以石榴象征多子。“三阳开泰”灯绘三只羊，一只为母羊，另两只为小羊。一头小羊吃草，一头小羊跪在母腹下吮乳。“羊”与“阳”谐音，“三羊”表示“三阳”，象征春回大地，万物滋生、欣欣向荣。总之，一切顺遂如意之事都可以通过花灯来祈求，花灯已逐渐演化为一种通用的吉祥物，成为中国人追求美好生活的象征物。

7

金猪年传说的来龙与去脉

施爱东
中国社会科学院文学研究所研究员

按传统的五行与生肖的配算，一般将辛亥年称作“金猪年”。因为在十个天干中，只有排第七的庚和排第八的辛是五行属金，又由于天干配地支生成六十甲子的算法，并不是10×12的搭配，而是5×12的搭配，所以，同是属金的庚和辛，其中只有偶数位的辛能与偶数位的亥搭配成为辛亥年（金猪年），奇数位的庚与偶数位的亥轮不到一起，所以没有庚亥年。按照这个算法，所谓的金猪年，除了我们最熟悉的“辛亥革命”1911年，就近的年份就只有1971年和2031年。

奇怪的是，大约从2006年3月开始，社会上就开始广泛流传2007年是“金猪年”的说法。到了2006年下半年，尚未生育的年轻夫妇几乎无人不被问及“明年是否打算生个金猪宝宝”，满世界都在盛传2007年出生的小孩将是“金猪宝宝”。

“望子成猪”取代“望子成龙”

与过去的所谓“封建迷信”多由老人传承不同，这一轮金猪宝宝的概念主要是由年轻女性在传播、互询，许多老人尤其是农村老人，甚至根本没听说过什么金猪宝宝。到了2006年下半年，只要点开中文互联网上任何一个婚龄青年的“同学录”之类的同人讨论区，总能看到有人在讨论是否应该在2007年要一个金猪宝宝的问题。而且，首先挑起这些话题的，往往都是面临婚育问题的新婚女性。

从2006年年底以来的媒体报道看，在这一轮“新迷信事件”中，大中城市的症状远比农村和小城镇严重得多。在上海、杭州等大中城市，产前检查的孕妇天天坐满候诊大厅，从2006年下半年开始，月嫂服务的需求量也急剧猛增，一嫂难求。以四川成都的报道为例：“10月份在华西第二医院建卡的孕妇突破440人，创下了该院建院以来的最高纪录，比去年10月增加100人。当地媒体从其他产科医院了解到，今年下半年以来，到医院建卡准备明年生产的产妇比去年同期明显增加。”[①]

过去中国人都用“望子成龙”来形容父母对子女未来的期待，如此“望子成猪”的现象，在历史上从未有过。当年流行的金猪宝宝传说中，都说金猪宝宝的运气将会特别好，一生无忧无虑，事事坐享其成。因此，“根据第五次人口普查资料的数据预测，2007 年将出现第四次人口出生高峰，有关权威人士预测，2007 年出生的中国‘猪宝宝’将达到 2200 万。这个数字比 2000 年的‘千禧龙宝宝’还要高很多”[②]。

时间刚刚跨进 2007 年，广大孕妇对于产床的争夺就进入白热化。“从大年初一起，全国各地一批批的‘猪宝宝’相继诞生，医院产房热闹非凡，产科床位已是‘一床难求’。以北京妇产医院为例，大年初一从零点到清晨八点医护人员共接生‘猪宝宝’15 名：6 男 9 女中还有一对龙凤胎。初一至初八，该院降生‘猪宝宝’243 名，平均每天降生 35 名。为了应对生育高峰，医院不得不制定紧急预案，增加病床、缩短住院时间，甚至将医护值班室、示教室改为病房，以期缓解住院压力。”[③]

越是城市化进程较快、经济相对较为发达的地区，人们对于金猪宝宝的热衷程度越高，长三角和珠三角地区的年轻妈妈尤其赶趟。“记者从南京市妇幼保健院、省人民医院、鼓楼医院等南京多家三级甲等医院产科了解到，今年就诊孕妇增加了约 20%。南京市妇幼保健院产科更是‘一床难求’，现在只剩下走廊的加床。”[④] 在常熟第二人民医院产科病房，“产科的床位已经住满，病房外走廊也加满了床位。记者随机采访了几名产妇，她们都表示，听说今年是‘金猪年’，感觉这个属相的人比较有福气，所以很高兴宝宝赶在这时候出生，也有产妇明确表示她们是刻意选择在今年生‘猪宝宝’的”[⑤]。

---

① 叶雷:《“金猪宝宝”未必是福》,《浙江日报》2006 年 11 月 8 日。

② 李雯:《“金猪宝宝”扎堆带来遍地黄金》,《影响力》2007 年第 3 期。

③ 倪柏明:《“金猪宝宝”扎堆，好吗》,《中国经济时报》2007 年 2 月 28 日。

④ 杜琴庆:《“金猪年”搅动孕婴市场》,《江苏经济报》2007 年 3 月 9 日。

⑤ 陈哲:《别扎在“金猪年”生宝宝》,《常熟日报》2007 年 11 月 26 日。

到底是金猪年、火猪年，还是土猪年？

有社会学家指出，如果某一年出生的孩子特别多，就会打破社会资源平衡，带来一些社会问题。将来这批孩子上学、就业、结婚、养老时，注定要面临更加激烈的生存竞争，2007 年，争产房；2010 年，争幼儿园；2013 年，争小学；2019 年，争大学；2023 年，争就业。这种千军万马过独木桥的状况将会与这批孩子一生相伴。

金猪宝宝的热潮，也引起许多人对于 2000 年“千禧宝宝”扎堆出生的反思，有学者撰文说：“‘金猪年’引发的婴儿潮不禁又让人想起 6 年前的‘千禧宝宝’。想当初 2000 年是公元元年之后的第二个千年交替，加之又恰逢农历龙年，成千上万的育龄夫妇为讨‘儿成龙、女成凤’之‘吉利’，利用多种人为干预方式控制自己的婴儿在此年降生，一些父母甚至采取药物或剖腹方式调控产婴出生日期。而众多‘龙宝宝’如今已到了入学年龄，当年的生育高峰引发社会资源的紧张，使得‘龙宝宝’并不能像父母期望的那样顺风顺水。”①

许多知识分子在撰文批驳金猪年说法时，根据“甲乙木，丙丁火，戊己土，庚辛金，壬癸水”的口诀，推论 2007 年丁亥年应该是“火猪年”。可是，时任中国民俗学会副会长的中山大学教授叶春生在接受多家报纸采访时，不仅否认了 2007 年是金猪年的说法，甚至否认了火猪年的说法。

叶春生解释说，按照天干地支与五行的配合，每 60 年确实会出现一次名副其实的金猪年，但这只是记录年份的符号，和人的命运没有什么关系，更关键的问题是，2007 年并不是配金的金猪年，而是配土的“土猪年”。

按正五行学说，天干丙、丁配火德，因此，丁亥年应该是火猪年，这是大部分略通五行学说的人都能推算的。但在专业的方术系统中，术师们并不使用正五行进行推算，而是使用“纳音五行”。

纳音五行是个什么东西呢？是古人假借古代五音（宫、商、角、徵、

① 张立洁：《育龄的“独生子”和猪年的“婴儿潮”》，《三月风》2006 年第 12 期。

羽）和十二律吕，专门为六十甲子而建构的一种五行学说，所以又叫“假借五行”。在这个系统中，把简单的五行分成了三十个纳音，每一属都细分为六类，比如，金德细分为六类金，分别是海中金、剑锋金、白蜡金、沙中金、金箔金、钗钏金；土德细分为六类土，分别是路旁土、城头土、屋上土、壁上土、大驿土、沙中土。三十个纳音轮流与六十个干支年相配，每一个纳音可用于两个干支年份。比如，“海中金”就同时搭配了甲子年和乙丑年，那么，甲子年就是海中金的金鼠年，乙丑年就是海中金的金牛年。

可是，按照正五行学说，甲是阳木，乙是阴木，为什么甲和乙到了纳音五行中都变成海中金了呢？因为纳音五行是一种反向的五行结构。

纳音五行的基本原理是将五音对应五行，反方向重新排列五行秩序。至于这种反向秩序的结构原理，别说现代人不明白，古人也是“鲜原其意”（很少有人明白其中道理）。宋代大科学家沈括倒是给了一个很玄妙的解释，他说：

> 六十甲子有纳音，鲜原其意。盖六十律旋相为宫法也。一律含五音，十二律纳六十音也。凡气始于东方而右行，音起于西方而左行，阴阳相错而生变化。所谓气始于东方者，四时始于木，右行传于火，火传于土，土传于金，金传于水。所谓音始于西方者，五音始于金，左旋传于火，火传于木，木传于水，水传于土。纳音与《易》纳甲同法。乾纳甲而坤纳癸，始于乾而终于坤。纳音始于金，金、乾也，终于土，土坤也。纳音之法：同类娶妻，隔八生子，此律吕相生之法也。①

按沈括的说法，“气始于东方而右行，音起于西方而左行”，用我们现在的表述方式，意思是：“气韵是从东方开始，按顺时针方向运行；音阶是从西方开始，按逆时针方向运行。”我们知道传统正五行的相生秩序是

① （北宋）沈括：《梦溪笔谈》，诸雨辰译注，中华书局 2016 年版，第 117 页。

“木—火—土—金—水—木”，这是顺时针方向。沈括说纳音五行是按音阶的传递方向来运行的，始于金，且逆时针，所以是按照“金—火—木—水—土—金”的秩序运行。这个解释表面上与纳音五行的排列秩序大致相符，可是，将之与“六十甲子纳音表”一对照，就会发现不大对得上。我们试着将“六十甲子纳音表”的前十项纳音抽出来看看：

甲子、乙丑，海中金；
丙寅、丁卯，炉中火；
戊辰、己巳，大林木；
庚午、辛未，路旁土；
壬申、癸酉，剑锋金；
甲戌、乙亥，山头火；
丙子、丁丑，涧下水；
戊寅、己卯，城头土；
庚辰、辛巳，白蜡金；
壬午、癸未，杨柳木。

按照沈括的公式，第四组的庚午、辛未，不应该是配水吗？为什么配了土？依此类推，壬申、癸酉，也应该是配土，不应该配金。前面一乱，后面跟着全乱。为了解释这个问题，沈括使用了极为烦琐的证明，烦琐到了很少有人能读懂他的道理。当然，除了沈括，还有其他许多历史文化名人诸如陶宗仪、郎瑛、田艺蘅等人，也分别从不同角度给出了很不一样的解释，但全都是一些似是而非的道理，玄不可解。

事实上，专业的术师在以五行与干支相配的时候，并不是完全按照“金—火—木—水—土—金”五音五行逐一与干支相配的方式，而是每隔三字剔除一字，每一个五行循环只取四个字出来与天干相配，于是变成了“金—火—木—（水）—土—金—火—（木）—水—土—金—（火）—木—水—土……”的序列，括号内的那个字就是被剔除的字。

那么，古人为什么非要弄一个逆时针的纳音五行，还得每隔三字要减一字？减这一字的道理又是什么呢？

答案只有三个字：“故意的！”道理说穿了其实非常简单：因为算命和看相，都是一门“生意”，六十甲子纳音表就是术师、相师的“生意经”。古代的腐儒不了解民间文化的智慧，以为凡是古人留下的知识就必有无尽深意，非要缘木求鱼去解释这些“深意”，敷衍出许多深奥的“学问”，让后人望洋兴叹。

六十甲子正好是十天干、十二地支、五行、四字、三十纳音的最小公倍数，所以，六十年刚好形成一个完美的循环，这样就可以保证第六十一年与第一年的纳音五行完全重合，不会影响下一个甲子年的纳音秩序。

这种排列方式比较古怪，一般人往往弄不明白，但术师们发明这套公式，正是为了让普通人弄不明白，将外行隔绝在行外。术数就是术师的经术和饭碗，发明这套玄学的术师祖师，恐怕也没想让他的徒子徒孙们弄明白，不过，明白不明白都不要紧，术师们只需要将诸如《六十甲子纳音歌》之类的命理口诀死记硬背下来，就能混口饭吃。歌诀严格按照“隔三剔一”的排列顺序，轮到丁亥年的时候，正是土年，也即所谓“丙戌、丁亥，屋上土”，所以叶春生说，2007 年实际上是土猪年。

最可笑的是，到了 2006 年年底的时候，有些准妈妈一听说未来的孩子是土猪而不是金猪，后悔不迭，就想赶在狗年的末尾赶紧把孩子生下来。

> 长春市妇产科医院一位医生介绍：之前盛传农历 2007 年是“金猪年”，原来很多准父母都掐算着要生个“金猪”娃，预产期在年前的，也向医生请教咋能让胎儿长慢点，千方百计憋也要憋到过年去生。现在，据天文学专家说，在 60 年当中，只有一个“金猪年”，上一个“金猪年”在 1971 年的“辛亥年”，下一个“金猪年”应在 2031 年的“辛亥年”，而即将来临的猪年是“丁亥年”，这一年出生的人属于“土猪”。一听说是“土猪年”，预产期在 2 月末的都要剖腹产提前生孩子，一下子生孩子

的扎堆儿了。[1]

这些可怜的妈妈，她们不知道的是，就算把孩子赶在2006年丙戌年生下来，按照纳音五行，这是屋上土的“土狗”，那还不如“土猪”好听呢。

将时尚纳入传统，为事件生产传说

所谓金猪年的说法，让最擅长命理推算的香港职业命理师也丈二和尚摸不着头脑，有人试图用洪范五行来对此进行解释（兑丁干亥金生处），但普遍受到质疑。大约在2006年11月底，许多中文网站上迅速传开一则所谓“金猪年典故”，声称金猪之“金”根本就与五行无关，而是自古流传的一种祥瑞传统。“百度百科”甚至专门为此建立了一个“金猪年”的词条，到了下一个猪年2019年，该词条赫然被当作“民间故事”登上了《北京日报》：

> 在民间故事中，“金猪年”的说法始于唐朝。唐高祖武德四年，为整治混乱币制，参照西汉五铢标准进行货币改制，易铢为宝，唐代开元通宝的铸制与流通，促使定都长安的唐朝进入长治久安的盛唐时期。因“铢”而现的贞观盛世年，由于财富之盛被誉为“金铢年”。贞观之治恰逢丁亥猪年，“金铢年”又被称为“金猪年”，在民间流传中，丁亥猪年也往往被认为是“金猪年”。[2]

我们很难追索这则“典故”的首发者，因为这则典故刚刚在网上出现，就被无限复制，被贴得满地都是。当然，也不排除首发者故意混淆视

---

① 曹光宇：《准妈妈为避“土猪年”怀孕7个月来医院剖腹产》，《东亚经贸新闻》2007年1月25日。

② 左明仁：《何谓“金猪年”》，《北京日报》2019年2月10日。

听，匿名在各大网站同时大量发帖的可能。仅仅在2007年春节前后，直接转引这则“典故”的网站就达到2000余家，迅速把始发帖给湮没了。很快就有人在此基础上，进一步添油加醋，敷衍出更多故事，比如一篇题为《金猪年新解（1）》的文章说：

据历史学家引证：公元627年为唐朝贞观元年，在此之前，丁亥年一直被称为火猪年，而据说60年一轮回的丁亥火猪年历年都伴随着兴旺之大事的发生，如公元前94年汉昭帝刘弗陵的诞生；公元147年东汉桓帝登基；公元207年，刘备三顾茅庐，诸葛亮出隆中；公元567光大元年，陈伯宗登基。而到了唐高祖武德四年（621）又出现了一个大事，为整治混乱的币制及废隋钱，当朝政府参照西汉五铢标准而进行了货币改制，易铢为宝，唐代开元通宝的铸制与流通，促使定都长安的唐朝进入长治久安的盛唐时期。因“铢”而现的贞观盛世年，由于财富之盛被誉为“金铢年”。贞观之治恰逢丁亥猪年，“金铢年”便被民间流传并等同于金猪年，于是必有祥瑞之事发生的丁亥火猪年自此被改称为丁亥金猪年。[①]

这显然是一则当下发明的“伪典故”。据《旧唐书》卷四十八：“高祖即位，仍用隋之五铢钱。武德四年七月，废五铢钱，行开元通宝钱，径八分，重二铢四累，积十文重一两，一千文重六斤四两。仍置钱监于洛、并、幽、益等州。”[②] 武德四年（621）改币制是没有错，可这一年是辛巳年，离丁亥年还隔着六年呢。而且既然是“易铢为宝”，“铢”是被毁弃的钱制，那么，此后即便有俗语流行，那也应该是“金宝年”而不该是“金铢年”。

不仅古代典籍中搜不到一条与“金铢年”或“丁亥金猪年”相关的文献，即便是各类民间文化通书，以及地方民间传说或故事、谚语中，也找

① 黄韵菱：《金猪年新解（1）》，《信息时报》2007年3月12日。

② （后晋）刘昫等：《旧唐书》卷四十八，中华书局1975年版，第2094页。

不出一条相关材料，在我询问过的老人甚至老一辈民俗学者中，也没有谁听说过金猪年或金猪宝宝的传说。按 60 年一甲子的算法，上一个丁亥年是 1947 年。因此，最直接的方式是回到 1947 年的新闻中找线索，可是，该年度的报章杂志中依然找不到任何有关金猪宝宝的信息。

按所谓的“命相理论”，丁属火，亥属水，水火相克，而且是地克天、女克男，从传统命相上说是不利家庭和谐的。在《星学大成》《三命通会》等方术著作中，所谓的“金猪”不仅不与“宝宝”相配，反而常与“木虎”相联，有“男克妻女克夫”之说，不仅谈不上吉祥，反而略显凶意。但是，这些“专业性”的命相知识如果找不到一种通俗的传播用语，就很难进入大众的传播渠道，更何况在丁亥年即将来临的时候，人们会本能地摒弃那些“流年不利”的非吉祥话语，努力为丁亥年施加一些吉祥的语言巫术。正如叶春生指出的，所谓“金猪”只是按民间习俗对猪年冠以吉祥的称谓，跟“金猴贺岁”“金鸡报晓”一样，都是为了讨个好口彩，“金”只是一个表达吉祥意愿的前缀而已。

为了给 2007 年丁亥年找出一个“吉祥年份”的依据，好事者遍翻史书，努力想从中找出一种“金猪理论”。上文《金猪年新解（1）》的作者在另一篇文章中说：

> 根据中国传统五行学说，中国古人把历史发展按 60 年一甲子重复编排，他们认为每 60 年一个轮回中，事物发展就像草木随四季更替一样生长、繁茂与衰败，而其中的丁亥年则是由衰而盛的关键性转折年，它意味着从丁亥年开始，各种事物都将开始一个长期的发展和繁盛阶段，就从唐朝贞观元年开始，这一中国历史上最令人向往的变化暗合了五行学说对自然规律的预测和推演结果，从此以后适逢 60 年一轮回的丁亥金猪年也被认为是财富与长治久安的开始之年，正因为丁亥年如此难得，如“黄金”般矜贵，所以一直被世人称为“金猪年”。①

① 黄韵菱：《金猪年新解（2）》，《信息时报》2007 年 3 月 13 日。

将所谓60年一轮回的起点定在丁亥年，显然是作者的牵强附会，历史上从未有过这种说法。金猪年传说的兴起，是典型的“时势造传统，传统生传说”。

三位一体的金猪年、红猪年、火猪年

现在的问题是，“金猪年”的说法到底是从哪里冒出来的？

作为民俗学者，我早在2006年上半年就敏感地意识到了这个问题，发现当时的一些网络BBS帖子中有人提到韩国人也在追捧金猪宝宝。中国传统民俗中并没有丁亥年是金猪年的说法，而在21世纪最初几年间，韩国电视剧在青少年以及青年女性群体中特别流行，中文网络“哈韩”成风，韩国时尚传入中国是有可能的。我虽然怀疑这个说法来自韩国，可惜一直找不到证据。我曾经向韩国民俗学者金镐杰博士打听金猪年的说法是怎么来的，结果金镐杰的回答让我颇感惊异，他回答说：“这是从中国传来的。”

金镐杰所谓的“从中国传来”，或许是对生肖观念的追溯而言。而当时的韩国媒体的确也有这类报道，比如韩国《东亚日报》就有报道说：

> 据推测“金猪年的传说”是从中国传进来的。
>
> 在中国将丁亥年称为“金猪年”，并传说出生在丁亥年的婴儿将会生活得很幸福。因此报道说，在中国最近孕妇也急剧增加。西江大学李旭延（中国文化）教授称：“虽然是在民间流传的传说，但是最近在中国以南部地区为中心，吹起了生育热潮。但是在中国内也有人批评说，‘丁’属于五行中的‘火’，但是对于将火用金代替，并称作为金猪年，这不符合历学。”
>
> 在韩国，对于没有传承的“金猪年”说法骤热的背景，人们众说纷纭。
>
> 安东大学金明子（民俗学）教授怀疑称：“金猪年说法在中

国已经变成商业化，可能是从生育相关企业流传出来的。”也有人分析说，因为最近中国留学生增多，并且网络和资讯发达，这一说法自然而然的传遍韩国。令人哭笑不得的是，部分人称，正因为低出生率苦恼的政府为了提高出生率刻意散布谣言。[①]

信源追踪一下就陷入了循环论证，中国人说这是从韩国来的，韩国人说这是从中国来的，两国都没有这种传统。等2007年一过完，金猪年、金猪宝宝的话题就再也无人提及，让人觉得中国大陆似乎从来就未曾发生过这样一轮疯狂的因为生肖属相而爆发的生育潮，我也只好暂时搁置这个话题。

随着互联网技术的飞速发展，谷歌、百度的翻译技术一再更新，信息的全球共享逐渐变得可能。新冠疫情期间，我在检索韩国影响力最大的报纸《朝鲜日报》时，发现2014年有一篇题为《虎年增马年降 韩生育率深受属相影响》的报道，开篇即称：

韩国出生率出现一种特殊现象，即随着不同属相年份发生严重变化，政府为提高出生率而采取的支援政策则没有产生太大影响。除了2000年千禧年和2006年双春年之外，2007年金猪年、2010年白虎年和2012年黑龙年也被传是非常好的生育年份，所以掀起了生育热潮。而去年“黑蛇年”，属相没有发挥任何影响力，导致出生率严重下降，新生儿数量大幅减少。在只生育一两个子女的低生育时代到来后，这种选择属相生育的现象愈加明显。[②]

这里不仅提到了金猪年，还提到了白虎年、黑龙年、黑蛇年，那么，

① 张源宰:《明年是金猪年？人们都想生“金猪”》，韩国《东亚日报》2006年11月25日。

② 金东燮:《虎年增马年降 韩生育率深受属相影响》，韩国《朝鲜日报》2014年3月5日。

韩国的十二生肖的颜色搭配有什么规律呢？该报道的后面还有一段话："2007 年也不是金猪年，而是'红猪年'。属相共有青、红（韩文汉字写作'赤'）、黄、白、黑五种颜色，加在动物名称前面，两年换一次。"

这段话如同拨云见晴，令我豁然开朗。在中国语境中，我们总是将金猪年的"金"理解为五行金德之金，但在韩国语境中，金猪的"金"是金色之金，赤和金的相互挪用是很自然的，我们的古人就常用"赤金"来表示纯正的金或者铜。所以，他们的金猪其实就是赤猪、红猪。我们知道，五色之赤、红，对应的正是五行之火。韩国的金猪年、赤猪年、红猪年，其实就是我们的火猪年。

这么说，金镐杰的回答就是完全正确的。金猪年（火猪年）的概念正是从中国传过去的，韩国人只是将五行之火转换成五色之赤（红、金）。火猪的概念经由出口、加工，再进口，穿上金猪的外套回到中国大陆，广大育龄妇女误将颜色之金理解为财富之金，以讹传讹，趋之若鹜。叶春生这种传统文化底蕴深厚的民俗学者往往嗤之以鼻，我这种既较真又死抠字眼的民俗学者则是一头雾水。

那么，韩国 2007 年的实际生育数是多大呢？据《朝鲜日报》2012 年的一则报道："'金猪年'（2007 年）和'白虎年'（2010 年）的新生儿数多达 49.32 万人和 47.02 万人，远超 2005 年到 2010 年的平均新生儿数（45.95 万人）。"①

生肖对于出生率的影响，在韩国比在中国有更大的魔力。韩国 2013 年的一则报道称："统计厅分析称，生育率提高的原因是，去年是被认为结婚和生育好的'黑龙年'，而且人数较多的婴儿潮一代的子女已经 30 岁出头，步入生育高峰期，也产生了很大的影响。去年还是 2007 年'金猪年'结婚的夫妇生二胎的时期。估计中央政府和地方政府推出鼓励生育政策也起到了一定作用。"② 从中可以看到，金猪年对于韩国生育率的影响是持续

① Kim Tae-geun：《"黑龙年"利好不见？出生率三个月减少》，韩国《朝鲜日报》2012 年 1 月 28 日。

② 孙振硕：《韩半岛新生儿三年连增　韩生育率依然"超低"》，韩国《朝鲜日报》2013 年 8 月 27 日。

性的，而在中国，2007 年之后，人们生活中就再没有出现过金猪年和金猪宝宝的概念。

正负对冲的“无春年”与“双春年”

可是，历史上并没有赤猪年或火猪年生子特别有福气的说法，这一说法也是在 2006 年突然爆发的。我们知道，单一民俗事象的自然进程不会自动催生民俗观念的变化，大凡新观念、新民俗的形成，一定是时势因素、复合因素的相互作用激发出来的。那么，还有什么时势因素作用于金猪年，促使了金猪宝宝观念的生成呢？

从“韩国的生肖年出生率和新生儿数量升降图”可以看出，自 2000 年千禧年以来，韩国的新生儿出生率一路走低，到 2005 年行至谷底，2006 年重新开始爬升，到 2007 年“金猪年”升至一个新的极值点。

据《环球时报》介绍：“对于韩国人而言，结婚的择日主要根据八字来定，会考虑阴历的日子和年份。比如 2006 年是两次立春，韩国人视为‘双春年’，所以愿意选在这一年结婚。另外从季节上说，韩国人更喜欢春天和秋天结婚。”① 另一则 2006 年的报道则专门介绍了当年韩国婚礼市场的火爆：“如果担心结婚时场面冷清，出租宾客的公司能派足够的客人过来撑场面。今年有两次立春，韩国人认为‘双春年’结婚更幸福，于是结婚的人从年头排到了年尾，这让出租宾客的公司大赚了一笔。”②

两则报道中都提到了“双春年”的概念，前述《朝鲜日报》的报道也提到这个情况：“上班族林女士因为听说双春年是‘200 年不遇的结婚年’，所以在 2006 年匆忙嫁人。接着又听说 2007 年是‘能给孩子带来财运的金猪年’。于是她毫不犹豫地怀孕并于当年生下孩子。林女士说：‘选择好属相生孩子是为人父母能送出的最好的礼物。’很多人和林女士想法一致，

① 夏颖、丁雨、詹德斌、傅涞：《多国情侣挤在昨日结婚》，《环球时报》2009 年 9 月 10 日。

② 谢晓南：《“面子产业”走俏韩国》，《环球时报》2006 年 5 月 18 日。

所以双春年掀起了结婚热潮，金猪年掀起了生育热潮。”①

什么是双春年呢？真的是“200 年不遇”吗？

所谓双春年，又叫两头春，就是一年有两个立春的年份，这种年份其实非常常见，大约每 19 年中就有 7 年是双春年。

我们知道，立春是二十四节气之一，也是干支历的岁首，是严格的太阳历。两个立春之间大约间隔 365.24 天，也就是一个回归年。而农历年通常是 12 个朔望月，平年的天数是 354.37 天，比一个回归年大约要短 11 天。回归年长而平年的农历年短，而立春往往是固定在公历 2 月 4 日或 3 日，这时正是农历春节前后。如果某一年的农历春节没赶上立春，到了除夕，又等不到下一个立春，就会全年没有立春，这一年就叫作“无春年”。成语“阴差阳错”说的就是这个意思。

由于中国的农历是阴阳调和历，通过“置闰”机制，在闰年追加一个朔望月，使这一年变成 13 个月，天数达到 384 天左右，这样就能不断追平农历年与回归年的时间差。从较长的历史时期来看，回归年与农历年的平均天数一定是相等的。所以，一旦发生无春年，也就意味着或前或后一定有一个相应的“双春年”，以扳平这种失衡局面。

又由于平年的农历年天数只有 354 天，少于回归年的 365 天，不可能容得下两个立春，所以，双春年一定是发生在闰年。只有闰年的 384 天，才能容得下两个立春之间的 365 天。一般来说，闰年和双春年是两位一体的，大约每 19 年就有 7 次，根本不是什么“200 年不遇”，只是现代年轻人不大了解这些知识，听风以为就是雨。

2005 年鸡年就是一个无春年，前一个立春落在农历猴年的岁尾腊月二十六，后一个立春落在农历狗年的正月初七，卡在中间的鸡年，前后都落不着立春。

没有立春的年份俗称寡春年、寡年，民间以讹传讹，渐渐传成了“寡妇年”，说是在这一年结婚的，很难白头到老，导致许多年轻人都不敢在

① 金东燮：《虎年增马年降　韩生育率深受属相影响》，韩国《朝鲜日报》2014 年 3 月 5 日。

无春年结婚。为了解释这种民俗，人们又为之生出各种解释，有人将之与“春天”和“繁殖”拉上关系：“中国人认为春是繁衍的最好季节，而立春是春季的开始，所以觉得没有立春节气对结婚来说不好，这一年就被称为‘寡妇年’。”[①]在广州，无春年又称“瞎年”“盲年”，不仅传说无春年不宜婚嫁，过去甚至认为不宜学童入学，否则屡试不中。

对于无春年的迷信，韩国与中国是一样的，正因如此，加上韩国经济形势的持续低迷，2005年的结婚率和生育率，都跌至历史低点。这种趋势引起了政府部门的高度重视，有识之士对此颇为忧虑，近20年来，人口学家甚至不断抛出“韩国是否会消失”“是否应该从国外移民弥补低生育率”的问题。[②]

相比于2005年的婚育低潮，2006年无疑是个大利好。2006农历狗年，闰七月，所以是双春年，韩国的结婚率大幅攀升。中国民间也有所谓“一年难逢两头春，百年难逢岁交春”的说法，意思是双春年是个好运年，加上狗年兴旺（汪），不仅适合婚嫁，也适合操办其他各种喜事：“自2006年以来，社会上一直热传着一种说法，狗年双春兼闰月，宜嫁娶，于是，很多人都赶上了这样的结婚高峰，2006年也被誉为‘婚庆年’，而2007年更是60年难得一遇的‘金猪年’，人们都希望在今年得个‘金猪宝宝’，这也就注定了猪年将是一个生育高峰。”[③]

韩国《每日经济》有一篇介绍中国双春年习俗的文章提道：“2006年是中国农历丙戌年，有两个立春，也被称为双春年。因为万物复苏的春天有两个开始，所以许多人认为丙戌年比其他年份要吉利，在中国，无数准新郎和新娘选择在今年结婚。”[④]其实，无春年不宜结婚，双春年适宜结婚的说法，中韩两国大致是一样的，所以才会有韩国“上班族林女士因为听说

---

① 宋建琴、华小峰、贾根生：《为躲“寡妇年”年底忙结婚》，《人民日报》（海外版）2009年12月12日。

② 参见金会权、金延镇《韩国移民政策协会会长文秉基表示，“移民是一项人口政策，而不是一项劳动力政策。”》，韩国《朝鲜日报》2023年11月5日。

③ 倪柏明：《“金猪宝宝”扎堆，好吗》，《中国经济时报》2007年2月28日。

④ 南志允：《双春年为结婚随礼所累》，张尹珠译，《环球时报》2006年11月7日。

双春年是‘200 年不遇的结婚年’”[①] 的说法，导致韩国 2006 年的结婚潮。

在中国，各地关于双春年的说法反而呈现出较大的差异性。比如，湖北、河南一带认为双春年不利牛畜，所以有“两春夹一冬，十个牛栏九个空”“一年两头春，黄牛贵似金”的说法，山东、河北一带则有“一年两个春，豆子贵如金”的说法，意思是双春年的收成不好，市面上的豆子卖得像金子一样贵。这两省的部分地区甚至忌讳在双春年结婚：“一年两个立春日也忌结婚，据说‘一年两个春，死了丈夫断了根’，这些俗语至今还约束着人们。”[②] 此外，有些地区还有“双春喜冲喜”的俗语，所谓“喜冲喜”，也就是双春年结婚“福不双至”的意思。

不过，从正负平衡、盈缺互补的角度来说，无论哪个地区的时间民俗，无春年和双春年都必须保持一种内在的均衡。凡是说无春年不宜结婚的地区，双春年一定得是宜嫁娶，反之亦然，凡是说双春年年头不好的地区，无春年一定得是好年头，否则，19 年中 7 个无春年、7 个双春年，要是无春年和双春年都不好，都不宜嫁娶，那这个地区的老百姓就没法繁衍后代了。一般来说，当同时存在正负两种说法的时候，人们会更乐于接受那些带有好寓意、好彩头的说法，更愿意相信，也更愿意传播。

商业文化推高金猪年传说

2005 年是无春年，许多人为避忌在“寡妇年”结婚，只好推迟婚期，恰好 2006 年双春年，于是，大家都一窝蜂地赶在这一年办喜事，以求吉祥如意。

结婚年，让许多婚庆公司赚得盆满钵满，结婚商机之后，接下来的商机是什么？相信稍有市场前瞻意识的商家都能想到。正如《朝鲜日报》的报道：“因为有传闻称当年是双春年，在这一年结婚会白头偕老，所以结婚

---

① 金东燮：《虎年增马年降　韩生育率深受属相影响》，韩国《朝鲜日报》2014 年 3 月 5 日。

② 崂山区史志办公室：《崂山民俗志》，五洲传播出版社 2005 年版，第 10 页。

数量比前一年增加 1.6630 万对。第二年迎来金猪年，大家又争先恐后地生育，从而使新生儿数量比前一年增加 4.5 万人。”①

2007 年是火猪年，在韩国被称作赤猪年、红猪年。将赤猪、红猪悄悄地转换成金猪，无疑是一场迎合了公众世俗愿望的巧妙转换。否则，同样是五行属火的丙戌年 2006 年，在韩国为什么只叫“赤狗年”而不叫“金狗年”？道理很简单，2005 年是无春年，结婚人数少，注定了 2006 年不可能出现人口大幅增长；2006 年是双春年，结婚年，新婚之后当然就是生育，这就奠定了 2007 年人口暴增的基础条件。在此基础上，只要有部分商家想到了这样的“金”点子，一经投放舆论市场，其他同类商家马上就能心领神会，大家一起哄，“金猪宝宝”就呼之欲出了！

很难说金猪年概念的推广运动中，韩国政府起到了什么作用。因为鼓励生育、刺激生育，许多年来一直是韩国政府劢力而为的一项工作，但是始终未见好的成效。这一轮金猪宝宝的舆论炒作中，表面上主要是商家的行为，至于政府是否在幕后参与策划和炒作，恐怕很难有答案，但至少有一点是可以肯定的，无论政府还是商家，都乐于看到生育率大幅增长这一结果。正如韩国著名人口学专家，首尔大学曹永台教授指出的：“这种现象反映了进入低生育时代后想要选择好年份生孩子的父母心理，而有关属相的传闻又通过广告和媒体广泛传播。”②

中国的情况略有不同，关于金猪宝宝的炒作主要是网络平台的民间交流，尤其是各地“妈妈网”“育儿网”的讨论区。表面上看，这似乎是年轻的妈妈们自发地热议着这些话题，其实背后活跃着网络平台的暗中推送和置顶处理。只要你点开这些网站，无论你想找什么信息，首先跳入眼帘的，一定是关于金猪宝宝的热门话题。“这个生育高峰期的主要群体是改革开放初期出生的第一代独生子女，他们在自己的孩子成长的花费方面表现出两个特点：一是舍得花钱；二是重视婴幼儿的素质教育。”③这些准妈

① 谢晓南：《“面子产业”走俏韩国》，《环球时报》2006 年 5 月 18 日。

② 谢晓南：《“面子产业”走俏韩国》，《环球时报》2006 年 5 月 18 日。

③ 王莉：《“金猪宝宝”的市场诱惑》，《经济参考报》2006 年 7 月 21 日。

妈的经济能力不弱、文化素质不低，一些热衷于发表意见的准妈妈还会得到网络平台的加分鼓励甚至身份提升，自然就会成为这类讨论的“意见领袖”，成为金猪宝宝传说的有力助推者。

“催婚—催生—催育”是一条完整的生育产业链，在中国，也是仅次于房地产和教育产业的第三大投资板块。利用时间民俗来刺激生育，是这条庞大产业链上所有从业者和受益者们共同的愿景。那么，这个市场到底有多大呢？《经济参考报》上的一篇文章举例介绍说：

> 婴幼儿的洗护用品几乎比成人还要复杂，洗发精、浴液、润肤露、防晒霜自不必说，还有护臀霜、按摩油、滋润防虫霜，香皂也分液体和固体两种；安抚奶嘴、牙胶都根据婴儿不同的月龄分成不同的型号；还有像针筒一样的喂药器，像鸭嘴一样的学饮杯，能发光的掏耳器，造型奇特的吸鼻器，防止婴儿溢奶的拍背器，专用的洗澡水温计，外观设计成小汽车一样的坐便器，还有诸如嘴唇机能训练器、牙床机能训练器，等等。在安全用品方面，有防止孩子的手指被夹伤的多用途安全扣、防止孩子被桌角磕伤的桌角保护套、保护孩子不被抽屉或门夹伤的门卡和抽屉绊、防止孩子直接碰触电源插座而导致触电的电源插座护盖，等等。①

充分利用民俗文化资源成就自己的事业目标，也是主动作为的商家积极实施商业运作的通行路径之一。其实，历史上许多时间民俗上的吉年噱头都是商家添油加醋炒作的产物。比如，2006 年的广州等地就曾流传丁亥猪是“过山之猪”的说法，称其“为人性巧聪明，财源旺盛，有天财之命”，这等于为金猪之说提供了更具体的理论支持。

传统社会中，人们有更多的空闲时间来打磨和积淀一些民俗文化，但在现代社会中，人们越来越习惯于用钱、用支付宝购买文化生活。企业和

① 王莉:《“金猪宝宝”的市场诱惑》,《经济参考报》2006 年 7 月 21 日。

商人对于社会需求的变化是最敏感的，一方面迎合市场需要，另一方面还得朝着有利于本行业市场的方向生产概念、制造热点，点燃消费热情。新华社有一篇题为《有节必过，没节造节也要过——商家缘何热衷造节》的报道说：

> 当民俗专家和网民还在争论“七夕”到底是“情人节”还是“女儿节”时，商家早已摩拳擦掌，把节日氛围炒得火热，只等人气爆棚，赚到盆满钵盈。……“商家搭上七夕、光棍节等名目促销，就像是周瑜打黄盖，一个愿打一个愿挨。”婚恋专家、中国红娘网总经理罗仙林说，商家更多是起到推波助澜的作用，促销造势，再加上媒体和网民的关注：“世界上本没有节日，过的人多了，自然成了节日。”……“没有节日也要创造节日，很多商家都是这样做的。”北京一家影业公司的总经理陈渝说：“促销活动需要噱头，就像电影上映要赶档期，情人节等节日往往是相关电影的最佳档期。”①

生育赶年节，就像电影赶档期；催生催育，就像促销活动。金猪宝宝的传说，本质上就是一场源自韩国，火在中国的生育促销活动。在一份“金六福酒”的婚庆广告策划案中，就有这样一段市场分析文案，颇可用以反映知名企业对于时间民俗的精准把握：

> 农历丙戌年（2006），是一年有两个“立春”的“双春年”，加上这一年是闰七月，中国的“七夕”节又恰逢七月，于是就有了两个“七夕”节。所以按中国传统民俗，这一年自然成了不少新人中意的“结婚年”。再加上丙戌年是狗年，狗年本身就有“旺”的寓意，因此不少新人选在“双春年”、狗年结婚，以求吉

---

① 张遥、曹典：《有节必过，没节造节也要过——商家缘何热衷造节》，人民网·财经频道，2013 年 8 月 13 日。

利幸福。2006 年刚开春，婚庆市场就一片红火，全国到处都是一片喜气洋洋的景象，各白酒企业不断涌入婚庆市场，瓜分市场份额。①

我们小时候是很不喜欢把自己跟猪联系在一起的，“蠢猪”“猪头猪脑”“二师兄”都是骂人的话，我弟弟因为生肖属猪，从小就忌讳别人提到“猪”字。但是，时代不一样了，金猪宝宝概念的流行，也跟民俗观念的变化有关，曾经的贬义词“好吃懒做”，已经被当代社会观念升华为一种人生境界、幸福指标，比如有人说：“我之所以急着给儿子办婚事，就是因为明年是 60 年一遇的金猪年，我希望有个‘金猪孙子’。十二属相中，猪是最有福的，天天好吃好喝送上门，吃饱了可以不干活。我们天天忙忙碌碌，还不是追求这个吗？”② 经过商家的反复宣传、民俗专家的重新阐释，金猪逐渐成为财富的象征，许多准爸爸准妈妈觉得自己成不了富翁、富婆，能当富翁、富婆的爹妈也好。

相比于 2006 年人们对于金猪年的热切盼望，我们以“事后诸葛亮”的眼光，看看金猪年的具体表现是怎样的：

2007 年的开头确有“金猪”之相，股票又一次燃起了全民炒股的激情，不少人半年间赚得自己都忍不住半夜掐大腿，检验是不是在做梦。到了 5 月底，祸事来了，不少人被套了，“金猪”露出了“土猪”本色。似乎“火猪”一说也没错。纵观全年，房市一直攀升……回首 2007 年，想要留住些什么激情是最值得挽留的。“金猪”没有给大多数人带来多少金，火猪也没有让大多数人格外火，当然大多数人也没有被土猪弄得灰头土脸。相比财富，激情也许更能让人们感受到生活的乐趣。③

① 李艳娥：《营销策划实务》，中山大学出版社 2013 年版，第 106 页。

② 鞠忠武：《别迷信“金猪宝宝”》，《滕州日报》2006 年 10 月 25 日。

③ 朱辉：《金猪 · 火猪 · 土猪》，《团结报》2007 年 12 月 29 日。

当年的这些金猪宝宝们，后来有没有赶上金猪的红利呢？我们在2010年报道中，看到了这样一幅“奥运宝宝、金猪宝宝抢学位”的热闹景象：“往年一般是五六月份才开始的报名，今年提前到春节后就开始，其中不少有口碑的幼儿园在3月初就‘生源已满’，部分仍有学位的甚至使用竞拍形式，竞争异常激烈。‘金猪宝宝还没搞定，奥运宝宝又来抢。’”① 也就是说，这些“共同富裕”的金猪们，一窝蜂地挤到了一起，只能用“竞拍”的形式来争抢一个幼儿园的学位。一个马云和一群消费者，马云可以轻松地从消费者手上赚到不少钱，可是，一群马云挤在一起出生了，从何下手赚钱就成为一个难题。

通过以上的追踪和分析我们知道，所谓丁亥年为金猪年、丁亥宝宝为金猪宝宝的说法，既是一出源自旧传统，出口韩国转内销的新发明“传统”，也是集体无意识共同推高的一种美好愿景，商家自然乐享其成，与众多年轻的准妈妈们一起推波助澜，借助于网络社交平台，通过蝴蝶效应将之裂变为一场席卷中华大地的俗信风暴。

中国人民大学心理咨询中心主任胡邓认为，所谓金猪年出现的生育扎堆现象，是典型的从众心理，也是现代人减轻疏离感的一种方式。而那些制造金猪概念的人，更多的是利用了人们对财富和运气的向往，“金猪宝宝有福气”成了人们对财富的另一种寄托。②

从事件的梳理中我们也可以看到，即使是20世纪七八十年代出生的具有现代科学文化素养的准妈妈，在这种弥漫全网的“伪民俗”催生热潮中，仍然会不自觉地卷入“从众行为”的洪流，接受那些无根无基的心理暗示。而这些所谓的“迷信知识”，其实并不是民俗传统中固有的旧知识。也就是说，即使我们破坏了、烧毁了那些被斥为封建迷信的旧知识体系，新的迷信知识还将源源不断地由现代人自己生产出来。人类的从众和迷信

① 高敏华、陈钰凤:《孩子初入园 家长要“够狠”》,《广州日报》2010年4月13日。

② 参见张立洁《育龄的“独生子”和猪年的“婴儿潮”》,《三月风》2006年第12期。

行为是与生俱来的，并不是具备了科学知识，就自然拥有了破魍祛魅的思想利器。

从故事学的角度我们也发现，在这起事件中，先是有了赤猪年、金猪年的概念，然后衍生出金猪宝宝的说法，接着才有好事者为之涂金抹粉，附会、生产出金猪年的典故与传说，甚至将故事推前到唐高祖武德四年。可见金猪宝宝传说正是一起“时势造传统，传统生传说”的典型案例。

8

传统节日：文化生成与发展的孵化器

王娟

北京大学中文系民间文学、民俗学专业研究员，教授

一时期之风气，如能经过长时间的延续和发展而没有发生根本的变动，那就是传统。传统的形成和延续是一个历史的过程，在这个过程中，传统节日发挥着不可或缺的重要作用。从某种意义上说，节日就像是一个孵化器，为人们提供了一个创造、展示、交流和发展传统文化的平台。在传统节日这个孵化器中，人们可以尽情地展示他们的生活，演绎他们对生活的理解、对宇宙和生命的认知及他们对未来的向往和期盼。一般而言，作为孵化器的传统节日具备如下特征，即固定的节日时间和空间、程式化的仪式程序、不变的节日属性和充满生机的文化创造场域。

固定的节日时间和空间。节日的出现与历法的确定密切相关，也就是说，如果没有相对固定和统一的历法，也就不会有节日。历法的出现是时间概念形成并广泛使用的标志，意义重大，历法的制定和推广，不仅使得民众的生活有了可循之规，而且使得民众有机会展示自己的文化。实际上，传统节日是传统文化的展示场。例如，节日期间的人们无论是饮食、服饰还是各种祭祀、娱乐活动，都带有非常浓郁的传统色彩。所以，节日期间的饮食、服饰、娱乐、信仰等活动是我们研究中国传统价值观念和审美习惯的重要场所。此外，各文化、各民族之间也就有了相互学习、相互借鉴的渠道。由此可见，在文化的繁荣和发展过程中，传统节日的重要作用和意义。

程式化的仪式程序。民间节日作为一种传统的事件和活动，其结构形式往往是程式化的，也就是说，节日往往都是由一系列“既定”的活动和仪式组成的。这些“既定”的活动和仪式就构成了传统节日的语境，人们的各种交流活动就是在这种“语境”下展开的。

不变的节日属性。每一个传统节日都有着固定不变的属性，如封闭性、开放性和宗教性等。在传统农耕文化传统的语境下，节日发生的时间点对节日的属性有着决定性的作用。例如，春节就是一个封闭性节日，即将节日的庆祝方式封闭在一个相对狭小圈子里。除夕是家人团圆的日子，所以，家人在吃晚饭之前，用张贴春联、门神等方式“封门”。一家人团聚在一起，共同经历宇宙初开、生命初始的历程。春节中的元宵节则就是一个开放性的节日，节日的发生地是户外，甚至城外，人们需要走出家门，与同伴或好友一起参与各种各样的节日活动。元宵节历史悠久，“张灯”是该节日的一个典型特征。

充满生机的文化创造场域。传统节日的上述特征并没有限制和束缚人们，而是给人们提供了发展和丰富传统文化的平台。从某种意义上说，传统节日是开放的、自由的。传统节日赋予人们的是时间和空间，人们在这个时间和空间里，不断创新、不断发展，我们可以肯定地说，传统节日对于文化的交流与融合、文化的互动和发展都起着决定性的作用。

我们认为，传统节日就是一个孵化器，固定的时间和空间、程式化的仪式程序和不变的节日属性构成了孵化器的本体，在这个孵化器内，人们可以尽情地创造和展示他们的生活，并赋予他们的生活以意义。继承传统不是简单地重复过去的行为，因为生活在变、环境在变，关键是我们要继承传统的表达方式，并将传统继续发扬光大。

9

日常生活的浪漫化与节日的审美性

王霄冰

中山大学中文系、中国非物质文化遗产研究中心

教授

节日是民众生活中的大日子，是日常中的非常，是社区民众出于共同的价值观和审美观建构起来的、全民共享的文化空间。平时辛勤工作的人们，会放下手头的事务，投入大量人力、物力和财力去营造节日氛围。节日不仅具有神圣性，而且带有强烈的浪漫色彩和审美性。在节日期间，人们会穿戴上鲜艳的服饰，走街串巷，大摆宴席，并用各种民间的艺术形式来娱神娱人，如剪纸、贴花、版画、对联、彩灯、泥人、花馍、馃品、音乐、舞蹈、戏曲、曲艺等，都可以在节日中得到集中展示。

过去我们可能对节日的神圣性关注较多，而很少去讨论节日的审美特征。事实上，传统节日自古以来就带有浓郁的浪漫色彩和较高的审美价值，非常适合入诗入画。正因为如此，我国古代才保留下了那么多以节日为题材的诗歌与绘画作品。今天，面对民间信仰日渐式微、神圣性已不再构成节日的精神内核的现状，对于浪漫化和审美性的追求，或可取代神圣性，成为人们重构节日的新的动机与精神支柱。

有一种普遍的看法，认为由于人们的信仰观念趋于淡薄，节日的神圣性大为减弱，以至于人们没有兴趣，也不肯花费过多的时间和精力去过节了。这也造成了一些传统节日活动濒于消亡，很多相关的非遗项目传承堪忧。还有一些节日活动，因为和现代生活的理念相冲突而被人为地禁止，例如春节期间禁止燃放烟花爆竹，以至于人们再也体会不到“爆竹声中一岁除”的年味，感觉过年变得冷清了许多，失去了旧有的乐趣。

但如果我们能够放弃对于节日的神圣性建构的执念，而尝试从审美的角度去重构节日，或许又能找到一些更适合现代人生活方式的途径，来重塑节日氛围。2023 年元宵节期间，笔者有幸参加了中国民间文艺家协会在湖北宣恩举办的“2023 中国元宵节俗考察”活动，当地土、苗、侗、汉等各民族拥有十分丰富的民间节俗，传统的舞狮、舞龙、采莲船、三鼓棒、薅草锣鼓、高腔山歌等非遗项目让人目不暇接，可谓赏心悦目。作为元宵节的高潮，当地政府在正月十五晚上八点开始举办水上烟花大会。随着一声声震耳欲聋的巨响，一枚又一枚硕大的烟花在夜空中相继绽放，五颜六色，美丽至极。天上百花争艳、流金溢彩，地上人头攒动、如潮如涌，场面十分地热烈和震撼。人们在观赏烟花的过程中不仅体会到了节日的热闹和快乐，而且获得了平时少有的美的享受。这种以政府出面统一组织烟花大会的方式，既满足了人们在节日中追求刺激与美感的精神需求，有效解决了因禁燃烟火爆竹带来的节日气氛不足的问题，又避免了各家各户自行燃灯放炮可能带来的安全隐患，值得坚持和推广。它同时也为我们提供了一个利用现代科技为传统节日服务得很好的范例。

湖北宣恩这座小城地处鄂西南的武陵山区腹地，“八山一水一分田”的说法形象地描述了当地的自然形貌。针对这一区域的地理和文化特征，政府通过发展有机农业和文化旅游来促进地方经济，取得了良好的效果。各民族世代相传的许多非遗项目也在其中发挥了极为重要的作用。当地为自己定制的旅游宣传口号是“仙山贡水，浪漫宣恩”。一个大山深处、土地贫瘠、各方面发展相对落后的小城，为何称自己为“浪漫之城”呢？每一个第一次走进宣恩的人，或许都会产生这样的疑问。

经过一番实地考察，我们开始体会到了“浪漫宣恩”的含义。首先，这里的自然景观原始奇特，并附着有美丽动人的神话故事，例如境内的“五子山”和“七姊妹山”。传说这里曾是一片雪域高原，上面有各种珍禽野兽、奇树异木。一天，玉皇大帝的七个女儿相约来到这里。她们做饭的炊烟在半空中和山那边飘来的另一股烟雾纠缠在了一起。女孩们跑过去看时，发现烟雾来自山洞，里面走出五个英俊小伙，分别是金、木、水、火、土五位天神。五个小伙用蒙眼摸瞎的方式从七个仙女中选择配偶，剩下两个仙女跑回了天庭告状。玉帝恼怒之下把小伙子们变成了五根石柱，就是“五柱山”，也称“五子山”。七姊妹也被变成了七座衣襟相连的山峰，就坐落在“五子山”的对面。

其次，世居本地的各民族人民在生活中创造出了多彩多姿的民间文艺。如传统音乐中的薅草锣鼓、土家十姊妹歌、椿木营高腔山歌、长潭河花锣鼓、沙道沟夹钹锣鼓、长潭河穿号子，传统舞蹈中的宣恩耍耍、土家八宝铜铃舞、滚龙莲湘、猴儿鼓、大坝沟狮子灯、龙灯、草把龙、板凳龙、采莲船、车车灯、穿花舞，传统戏剧中的宣恩灯戏、宣恩傩戏、宣恩南戏，传统曲艺中的三棒鼓、侗乡鼓曲、金钱板、宣恩道情、干龙船，等等。这些民间文艺形式，不仅使得当地民众的日常生活充满了浪漫气息，而且也给来自四面八方的游客带来了充满生活情趣的艺术享受和审美体验。

最后，宣恩也是一座烂漫的现代文明之城。在创建全国文明城市的过程中，市民们达成了"十个一"的文明公约："一座不乱扔烟头的城市，一座没有牛皮癣的城市，一座不随地吐痰的城市，一座遛狗牵绳文明养宠的城市，一座使用公筷珍惜食物的城市，一座不占道经营的城市，一座车让人的城市，一座不闯红灯的城市，一座垃圾分类的城市，一座与人友善的城市。"元宵节观灯人潮过后，我们注意到街面上确实很少有烟头、痰迹和垃圾，足见得市民们的努力。就像三鼓棒歌词里唱的那样："最近这五年，景城一起建，省级文明摘桂冠，继续往上攀。文明城市建，崇德又向善，创建历程无终点，人人做贡献。宣恩好浪漫，相见笑开颜，拦路石头有人搬，和谐好家园。"

常言道，爱美之心人皆有之。对生活中的美好事物的追求，与追求神圣性一样，自古以来就一直是各族人民倾其所有打造节日文化的原始动力。在传统时代，节日的审美性和神圣性通常是结合在一起的，每一项表演性行为的背后，往往都有一种信仰观念作为支撑；所有的工艺美术、节庆食品等也都服务于宗教信仰。但在今天，民间信仰的市场趋于缩小，它们在传统节日中所占的"份额"也越来越少。神圣性衰落了，代之而起的是娱乐性与审美性。人们希望在节日活动中得到休息和放松，得到一份愉悦的好心情。由此，传统节日隐含的审美意义就将得以放大和凸显。

放眼世界，我们会发现，很多古老的西方宗教节日也在近现代选择了世俗化的发展方向。例如，世界各地的狂欢节，原本是基督教的节日，是信徒们在40天大斋期之后进入复活节前的最后的狂欢。但今天大部分的西方人都已经很少进行斋戒，狂欢节变成了一个扮古（威尼斯）、搞笑（欧洲多地）或选美（巴西）的世俗节日。

我国的传统节日在古代也多带有信仰色彩，如春节的祭神拜神，清明节的祭祀亡灵，端午节的驱邪禳灾，七夕节的祈福乞巧。这些都与民众的信仰脱不开干系，以信仰为核心和基础，发展出了相应的仪式与禁忌行为，以及节日食品、服饰、文娱活动等民俗文化。在商业化的民俗主义驱动之下，这些节俗很多已经丧失了信仰的内涵而变为一种娱乐性的表演行为。这是时代发展的大势所趋，不管社会各界人士如何大声疾呼，恐怕都难以改变其方向。以笔者之见，与其面对节日传统的变异而悲叹或伤感，倒不如顺势而为，针对今天人们的心理和精神需求，赋予旧的节俗以新的文化和审美内涵。这其中就包含了对非物质文化遗产的创造性转化和创新性发展。转化和发展的目标，就是民众日常生活的浪漫化与审美化转向。

18 世纪末 19 世纪初，在德国民俗学的萌芽阶段，浪漫主义就已成为一种社会思潮，融入了这门新兴学科的血液当中。德国的浪漫派诗人诺瓦利斯曾言:“这个世界必须浪漫化。这样，人们才能找到原初的意义。浪漫化不是别的，就是质的乘方。低级的自我通过浪漫化与更高、更完美的自我统一起来。……在我看来，给普通的东西赋予崇高的意义，给平凡的东西披上神秘的外衣，使熟知的东西恢复未知的尊严，给有限的东西以无限的外观，这就是浪漫化。”简单讲，浪漫化就是要用艺术的眼光和思维去想象和创造日常生活，把艺术融入社会生活的实践当中，并把生活直接当成艺术来经营和塑造，以追求诗化的人生。

平时看似普通的事物，透过文人墨客的眼睛去审视，就会焕发出美的光芒；平淡无奇的日常生活，通过民俗学者的挖掘和解读，就会变得生动有趣。就像宣恩这样一座偏僻落后、貌不惊人的小城，只要当地人用心去打造，只要外来者用心去发现，就会变成一座充满魅力的浪漫之城，吸引无数网友来此地打卡。我们从中可以获得的启示是，在传承节日文化时并非一定要刻意恢复业已丧失的神圣性，而是可以在保留其文化内涵的同时建构其审美性。以审美性代替神圣性，更能满足当代人的精神需求。

10

社火：民众的底层叙事与文化记忆

詹娜

沈阳师范大学教授

社火作为农耕社会的产物，源自早期农耕民众对土地和火的崇拜而产生的祭祀“社”与“火”的风俗，人们以“社”为单位“击器而歌，围火而舞”。在由传统社会向现代社会的转化过程中，社火由最初的虔诚地对神灵顶礼膜拜，求吉纳福，驱邪避害，祈求风调雨顺、人畜兴旺、国泰民安的“娱神”性质逐渐向全民参与、全民狂欢的“娱人”性质发生转变。时至今日，社火这种传承数千年、至今依然活跃的古老文化现象一直以一种动态的、活性的、实践的方式记载、传承农耕文化的历史记忆，成为农耕文化中最隆重的规模盛大、内容繁复的仪式活动和娱乐形式。

社火被民众视为日常生活不可缺少的一部分，长期以一种无意识的自发状态在民众生活中集体创作和世代传袭。作为一种生活方式，社火不仅具有娱乐大众、教化百姓、心理补偿等多重文化功能，同时还具有记忆过去、讲述历史的文化史价值和意义。它不仅记录和反映社会民众的思想愿望、生活态度和审美倾向，同时还发挥着记录历史的使命，与“正史”一同鉴证特定生存空间下民众的生活经历与心路历程。本文依据田野调查和文献资料，对辽宁社火和关内社火做比较，在追溯民间社火“源”与“流”的发展和差异时，突出社火的底层叙事价值和文化记忆功能，以期为传统优秀文化的创造性转化和创新性发展提供更有力的理论支撑和学理脉络。

一、源与流：辽宁社火的溯源与现状

从田野调查、文献资料和学术研究来看，社火主要流传在陕西、山西、河北、辽宁、甘肃、新疆、宁夏等地区。其中，尤以华北、西北交界的几个省区，即陕西、山西、甘肃、青海、河北等地的社火最为突出。社火发源时间早，流传时间长，影响范围广，且集戏剧、音乐、舞蹈、美术、绘画等技艺于一体，几乎囊括了高台、高跷、旱船、舞狮、舞龙、秧歌等各种传播形式。也可以说，关内的农业耕作区是公认的社火之乡，社火习俗的源头亦在此。

与此同时，在山海关以外的东北地区也有社火的遗迹和传承。在2006年国务院公布的第一批国家级非物质文化遗产保护项目中，陕西省宝鸡社火和山西省潞城社火被列入保护名录。在2008年公布的第一批国家级非物质文化遗产扩展项目名录中，民间社火又增加了七项，它们是河北省井陉县桃林坪花脸社火、河北省永年区的永年抬花桌、河南省浚县社火、陕西省洋县悬台社火，以及辽宁省的本溪社火、义县社火和朝阳社火。

辽宁作为地处偏远的边缘文化代表，从其区域生境、人口构成、文化生态等因素分析，社火的延续和传承是移民社会和文化变迁的重要载体和典型符号，是底层民众对移民历史和文化融合的记录和表述。通过辽宁地区社火的形式、样态及流变可以看出，这里的社火是关内社火“源”文化在关外传承发展的支“流”。辽宁社火不仅与中原地区的社火一脉相承，同时在表现形式、文化内涵、社会功能等方面又独具特色，具有明显的在地化和本土化特征。

二、移民群体的另类叙事

近代以来，关内民众向东北迁移是中国历史上规模最大的人口移动之一。我们常说的“关东”或“关外”指的是山海关以东地区，主要是辽宁、吉林、黑龙江三省，所以近代由关内向关外的大规模的人口流动被称为“闯关东”。在历史学研究中，对于关内向东北移民从何时开始的问题，目前尚无定论。周、秦以前，东北已有关内汉人的足迹。战国时期，中原人较大规模地进入东北地区，辽代也是向东北移民的重要时间点。我们现在常说的“闯关东”主要指清兵入关后，关内汉人大规模地迁移东北。因为清初到清末政策的不断调整，几经招民开垦、封禁和解禁，形成了几次大规模的闯关东移民高潮。

从迁移时间看，顺治元年（1644），为了便于加强对全国的统治，清政府迁都北京，关外官民大量“从龙入关”。除盛京和锦州几处有少量兵丁留守外，辽沈地区日渐荒凉。顺治十年（1653），朝廷颁布《辽东招民开垦例》，山东、河北等地不少农民成群结队地“闯关东”，出关谋生。随着大量移民涌入“龙兴之地”，朝廷又担心破坏祖宗发祥之地，康熙七年（1668），废止招垦令。直到清代末年，内有天灾，外有外患，兵灾匪祸频繁，田租杂税增多，关内农民生活苦不堪言，大量的灾民、难民不得不到东北逃荒避难。

从移民的居住地看，近代以来迁往东北的关内人口大多来源于华北各省，其中以山东、河北、河南人为最多。清前、中期，受交通条件限制，关内的汉族移民主要集中在今天的辽宁省，向北部吉林、黑龙江两省迁移的人口非常有限。同时，东北南部经济较北部发达，对劳动力需求较多，因而移民大多分布在东北南部，主要集中在辽河沿岸的营口、沈阳、辽阳、新民、铁岭、开原等地。

从迁徙路线看，因为山东、河北距离关外很近，陆海交通都比较便利，闯关东主要有两条线路。一条是水路：山东半岛与辽东半岛隔海相望，在铁路开通之前，移民绝大部分走水路。他们大都先坐车或步行到烟台、青岛、威海卫、石臼港（今山东省日照市），然后乘船在大连登陆，由南满转赴长春、滨江（今黑龙江哈尔滨市）等地。有的则在沿海渡口坐帆船抵达东北，在营口、安东（今辽宁省丹东市）、海参崴（今绥芬河口海湾东岸）登陆。另一条是陆路，也称“闯关”。走陆路的移民多是山东偏西部、河南、河北、山西一带的人，因为他们距东部沿海较为遥远，于是多沿官道步行北上。辽西古道基本都要经过朝阳，这些古道将中原内地和东北大地紧密地联系起来，是重要的交通要道和战略要塞。

人是文化的载体，任何一次移民都不是单纯意义上的人口迁移，而是生产方式、生活习俗、思维模式的变动，是一场文化的迁徙、流动和交融。辽宁作为移民社会，社火的遗存和传承是移民群体记录历史的方式和手段，是移民社会的最好例证和典型代表。以进入国家级非物质文化遗产项目的三处社火为例，比如朝阳社火，主要分布在辽宁朝阳县、凌源市、喀喇沁左翼蒙古族自治县、建平县等地，其中朝阳县北四家子乡的黄河阵、西五家子乡的夜八出、台子乡的九女船独具特色；本溪社火，主要分布在本溪太子河流域的卧龙、牛心台、高官、小市、南甸一带，以小市同江峪村的武社火为代表。经田野调查和对传承人的深入访谈可以看到，传承人多是历经几代的关内移民在此定居，且这些社火的分布地带多位于关内移民进入辽宁地区的交通要塞。随着关内移民的迁入，社火也被带到关外，并在关外生根发芽，发挥着独特的凝聚价值。

以本溪社火为例，因表演者手持兵器为道具，捉对厮杀，又称“武秧歌”“武社火”。它主要流传在本溪市郊的卧龙、牛心台、高官、小市、南甸本溪县一带。地处太子河上游的本溪，煤铁资源非常丰富，冶铁采煤行业兴盛。慕名而来的中原人沿海陆登岸，再溯太子河而上，来到辽宁东部内陆地区安家生活，社火也随之在当地落脚生根、传承发展。至今，当地在正月十四、十五、十六几日还有龙灯、高跷、旱船、秧歌、狮子、灯官等各种表演。武社火最为有名，表演者大部分是武将扮相，背扎旗靠，手持兵器，表情严肃，威严雄壮。整个队伍中，唯有领阵人不做任何化装，手持令旗。表演时，在领阵人的引导之下，队员走出长蛇阵、八卦阵、六合阵等不同的阵式。

三、地方历史的记忆与传承

辽宁社火作为关内移民群体的产物，不仅是对移民历史的文化记忆，同时在新的生活场域下还有达成心理认同、增强群体凝聚、促成文化融合的多重功用。辽宁地区的社火不仅保留了大量关内社火的展现形式和表演特色，同时，还具有非常明显的在地化特征。以义县社火为例，其表演形式中就夹杂着大量对当地历史的记录和传承。

义县位于辽宁省西部医巫闾山脚下，东依医巫闾山与北镇市相邻，南接凌海市，西隔大凌河，北临阜新蒙古族自治县。这里素来是北方少数民族争居之地，也是三燕文化的发祥地、契丹萧氏的封地。据《辽史》记载，在辽代，这里就是辽国的政治、文化中心区，是辽国皇室后族萧氏的封地。萧太后是辽国杰出的女政治家，她与圣宗努力改革朝政，使辽朝统治得到巩固。在她力主之下，辽与宋之间签订盟约，双方都得到较长时期的和平环境。在辽代，医巫闾山是萧太后家族的世袭领地，萧太后在年轻时经常到医巫闾山狩猎，当地有大量关于萧太后和萧氏家族的传说流传。

义县社火主要流传在辽西大凌河、细河交汇处的义县大榆树堡、张家堡、九道岭、高台子一带。据1927年成书的《义县志》记载，义县城东大榆树堡、张家堡、九道岭一带，流传着一种古老的民间众会形式，名曰“九龙十八会”，聚会地点设在义县九道岭镇复兴堡村北的七家子双龙寺。“九龙十八会”因其流传地区包括9个大村、18个自然屯而得名，是汉、满、回、蒙古、锡伯等5个民族的杂居地。每年农历四月二十一至二十五，是双龙寺庙会的日子，也是举办“九龙十八会”的日子。“九龙十八会”统称“义县社火”，它是一种集娱神、娱人、歌舞、祭祀、商贸、民俗活动于一体的传统民间文化活动，具体包括双井子旱船舞、东岔路沟竹马舞、西岔路沟双狮舞、东砖城子的人上人、小砬西的赶船舞、复兴堡的寿星仙鹤舞等。无论是活动内容还是表演形式，在服饰、道具及唱词上都具有明显的北方少数民族特征。

在义县社火中，以大榆树堡东岔路沟的竹马舞和双井子的旱船舞最为典型。一方面，竹马舞的内容呈现与表现特征均和关内的竹马舞一致，表现的是民族战争，在鼓的伴奏下表演古代战阵，以马为道具，10人9马或11人9马，且男女均有。另一方面，当地的竹马舞无论是舞蹈动作还是表演内容都颇具地域特色，加入了对当地历史人物和历史事件的记录和描述，内容主要表现的是萧太后年轻时，在医巫闾山狩猎的情景。

旱船舞亦是如此，从辽金时代开始，随着中原百戏传到辽宁，以旱船为舞，打击乐伴奏，配合演员动作，展现舞蹈内容。义县的旱船舞与全国各地秧歌中的旱船的不同之处在于其表演中夹杂着对辽代特定历史的记忆和叙述。其叙事内容主要讲了辽国公主送汉王回宋，南北和好的故事。整个队伍由四只旱船组成，首船坐的是“汉王”，二船坐的是“北国公主”，三船坐的是汉王在南朝所生之子“白袍小将”，四船坐的是汉王与北国公主所生之子“鞑子官”。前两只船各挂一把宝剑，后两只船高挂白色幡旗，上书“天国太平”等字。行进中四船时合时分，表现出一种离愁别绪，难舍难分。无论是在舞蹈内容上，还是在服装道具上，义县旱船舞都具有浓郁的北方少数民族特征。

此外，当地人对秧歌社火的来历也有自己的解释，以辽宁地区流传的《高跷秧歌的由来》[①]为例，其故事梗概为古代的女真人不堪受辽国欺压，女真英雄完颜阿骨打起兵反辽。战争打了三年，征兵的父母和老婆孩子徒步去寻找部队。遇到河水，他们就用枝杈、树棍绑在两条小腿上，脚踏树丫巴过河。后来，这双丫巴棍也被当拐杖随身携带。见到亲人后，人们穿着褴褛的衣裳和亲人在一起，蹦呀，跳呀，翩翩起舞。完颜阿骨打当即下令，打开布帛库，将红绿绸缎全部取出做新衣，赏赐出征将士和家眷。人们便踩着带丫巴的树杈，穿着五颜六色的新衣，在阵阵欢歌声中起舞，满族人管它叫“扭大秧歌”。每当遇到喜庆事和逢年过节，人们就扭大秧歌，并把丫巴树杈改造成“高跷”。从这则叙事中可见，高跷秧歌作为社火的一种形式，关于它在当地的源起解释是先民在特定历史情境下所建构的一种历史记忆与历史表述，是先民群体对所记忆的历史事实的理解和阐释。这种理解和阐释尽管可能会与社会现实、历史发展不符，但它所发挥的强化群体认同、巩固群体凝聚的意义却十分突出，对民众的日常生活具有一定的实际指导意义。

四、多族群文化的互动交融

朝阳社火是中原文化与东北少数民族文化碰撞、交流、融合的产物。历史上，朝阳就是满、汉、回、蒙古、朝鲜、锡伯等多民族聚居地，是沟通关内、关外的辽西走廊的必经之地，这里不仅有中原文明与东北少数民族文化的传承与传播，更处处彰显着多元文化的互动和交融。作为移民文化的符号表征，多元文化碰撞带来的新奇与包容使朝阳社火一直以古朴火爆的风格呈现，且表现形式非常丰富，种类达 20 余种。其主要包括北四家子乡的“跑黄河”，台子乡的“九女船”“背阁”，木头城子镇的“寸

---

① 辽宁省本溪满族自治县文化馆:《中国民间文学三套集成辽宁卷·本溪县资料本》，1986 年。

跷”，西五家子乡的“夜八出”等。仅以“夜八出”中的《二喇嘛摔跤》为例，通常是一人表演，背上绑特制的木板，板上有两个木桩，木桩上各绑一假人。演员双手双脚着地做扭动状，看上去像两个喇嘛在摔跤。因蒙古族信奉喇嘛教，《二喇嘛摔跤》这一形式和内容设计是典型的蒙古族传统舞蹈形式在秧歌中的展现。既继承了中原地区秧歌的表现手法，又增添了当地的蒙古族特色，充分体现了多族群文化的互动和融合。此外，朝阳社火的秧歌中的鼓、伞、棒、花是河北一带秧歌的再现，彩绸、手绢、扇子则是山东的海洋秧歌常见的道具，而腰鼓、挎鼓是河南、河北一带威风锣鼓等艺术形式的变化运用。[①]

综上可见，辽宁社火最早是随着河北、山东、山西等地移民的迁入而在当地落户生根的。在其发芽、成长过程中又与辽宁本土文化交流、互动、融合，在不断的吸收、借鉴和丰富的过程中，通过艺人们的世代传承，辽宁社火成长为蕴含丰富文化底蕴和民众历史记忆的民间娱乐形式。

新历史主义的文化史观告诉我们，真正的历史是包含两部分的，即英雄人物在大历史观下发生的历史事实和普通民众在小历史观下叙述的历史故事。作为底层叙事和历史记忆手段的民间社火恰恰是以“边缘化”“微观政治”的特征而存在的。社火所承载的文化记忆从一定程度上展现了绝大多数普通民众的生存状况。在与大历史相对立和相响应的互动过程中，历史事实有了被叙事和被解读的机遇和可能，历史故事也因此向人们展开多元化的思维空间和展演场域。在强调传统文化的创造性转化和创新性发展的当下，还应该加强对传统文化事象所蕴含的文化内涵和历史价值进行深入挖掘，丰富社火文化研究的厚度和高度，使其在迭代的文化变迁中实现高质量的创新和发展。

---

① 参见李巍《移民社会的文化记忆——朝阳社火文化的象征意义阐释》，《西北民族研究》2009 年第 1 期。

11

传统民族节日、节俗是宝贵的乡村资源

刘华

中国民间文艺家协会顾问

来到“百节之乡”广西融水，置身于苗族坡会的情境中，我强烈感受到，只要传统节日习俗的活态存在，便有村庄的人气充盈、人心充实。

众所周知，传统节日的民俗事象，可以成为一个村落乃至一方土地人心的强力黏合剂。它是亲缘的纽带，把十里八乡甚至五洲四海的同宗紧密联结在一起，它也是一条地缘的纽带，把当地乃至周边的众多姓氏紧密地串联起来。在融水我欣喜地看到，坡会是苗族的节日，同时也是瑶、侗、壮、汉等各族群众的盛大节日，各民族兄弟姐妹欢聚在一起，用载歌载舞、竞技狂欢的形式，共同营造了人心欢娱、人情交融的氛围。另外，它还是一条乡愁的纽带，用独特、绚丽的民俗风情，牵引着包括城里人在内的广大范围的人群对乡村的记忆和关注。

传统的节日习俗也是珍藏中华美学精神的富矿，体现了中华美学精神的要义，即道法自然、天人合一的审美价值观，其间渗透了膜拜天地、尊崇自然、祈求风调雨顺和五谷丰登的情感，堆砌着驳杂的民间信仰和崇拜，比如苗族的服装佩饰尽取吉祥纹饰，铺筑着传统文化孕育出来的精神追求和人格理想，生动演绎了乐观浪漫的人间情怀，并用诗意的生存格调证明中华美学精神植根于现世人生的沃土。这尤其体现在少数民族的节庆活动上，精彩纷呈、乱花迷眼的节庆活动，生动地传达着人们追求美好生活理想的强烈愿望，表现出各民族引人入胜的审美追求和情趣，凝聚着人们的共同情感。

少数民族的节庆活动还体现了群众的传统生活方式，反映出各民族独特的生活生产特征、风俗习惯。以苗族系列坡会为例，山民在赶坡中展现才华、交友叙旧、传递信息、交流技术、互通商贸等的文化实践，是此地山民生活的一部分。

因此，在我看来，各民族的传统节日、节俗有着丰富的、值得倍加珍惜的精神文化价值，它可以激发乡村的内生活力，壮大乡村振兴，提升凝聚力、创造力，它也是宝贵的乡村旅游资源，对游客来说，这种旅游资源不仅有认识和欣赏的价值，还能教化人心。试想，沉浸其中，谁感受到的不是人心的美好、人情的温暖和人世的欢乐呢？

12

汉中元宵节社火考察与节俗的整体观照

杨秀

中国艺术研究院副研究员

闹社火是汉中地区元宵节迎神赛会的传统民俗。这里社火形式多样，主要有悬台、踩高跷、跑旱船、舞龙舞狮、扭秧歌和锣鼓队表演等传统项目，也有新增的古装秀和不同行业代表组成的方阵等队伍加入。参演者跨行业、跨年龄段，共同演绎具有当地特色的民间综艺。围观的男女老幼也是挤挤挨挨地往前凑，甚至跟着队伍走。依俗，社火要闹起来、耍起来，很多表演都带有明显的夸张、戏谑意味，随时与围观民众互动，在大家的欢声笑语中营造出红红火火的吉祥喜庆氛围。也有动作高难的表演，让观者屏息噤声地看，直到结束时才能长吁出一口气，于张弛之间释放情怀。“劳作终岁，必求一扬其精神。”可以说，这里的元宵节闹社火活动正是老百姓辛苦劳作了一年之后的“一扬其精神”的畅快表达。

2023 年元宵节期间，笔者参加了中国民协主办的“我们的节日”系列活动，在陕西汉中的社火考察中，先后在当地的城固县上元观古镇老街、南郑区协税镇文化广场和洋县唐塔路等场所观察并感知当地的元宵闹社火盛况。短短三天的考察，对汉中元宵节社火鲜明的本土特色、演出形式的丰富性和文化底蕴的厚重感都有了深刻认知。

一、汉中元宵节社火之初印象

在汉中期间，我全程参与了活动主办方安排的较为密集的考察活动，先后转场三个区县，观看社火集中会演，边看边用手机随手拍摄。这种“一过性”的现场考察，不是全观，考察前后也没就具体问题做专门访谈，更算不上深入，但会演现场传递出来的信息量，足以呈现汉中社火的大致样态。我仅结合记忆与拍摄下来的资料，稍做回顾与梳理，直观地谈一谈对汉中元宵节社火考察之初印象。现分别从如下几点说起。

印象之一：地气足

我们在评价一些为民众所喜闻乐见的、民间乡土气息浓郁的作品时，常常会用“接地气”一词来表达。“地气”可以理解为本土性和民间性，是本土与本色的代名词，通常具有自然率真、少修饰的特点。地气相当于“一方水土养育一方人”中水土之于人的滋养，往往成为一些作品打动人心的底气，人们因熟悉而心生亲切，进而喜欢。汉中元宵节的社火表演，即体现了汉中民俗文化十足的地气，是汉中人自己的各美其美、美美与共，充分诠释了“我们的节日”中汉中民众作为“我们”的主体性。

社火表演这种大型活动基本上都是露天进行。在城固上元观古街的社火表演，有随时划地进行的吐火、摔跤等传统杂技项目演出，也有搭设舞台演地方小戏的，而舞龙舞狮、跑旱船等则是在街道上行进式展演；在南郑区的协税镇文化广场和洋县唐塔路的社火展演以流动为主，当地也称之为“游演”。这样开放式的演出，没有室内剧场那种台上台下的界限区隔，方便更多的人参与观看，观众还可以边看边跟身边人交流。当然，喝点饮料、尝尝小吃也不在限制之列。这样的观演体验是精神和物质双重滋养的“大自在”的享受。且因每年展演的内容多为大家耳熟能详的当地传统项目，资深观众能够“秒懂”演的是什么，还可以随时给身边的小孩子及新观众做讲解，顺便评论个高下，让他们在看热闹的同时领悟“门道”之所在。

同时，参与演出的人大部分来自本土的非职业演员。他们平时在村中务农、到城里各行业务工，还有很多中小学学生。他们多是为参演元宵社火接受短期训练，做临时演员，本色出场。用于游演而装饰一新的“花车”也大多来自民众日常自用的三轮车、小型货车等，民间性十足。

印象之二：人气旺

与地气足直接关联的特点是人气旺。这种大型社火游演需多方力量的协调联动才能顺利开展。汉中社火演出的参演者阵容强大，演出方式多是以群体演出为主。仅以洋县不到两小时的社火游演为例，出场人数就远超千人、花车达百余辆。游演过程中，花车和方阵按序列出场。首先出场的是洋县县委、县人民政府的花车，随后有卫健系统、教体系统、各街道

（乡镇）下辖的村（社区）等的花车。其中纸坊街道的巩家槽社区和文同村各出花车约 10 辆。每辆花车上都有数名戏剧人物扮相的小演员及看护他们的家长。方阵则有洋县文化馆锣鼓队、洋县文化志愿者腰鼓队、秧歌队，医护人员方阵、师生方阵、社区舞龙舞狮队、女子古装秀等，每个方阵都有几十人。

与参演者人员众多相对应，每个场所的观众都呈围观之势。除了路两边和广场上排满了男女老幼，附近民居的房顶和楼房的阳台则被一些年轻人占据着。行动不便的老人坐着轮椅，由家人推来；小孩子骑坐在父亲的肩上；后排有人看不到前面场子里的演出，则高举着连着手机的自拍杆，借由手机屏幕，现场看直播画面；更后排的人也只好跟着看手机直播。人头攒动中，亲身体验着节日的热闹。

参演的、观看的人员众多，演出的节目为民众所熟悉、热爱，元宵节闹社火是当地传承久远的习俗。这些因素共同促成了汉中社火活动地气足、人气旺的特点。

印象之三：地方戏底蕴深厚

地方戏展演是汉中元宵闹社火的重头戏。当地盛行的地方戏是汉调桄桄，“又称汉调秦腔、南路秦腔、桄桄戏，是明代末年关中秦腔传入汉中地区与当地方言和民间音乐结合而形成的梆子声腔剧种，主要流行于陕西南部的汉中、安康一带，并曾流传到川北、陇东、鄂北等地”。“汉调桄桄剧目丰富，传统剧目有七百多个，其中本戏五百六十多本，折子戏一百七十多出。”[①] 2006 年，汉调桄桄被列入第一批国家级非物质文化遗产名录。

融入社火的汉调桄桄，除了独立演出外，还以多种形式呈现于高跷、悬台和花车车体上等。在城固县老街和南郑区协税镇文化广场的舞台上都有汉调桄桄的展演。协税镇文化广场上踩高跷的人也是戏服装扮，按角色出场，每出戏打头的人会手持或身挂写有剧目名的牌子，比如传统戏《大

① 《汉调桄桄》，中国非物质文化遗产数字博物馆，中国非物质文化遗产网（https://www.ihchina.cn/Article/Index/detail?id=13170）。

拜寿》和现代喜剧《吹鼓手招亲》等。协税社火高跷是陕西省非物质文化遗产名录中的项目，跷用木制，高近两米，是名副其实的高。与高跷对应的悬台社火，用“悬”字突出其高。小演员们以剧中人物装扮亮相，高悬在金属焊接的梁架上，梁架由强壮男士肩扛着游走，多数是固定在机动车上，以车制动。在协税镇广场的社火游演中，队伍依次经过主席台时，主持人会介绍每组人员所属、节目内容和表演特点等，如涉及剧目，还会做剧情简介。

我在洋县看到了更多花车载动的悬台社火游演。据中国非物质文化遗产网对洋县悬台社火的介绍可知，社火按表演形式可分为造型社火和表演社火两类。高跷社火为表演类社火；悬台社火则属于造型社火，主要展示人物造型和工艺。“社火以民间传说和戏剧故事为题材，以一个或一组人物展现一个故事，一个故事即为一转社火。人物要画社火脸谱，穿社火服装，持社火把杖。”[①] 在洋县唐塔路游演的每“一转社火”都在花车前醒目的位置贴有剧目名称，敞篷车厢里则是对应的人物造型。参加游演的花车依序出场，驾驶室的侧上方都标有序号。查看我在现场拍摄的不算很完整的照片和视频资料，记录的花车序号到第 78 辆。有些花车没拍到，有几辆则是各单位首发开场的车辆没贴序号。表 1 是笔者整理的洋县花车游演中呈现出来的部分地方戏造型表演情况。

表 1　洋县花车游演中部分戏剧造型呈现[②]

序号	单位	剧目	备注
6	巩家槽社区	大赐福	又称《天官赐福》，开场吉祥戏。天官持“天官赐福”条幅

① 《民间社火（洋县悬台社火）》，中国非物质文化遗产数字博物馆，中国非物质文化遗产网（https: //www.ihchina.cn/Article/Index/detail?id=15026）。

② 按序截取游演的一部分，以说明问题。其中缺失部分：14—16 号车没拍摄到；17—20 号车前看不到单位信息，应该在前面有该单位首发车，首发车上有单位名，这几辆车都用拉花做装饰，明显不同于前面的巩家槽社区和后面的文同村，当同属于另一村或社区；21 号、22 号没看到序号，23 号前有一辆无序号的文同村的首发车，无剧目信息。汇总资料来看，各单位首发车都无剧目信息，只作为本单位首发开场。

续表

序号	单位	剧目	备注
7	巩家槽社区	龙凤呈祥	《三国演义》
8	巩家槽社区	八仙过海	八仙戏
9	巩家槽社区	状元媒	《杨家将》
10	巩家槽社区	水漫金山	《白蛇传》
11	巩家槽社区	打銮驾	包公戏
12	巩家槽社区	悟空智斗虎羊鹿	《西游记》
13	巩家槽社区	刘关张	《三国演义》
17	（不详）	福禄寿	福禄寿神话，开场吉祥戏
18	（不详）	伐东吴	《三国演义》
19	（不详）	大升官	又名《黑叮本》，明代故事
20	（不详）	回荆州	《三国演义》
23	文同村	善女还愿	千手千眼观世音神话
24	文同村	雁塔寺降香	唐代故事
25	文同村	拾玉镯	明代故事
26	文同村	兄妹演武	《呼家将》
27	文同村	三对面	包公戏《铡美案》
28	文同村	草坡面理	亦名《精忠报国》《牛头山》《岳母刺字》《岳飞传》

表 1 中截取了 18 出剧，即 18 转社火。我在“备注”一栏将剧目关联的内容出处等做了简要标注，涉及《三国演义》（4 处）、《西游记》（1 处）、《白蛇传》（1 处）、《呼家将》（1 处）、《杨家将》（1 处）、《岳飞传》（1 处）、包公戏（2 处）、八仙戏（1 处）、神话（3 处）和唐代、明代等传奇故事。这些题材不单单是汉中，也是全国各地戏剧表演的经典剧目之依托。梨园行流传这样一句话“唐三千、宋八百，数不尽的三列国”，说的就是历史上的列国、三国和唐宋各朝各代故事的戏剧演绎。通过诠释帝王将相、才子佳人和普通百姓的生活百态，以弘扬忠勇果敢、勤劳正直等精神，表达惩恶扬善和追求美好等诉求。

再看序号 6 和 17，作为本单位的首发造型社火，在剧目的选择上都具有节令的代表性，也都是传统的开场吉祥戏。道家称正月十五为上元节、七月十五为中元节、十月十五为下元节，合称“三元节”。民间俗信，上元节天官赐福、中元节地官赦罪，下元节水官解厄。上文列出的《大赐福》和《福禄寿》演绎的即天官赐福内容。序号 6 中饰演天官的小演员还手执“天官赐福”字幅。赐福的天官作为福星，常与禄星和寿星一起，以福禄寿三星的形象“组团”亮相送吉祥。

除了小演员们出场展示剧情，有些花车的车体侧面和后面也被用作戏剧展示空间，如配有《苏三起解》剧照、《吕布戏貂蝉》剧照等，在《桃园三结义》的剧照旁还附有几行剧情简介。看一场社火游演，从真人秀装扮，到喷绘剧照，再到附加文字简介，汉中人对戏剧的诠释不可谓不用心。这种多形式、大批量的呈现，能让人直观地感受到当地戏剧的深厚底蕴和剧目的丰富。

印象之四：宣传标语汇集

《现代汉语词典》对“标语”的解释是:“用简短文字写出的有宣传鼓动作用的口号。”作为口号式的宣传短语，标语具有高度凝练性、语意明确、易读易记等特点。在汉中元宵节闹社火的传统活动中，宣传标语也以多种形式展示在各场所中，比较多见的有条幅、宣传牌，也有用大型电子屏设备的。洋县社火游演的花车车厢侧面也是标语集中呈现之处。我当时站在马路右侧看社火游演，拍摄到的是花车右侧的各类标语，表 2 中摘录了其中几个单位的一部分标语。

表 2　洋县花车游演中部分标语摘录 ①

序号	单位	车右侧标语
	县委县政府	坚定实施“12345”发展战略　奋进中国式现代化新征程
	卫健系统	努力提升人民健康福祉
	教体系统	培养德智体美劳……
	纸坊街道	弘扬伟大建党精神　自信自强　守正创新　踔厉奋发　勇毅前行
10	巩家槽社区	平安创建结硕果　扫黑除恶显神威

① 表中序号 10—13 的巩家槽社区，隶属纸坊街道；53—57 隶属磨子桥镇；73 和 75 隶属马畅镇。

续表

序号	单位	车右侧标语
11	巩家槽社区	祝全县人民身体健康、万事如意
12	巩家槽社区	张灯结彩喜迎新年　群策群力共谱新篇
13	巩家槽社区	伟大梦想不是等得来、喊得来的，而是拼出来的、干出来的
	磨子桥镇	自信自强　守正创新　踔厉奋发　勇毅前行 为全面建设社会主义现代化国家、全面推进中华民族伟大复兴而团结奋斗
53		整治人居环境　助力乡村振兴
54		晴朗社会　你我共享
55		携手改变旧环境　共建人居新农村
56		不忘初心　牢记使命
57		撸起袖子加油干　风雨无阻向前行 岗位建功担使命　接续奋斗向未来
	马畅镇双庙村	时代楷模　英雄故里
73	倪家沟村	坚定信心　同心同德　埋头苦干　奋勇前进 为洋县高质量发展而努力奋斗
75	野猪沟村	坚持走乡村振兴之路　加快农业农村现代化

从表 2 中可见，有的标语很能体现本单位特色，如卫健系统和教体系统的标语，还有一些标语直接取材于国家领导人的重要讲话和报告等，还有几条标语提到了扫黑除恶、乡村振兴等。这些都与国家近期的大政方针高度契合，具有很强的时政性和引导性。序号 11 和 12 则紧扣节日主题，送祝福提振精气神，属于“说过年话”一类。马畅镇双庙村打出了“时代楷模　英雄故里”的标语，还配有在村史馆开展红色教育活动的照片，突出获得过“时代楷模”“共和国勋章”等荣誉、从本村走出去的老英雄张富清（1924—2022）。

这些极具新时代特色的标语各有侧重，在传统的社火游演仪式中，与戏剧元素同场景出现。有学者认为：“口号与标语都是以最少的文字、最精练的语言来表达其最核心的政治诉求或政策主张，不仅好记上口，而且易于入脑动心，可以使政治宣传与政策宣导的效果最大化。”[①] 从表 2 所示的标语中，不难看出其借助格式上的对仗和排比等手法构成的紧凑句型和语意上的连贯，用这样富有表现力的语句达到宣传目的。在传统元宵节活动中嵌入代表国家时政类的标语，“民间仪式借用特定的符号而让国家在场，另一方面，国家有时也通过民众的代表或其符号的在场而让人民在场”[②]。借由参观社火游演，感受浓郁民间传统的同时，随时都能体察到国家的在场。

二、节俗的整体观照

元宵节历史悠久，节俗内容丰富多元。上述文字仅对汉中元宵节的社火游演活动做了“现场版”的记述与分析，只能管窥其节俗的部分样貌。欲对元宵节有更全面的了解，需做整体观照。本文所谓的整体观照，暂从元宵节、节日体系、节日与当地自然人文的关联等层面逐一简述，不做更多延展。

其一，需对汉中元宵节做整体观照。前面所涉及的社火游演，只对展演做了现场描述，其前期筹备工作、内容择选、排演、游演线路、人员组成与分工、经费来源及分配、秩序维护等诸多问题都没涉及，从这些内容中可以分析出传统节俗的传承与变迁、不同于日常的节日狂欢、社会关系网络的构建等，这些都是全面了解、合理利用当地社火习俗的必要信息。除了公共空间中的社火表演，家家户户内部也都有传承久远的过节习俗，比如拜神祭祖、卜收求子、观灯看戏、吃元宵庆团聚等。既要做深入的田野个案调查，也要查阅古籍文献，冀求通过点与面的结合，让当下与历史有了勾连，尽量做共识性和历时性的通观研究。

其二，需对汉中地区的节日体系做整体观照。中国古人即讲究天人合

① 吴礼权：《口号标语的政治修辞学分析》，《江苏师范大学学报（哲学社会科学版）》2021 年第 1 期。

② 高丙中：《民间的仪式与国家的在场》，《北京大学学报（哲学社会科学版）》，2001 年第 1 期。

一，强调人与自然的和谐共生。与天气、物候和农事节律等对应，在岁时节令这些特殊的时间节点，多有与之相称的仪式活动。大的时间段上遵从春种、夏耘、秋收、冬藏，春祈秋报等行事规律。深入考察每个节日时令的节俗内容及其传承演变，能发现元宵节在整个节日体系中的独特性、与其他节日的关联。比如，作为“三元”之一的上元节，与中元、下元的对应，春祈中的卜丰收与中秋节的酬神庆丰收关联，元宵节与中秋节兼有的求子习俗，等等。从节俗的关联比较中，能够体察到时间的点与线，认知节日所负载的人生观、宇宙观及诸多知识体系、生存智慧等。

其三，节日文化与属地的自然人文等的关联研究。汉中历史悠久，旧石器时代，已有先民栖息。自古就有“汉家发祥地”“中华聚宝盆”等美称，亦被誉为“秦之咽喉”“蜀之门户”等。传承元宵节俗的汉中人，同时享受着丰厚的历史文化滋养。仅全国重点文物保护单位就有褒斜道石门及其摩崖石刻、灵岩寺摩崖、张良庙、张骞墓、蔡伦墓和祠、武侯墓、勉县武侯祠、李家村遗址、龙岗寺遗址、何家湾遗址、宝山遗址、开明寺塔、五门堰、汉中东塔、良马寺觉皇殿、宁强羌人墓地、青木川老街建筑群、青木川魏氏庄园和国立西北联合大学旧址等。这份文物清单，让汉中历史文化名城的身份实至名归，与这些文物对应的国家级非物质文化遗产项目有蔡伦造纸传说和张骞传说等。同时，汉中的自然物产资源也丰富多样。它地处秦岭南麓，长江最大的支流汉江自西向东流经域内，生态资源较好。已被列入国家级重点保护的珍稀植物有 30 种，国家一级重点保护动物有金丝猴、大熊猫、羚牛、朱鹮、金雕、川陕哲罗鲑等 28 种。国家 4A 级旅游景区有朱鹮梨园景区、熊猫谷景区和汉江源景区等。[①] 这里列出的每一份名单，都有历史典故可细细道来，也有物以稀为贵的重要，是汉中人的自豪。比如，历史上两次出使西域的张骞生于汉中；包含五门堰在内的“汉中三堰”（另两堰为山河堰和杨填堰）距今已有 2000 多年，历经修缮保护，至今仍在发挥灌溉、防洪、抗旱、旅游等综合效益，是世界著

---

① 文物和“非遗”名录、自然物产等信息参照百度百科“汉中市”词条，查阅日期是 2024 年 5 月 29 日。

名的灌溉工程遗产。有了这些文化涵养，让汉中人的节日文化充满了汉中特色。研究汉中元宵节，可考虑与其所依托的环境影响因素。

三、结语

本文主要是在2023年汉中社火游演的现场考察基础上写成，对汉中元宵节社火游演所呈现的信息做了大致梳理与分析。对这些地方性资源的关注，是学术研究及相关开发、利用的前提。以社火中的戏曲游演为例，大量的剧目装扮，展示了乡村戏曲之于村民的重要性。很长一个时期以来，村民家中的红白喜事、传统节日里的酬神赛会，都离不开地方戏的撑持。除了欣赏演技，戏文中唱诵的惩恶扬善、爱国忠君、苦尽甘来等观念对观众具有深远的影响。戏曲传演带来的规劝引导，与道德弘扬、标语宣讲等，在某种程度上具有同样的功效。除此，家居中的绣品花样、窗花图案、年画等民间艺术品中，也常见戏曲图案。这些在正式的戏曲演出场合之外的戏曲元素留存，既是专门研究戏曲时不能忽略的领域，也是挖掘民众精神生活需重视的切入点。不唯汉中，全国很多地方的民间艺术都有此类情状。

由汉中元宵节社火游演到对元宵节整体习俗的观照，再到节日体系，进而扩展到相关文化这一研究视角，是有助于研究逐渐深入的有效路径。在此基础上，结合当下弘扬优秀传统文化、促进文旅融合发展等大政方针，统合当地特色资源，制定切实可行的文化政策，可以提振地方经济、增强人们文化自信、提升幸福感等。传统节日是多项民俗的综合体现，经济的、社会的、信仰的、游艺的，内中皆有体现，同时，也在传承中裹挟着时代痕迹，节日文化资源因之耐人取用。

13

四川阆中春节习俗的当代传承与变迁研究

北京师范大学“春节习俗的当代传承与变迁研究”课题组[①]

① 本课题组成员，分别是叶玮琪、韩淑悦、张巧妮、范雯佳、闫世龙、所揽月、刘菲菲。

阆中位于四川省南充市，是一座有着2300多年历史底蕴的古城，拥有丰富的文化底蕴和旅游资源。2010年2月4日，中国民间文艺家协会受相关部门的委派，授予阆中市“中国春节文化之乡”称号，阆中由此以春节这一传统节日为核心亮点，整合当地文旅资源，拉动城市发展建设。而传统节日作为一宗重大的民族文化遗产，它承载着丰厚的历史文化内涵，是民众精神信仰、审美情趣、伦理关系与消费习惯的集中展示日。我们应该充分认识传统节日的价值与意义，并主动积极地进行传承与建设。[①]有鉴于此，课题组针对阆中春节习俗的传承与变迁展开调研，掌握了当地的春节文化资源、春节文化传承与变迁、政府相关政策、文旅事业发展等，并就此对春节文化传承提出讨论。

我们生活在现代，我们的一些节日无论多么传统，归根结底都是多少已经“现代”的节日。自觉意识到这一点，我们就不仅会把传统节日当作“传统”加以尊重，还会积极地把它们放置在现代的条件下加以发展。[②]阆中当前对春节习俗的传承实践始终秉持“创造性转化、创新性发展”的思路，一方面不断挖掘当地的传统文化和特色节俗，寻找专属的城市名片和记忆亮点；另一方面立足当下推动新旧传统的有机结合，以谋求在现代发展语境下的增长点。我们看到，在把“拜春节之源，到阆中过年”“春节老人落下闳”等口号作为城市文旅名片的基础上，阆中当前的系列春节文化活动呈现为以政府为主导的发展模式，在纷繁的春节活动中整合了多元主体参与，并积极拓展多维度发展，且不断丰富多种配套形式，以春节为抓手盘活当地各类文化资源。但与此同时，春节这一传统节日在作为文旅资源被开发利用的过程中也存在一系列问题，如何既能在当代传承过程中

① 参见萧放《传统节日：一宗重大的民族文化遗产》，《北京师范大学学报（社会科学版）》2005年第5期。

② 参见高丙中《对节日民俗复兴的文化自觉与社会再生产》，《江西社会科学》2006年第2期。

激发来自传统的活力，又能在生活仪式中复归传统，是春节习俗当代传承值得思考的重要问题。

一、阆中自然人文概况

（一）阆中市基本情况

阆中市为四川省辖县级市，由南充市代管。地处四川盆地北部、嘉陵江中上游，为川北低山区向川中丘陵区的过渡地带，山围四面，水绕三方。全境南北窄而东西广，东西北部高而中南部低，地形以低山、低丘和高丘为主，属亚热带季风性湿润气候区，气候温和，四季分明，水热充足，总面积为 1878 平方公里。阆中市现辖 5 个街道，包括七里街道（市政府驻地）、保宁街道、沙溪街道、江南街道、河西街道；19 个镇，包括彭城镇、思依镇、望垭镇等；4 个乡，包括桥楼乡、峰占乡、鹤峰乡和博树回族乡。阆中市人口以汉族为主，还有彝族、藏族、回族、羌族等少数民族。根据 2022 年统计数据，阆中全市户籍人口 280905 人，其中城镇人口 280905 人，2022 年全市 GDP 达 288.8 亿元。

阆中市为中原经秦入蜀的要冲，自古就是川北政治、经济、文化和军事重镇。战国时期，巴国因在与楚国的战争中落败，于公元前 330 年左右迁都阆中。秦灭巴国后在该地推行郡县制，于公元前 314 年始置阆中县，隶属巴郡。西汉初期，为纪念将领纪信于荥阳诳楚安汉之功，汉高祖刘邦于公元前 202 年分阆中县南境置安南县。东汉时期，益州牧刘璋于 194 年三分巴郡，201 年起以阆中为巴西郡治。三国时期，蜀汉司隶校尉张飞任巴西太守，镇守阆中 7 年。五代后唐于阆州置保宁军，北宋置安德军。元至元十三年（1276），始置保宁府，属四川省广元路，以阆中为保宁府治。明洪武四年（1371），于阆中设川北分巡道、川北分守道和安绵兵备道。清顺治年间，阆中为四川省临时省会 20 年，四川总督、巡抚、监察御史均驻阆中，并在此举行乡试五科。清雍正八年（1730），设分巡川北道署，治阆中。民国元年（1912），在阆中设川北宣慰使署，后相继改为川北观察使署、川北道署。抗日战争期间，阆中为川陕鄂边区绥靖公署、巴山警备司令部所在地。1949 年 12 月 29 日，阆中和平解放，次年 1 月 8 日成立阆中县人民政府。1991 年，经国务院批准，四川省人民政府撤销阆中县，设立阆中市。

（二）阆中古城

“三面江光抱城郭，四围山势锁烟霞。”阆中地处四川盆地北缘，嘉陵江中游，大巴山脉、剑门山脉与嘉陵江水系在该地交汇、聚结，城市背山面水、山围四面、水绕三方、四象俱备，俨然成为天人合一理念的实体呈现。

“阆中”之名与其独特的地理位置有关。“阆”之一字始见于《管子·度地篇》：“天子中而处，此谓因天之固，归地之利。内为之城，城外为之郭，郭外为之土阆。”[①]“土阆”指的是城郭外土地中挖开的深沟。根据《说文解字注》：“阆，门高也，从门，良声。”[②]“阆”的基本意思是形容门高大，《太平寰宇记》解释了阆中地名的由来：“其山四合于郡，故曰阆中……阆水纡曲，迳其三面，县居其中，取以为名。”[③]阆中周围山形似高门，故名“阆山”；嘉陵江流经阆山一段，古称“阆水”——城居于阆山阆水之间，故曰“阆中”。

从地理位置来看，阆中古城位于今阆中市域的中偏北部，坐落在蟠龙山西南麓、嘉陵江东北岸的一块半圆形平原上。早期的阆中城位于平原西北部，但常常受到嘉陵江水患的影响。唐代袁天罡和李淳风根据风水理论将城址迁至嘉陵江流速较缓的平原西南部，并确立了阆中城的基本格局。此后经历代不断修缮，形成了我们今天所看到的阆中古城。如今的阆

① （东周）管仲：《管子》卷 18《度地篇》，民国八年上海商务印书馆四部丛刊景宋刻本。

② （清）段玉裁：《说文解字注》卷 12 上，清道光九年广东学海堂刻咸丰十一年补刻皇清经解本。

③ （宋）乐史：《太平寰宇记》卷 86《阆州》，清同治光绪间金豁赵氏红杏山房补刻重印赵氏藏书本。

中古城景区总面积 4.59 万平方公里，核心区域 2 平方公里，有“中国四大古城之一”的美誉，其建筑格局完美体现了中国传统风水观和“天人合一”的思想。宏观上看，阆中古城三面环水，四面环山，是堪称传统风水格局典范的穴场吉地。群山呈风水四象拱卫古城，南有风景秀丽的锦屏山为“朱雀”，北有宏伟壮丽的蟠龙山为“玄武”，东有昂扬高耸的白塔山为“青龙”，西则有绵延雄壮的大梁山为“白虎”。微观上看，古城内部街巷均以中天楼为中心，以十字大街为主干，层层展开，呈棋盘式布局。各街道取向无论东西、南北，多与远山朝对。城内有上千座居民院落，主要为明清建筑，歇山单檐式木质穿斗结构，院落或坐北朝南，坐东朝西，以纳光避寒；或靠山面水，接水迎山，以藏风聚气。此外，阆中古城还有汉桓侯祠、川北道署、川北道贡院等文物保护单位和落下闳故居、王皮影博物馆、风水博物馆等景点，集本源文化、巴人文化、风水文化、三国文化、科举文化、天文文化、宗教文化、民俗文化和红色文化于一体，先后获得了全国历史文化名城、中国优秀旅游城市、国家 5A 级旅游景区、中国春节文化之乡等多项荣誉。

从城市历史来看，阆中古城不仅具有丰厚的春节文化资源，更有源远流长的科举文化和三国文化加持赋能。阆中的科举文化底蕴深厚，影响深远，此地在唐代有尹枢、尹极二状元，宋代又出了陈尧叟、陈尧咨二兄弟状元，可以说是四川出状元最多的地方。建于清代的贡院，坐落于阆中古城的学道街，清顺治九年（1652）全川未靖，四川临时省会设于阆中，在此举行四川省乡试四科。据《保宁府志》《阆中县志》列名，阆中出进士 116 人，举人 404 人，阆中被誉为四川的状元、举人之乡。同时，这里也是三国文化的重要组成部分。三国时蜀汉大将张飞，任巴西太守，曾驻阆中 7 年，在这里他率精卒万人，打败了曹操的上将张郃带领的 3 万人的进攻，取得了“保境安民”的胜利。张飞伐吴前夕，他被部下范强、张达杀害，葬身于阆中，后人为其于阆中修建汉桓侯祠。张飞在阆中俨然成为一种文化和一种符号，一方面在张飞“义”“勇”“治”形象潜移默化的影响下，有利于帮助树立正确的价值导向；另一方面“张飞文化”作为阆中的城市名片，以张飞庙为代表的旅游景点对于当地旅游资源的开发也有着重大的意义。[①]

二、阆中春节习俗概观

众所周知，春节是对中国人来说最为重要的节日。在这一天，人们辞别旧年，迎来新春，标示着一个新的开始。在恒定春节确立之前，人们将“冬至”作为一年中的“岁首”，而落下闳制定的《太初历》则将“岁首”确立为正月初一的春节，不仅使节日的庆贺更顺应农时，同时也使以春节为中心陆续展开的节日习俗逐渐丰富。但冬至这一天在人们的心中仍旧有着独特的意义，素有古谚称“冬至大如年”，古时人们以杀猪宰羊为标志，以冬至为起点，拉开了庆祝春节的序幕，而这一系列的活动将持续到来年二月初二春播开始为止。腊月初八则标志着人们的生活正式进入了春节的范畴，人们在这一天将大米、小米等谷物煮在一起熬成粥饮下，既是对自己过去一年进行农事劳作的犒赏，也寄托着对来年五谷丰登的美好期望。这是对五谷的祭祀的一部分，也表现了“民以食为天”的农业文化蓬勃的生命力。时至腊月二十三，按照传统习俗，人们需要祭祀灶神，打扫屋子，将污秽邪弊清扫出去，来准备迎接新的一年到来。

在阆中的传统习俗中，除夕夜里人们通常会守岁，到了午夜过后的寅时，家里的主人会出门到院子里挑一桶水进屋，待到天将破晓时再空手出门，捡一些柴火回屋。“抱柴”谐音“抱财”，在一年的开头“抱柴”回家，寓意在新的一年会多多“抱财”，表达了人们对财富和美好生活的期盼。在新的一年来临后，饭被煮熟后却并不是由人先吃，人们会捧一小抔米饭放入家中树干的缝隙中，让陪着人们度过一年又一年的树木“享用”米饭。这表现了人们将生活环境中的万物生灵也纳入自己日常的生活活动中，以平等、和谐的态度来与外部世界进行互动。在一些村落中，以集体形式出现的庙会、社火等活动也是传统习俗之一，人们走出自己的家门，与邻人、亲友一起走到街巷中去观看社火表演，加入迎接新年的狂欢之

① 参见楚浩然《阆中张飞庙所见张飞文化》，《才智》2017 年第 2 期。

中。春节的团圆饭是必不可少的传统活动之一，而团圆饭以“磨盘宴”的形式呈现出来则是阆中特色。人们会将餐食放到平日里磨粮食的磨盘上，一家人围着磨盘进餐，不仅寓意家人能够像磨盘一样“团团圆圆”，而且也将人的生活习惯与“粮食”更紧密地进行联结，以这种粮食祭祀的方式来祈求来年的五谷丰登。除了磨盘，其类似表征作用的物品还有簸箕。人们将烧熟的饭菜放到农事活动中用来晒粮的簸箕上，是对粮食表示尊敬和感恩的方式，同时借这种形式来祈愿来年粮食丰收。

社会生活的变迁使一部分人们的生活逐渐脱离了农业生活的情境，一些习俗随之逐渐湮灭在历史中，如“抱柴”“喂树”等。随着城镇化的发展和人们生活习惯的变化，春节期间的习俗在很多方面上都表现出与过去不同的新样态，但透过这些新的过年习俗，我们也依旧能发现其中根深蒂固、久久流传的文化基因。在城市中，政府统筹规划的节庆表演取代了民间自发的社火表演，固定的表演地点取代了过去流动的表演场所。这种公共活动和文化空间的变化既体现了在现代化过程中人们的日常生活结构发生的变化，也将古老的节庆传统和文化情感融入新的形式中，以新的面貌来适应现代人们的生活，使古老的血液在现代社会中也能焕发新的生机。此外，春节假期期间的出游也深受人们欢迎，成为一项“新民俗”。据了解，在当地人眼中，阆中古城不仅仅是一条带有“古意”的现代化商业街，也是阆中人情感和记忆交汇的文化空间，是阆中人日常流连的精神家园，因此不管是日常生活还是岁时节日，古城对他们来说都是享受生活的好去处。而近几年的春节期间，阆中古城内部都会由政府组织舞龙、舞狮等公益表演，市民们可以通过公众号、社区通知等方式接收到这一信息，自行选择是否前往观看。由此看来，春节期间居民们向古城的聚集也成了他们的“习俗”之一。传统的春节文化与现代的商业文化、流行文化在此处达成了平衡和深度互动，和谐巧妙地共同建构着人们的春节节庆生活。

阆中市政府近年来以“春节老人落下闳”为名片，以“来阆中过大年”为口号，以阆中古城为旅游中心，将阆中打造为春节旅游城市，并且推出了春节文化节、春节文化论坛等活动，希望以“春节”作为一个标志性符号和元素来拉动当地旅游业的新发展。由于有关“落下闳”的历史文献遗留较少，学界对此人进行研究的推动较为困难，因此将视角转为了“落下闳”的现代意义。当地近年来正致力于通过从外在形象、传说故事、标志性意涵等方面对“落下闳”进行建构，将其打造为对标西方“圣诞老人”形象的“春节老人”，从而巩固和加强阆中与传统节日“春节”的关联性。阆中市政府的这种思路正是以近年来“外地过年”的旅游趋势为借鉴，依托自身文化名人资源，来顺应新民俗，引导新民俗。

三、以政府为主导的春节文化活动模式

在调研过程中，阆中春节活动给课题组最直观的感受是丰富多样甚至有些杂乱的，这大概与当地希望以春节为依托和抓手进而整合统筹当地文旅资源的发展思路不无关系。因此，在令人眼花缭乱的展演、参观和考察之中，我们或许可以从几个不同的维度将这些活动整合归类，并由此厘清当地春节活动的内容，概括以春节为主体的文化线路，并总结出当地春节文化传承变迁的经验模式。

传统节日源起于中华民族古老的时间观念与礼仪秩序，并在漫长的发展过程中经历过无数次的融合、改良和新变，逐渐形成了一套成熟的观念体系和行为模式，其丰厚的文化内涵和深厚的历史底蕴，已成为滋养中华儿女的不可或缺的精神食粮。① 春节作为我国最重要的传统节日之一，其文化源远流长，各地春节习俗丰富多样。而随着当前社会的发展和旅游方式的多元化，春节习俗大致呈现为融合与变迁共存的发展态势。

在此背景下，阆中统筹当地多元的文化资源，立足落下闳这一名人名片，依托丰富的春节习俗活动，找准“阆中古城过大年”的旅游定位，将“春节”作为城市亮点着重提出助推当地发展。截至 2024 年，阆中已连续五年举办“阆中古城过大年暨落下闳春节文化活动”，春节习俗的变迁发展不仅成为当地文旅产业主要增长点，更进一步推动了春节文化的活态传承。具体而言，阆中的春节文化活动模式以政府为主导，呈现为多主体参

① 参见王霄冰《传统节日的创新发展与文化自信》，《人民论坛》2024 年第 3 期。

与、多维度发展、多形式配套的发展路径。

（一）多主体参与，整合力量

阆中的“春节老人”落下闳于2017年入选“四川省首批历史文化名人录”，其春节活动也以政府着力打造的“落下闳”为主要名片，在此基础上统筹了多方力量，主要模式为政府牵头主导、高校参与提供学理支撑、民间组织整合资源。

首先，在政府的统筹安排下，阆中着力以春节为当地文旅的主要增长点之一。阆中高度重视春节文化的传承弘扬，并为此成立春节文化之乡工作领导小组，市委书记为组长，市长和四大班子相关领导为副组长，宣传部、文联、文旅广局、教科局、文化馆等相关单位主要负责人为成员，领导小组下设办公室，由文联（社科联）主席担任办公室主任，负责春节文化的具体业务开展。在此发展规划下，近几年当地的春节活动都以“落下闳”这位西汉天文学家为亮点展开。在阆中市区，可以看到落下闳酒店、落下闳大道别样景观。不同于妈祖深深植根于东南沿海群众心中，落下闳这张春节名片以及相关故事是在宏观的发展布局下被不断提出和反复强调的。因此，这一形象不仅对于外地游客来说颇具新鲜感，甚至对于当地居民来讲都是较为晚近的具体概念。在访谈过程中，一位当地居民提及落下闳这个人名是近几年才进入他们的视野的，而在此前他们对这位人物也知之甚少。而翻检史料，落下闳在官修史书中的记载也只有寥寥数字，从一位群众也没有听过的历史人物化身为一座古城的形象代言人，这与当地政府、学术界和社会各界的挖掘努力不无关系。

同时，高校和民间组织的积极参与也为阆中进一步挖掘春节文化资源、促进春节文旅融合发展提供了推动力。阆中市社科联成立了春节文化社科普及基地领导小组，由省社科院教授任顾问，社科联主席任组长，相关研究人员为成员，并定期召开春节文化专题工作会议，在政策及资金上给予充分保证。在政府支持和研究机构、研究人员的热情参与下，阆中市针对春节文化发掘工作，先后成立了落下闳及春节文化研究所、落下闳研究会、春节文化研究会等组织，常年致力于落下闳及其春节文化的研究传承，并积极推动“落下闳十大创新工程”的建设。举办了“落下闳天文文化国际论坛”、落下闳春节文化博览会、春节文化论坛，编辑出版地方教材《天文学家落下闳》《二十四节气与农耕文明》等“落下闳十大创新工程”。

（二）多维度发展，打造品牌

近年来，阆中始终在寻求多维度发展，并积极打造城市品牌。从找准定位，到深耕传统文化再到文旅融合，逐步推进深化发展。

具体而言，2009年6月，阆中市被中国民间文艺家协会命名为中国春节文化之乡，由此将“春节源”作为城市文旅发展定位，以此为出发点进行深挖拓展。当阆中春节的名片成功打造并传播出去以后，阆中市近几年努力将春节文化与旅游发展相结合，促进文旅互动共融，将春节文化和科举文化、风水文化、本源文化、民俗文化等融为一体，打造新的经济增长点。阆中以春节与落下闳为契机，趁势整合与推介本地的旅游资源与文化，阆中不仅在古城景区内保留有完整的清代四川贡院、汉桓侯祠等著名景点，在市郊又有袁天罡与李淳风墓和天宫院等以当地风水文化为特色的旅游景点。同时，为满足游客愈加多元的旅游体验需求，阆中还打造了嘉陵江夜游、南津关古城《蜀道盛世》大型实景演出等众多的沉浸互动式旅游项目。总之，阆中围绕春节所产生的旅游产品越来越多元与丰富。

另外，阆中市推出张飞、落下闳等形象相关的文创产品，不断解锁文旅产业“新创意”，激发古城的内在生命力，推动古城的保护与融合发展。阆中大力发展“文化+”“旅游+”，深度挖掘、开发工业旅游资源，将张飞牛肉公司建成集购物、体验、休闲等多功能于一体的集散中心，全面盘活商业资源，引资建设滨江新天地、古城美食街、城南天下等三大休闲娱乐集中区，锦元张飞、明宇豪雅等20余家高端酒店先后开业，实现了商旅共生共荣。阆中探索出的新时代文旅新业态、新模式、新场景，为游客提供全新的生动体验，进一步增强了文化影响力、旅游吸引力和产业竞争力。

总之，阆中结合当地的历史与文化特色优势，打造古城独特的春节文化品牌，不断提升当地春节文化的知名度和影响力。并在此基础上加快推进文旅融合发展，全面提升地方基础配套设施、综合承载能力，以实际行动让工业强市、文旅兴市的“双轮驱动”战略落到实处、见到实效，切实做到文化、经济两手共同推进与发展。

（三）形式配套，丰富内涵

阆中市的发展规划并未止步于文旅融合促进经济，而是切实认识到了多元发展的重要性。因此，围绕阆中春节文化，当地政府大力支持多种形式的配套发展，并以此进一步推动春节文化内涵的丰富。

2020 年，春节博览会的新闻发布会在人民大会堂举行，向全球发出“春节发源地，阆中天下稀”“拜春节之源，到阆中过年”的邀请。此后，阆中连续举办多届落下闳春节文化博览会暨“我们的节日·春节文化论坛”，来自全国各地的高校学者、民间教育工作者和基层工作者齐聚一堂，就春节文化、阆中发展等众多议题展开多维度的讨论，在反复的讨论和调试过程中不断寻找更优化的发展路径。

同时，阆中市也充分重视媒体传播和网络传媒对当地文旅发展的重要意义。自阆中春节文化“出圈”后，国内外数百家媒体关注阆中，形成现象级宣传爆款。2022 年，当地还创新举办了线上“落下闳春节文化博览会”，组织开展了“央视《2022 生龙活虎迎春来》节目录制推广活动”“四川卫视《一拍即合》录制推广活动”“川渝首届春晚《阆中古城》特别节目录制活动”“全球优秀春节习俗网络展播活动”“落下闳节气粮仓”“2022 阆中市网络春节特别节目”“春节文化之乡新体验”“桥楼寻踪春节文化论坛”“阆中年味线上摄影展”“虎虎生威阆中年”等 10 大活动，营造出春节期间活动不断、精彩不断、看点不断的浓厚氛围。近期，央视“小春晚”《生龙活虎迎春来》在 CCTV-3、CCTV-1 相继播出，阆中节目时长近 40 分钟。阆中本土 19 支民俗表演队伍集中亮相，带领全球观众共赏川北王皮影、巴象鼓舞、蚌鹤舞、采莲船、老观灯戏、竹马牛灯、亮花鞋等非物质文化遗产的独特魅力，相关视频转发浏览量累计 150 多万人次，后续官方平台推出 17 支 2022 年落下闳云上春博会相关活动短视频，累计播放量超5000万人次；央视频关注阆中，仅春节期间就亮相央视14次，传播量达2.8多亿人次。2023年四川省文化旅游发展大会期间，新建上线的以春节文化为主题的落下闳大剧院、落下闳广场也成为大会亮点。2024年1月18日，落下闳春节文化活动开幕式在阆中古城张飞广场举行，并为在场观众带去了一场具有当地民俗特色的表演。优美的自然环境、丰富的历史文化，以及独特的非遗资源共同促进阆中不断推进现代文旅的开发与发展。各类媒体平台的推广宣传也吸引了来自全国的游客，游客在这里可以亲自体验制作年画、剪纸、蒸年糕等传统春节民俗活动，在吃穿用行中对春节之乡及春节文化有更加深入的了解。可以看到，通过大量线上与线下、官方与民间的宣传，春节与阆中之间的关系越来越紧密。

依托丰富的文化资源，阆中市也十分注重推动春节文化与学校教育、家庭教育、社会教育相结合。早在2012年5月，阆中“中国春节文化主题园”就被四川省委宣传部、省社科联命名为“四川省哲学社会科学普及基地”。此后还相继出版印制了《春节文化之乡阆中》等乡土教材，并向当地学生赠送《阆中春节文化教育读本》《品味阆中》《天文常识、历法与气节》等书籍；将桥楼乡中心学校定为“落下闳天文历法科普教育基地”，编纂落下闳、天文、春节文化系列乡土教材，出版《落下闳天文科普系列》并纳入学校校本课程；聘请本地春节文化学者在桥楼中心学校长期开展春节文化科普讲座，开展“我爱银河”“春节之源在阆中”“基于古天文文化传承的小学天文科技教育路径研究”等春节文化进校园专题讲座和科普活动近50次，受益学生近10万人次。

（四）多方合力，共谋发展

可以看到，在阆中发展过程中，国家、地方、社会力量等多个主体都在不同方面发挥着作用，在利益共识基础上，各方面充分发挥积极性共同推动阆中文旅事业发展。

联合国在2024年春节前通过相关决议将中国的春节确定为联合国假日，这表明中国春节文化的遗产化过程中，春节文化资源的价值利益获得不断扩展。对阆中地方来说，文化资源价值与知名度不断提高，由此给阆中带来的经济价值、文化价值均有所提高。“春节文化之乡”逐渐成为地方民族文化名片与品牌，“拜春节之源，到阆中过年”的口号在文旅产业开发中得到广泛应用，并最终形成了很好的推广效果。对社会民众来说，在阆中春节文化不断推广过程中，民众也有了更多感受源头春节文化魅力的机会，越来越多去阆中的旅游者和当地民众、相关从业者都有了更多感受“源头”春节文化的机会与体验，非遗进校园、非遗研学项目在阆中也获得蓬勃发展，越来越多的学生们与年青一代对这里的非遗与丰富文化有了更加深刻的认识，并由此产生了兴趣。由此可见，国家、地方、社会三者在其中各有所得，随着利益共识达成，三者在阆中文旅事业发展过程中形成良好协调互动，共同推动阆中文化与经济事项的发展。

此外，阆中也在文化传承与传播、文化自觉与自信和推动当地文化事业的持续发展方面扮演了重要角色。阆中山川形胜，钟灵毓秀，人才辈出。在家风文风、培育人才方面，阆中拥有良好的历史基础。说起家教家风造就人才，北宋阆中“三陈”家族最为典型。三陈高祖陈翔，忠贞正直，唐末助王建入蜀。陈翔告诫子孙读书修身，后代们忠实践行先祖训诫，在五代十国战乱时期，其子陈诩、孙陈昭文，均未走上仕途。直至其曾孙陈省华，带三个儿子陈尧叟、陈尧佐、陈尧咨隐于阆中南崖石窟砥砺攻读，直到世事昌明，宋朝建立，才应举入仕。陈氏“不求金玉贵，只愿儿孙贤”，将刻苦勤奋、忠君爱国、尚文崇德的家风门范，一代一代传承，终于造就了朝廷重臣，后世流芳。陈氏家族中三兄弟有两状元一进士，父子四人同朝，为世人所称道，世称“三陈”。人们称颂三陈父子的学问和政绩功业，更深入思考三陈家族成功之原因。人们认识到家教门风的重要性，高度赞扬陈氏家教极严、教子有方，阆中陈氏教子的故事千古流传，状元坊的建筑也是为纪念阆中“三陈”的故事而建立的。处于新时代的人们对于家教、家风和民族精神拥有自己的理解和传承方式，在阆中历史良好家风与民族精神的影响下，人们也对新时代的“家庭、家风”等概念做出新的诠释，自觉引领自我与家庭成员尊老爱幼、科学教子、自立自强，使良好家风代代相传，共建阆中美好家园、和谐社会。此外，这里的春节习俗如舞龙舞狮、巴渝舞以及新时代万人同品腊八粥等活动，都需要人们的互动与配合，并且其内涵也传递出阆中人民自古以来对于本地文化、本土民族精神的自觉自信。总之，无论是阆中丰富的春节文化资源，还是历史的优良家风传统，都应不断推进民族文化认同，加大优秀文化遗产保护力度，在增强对中华文化与民族精神认同的基础上推动民族文化在新时代实现创造性转化、创新性发展。

阆中市政府以系列春节文化活动为平台，通过论坛、展演、观光等多种形式沉浸参与的复合融汇，打通了社会、经济、文化多层面的共同发展。当然，产业升级、文化传承等一系列具体举措的最终落脚点都在民众，使人民的获得感、幸福感、安全感更加充实、更有保障、更可持续，形成文化、经济、社会与人多方面的协调互动是发展最终目标。

四、春节文化传承发展的问题与困境

尽管阆中连续多年深耕春节文化，打造春节之城，但作为对标大理古城、平遥古城等热门旅游目的地的古城景区，显然在知名度方面仍存在差距。阆中的旅游规划以春节文化为核心基调，但在将春节转变为旅游资源的实际操作过程中，仍有部分可待完善的问题。同时，如何在“利用”春节的同时也推动春节作为优秀传统节日和传统文化在当地更好地传承发展，也是当地值得考量的问题。

（一）作为文旅产业：资源转化能力有待提升

目前，阆中围绕春节文化，积极进行资源化、旅游化开发。连续五年举办“阆中古城过大年暨落下闳春节文化活动”，阆中丰富的春节习俗不仅成为当地文化和旅游业发展的重要文化资源，更进一步推动了阆中春节文化的活态传承。统计数据显示，2022 年阆中市第三产业增加值 132.2 亿元，增长 3.3%，对经济增长的贡献率为 100.5%，[①] 以旅游业为代表的第三

① 参见《2022 年阆中市国民经济和社会发展统计公报》，（2023-04-24）[2023-01-31]，https://www.langzhong.gov.cn/zwgk/fdzdgknr/tjxx/tjgb/202304/t20230426_1815186.html。

产业已成为阆中的重要经济增长点。但在阆中对春节习俗的创造性转化和创新性发展过程中，仍有一些待以改进的方面：

其一，“中国春节文化之乡”旅游品牌有待进一步传播。目前，相较于国内其他知名旅游目的地，阆中古城的知名度还有待通过传播进一步提高。春节期间，到阆中感受年味、欣赏年俗的游客主要以四川省内为主，省外游客则多来自陕西、甘肃、重庆、广东等省市。

其二，阆中古城中围绕春节习俗所开展的各项活动对年轻人的吸引力有待增强。阆中市文化馆副馆长邓小东曾提到，当代阆中春节活态传承状况中较好的是民俗巡游表演活动：该活动于每年腊月三十的下午开始，在古城中进行巡游表演，有诸如阆中龙舞等阆中特有的民俗形式。但目前，民俗巡游表演活动的队伍老龄化严重，其平均年龄达 57 周岁。通过他多年观察，对该活动感兴趣的游客也多为中老年人，年轻人的参与热情不高。[①] 因此急需在传承保护春节习俗的前提下，推动以民俗巡游表演活动为代表的旅游节事活动进行适当转换，以适应当代社会的审美和消费习惯，吸引更广泛年龄段的游客参与到阆中春节活动之中。

其三，春节旅游服务的相关配套设施有待进一步改善。本课题组了解到，春节期间阆中古城游客数激增，古城与新城区之间往返的交通需求也倍增，出租车等出行服务供不应求，因而游客们的打车费用也会顺势上涨。[②] 因此，在旅游旺季，阆中在交通、餐饮、住宿等方面的游客接待能力还有待进一步提升，以提供给游客更好的旅游体验。

（二）作为传统节俗：年味儿的缺失

阆中紧紧围绕春节习俗进行旅游资源开发，大力发展春节旅游。目前，阆中的春节已成为本地居民和外来游客共同庆祝的盛会，春节这一传统节日的公共属性被不断放大。据统计，2023 年春节假期，阆中累计

---

① 参见邓小东《阆中春节习俗活态传承现状》，《2024 年落下闳春节文化论坛论文集》，第 15—17 页。

② 受访者：司机师傅 A，访谈时间：2023 年 1 月 19 日，访谈人：张巧垅、叶玮琪、所揽月、刘菲菲。

接待游客168.62万人次。[①]阆中春节公共属性被不断放大的过程，必然伴随着本地人，尤其是古城居民对春节体验的消解。许多本地居民表示，春节正值旅游旺季，正是“做生意”的好时候。诸如司机师傅除夕夜仍在跑出租，古城内经营商铺的居民也会选择继续服务游客，并不和家人一起过年。[②]

此外，有居民认为阆中春节也面临“年味儿淡了”的局面。“我们现在就打麻将、打牌、炸金花、斗牛牛。现在烟花也不能放了……没年味儿了，现在一大家吃了饭就打牌，吃饭一会儿就完了，你那儿还没吃完，这牌都扯好了，吃慢了还没位置，剩一大桌菜在上面。”[③]也有居民怀念10多年前由学校、各大单位组织的民俗巡游，认为当时的活动人们参与度高、观赏性强，各年龄段的人都能加入巡游队伍，构成每年春节的一段难忘回忆。

（三）公私领域的春节：失衡与平衡

春节，作为一个传统大节，由若干特殊时间节点的民俗事象组成。但在城市化和现代化发展的背景下，以农业传统为依托的春节必然会发生诸多变化，例如民俗环节减少、民俗活动简化等。课题组向本地居民了解到，过去的春节，尤其在农村地区，往往从腊月初八的腊八节伊始，一直延续至二月二，而城市中的春节，最多能延续至正月十五。[④]

而随着春节旅游的发展，阆中春节习俗的变化也更为明显。因为“横向的联系和过程广泛地取代了纵向的联系和过程”，“许多民间文化财富不再是越过漫长的时间之流被传承，而是跨越广袤的空间被交

---

① 参见《全国第9，全省第1！》，（2023-01-31）[2023-01-31]，https://www.langzhong.gov.cn/xwdt/tttj/202301/t20230131_1772976.html。

② 受访者：司机师傅A，访谈时间：2023年1月19日，访谈人：张巧坭、叶玮琪、所揽月、刘菲菲。

③ 受访者：司机师傅A，访谈时间：2023年1月19日，访谈人：张巧坭、叶玮琪、所揽月、刘菲菲。

④ 受访者：古城居民H，访谈时间：2023年1月19日，访谈人：张巧坭、叶玮琪、所揽月、刘菲菲。

换、被采纳”。[①] 虽然阆中作为水运枢纽，其人口流动和文化交流一直较为频繁，也孕育出丰富多彩的阆中年俗。以舞龙为例，阆中就有春龙、板凳龙、穿花小彩龙、家什龙、烧花龙、长杆龙、草龙共 7 种不同的龙舞种类。但旅游作为一种“加速度”的“横向的联系”，更加深刻地影响着阆中春节习俗的传承和发展。其表现在：其一，为发展旅游，阆中基于一些特色民俗，精心设计的一系列民俗展演，如《巴渝鼓舞》《龙把子》《亮花鞋》《晾衣裳》等舞蹈表演。其二，古城内的民俗巡游活动，也由原来的自发社区组织，变为由阆中古城景区管理局系统化、体系化地统一招募、培训和管理。其三，在春节旅游旺季，大批本地生意人“春节不打烊”，原本和家庭内部成员共度的除夕夜，可能就变化为与游客、同事一起庆祝新年到来。正如萧放所言：“在全球化与商业化的浪潮中，春节的变化正在发生。以家庭为依托的春节，也因为大家庭的减少与缩小，面临着节俗重心以家庭与社会并重的趋向。”[②] 在节俗旅游的语境中，阆中春节也正处于公共属性和私人属性二者调和并重构的复杂过程中，需要谨慎平衡：既要确保春节习俗在当代的存续力，也要保证游客到阆中的过节体验感。

五、对策与建议

（一）进一步挖掘当地特色春节文化

对于国家而言，全民共享的节日文化是传承民族历史、民族情感的重要载体，是维系国家统一、社会和谐的重要纽带。对于民众而言，周而复始的年节体系在无形而漫长的时间河流上形成稳定的世俗生活框架，人们可以对时间富有期待、做出计划，更重要的是，人们可以在传统节日之中

① ［德］赫尔曼·鲍辛格：《技术世界中的民间文化》，卢晓辉译，广西师范大学出版社 2014 年版，第 136 页。

② 萧放：《文化遗产与文化资源——现代语境下的春节习俗意义》，《江西社会科学》2006 年第 2 期。

重温传统、积蓄力量，回归群体、获得慰藉，同时也以超越日常的体验调剂世俗生活。[①]

阆中作为“春节老人”落下闳的故乡，同时也是春节文化的发祥地，阆中的春节文化不仅具有中华优秀传统文化的共性，同时也蕴含着阆中地域文化特色，弥足珍贵。阆中经过2000多年的积累与沉淀，形成了具有本土特色、底蕴丰厚的春节文化，在当下，阆中的许多民居建筑、民风民俗也依旧能够凸显出浓郁的春节文化气息，当地也依旧保留着许多独具特色的春节文化元素，是我国非物质文化遗产的重要组成部分。

阆中目前已经挖掘的春节文化元素都体现着历史沿袭下独有的地域特征，例如正月十四至正月十六举行的放河灯、倒灯及游百病活动，更有春节期间举行的亮花鞋、春倌说春、示春牛、击鼓匏禳、先圣寻春等文化活动，这些民俗活动体现了阆中的地域文化特色，是中国春节文化的瑰宝。在这次的阆中古城过大年暨2024落下闳春节文化活动开幕式上，鼓舞、大木偶以及一些歌舞表演得到了观众们很高的评价。但阆中仍有众多文化元素值得深度挖掘和推广传播。

以川北灯戏为例，川北灯戏多取材于民间传说和百姓生活，表演粗犷简洁，诙谐通俗，载歌载舞，妙趣横生，被誉“淳朴的天籁，远古的遗风，戏曲的渊源”。川北灯戏历史悠久，明嘉靖年间（1522—1566）《阆中县志》就有“五月十五瘟祖会，演灯戏十日”的记载。川北灯戏作为发源于阆中、流行于四川东北部的古老歌舞小戏，与川北大木偶戏、川北皮影戏合称“川北戏曲三朵奇葩”，2006年5月被列入首批“国家级非物质文化遗产”名录。

作为阆中特色的、百姓喜闻乐见的民间艺术，川北灯戏值得更多的关注和助力。在春节文化上，川北灯戏剧目丰富、不断创新，可以有更多的表演机会。被列入国家级非物质文化遗产后，川北灯戏的发展迎来了新的契机，但对阆中来说，不仅是川北灯戏，当地更多有待发掘的民间艺术都需有亮相的机会，有效利用各类平台和方式让当地特色文化再度焕发生

① 参见萧放《传统节日的传承与重建》，《新湘评论》2019年第3期。

机，是发展文旅需要长期努力的方向。

（二）凝练春节元素，打造记忆点

凝练的春节元素能够直接反映阆中春节文化的特色，也可以让受众在最短的时间里产生深刻的印象，从而达到传播和提升城市价值的目的。阆中作为中国春节的发祥地，应提炼切实可用的、易出圈的春节元素，喊出口号，打造阆中春节记忆点，从而塑造出阆中“中国春节文化之乡”城市形象。

围绕这一主题，阆中主要打造了“春节老人落下闳”的形象。在2024年落下闳春节文化活动中，多名参会者提到，正如圣诞老人对于圣诞节的标志性地位一样，中国的春节也需要一位春节老人作为象征符号，并得以广泛传播。通过梳理与落下闳有关的史料，可以厘清天文历法、岁时节令的来龙去脉和发展历程，有助于明晰春节的时间谱系。“春节老人”作为重要的春节元素，从阆中的民俗到巴蜀的民俗，再到国家的民俗、世界的民俗，在国际上成为象征着中华文化的重要标识。随着春节文化的族群谱系得到建立，地方民众、整个中华民族以及海内外华人的认同感与归属感都随之增强，热爱中国春节文化的各国民众也会一同把“春节老人”的形象刻画在心里。但目前有关落下闳的历史记载不足，落下闳的知名度仍有限，这一形象符号还未得到广大民众的普遍认同，仍需加强宣传与输出，唤醒民众的历史记忆。

作为春节文化之乡，阆中提出了“拜春节之源，到阆中过年”等口号。落下闳的故乡四川阆中是春节文化的重要空间，这个口号有效地反映当地春节文化特色，简洁凝练。在今后的宣传中，阆中可将春节文化与整体的地域文化进行深度融合，既凸显春节的地方性特质，又弘扬了当地的特色文化，还能将影响力延伸到中华民族的各个地区，让“到阆中过年”走进人们的心里。

（三）打磨活动品质，拓宽客源

阆中目前围绕春节设计了系列文化活动，如阆苑仙葩迎春灯会等。在当下，游客们往往追求新型的旅游体验。灯会表演目前只是当地文化元素的罗列，可以加强游客的沉浸式体验，使得游客移步换景，场景间环环相扣，形成一个整体的阆中春节叙事。当地的文化景观拥有丰富的历史底蕴，因此科普向的讲解也会丰富游客的感受。此外，阆中非遗众多，皮影、木偶等技艺类非遗也可以增强其互动性与参与性，让游客在实践中感受文化的魅力。科普向、参与式、沉浸式活动相结合，有助于提升阆中春节之游的品质与吸引力。

作为四大古城之一，四川阆中古城与山西平遥古城、云南丽江古城、安徽徽州古城并驾齐驱，也可以积极从其他古城学习借鉴发展与管理经验，提升自己的知名度。通过对古城的游客进行访谈，我们发现，目前阆中春节之游的辐射力在巴蜀地区较强，在客源市场上仍有发展空间。一位从藏族前来的游客就提到阆中的文化对他来说很新鲜，很有吸引力。因此，阆中古城可以继续推广自己的城市名片，吸引不同地区的游客。同时针对不同的旅游群体如大学生、家庭、老年人等，打造出因人而异、因地不同、美美与共的旅游体验。

（四）立足春节内涵，凝聚共同体意识

我们身处的现代社会是经历了工业革命、信息革命蜕变的时代，更是脱胎于传统建立于历史之上的时代。正如福柯的史观——当前史（present history）认为当下所牵涉的政治文化、国家社会等诸多因素都与历史紧密相连。尽管近代以来中国社会不仅在诸多冲击下经历着基本运行逻辑的改变，也走过了从农业社会到工业社会再到信息社会的飞速发展道路，根植于传统农业社会和封建社会的规则在被不断打破重建又迭代。但立足于这样的广袤天地之间，回首历史，我们隐约看到文化根脉的传承绵延，那存在于民间习而不察的文化体系，仍旧是我们的生活底色。

立足当下，传统节日是我们在当代生活世界中看见自我、确立自身的重要依凭。从哲学意义来看，生活世界通常指向两重含义：一是作为经验实在的客观生活世界，二是作为纯粹经验现象的主观生活世

界。二者之间通过主客互动，生成具有人文意义的生活世界。[①] 以春节为代表的传统节日正是主客体互动交流极为高频高效的平台，人群因为掌握着对客观世界同样的知识与理解，而一道经历共同的情感体验。就春节而言，作为我国最为重要的盛大的传统节日，各地人民共同怀揣着对团圆、新生的美好期盼，又在纷繁的节俗中找到归属、完成对自我的标记。因此，阆中既以“春节文化”为城市名片，就需要进一步明确春节的文化内涵，春节不仅是民族精神与情感的聚合、中华优秀传统文化的集中体现，更深刻地体现了人与自然和谐共生的自然伦理价值。[②] 春节作为阆中的文旅亮点，游客希望在这里获得富有趣味性、观赏性的体验。而作为凝聚共同体意识的有效载体，人们同样希望在其中感受到温情、团聚的民族力量感。在这样的发展思路下，阆中的春节文旅发展道路或许会走得更长远。

① 参见王欣《论“生活世界”与民俗学——从胡塞尔的“生活世界”谈起》，《民俗研究》2017 年第 1 期。

② 参见萧放《春节的历史与文化》，《光明日报》2024 年 2 月 5 日。

14

胜芳春节习俗的历史变迁与当代传承研究

北京师范大学“春节习俗的当代传承与变迁研究”课题组①

① 本课题组成员，分别是宁祥文、刘菲菲、范雯佳、韩淑悦、闫世龙、所揽月。

节日文化凝聚着一个民族生活文化的精华，并作为国家文化根基、认同感以及历史传承的重要桥梁。春节，在中国三大传统佳节中占据首要地位，因其跨越时间的特性、丰富多彩的内容和充满吉祥的欢庆氛围，而成为中华民族最为广泛庆祝的节庆盛事。胜芳镇，隶属于河北省霸州市，位于京津保三角中心，历史悠久，经济发达。在传统文化受现代化冲击而萎靡的今天，胜芳镇的年节习俗不仅保存良好，而且重新焕发出夺目光彩。因而，项目组选择胜芳为调研点，考察作为家庭活动、公共活动的春节习俗，挖掘胜芳春节的特色与价值，针对当代春节传承的新趋势进行了讨论。

一、胜芳自然人文概况

胜芳镇，地处霸州市东南部，东邻天津市，区域面积97.01平方公里。胜芳地处华北平原的腹地，位于文安洼以北，大清河北岸，地势平坦，河流纵横交错，是典型的平原水乡。镇内以河流、坑塘、苇田为主，盛产鱼、虾、蟹、藕，有“南游苏杭，北游胜芳”的美誉。其中，东淀为核心水域，承担着调蓄洪水的重任。东淀，又称雍奴薮（雍大方），意思是生长着很多草的湖泊，也指有草无水的沼泽。清代称三角淀，为大清河水系南北两支下游的主要洼淀，面积约345 平方公里，其中胜芳境内占有47 平方公里。

（一）胜芳古镇的历史

胜芳历史悠久，始建于春秋末期，原为水乡，因地处河堤汇合处而得名堤头村。278 年，燕王以武力收复此地，取共享和平之意，改堤头村为武平亭。北齐时期，又将武平亭改为渭城。北宋仁宗年间，苏洵在当地任主簿，将南方种植水稻、莲藕的技术引入东淀，一时间芦稻相映，菱荷飘香，取“胜水荷香”“胜水流芳”之意，于是渭城又改名为胜芳。

胜芳因水而兴，因水而盛，是北方著名的水旱码头。随着历史的演进，胜芳逐渐成为华北地区的重要商埠和交通枢纽。特别值得一提的是，运河在胜芳的发展中扮演了举足轻重的角色。元代大运河、北运河段贯通后，胜芳借此成为南北经济文化交汇的重镇，诞生了冀中平原最早的金融业、津西最早的邮政业等。因商业氛围浓厚，胜芳也曾有“小天津卫”之称。运河作为当时的主要交通要道，促进了胜芳与其他地区的经济文化交流。胜芳的工商业得以迅速发展，商业繁荣，百业兴旺，成为华北地区的经济重镇，如今更是全国闻名的家具产业基地。

（二）火神信仰与传统宗教的交织

历史上，胜芳古镇庙宇林立，堪称“三寺两庵十八庙”。粗略统计，清代时期胜芳镇拥有二十多座大小不一的庙宇，其中包括东大悲寺、海月庵、天后宫、观音庙、文昌阁、关帝庙、玉皇庙、三官庙、土地庙、财神庙、五道庙、火神庙和龙王庙等，集佛、道、儒以及伊斯兰教、天主教等多种宗教文化于一体，呈现出一幅多元信仰的宗教画卷。然而，随着时光流转，曾经辉煌的庙宇群在今天的胜芳镇已不复见，仅存的一些庙宇规模也大为缩小。目前，太上门佛堂、观音堂和由信众捐资新建的“净业精舍”佛堂成为镇内佛教徒聚集诵经和举办法事活动的三个重要场所。

胜芳较为突出的民间信仰是火神信仰。在胜芳镇，人们称火神为罗宣，即《封神演义》中火烧西岐的“火德星君”罗宣。火神祭祀已在胜芳镇延续了至少五六百年。究其原因，胜芳作为北方著名的水旱码头，水道纵横，芦苇丛生，有关芦苇编织的手艺众多，产生了“草行”这一行业。旧时，每逢秋冬季节，中亭河南岸就会出现大大小小百余个草场，草行租赁下这些草场，盛放已收割下来的芦苇。但在秋冬两季，芦苇是易燃之物。人们为了避免起火，就纷纷祭祀火神。每年元宵节的“摆会”，就是为火神爷举办一次“出殡”，目的是让火神永不到访胜芳。

以火神为代表的这些民间信仰以及相关民俗活动不仅丰富了胜芳人民的精神生活，也促进了当地的文化交流和社会和谐。它们承载着胜芳人民的历史记忆和文化传统，成为胜芳独特的地方文化标识。

（三）胜芳经济的演变与转型

胜芳因水而生，因商而兴。自古以来，处于水陆码头的胜芳，因贸易和文化的频繁交流，而发展成为一个行业齐全、店铺林立、物流畅通的集散地，使其形成独特鲜明的商业文化，进而促进了经济贸易的发展。旧时，胜芳的船类以商船和货船为主。商船多为客运，货船多用于运苇席、皮麻、粮食、五金等开往天津，返程装有面粉、杂货、木材、竹制品等。航行时逆水拉纤，顺水扬帆摇橹摇棹。

清末民初，胜芳的商业已经日臻成熟。胜芳至天津的水路运输，在天津大红桥上游邵家园子，建有胜芳码头。主要航线为大清河，由天津到胜芳至新镇为新安航线。同一时期，富甲一方的商人相继对外投资，声誉威震京津地区，由此繁衍出“八大家”的盛世。清咸丰十年（1860）前后，胜芳的一批大商家相继发达起来，有八家处于领先地位，这就是“八大家”（即吉庆堂蔡家、留耕堂王家、承启堂王家、师竹堂王家、笃庆堂杨家、敬胜堂王家、聚兴堂张家、清太堂牛家）。其中又以蔡家为最，当时蔡家拥有粮田1500余顷，苇塘500顷、商号8个，在天津还有26个大公司的股份并把其多余的资金存入各大银行，所得利息十分惊人。

近当代以来，胜芳的经济发展历程可谓一波三折。历史上，胜芳凭借其独特的地理位置和运河的繁荣，经济发展达到了鼎盛时期。然而，随着运河的改道，胜芳的经济逐渐走向衰落。进入现代社会，胜芳镇面临着新的发展机遇，以及去产能、治污染、强管控等的挑战。2017年，胜芳镇积极响应国家去产能政策，对镇内的传统工业进行了大规模的调整和优化。这一举措虽然短期内对经济发展造成了一定影响，但长远来看，为胜芳经济的转型升级奠定了坚实基础。去产能后，胜芳镇开始大力发展新兴产业，如旅游、文化、生态等，努力实现经济结构的多元化和可持续发展。当年，胜芳的服务业增加值就完成了1431.8亿元，增长11.5%；旅游业总收入完成 372.7 亿元，增长 33.2%。[①] 胜芳镇现有 39 个街村，户籍人口 9.8 万余人，外来常住人口 10 万余人，镇域面积近 105 平方公里。2020 年至 2022 年，胜芳镇分别完成财政收入 5.997 亿元、6.43 亿元、5.04 亿元，经济增长势头旺盛。

从春秋末年的小村庄到运河边上的商贸重镇，再到现代产业调整后的新型城镇，胜芳经历了一次又一次的辉煌与转型。曾经的“小天津卫”如今正以其坚韧不拔的精神，继续书写着新的发展篇章，既保存了水乡古镇的历史风貌，又展现了现代化城镇的活力与魅力。胜芳人民用自己的智慧和勤劳，在尊重传统的同时，不断迈向更加繁荣昌盛的未来。

二、作为家庭活动的春节

冬去春来，胜芳镇再次迎来春节，这个位于北方的水乡古镇展现出充满活力、和谐与欢乐的节日景象。从家家户户蒸馒头的香气，到孩子们手持花灯的笑脸，每个家庭都洋溢着幸福的氛围，共同庆祝这个盛大的节日。胜芳的春节是一幅流动的文化画卷，不断地被新的色彩填充，同时又保留着那些历久弥新的传统习俗。

（一）忙年

忙年，是春节来临前那段充满热闹与喧嚣的日子。随着腊月的到来，胜芳镇上洋溢着愈加浓烈的年节气氛。根据民国时期的《文安县志》的记载:“腊月八日，择嘉谷、珍果八色，掺杂煮粥，谓之‘腊八粥’。”[②] 这不仅是一种美味，也是对丰收年的庆祝。为了增添这道佳肴的风味，当地人还会将特产如菱角米、莲子、鸡头米等加入粥中。同时，胜芳还有制作

① 参见《关于廊坊市 2017 年国民经济和社会发展计划执行情况与 2018 年国民经济和社会发展计划（草案）的报告（书面)》，2018 年 3 月 9 日，https://fgw.lf.gov.cn/print.aspx?id=1432。

② 丁世良、赵放:《中国地方志民俗资料汇编 · 华北卷》，北京图书馆出版社 1989 年版，第 303 页。

“腊八醋”的传统，人们会将蒜瓣浸泡在食醋中，让其充分融合二十余天，待到正月初一时，这种独特的调味品便与过年的饺子一同享用，为新的一年增添了别样的风味和祝福。

“二十三日，糖饼、黍糕，向夕‘祭灶’。”[①] 在胜芳镇，腊月二十三是一个庄严而神圣的日子，家家户户都会举行祭灶王爷的仪式。人们在家中的灶神台前虔诚地摆放供品，以表达对灶神一年来庇佑家中平安和谐的感激之情。民众还会精心挑选或书写对联，恭敬地贴在灶神的两侧，寄托着美好的祈愿：“上天言好事，回宫降吉祥。”横批“一家之主”更是强调了灶王爷在家庭中的重要地位和崇高威望。这样的传统习俗不仅彰显了胜芳人对传统文化的尊重，也体现了他们对家庭和谐与幸福生活的美好向往。

在胜芳镇，每逢四、九的日子便是热闹非凡的集市日，而腊月二十四更是被视为该镇的一次盛大市集。这一天，市场上烟火气息弥漫，各式各样的摊位琳琅满目，从炮市到花市，从肉市到糖市，再到菜市以及服装鞋帽市，应有尽有，吸引着四面八方的人们前来选购。特别设有专卖对联、年画和风筝的摊位，充满了浓厚的节日气氛，让人感受到春节的脚步越来越近。自腊月二十四起，市场的气氛更是达到了高潮，居民们络绎不绝地前往市场，挑选各式年货。家家户户都在这个时候为即将到来的新年做足准备，胜芳的集市熙熙攘攘，洋溢着喜悦与期待，展现出一幅生动的岁末图景。

随着农历新年的脚步日益临近，在胜芳镇，家家户户都开始忙碌起来，准备着迎接春节的丰盛美食。到了腊月二十五，厨房里弥漫着蒸糕和菜团子的香气，这些传统的美食象征着团圆和丰收，是节日餐桌上不可或缺的美味。紧接着，腊月二十六成为炖肉的日子，家中的灶火缓缓炖煮着鲜美的肉食，令人垂涎欲滴。而到了腊月二十七，人们会宰杀公鸡，这是为了准备更多丰盛的菜肴，以庆祝新春的到来。

“‘除夕’前数日，换桃符、贴春联，门户一新。至夕，设香案，为天

---

① 丁世良、赵放：《中国地方志民俗资料汇编 · 华北卷》，北京图书馆出版社1989年版，第303页。

地诸神位，素品致祭，行三拜礼，鸣鞭放炮，谓之‘迎神’。少长各诣宗祠及族门尊长行礼，谓之‘辞岁’。然十里不同风，亦有不辞岁者，亦必周旋尊长前，以示恭敬。今虽改行阳历，而习相沿，此礼仍不废。”[①]到了二十八、二十九，胜芳镇的居民们便忙碌起来，家中的每个角落都洋溢着节日的气氛。春联不仅是家门的装饰，更延伸至水缸、石磨之上，以此寄托着对新一年的美好祝愿。家家户户精心挑选或自书吉祥话语，将红色的横幅巧妙贴于日常器物之上，寓意生活的各个方面都充满喜庆与祥和。在那些大户人家，庆祝春节的准备更是讲究。他们会定制精美的瓦对，以及雕刻细腻的木制楹联，将其悬挂在宅院的大厅柱子上，以此展示家族的文化底蕴和对新年的尊重。此外，胜芳人在春节前夕也会举行祭祖仪式，表达对先人的缅怀与敬仰。他们会在家簿、家庙前摆放上馒头、炸鱼等供品，通过这样的形式，不仅彰显了子孙对先辈的孝顺之心，也祈求祖辈的福佑能绵延至新的一年。

在除夕夜幕低垂之际，胜芳镇的家庭会团聚在一起，共度这个传统的守岁时刻。女性们会精心装扮，头发间缀以色彩鲜艳的绒花，增添了节日的喜庆氛围。年轻的女子为了祈祝财富丰盈，会选择佩戴造型如同元宝的头饰，而年长的女性则倾向于佩戴寓意长寿的饰品，以此表达对健康长寿的渴望。这些精心挑选的装饰品会一直伴随她们到大年初一的下午。

（二）过年

“‘元旦’，鸣鞭放炮。设饺食，诸神位前行三拜礼，谓之‘送神’。男女各着新衣，拜尊长，谓之‘拜年’。半月以内，亲友交贺年禧。民国以来，行阳历，改元旦为‘春节’。”[②]正月初一上午，男性们按照传统习俗，前往本家的亲人家中拜年。他们把握这个宝贵的时光，与家人团聚，共贺新春。在过去，当地民间俗信下午拜年不吉，因此他们会在中午十二点之

① 丁世良、赵放:《中国地方志民俗资料汇编 · 华北卷》，北京图书馆出版社1989年版，第303页。

② 丁世良、赵放:《中国地方志民俗资料汇编 · 华北卷》，北京图书馆出版社1989年版，第302页。

前结束拜访。如今拜年的时间从过去的半天延长到了一整天，这样的变化让团聚的时光更加充裕，使得家庭和亲戚之间的联系更为紧密。与此同时，家中的女性们往往会聚集在一起，通过打麻将、玩牌等娱乐活动共度佳节。这样欢声笑语的场景，不仅加深了邻里间的友谊，也为新年增添了更多欢乐的氛围。到了初二，人们则开始走访其他亲朋好友。已婚女性按照惯例，回娘家与自己的父母和亲人团圆，而娘家人要将祖先前的供品撤下。

正月十四，人们会忙碌于蒸制形态各异的馒头，以迎接即将到来的元宵节。刺猬形状的馒头尤其受到重视，人们会精心制作七个，意为一整窝，象征着家庭团圆。为了招财进宝，他们还会额外蒸制两个小刺猬，先将其置于门框上，面朝外，寓意着刺猬正用其尖锐的刺将外面的财富引进家门。次日则转向里摆放，象征性地表示财富已经被成功地带入家中。“钱龙”馒头的设计象征着财富和繁荣，它将一条大蛇与八条小蛇巧妙地摆放在一起，大蛇口中还紧衔着一枚硬币。除此之外，还有各式各样的馒头，如枣山、猪头、柴火垛等造型，每一种都蕴含着特定的美好寓意。尽管现代生活节奏加快，许多家庭出于方便快捷的考虑，会选择在街上购买半成品馒头，但这份古老的风俗仍然深深植根于当地人的心中。无论是自家蒸制的还是购买的半成品，馒头这一传统食品都承载着胜芳人对新年美好愿景的祈盼。

“‘上元’，自十四日夜起至十六夜止，花灯、花炮，炫耀一时。十四夜，谓之‘神灯’；十五夜，谓之‘人灯’；十六夜，谓之‘鬼灯’。神灯放于家祀各神、宗祠木主；人灯放于门窗、床笫、几案及一切坐卧常用物件等处，俗谓可以避蝎；鬼灯放于丘墓、原野，谓游魂得灯可以脱离鬼蜮。岁丰时，更为灯官、彩龙诸戏。男女游观，具见升平之盛。”[①] 胜芳的灯节前后有三日，从正月十四到正月十六。人们传说十四为人灯，十五为神灯，十六为鬼灯。自发参加“逛灯”的人都举着自己制作或购买的灯走

① 丁世良、赵放：《中国地方志民俗资料汇编 · 华北卷》，北京图书馆出版社 1989 年版，第 302 页。

在大街小巷。胜芳的花灯多反映水乡的事物，鱼灯、虾灯、鸭子灯等。鸭子灯最为普遍，因为它有“押子”的含义，所以每年娘家给刚出嫁的女儿送一盏鸭子灯，希望其早生贵子。当孩子出生后，娘家的长辈还会在每一年给孩子购买花灯，因此当地也盛传“一年的鸭子，二年的瓜，三年的小车往家拉”。人们还根据传统神话，创作出“猪八戒灯”“孙悟空灯”，还有“鲤鱼花篮”“走马灯”“羊羔灯”，等等。

正月十六晚上，胜芳人按照传统，走出家门参与“走百病”活动。他们沿着镇上的四座古桥，踏上一圈环绕整个镇子的旅程，这不仅是一次简单的散步，更是一种驱除疾病、祈求健康长寿的仪式。完成环镇行走之后，人们回到家中，用火烤手烤脚。这个传统动作寓意着通过温暖的光芒和热气，将体内的疾病和不适全部驱散，以此来保佑全家人新的一年里身体健康、无病无灾。

从腊月二十三祭灶王爷开始，到正月十六“走百病”，每一个仪式、每一种风俗都深深植根于这片土地和人民的心中。无论是家庭团聚、拜年互访，还是精心准备的传统美食，都体现着每一个胜芳家庭对春节的重视。它们将一代代相传，成为连接过去和未来的桥梁，让春节这个最重要的节日永远充满意义与活力。

三、作为公共活动的春节

锣鼓声声，鞭炮阵阵，构成了胜芳民众的年味儿。其中最为突出的是，胜芳当地的民间艺术奇葩：花会展演。在这个北方的水乡小镇，花会不仅是春节庆祝活动中的一大亮点，也是当地民众心中不可或缺的节日盛事。造型各异、艺术纷呈的花会组织穿梭、游行在古镇胡同中，吸引着居民和游客驻足欣赏，共同感受那份属于胜芳特有的节日氛围。另外，与花会相伴，春节期间的灯会也是胜芳的一大特色。

（一）花会的传统特色与当代表现

民间花会历史源远流长，早自汉代即有之，当时称作“百戏”，宋、元时称“社火”，活动内容多为高跷、旱船、秧歌、舞狮，等等。清代，京城内外的民间花会组织不断扩大，种类逐年增加，技艺日臻高超，影响日趋深远。花会的流程通常为从会首家出发前往寺庙朝顶进香，因总要穿街过巷，边走边练，故也称“走会”或“过会”。花会中的领袖曰“会首”，会中成员，统称为“会友”，多为各行业穷苦劳动者与虔诚的香客。

胜芳的花会历史悠久，内容丰富。其始于明、盛于清，源自当地对火神的信仰而衍生出的仪式性活动，后也成为春节期间重要的节庆仪式活动。曾经的胜芳水系发达，联通天津，交通便利。在此基础上发展出繁荣的商业经济，人口众多，百姓富而思乐，逐渐产生众多花会，相传鼎盛时期有“七十二道花会”之说。时至今日，每到春节正月十二至十六期间，众多花会齐聚一堂，场面十分喜庆热闹。如今胜芳还保留四十道花会左右，主要包括乡艺总会（原称“杠会”）、炮会、中幡会、音乐会、高跷会、跨鼓会、小车会、武术会、狮子会等。

枪炮老会俗称炮会，旧时成员多为在淀区里猎捕水禽的猎户。炮会主要起到为花会摆会开道的作用，在遇到桥梁、重要庙宇时要鸣放三枚铁炮，声势巨大。

中幡会历史悠久，技艺高超。在整个摆会的队伍中，其是第一道具有表演性质的花会。有人认为摆会是为火神“出殡”，北中幡会便是起到为火神扛幡的作用。现在，其神秘色彩逐渐减少，主要以其高难度的动作与表演吸引人们的注意。演员们用手举起重达数十斤的彩色中幡并保持平衡，同时会表演身体上的动作，如将中幡进行抛起，用头、脚顶起中幡等，惊险刺激，十分具有观赏性。

跨鼓老会据说为明初随驻军来到胜芳，在1954年文物普查时一面受到乾隆皇帝御封的明朝大鼓被发现。跨鼓会表演时需大鼓、铛子和小钹共同配合表演，同时伴以舞蹈，表演时所有演员动作一致、锣鼓喧天，场面十分壮观。

高跷会在胜芳花会中独具特色，因其欢快的鼓点、明艳吸睛的妆容服装以及夺人眼球的动作技艺，受到百姓的关注与喜爱。高跷可以分为文高跷和武高跷。文高跷表演时整体动作幅度较小，有弯腰、劈叉等技艺表演，以胜芳镇的小河西同义高跷老会为代表。另外，胜芳还有武高跷，包括公议高跷老会、红旗公议高跷老会和进香高跷会。据介绍，过去的高跷还会有唱词，不过随着时代变迁，唱词大多已经失传，现在的高跷表演多以动作表演为主。当然，现代高跷也有自己的创新与发展，如在服装妆容上的精进已更加符合现代人尤其是年轻人的审美，在表演时动作、情节也会有一定的创新从而更加吸引人们的关注。并且在演员角色构成方面，除了传统的固定角色外，还会增添一些“现代”的角色，如公主、小丑形象等。

南音乐会为僧传庙堂音乐，诞生于明中后期，历经数百年而变异甚微。胜芳南音乐会的演奏风格大方、稳重，演奏技艺高超，2006 年被列入首批国家级非遗保护名录。南音乐会现能演奏四十余支传统曲牌，如大曲《关公辞曹》《东游》及众多的中小曲牌。在当地众多音乐会中，其独有的幡旗、角灯、鼓架、茶挑等组成的宏大阵形成为该会的一大特色。

武术会方面，胜芳也囊括众多流派。翻子拳又名“八闪翻”“翻拳”，在漫长的历史发展过程中，不断汲取了诸多拳种的精华，目前，崔庄子藤牌会、东公平武术会及西董风云会目前所传承的便属于翻子门武术套路。长拳门也是一种古老的拳法，早在明代就有专门记载。目前传承长拳门的武术会有西公乐武术会、东公乐武术会、西同乐武术会、五虎风云会等。

南拾锦会约出现于明末清初之际，清末，会内徐恩科曾进宫专门为慈禧太后表演。南拾锦会是以杂耍为主、魔术为辅，并有传统音乐伴奏的一种表演形式。其传承下来杂耍项目有大接杆、水火流星、顶花坛及口签子杂技、飞叉表演、传统古典戏法等几十个杂耍表演项目。音乐伴奏多为十番乐传统小调，并依旧使用具有较高价值的工尺谱为记谱方式。

总之，胜芳花会囊括数量丰富、形式丰富的民间花会组织，在保存与传承优秀的传统民间文化方面发挥着重要作用，不过随着时代进步，各个花会也都与时俱进，在传承方式、表演形式、组织结构等方面都进行着创新与进步。另外，伴随着交通条件的进步、国家政策的支持，胜芳的各个花会在“走出去”对外交流活动中也十分踊跃，积极参加各种民俗比赛、非遗展演等活动。并且，伴随着科技特别是互联网的发展，各个花会组织也大都做起了自己的视频账号，发布自己的表演作品，或在演出时进行实时直播，不断扩大自己的知名度与影响力。

（二）摆会的组织规范与文化内涵

“摆会”是一种深受胜芳人喜爱的传统民间庆祝活动，它围绕火神信仰展开，由当地的花会组织参与，进行为期四天到五天的游神巡境展演。这些摆会活动通常是由胜芳乡艺总会负责组织和协调，作为各小会与政府的中间角色，乡艺总会上传下达，使得花会与政府之间共同协作、关系融洽，帮助摆会活动圆满结束。

摆会活动每年于正月十二至正月十六进行，2024 年摆会时间调整为正月十一至正月十五。由于道路施工原因取消正月十六的北环路路线，增加正月十一外地花会展演活动。本地正式的摆会从正月十二中午十二点正式开始，此后每天都是十二点开始，根据摆会时间不同，到下午三四点结束。花会每天摆会路线不同，几乎涵盖了胜芳古镇的主要区域，如今虽然胜芳的新城已大大扩展，但古镇区域才是花会主要展演区域，这也体现了古镇作为传统胜芳文化空间的作用及存续。

正月十一的展演从早上开始。八点半进行请火神的仪式，闯驾后火神驾停在七神庙西街路口。乡艺总会小旗在胜利桥南接各会，并带领各参演花会进入镇区，路线为：胜利桥→牌坊东侧→新开路→张家大院对面路口→前进大街→板桥胡同→朝阳街委→牌坊南北广场，表演结束后走牌坊西侧上大堤或过胜利桥散会。

正月十二摆会于中午十二点正式开始，具体路线从前进大街出发，为新开路菜市场→仁和医院→南音乐会→文昌阁牌坊→新向阳大队→中华狮子会→跨鼓老会→五明小学→西公乐→泉乐会→同义高跷老会（裕济小桥）散会。

正月十三摆会路线为中午从前进大街出发，由红旗街委→公议老高跷→幸福街委→吉庆少林会→老幸福大队→新桥→净业经社→进香高跷→东公平→东方红大队→东桥散会。

正月十四摆会路线为从前进大街出发，由茶亭送水站→东桥→老高级中学→建华小学→齐家坑→东风小学后身→老河北派出所→信安道→老华隆（北梨园小车会）→建国大队（北中幡）→北桥散会。

正月十五摆会路线为从前进大街出发，由茶亭送水站→胜芳博物馆→王家大院→西桥→长胡同→大河西茶棚会→新华大队（保安会）→北金永一善→巨华小学→巨华街委（西同乐）→西桥散会。

一方面，总会的职责是请出火神驾并在整个活动过程中负责抬火神驾。火神驾平日里被安置在离总会很近的一个小库房里，摆会时，乡艺总会的负责人要前往请火神驾，并在火神像前烧纸上香、跪拜祈祷。之后，火神架会被暂时请到七神庙街街口，还有一些百姓会来祭拜火神。每道花会在经过火神驾时也要向火神爷行礼跪拜，这既是一种报到的仪式，也表达了对火神爷的敬重之情。另一方面，总会也负责游街过程中花会的组织协调工作。每天摆会开始时和结束时，乡艺总会会在总会门口和收会点竖起两面大旗，各道会须从中间走过，表示摆会期间各花会受乡艺总会协调组织。之后，游神摆会的队伍五天时间内按照固定线路走遍镇内各大区域。

正式出会时，场面十分热闹。正月十二中午摆会正式开始。摆会队伍中既有观赏性很强的高跷会、武术会、音乐会等，也有服务性的保婴会、茶棚会等；既有走街活动，还有备受百姓喜欢的“撂场”表演，而这也是摆会过程中最为重要且最吸引人的活动。不同的花会表演各有特色，如音乐会、跨鼓会、秧歌会通常以民间音乐演奏、锣鼓表演、秧歌舞蹈吸引民众；高跷会因为其诙谐的表演、高难度有技巧的动作等而受到百姓追捧。上千人的走会队伍走街串巷，锣鼓喧天，十分热闹。

另外，胜芳的花会在摆会时还有一些严格的礼节与规矩值得注意。首先，摆会时每道会排列顺序都有一定的规矩，不能打乱。一般枪炮老会是第一道，主要负责放炮。三次炮声响起表明走会正式开始。行进中过桥也要放炮，寓意为把一些在前面“挡道的小鬼”赶跑。第二道是中幡会，有说法认为是为“火神爷”出殡扛幡。接着是跨鼓老会，之后才是火神爷驾，在火神爷驾的后面就是南北音乐会，意为为火神爷演奏伴乐，根据为火神爷出殡之说，那音乐会的作用便是为火神爷的出殡仪式演奏哀乐。其次，在大会集合时，也有礼仪规定，会见会交换拜帖。帖上印有“某某会拜”等字样，以示互相尊重。当两道高跷在摆会中碰面时，双方的大和尚也会将双棒横放在双手之上举过头顶，以示友好。同时，会在行走当中敲锣打鼓，当前边有会在“撂场”表演时，后边的会就偃旗息鼓。撂场是游神过程中的重要环节。在过去，一些店铺老板会邀请花会在其门前“撂场”表演以图个彩头，祈求生意兴隆。近年来由于花会现场人员众多，为保障安全一般不允许擅自拦会“撂场”，现在通常设置固定的“撂场”地点，以维护整体花会的演出秩序。对于观众来说，在摆会行进中，不能随意拦会，不能在花会中穿行，要横穿时，必须选择花会与花会间的空当处。最后，每天下午四点左右走会接近尾声，每天的收会地点不同。每有一道花会到达，则会敲锣打鼓，以示欢送。

出会的最后一天，乡艺总会负责将火神驾送回原来的存放地，即送神仪式。同时，信徒们也会集合于此上香祷告，祈求平安。送神仪式也代表了为期五天的胜芳春节摆会活动的结束。火神民间信仰在胜芳这片土地上发挥着重要作用，一方面为基层人民面对生活中的苦难提供了支持与慰藉，以及对未来平安幸福的朴素愿望的寄托；另一方面也赋予了凝聚各个花会及胜芳人民的精神力量，进而构筑起本地域范围内的凝聚力量与团结精神。

（三）摆会的安全管理问题与政府角色

胜芳镇的花会庆典自正月十一拉开序幕，一直持续至正月十五。在这五日盛宴中，各色的游行队伍穿梭于镇上，吸引着络绎不绝的人潮。尤其在正月十五这天，镇内主要街道熙熙攘攘，人潮汹涌到了水泄不通的地步。为了确保这盛大的活动能够平安顺利地进行，警察队伍严阵以待，他们穿梭在人群中，时刻警惕着任何可能导致秩序混乱的情况。各级警察集体出动使得摆会活动在有序和谐的环境中进行，这只是政府对胜芳镇花会活动的坚定支持与积极帮助的一个缩影。

花会的组织与管理并不需要政府进行太多的干预。前文提到的胜芳“乡艺总会”是每年花会活动的组织者。总会的主要职责便是组织、管理、协调各个花会，保证花会游神仪式顺利进行。不过，总会与各道会之间并不是上下级关系，而是各道会基于传统与道义接受总会的安排与指导。究其缘由，花会是主要依靠地缘与趣缘形成的组织，成员基本是自愿出于个人兴趣入会，入了某一花会就是会中成员，要遵守会里的规定与安排。但进会远不止这样简单，花会中还有各种关系的再建构。在花会里，每一位成员又将其他的社会关系带入了会中，尤其是对于从小入会长大的一群人，彼此之间感情深厚。花会里的人们从事各种职业，在摆会时被集中到一起，花会可以说是民间的自发结社，有着完整的管理机构，办事章程，且是非营利的，所以政府与花会的关系实质上是政府与社会的关系。

花会能够凭借自身的组织能力与管理能力维持现场秩序，摆会时大体能根据现场情况随机应变，乡艺总会在应对突发情况时起到非常重要的一个作用。但是近几年又有一个新的变化，那就是来看会的外地游客越来越多，花会游行的空间也发生了变化。今年，花会游行大致有两类不同的线路，一种是在居民生活的小街巷里，这里的胡同狭窄逼仄，很难容纳更多的人，但这条线路是花会的老传统了，而另一种就是在古镇的大街上，可以说是为了满足外地游客观看花会的一条新线路。在调研期间，我们曾遇到来自霸州周边城市以及天津的游客，更是在正月十五这天，古镇的人流量达到顶峰，大街两侧人潮涌动，人们很难挪动。

面对这个新变化，对于花会来说，既是机遇又是挑战。机遇在于越来越多的人了解到了胜芳花会，花会的影响力在扩大；挑战就在于面对数量庞大的外来游客时，如何维持现场秩序与安全成了一个难题，这显然超出了民间传统组织的管理能力，这时就需要正式的组织去管理。在摆会现场，我们能看到有不少的警察在现场维持秩序，这看起来似乎再正常不过。但是，通过梳理历史上政府与花会的关系，发现如今政府的态度对于花会来说非常难得与妥帖。安全看似是老生常谈的话题，但是安全对于花会的生存至关重要，如今政府能够派出警力维持会场秩序，这实际上蕴含了花会得到了官方的认可，或许至少是合法的组织和活动。我国各级政府最重要的任务是维持当地社会的稳定与维护人民安全，所以安全对于人群大规模聚集的活动来说是重中之重，这不仅关乎个人的生命健康，也关乎民间活动的正常开展。

新文化运动以来，民间文化被贴上了“旧文化”的标签，对于新文化而言是落后的、不文明的，那时候的一些知识分析对于民间文化持一种贬斥的态度，但民间的活动彼时还没有受到太大影响。1949 年以后，在国家单线进化论的叙事话语之下，民间文化进一步被认为是封建、落后的东西，是要被改造的对象。政府对于社会无所不包的管理使得民间组织的生存十分困难，或者只能主动妥协以求生存。从胜芳花会的老照片中可以得知在那个特殊年代，花会表演人员的着装以及道具都深深体现着国家意识形态，手里的道具变成了象征工农的镰刀锤子，衣着也符合了那个时代的政治要求。我们会觉得一方面民间文化在历史中有一种被动接受的悲哀，但是从另一方面来讲，这也是花会人的生存智慧，即突出了花会作为国家叙事话语的组成部分进而获得生存的合法性，是不得已的妥协，正是这样的智慧才能从惊涛骇浪的历史风云中存活下来。

所以说，如今政府对于花会这样一种“无为”的态度是很难得的，虽然花会不需要政府的资金资助，但是政府的承认对于花会来说是非常重要的，这意味着花会能够以合法的身份出现在公众面前，正如高丙中所说：“国家对于民众自发结社的态度是喜怒无常的，统治者自由裁量，真的很任性。”[①] 胜芳花会自新文化以来就是不断地去寻找自身合法化的过程，非物质文化遗产概念的提出使得作为民间文化的花会摆脱了质疑，这对于花会的生存与发展十分有利。“旧文化”“封建糟粕”“民间文化”“非物质文化遗产”，花会在历史上被不断赋予不同的标签或概念，或许在未来还有新的名词出现，但是对于世代居住于胜芳的劳苦人民来说，花会又一直没有变。

（四）灯会的传统与变迁

据明代地方志记载，胜芳花灯在明朝中叶已经开始流行，至清中后期已成盛大规模，闻名华北。2008 年胜芳花灯入选了第二批国家级非物质文化遗产名录。胜芳花灯中的诸多品类仅为此地所独有，是在胜芳独特的

① 高丙中：《社会领域的公民互信与组织构成——提升合法性和应责力的过程》，社会科学文献出版社 2016 年版，第 152 页。

生产、生活、民俗及地域环境中独立地诞生、发展和传承下来的，如鸭子灯、金鱼灯等。胜芳传统元宵节灯会共有三天，正月十四称“人灯”，正月十五称“神灯”，正月十六称“鬼灯”。正月十六这天晚上还有“走百病”习俗。人们会出来在街巷逛灯的同时，在桥上和牌坊下走一走，祈愿将灾病带走。每到夜幕降临，胜芳老百姓就会家家挂灯、人人提灯。灯会期间，胜芳的一些花会也会在晚上到街上表演，灯会与花会表演交相辉映，将新年气氛烘托得更加热烈。

胜芳灯节也因时代变迁发生了较大改变。“文化大革命”期间，花灯因被视为封建迷信而一度陷入萧条。改革开放后，胜芳当地政府开始举办元宵灯会。政府将灯会任务分配给事业单位、企业村街等，灯展期间由政府统一协调布展，集中管理。由于政府介入，胜芳传统的逛灯演变为赏灯。人人提在手中的花灯，变成了坐落在街道两旁的大型花灯，传统花灯也失去了往昔市场并逐渐衰落。随着时间推移与政策改变，灯节转变为由政府统一租赁，以便于集中管理和调配资源。后来，灯节由政府委托给了公司进行筹办，这标志着灯节向市场化和专业化迈进。不过近年由于疫情及水灾等因素影响，灯会被暂时搁置，这一传统节日活动中断。民众们对这一当地传统节日文化习俗的中止感到惋惜但也无可奈何。

总之，胜芳镇的春节及系列相关节庆活动公共属性不断提升，这一点从灯节演变与花会发展中可以见得。在过去，当地民众自发自主地制作和展示花灯参与到灯节之中。而现在，政府甚至专业的公司成为承办主体，参与到这一传统节日的组织中，人们则是以个人或家庭为单位参与到这一公共文化活动中。花会虽然至今仍然以自筹自办为主，但是政府作为保障角色也参与活动过程并发挥重要作用，并且花会的组织、表演等也自觉或不自觉地考虑到自己作为公共文化的活动性质而进行了调整，比如部分线路与展演舞台调整至宽阔地带更便于人们的观看欣赏等。

四、胜芳春节传承的特色与价值

随着时代的前进，胜芳不仅保存了春节传统的精髓，更在新的社会文化背景下焕发出新的活力。在这里，古老的风俗与现代的创意交织，形成了一幅独特的节日图景。春节到来之际，家家户户依旧保留着贴春联、放鞭炮的传统习惯，同时开始向社区过年转型，使得传统节日更加丰富多彩。胜芳的春节特色在于它既承载着历史的记忆，又迎合着现代生活的节奏，成为连接过去和未来、传承与创新的桥梁。

（一）从家庭到社区：春节的演变

春节的演变，是一个从家庭空间走向公共领域的文化进程。在过去，春节意味着家家户户都能享受到丰盛的大鱼大肉，孩子们则期待着穿上崭新的衣服，手持花灯欢庆节日。那时候的春节，无疑是一年中最为重要和令人期待的时刻。然而，随着生活水平的提升，日常的饮食已经不逊于过去的年节盛宴，一位长者形象地描述了这一变化："现在的春节，人们是盼玩不盼吃。"这句话道出了春节意义的转型——从曾经的追求物质享受到如今的追求情感满足。

与往昔相比，由于现代社会快节奏的生活，春节的一些传统习俗不再受到人们的重视，例如胜芳镇一些传统的家庭仪式如祭灶和祭祖已经有所简化，正月十四蒸馒头的传统习俗虽然被广泛传承，但许多家庭出于方便快捷的考虑，会选择在街上购买半成品馒头；正月十五，虽然有部分家庭选择以饺子作为节日食品来庆祝，但街上的元宵摊位同样吸引着众多居民和游客，生意兴隆，热闹非凡。虽然具体过节的形式有所改变，但是这并不意味着人们不再重视节日本身了，春运期间的一票难求是最好的佐证。"回家过年""团聚"，这些文化理念基本上是以家庭伦理为中心的，这说明当代中国人仍然比较看重"家"。如今的胜芳人到了除夕之夜，家庭成员会团聚在一起，共同观看春晚，享受温馨的年夜饭，这已成为现代胜芳人的新传统。

如今，春节在胜芳镇已经发展成为一个具有显著公共属性的节日，这一点从灯节的历史演变中可见一斑。过去，居民们自发地制作和展示花灯，而现在，政府作为承办主体，积极参与这一传统节日的组织工作。政府的参与不仅体现在灯节的组织上，还体现在对节日安全的重视上。在花会表演及其他人流密集的场所，政府部门都会部署大量警力，确保秩序井然，防止偷窃、踩踏等安全事故的发生，保障居民和游客的安全。

花会的形式也有了一个新变化：在过去，花会是一个纯粹的社区内部的民间自发活动，而如今，花会也表现为公共程度更高的对外展演活动。2024 年，花会游行大致有两类不同的线路：一种是在居民生活的小街巷里，这里的胡同狭窄逼仄，很难容纳更多的人，这条线路是花会的老传统；而另一种就是在古镇宽阔的大街上。政府一方面想要利用传统民间文化为居民提供公共文化，另一方面也想要借此发展旅游，在调研期间，我们曾遇到来自霸州周边城市以及天津的游客。正月十五这天，古镇的人流量达到高峰，大街两侧人潮涌动，人们很难挪动。如此多的游客超出了民间组织的管理能力，这时就需要政府去协助维持秩序与保障安全，在摆会现场，我们能看到有警察在现场维持秩序，确保活动期间的安全。

对于胜芳而言，春节已经成为当地的一张文化名片，不仅凝聚了当地社区，也吸引了众多外来游客前来体验这里独特的年味。胜芳的春节，既展现了传统文化的魅力，也展示了现代社会治理和文化推广的新面貌，成为一座连接传统与现代、家庭与社区、本土文化与外界游客的重要桥梁。

（二）社区过年的价值体现

无论是花会还是灯会，作为源远流长、丰富多彩的传统文化活动，以其独特的魅力在胜芳乃至中国众多地区名声斐然。其不仅为人们提供了欣赏民俗文化之美的平台，更在文化、教化、认同等多重维度上发挥着独有的效用。

1. 文化传承

花会、灯会作为胜芳当地产生的传统民俗活动，包括形式多样的观赏性活动，深受广大人民的喜爱并且在当地进行自发的传承传播，因此其在优秀传统文化的传承方面发挥了重要作用。镇上花会包括中国传统音乐、舞蹈、乐器、高跷等多种民俗表演形式，灯会中的制灯技艺更是作为国家级非遗文化而独具魅力。

早有学者对胜芳的文化传承进行研究并提出“胜芳现象”这一话题。

胜芳镇的传统文化积淀深厚，对优秀传统文化的传承和保护具有整体性、全面性和丰富性的特点。而且，传承人大多为青壮年，文化传承已成为该地年轻人的文化自觉。同时，胜芳镇经济实力雄厚并助力文化发展，胜芳镇在经济快速发展的同时依然很好地传承了当地的传统文化。另外，国家层面上的非遗保护运动也为当地文化的发展提供了政策支持。总之，民间组织、社会支持与国家政策各方面的共同良好协调互动使当地的传统文化得以延续，至今仍熠熠生辉。

2. 教化民众

每到出会期间，花会可以说是当地人数最多、规模最大、最为热闹和隆重的集体性民俗活动。也正因如此，仪式中有着严格的组织和规程，进而保障全民性活动变得秩序井然。在新年的“聚会狂欢”中，人们默认接受并学习花会前后及过程中的各种规章规则等，教化由潜移默化中对这里的人们起到了规训的作用。

此外，各个花会的学习过程也大都是通过口传心授的方式进行教学，在此过程中也体现出其深刻的教化功能，当然这里的人们在学习时也欣然接受。例如，在春节出会前集中练习时，师傅都会对徒弟们进行一定的要求，训练期间要严格遵守会里制定的会规，师傅们也会通过言行教育徒弟们待人接物等做人道理，师兄弟之间也要遵守相应的尊卑秩序，这些现象在各个花会中现在也还较为普遍。

3. 强化认同

胜芳花会与灯会都对当地增强民众地方认同感发挥了重要的作用。首先，花会已经成为一种胜芳社会的集体象征，大量当地民众的参与使之成为一种当地具有文化意义的集体行为。演出过程中，共同观戏而形成的集体参与把人们凝聚成一个高度统一的群体。人们共同表达了对火神爷的敬畏、欢度新年的喜悦以及对当地传统文化的自觉自信。另外，胜芳灯会传统悠久，在周边地域范围内独树一帜，常年吸引外地游客前来观赏，这也使胜芳人民对于自己的灯会文化怀有浓烈的认同感与自信心。总之，在强有力的集体心理影响下，花会、灯会实现了通过社会聚集对于社区社会、文化观念的凝聚与加强。

昔日，春节的庆祝重心无疑落在了家庭的团圆和传统习俗的维系上。人们不远万里归家，享受亲情的温暖和节日的喜悦。然而，随着社会的发展和文化的变迁，春节的庆祝方式也在逐渐地发生着变化。如今的春节，不再仅仅局限于家庭的小圈子。社区作为连接个体与社会的桥梁，开始承载起更多的节日活动与文化功能。社区组织的花会、灯会以及各种文娱活动，让邻里之间的交流更加密切，也使得节日的氛围更为浓厚。春节的意义不再仅限于血缘和地缘的纽带，而是建立在共同的文化认同和社区归属感之上。在这样一个共融共享的节日氛围中，春节的文化内涵得以传承和发展，与时俱进。

五、胜芳春节传承的新趋势

春节作为中华民族最为重视的节日之一，在人们的心中有着不可替代的地位。对春节和相关习俗的传承不仅出于对传统的尊重，更是来源于深层的民族情感和对美好生活的憧憬和期盼。不论是将象征着吉祥如意的面团"刺猬"放上门轴，还是用面团捏出小蛇、小猪等，都是人们对于来年美好生活的期待与祝愿。春节期间年轻夫妇携手看望父母，是对于中华民族传统美德之一——孝道的传承，更是儿女一片澄澈心意的外化表现。人们同家人一起走上街头，在以花会为主的公共文化空间中加入节日庆贺的集体，与本地人以及游客一起享受浓浓的"年"味。春节为人们提供了表达情感、调节生活的契机，在此过程中，中华民族优秀传统文化，特别是伦理关系，得到了确认和加深，并逐渐以适合的方式继续发展下去。总体观之，胜芳的春节传承表现出了三个变化趋势。

（一）数字化与融媒体逐渐成为过年"新方式"

数字网络的发展已经深刻地改变了人们的生活方式，尤其在春节这样的传统节日中体现得淋漓尽致。例如，曾经面对面的拜年习俗，如今已逐渐让位于"手机拜年"和"网络直播"等现代方式。短信息、微信等利用数字网络和智能手机的方式早已成为普遍的交流方式，更因其方便快捷的特点成为人们流行的拜年方式。发送简短的问候语，或是在闲暇时与远方的亲人朋友打一通视频电话，又或是在微信等虚拟社区中发布新年祝福语，不管是什么样的形式，对彼此的思念与深深的情感通过网络传递，人们之间的情感并不因距离而疏远。虽然这种交流是双方不在场的，但实质上传播到的话语甚至双方的表情、语气等都尽数呈现于手机上，使屏幕背后人们的情感以象征的形式传达给了对方。手机和网络在如今春节人们的交往中发挥着非常重要的作用，促进人们结成更加紧密的社会情感链接。另外，在直播日益成为日常生活的一部分的时代大背景下，春节期间的民俗活动直播也将浓厚的“年”味借着网络向更广泛的地理空间传播。

胜芳花会的传播和互动也可以借着这样的“东风”得到新的发展。胜芳花会作为历史悠久的老会，有着一套一以贯之的传统。不管是高跷会、音乐会、武术会等不同类别，还是走街串巷的表演形式、表演流程，又或是表演内容，几乎都是依照老一辈人的习惯和传统，一代一代传承下去。这不仅是出自各会对前辈和“火神爷”的尊敬（花会中一个重要部分就是为“火神爷”送殡以祈求地方平安），也是对胜芳花会传统深切的情感表达。但面临着如今流行文化与新媒体文化的影响与冲击，既需要继承胜芳花会传统深切的情感表达，又需要使古朴而富有内涵的胜芳花会焕发新的生机与活力。目前可见，花会积极地利用数字平台，不仅以网络和自媒体为传播渠道扩大花会在各地域和各年龄段的影响力，而且这种方式也会给予将传统花会与新潮的文化事象相融合的可能性。在2024年的花会中，就已经可见抖音、小红书等社交平台在花会传播方面的影响力。花会的游行穿梭于胜芳的宽街窄巷中，参会队伍和两旁参观的观众挤在摩肩接踵的街巷中，许多人不堪其扰，连连摆手说:“回家看直播吧！”除去胜芳及各会官方的直播之外，还有不少自媒体打开了摄像头，加入这场“盛宴”。因此，人们足不出户也能在家中感受到热闹的气氛。另外，越来越多的年轻人能够在胜芳花会文化的传播与文化的再创造中发挥作用，将现当代的流行文化与传统的花会相结合，为古老的形式赋予新的意义。

（二）传统习俗在现代社会存在需要“新方式”

传统之所以为传统，就是其经验性、有用性以及施行的权威性得到承认的结果。我国春节的习俗繁多而丰富，其象征意义也极为丰富，其中包含着对过去生活的感恩、对未来美好生活的期盼、对亲人朋友的深厚情感、对已故亲人的追思，等等。可以说，春节是日常生活中人们的情感集中表达的节日，因此习俗的传承不仅有着传统延续的历史意义，也有着重要的现实意义。但由于现实社会在不同时代有着不同的社会条件，人们也怀有不同的社会心态，因此习俗的变迁是不可避免的。花会举办时间的变化就能够体现随着时代发展的变化，春节习俗根据实际情况与人们的需求所完成的变迁。在民国乃至清朝以前，胜芳花会每年大体出会三次，即春节、四月初八、五月十三火神爷出驾为出会日期，每次出会为四天，农历的大年初三至初六、正月十三至十六，胜芳镇均有花会表演。但由于现代人们生活节奏加快、精神文化生活日渐丰富，花会时间上的调整就成了大家的共识。目前，每年的农历正月十一到十六成了盛大的出会时间，火神爷的“出殡”也会在这个时间内进行。在这个时间节点举办的花会可以被视为春节的“收尾”，是人们在春节期间所能体验和感受到节日氛围和意义的最后阶段。出会时间的调整不仅意味着传统的习俗与现实生活需要之间的互相妥协，更说明了传统习俗已经深深扎根在了人们的心中，因此即使对活动做出调整，也依然坚持将传统习俗与礼仪延续下去。不仅如此，春节中的其他习俗，如年轻夫妇探望老人等，虽然以其传统的延续性和促进生活更加美好的现实意义，都得到了不错的传承，但也都在社会生活的流变中、在个人的选择中逐渐发生变化。春节习俗和文化的变迁路线也与之类似，在已定传统基础上不断结合时代特点进行调整，使之既能继续人们关于春节的深厚的情感表达，又能使传统习俗更适应现代生活节奏，更好地融入人们的日常生活之中。

（三）胜芳花会传承需要“新方式”

在胜芳，花会作为春节期间民众参与的公共文化活动，是与百姓日常生活具有不同性质的仪式性盛会，其继承和发展都有着多方面的意义。首先，作为根植在胜芳传统中的公共文化活动，它是本地民众的共同身体体验与情感体验，同时在纵向和横向上成为联结集体情感的一个重要纽带，在此过程中增强了社会凝聚力和社会关系的链接，不断赋予个人集体归属感。其次，作为具有节日性质的仪式性盛会，胜芳花会寄托了百姓对于美好未来的真诚祈愿，是百姓们共同愿望的具象化表达。花会在传统节日春节期间进行，更与时间的更替、民众对于春节的意义赋予高度相关。因此，我们可以说，不管是对于胜芳本地的传统与社会网络，还是对于春节的传承，花会的继承与发展都有着重要的意义。

胜芳花会作为具有颇深历史脉络和寄托深厚情感的传统民间文化活动，特别是作为优秀非物质文化遗产，它的传承与发展是受到民众以及政府的关注的，社会各界也正在为此做出不懈的努力。但在复杂的社会发展情境中，传统的维系以及未来的发展也不可避免地存在着难题。在胜芳花会面临的问题中，人员不足的问题当数最直观也最亟待解决的问题。按照传统的规矩，作为会里“领头人”的会首到了一定年龄就要退位，将会首的位置传给年青一代。会中的中年人往往有着丰富的参会经验，青年从小在花会的环境下耳濡目染，也有了一定参会基础。随着市场化、商业化的不断推进和人员流动的加强，越来越多的人不满足于小镇的生活现状，走出了胜芳，去寻找更大的生存空间和薪资更多的工作岗位。高等教育的普及和发展也吸引了大量的年轻人外出求学继而在外地工作和生活。胜芳的家具加工制造业的确吸引了不少人来到这里谋生，但外来人口很难融入花会的传统乡情中去。因此，在这样的人员流动情况之下，花会目前面临着参与人员日渐减少的问题。当地民间花会对此问题做出的反应是，吸纳更多当地儿童进入花会。一方面，儿童空闲时间较多，课余有充足的时间进行训练。另一方面，每年胜芳花会表演在正月初十到正月十五期间进行，在这个时间儿童还未开学，因此可以保证表演的人数和质量。此外，从小浸润、成长在胜芳花会文化中的孩子会对民间花会的传统怀有深深的感情，亲身参与其中更能将身体记忆与情感记忆相连，这不仅将优秀传统文化和家乡情感深深烙印进他们的心中，而且也能对胜芳花会在现代社会的薪火相传起到重要的作用。不仅如此，新一代的加入也加强了以南音乐会为代表的优秀非物质文化遗产的保护和发展，为非遗注入新的血液。

笔者看来，应对人员不足的问题，另一有效的解决办法为更广泛地吸纳女性成员。胜芳花会中，有些会是以男性为主，但男性与女性都可参会的，如挎鼓会、音乐会等，也有些会只允许男性参会，如高跷会。这是由胜芳总体的文化氛围以及花会传统决定的，也是长久以来被众人认可和遵循的。但目前人员流动加快，对花会传统怀有深切情感的胜芳本地人大量外出，这些变化是目前威胁胜芳花会持久维系的难题，但也许也会成为胜芳花会在寻求结构与参会模式上改变的契机。更为广泛地吸纳当地女性成员，并且重点吸纳和培养年龄较小的女性成员，不仅为解决花会人员不足问题提供了一条思路，也能够使当地女性更加融入花会的文化之中，有利于作为优秀非物质文化遗产的胜芳花会的持续传承，更能改变花会组织中的性别角色结构和要求，使传统的花会更适应现代的时代要求。通过现代的“非遗”机制而改变原有性别结构的传统文化事象在我国已有先例。云南省石林彝族自治县自古以来就有摔跤和斗牛的传统，在国际与国内非遗名录确立之后更是被列入了非物质文化遗产名录。其中，“摔跤”作为当地传统的一项运动，对女性观众和参赛选手的态度也从排斥转向了接纳。如今，女性不仅可以进入观众席进行观赛，也可以在接受相关专业培训的基础上报名“女子摔跤”项目，成为“摔跤”这项传统运动项目在如今的传承人之一。因此，适当地在发展中继承传统，将更多女性形象与角色放置在花会传统之中，能使花会获得新的发展。

在这个传统与现代交织的时代，胜芳人不断探索和实践，使得春节的庆祝方式更加多元化、现代化，同时仍旧保留着那份对传统文化的尊重和热爱。这些新趋势不仅丰富了人们的节日体验，也让年青一代在享受传统的同时，更容易接受和传承这份文化遗产。面向未来，胜芳的春节文化传承将继续与时俱进，既坚守历史根基，又拥抱时代潮流，让这个具有悠久历史的节日在新时代的土壤中绽放出新的光彩。正是这些新趋势的涌现，使得胜芳春节的传统之花永远鲜艳夺目，成为连接过去与未来，传递文化自信和文化活力的重要载体。

15

三江侗族自治县林溪河流域侗族春节习俗调查报告

杨瑞瑶

北京师范大学博士研究生

侗族是中国南方地区一个古老的世居民族，主要聚居于湘黔桂交界以及鄂西地区广大地域里。侗族过春节习俗受到汉族文化的影响。最初，侗族并没有将正月视为过年的时间节点，而是将冬至前后的“吃冬”（侗语：janl dongl，后同）作为侗族的年节。然而，随着侗族社会与汉族文化交流融合历史进程的推进，侗族逐渐将正月也视作春节，并且赋予了许多本民族的意识、情感和宗教色彩。[①] 侗族的春节和汉族一样也俗称“过年”，并且有大小年之分。与汉族的小年不完全相同，侗族的小年在农历腊月二十九，又称为“姑婆年”。这一天是纪念姑婆的节日，意味着祖宗各代的姐妹出嫁后，过年快结束时回家探亲团圆。侗族家庭会用几个粑粑夹着酸肉敬奉姑婆，作为“飨年”，并用甜酒祭奠。[②]

在广西三江侗族自治县林溪河流域侗族村寨，每年到了农历年底，到处都充满了喜庆的气氛。家家户户都在忙着准备过年的食物，如打年粑、酿年酒、杀年猪，同时还会张贴春联、打扫卫生，准备迎接新的一年。从初一开始祭祀萨神、拜飞山神，开展芦笙踩堂、对歌、唱侗戏等文娱活动，在正月初五、初六便开始走村串寨，举行“月也”（weex yeek）等村寨之间的文化交流活动。过年也是侗族人置办各种喜事、招待贵客的繁忙时期，林溪河流域侗族村寨习惯在农历腊月二十七至二十九结婚，到正月初二或初三时回娘家，程阳八寨则每年固定于正月初二在男方家摆酒，正月初三集体送新娘，形成习俗惯制。然而，随着村落内部分化和生计方式的改变，现代的侗族春节在形式和内容上也有所调整和变迁。

本报告旨在对广西三江侗族自治县林溪河流域侗族春节习俗进行调查和分析，着重探讨以祭祀和展演为中心的两种不同类型的侗族新年庆祝方

① 参见徐赣丽《中国节日志·春节（广西卷）》，光明日报出版社 2015 年版，第 298 页。

② 参见杨筑慧《中国侗族》，宁夏人民出版社 2015 年版，第 266 页。

式。调查资料主要来源于笔者2022年1月30日至2022年2月15日（农历腊月三十至正月十五）在三江林溪镇林溪村以及2024年2月3日在林溪镇程阳八寨的实地调查。通过前后两次的调查，对当地的春节习俗传承情况与村寨日常生活进行了观察与记录。

一、林溪河流域侗族村寨基本概况

林溪镇位于湘桂交界处，地处三江侗族自治县北部高寒山区。该地属岭南山地地带，山多平地少，山地面积占总面积的七成以上。其山脉呈南北走向，地势北高南低。在这样的地理环境下，侗族村寨依山傍水而建，沿着林溪河流域的山脉与河流走向，形成了独特的聚居格局。依山而建的侗族村寨，充分利用了周边山地的资源，既能够有效利用山地空间，又能够避免山地崎岖地带带来的不便。同时，依水而居的特点也为侗族村寨提供了丰富的水资源，便于农田灌溉、生活用水和其他生产生活活动的开展。林溪镇辖区内主要河流为林溪河，属珠江流域柳江水系浔江支流，长度达37公里。林溪河起源水团村，自北向南流经水团、茶溪、牙已、美俗、林溪、合华、冠洞、平铺、程阳、平岩等10个村，自平岩村寨门出境流入古宜镇的光辉村，于黄排村石眼口注入浔江（又名古宜河）。[①] 林溪河作为该地区的主要河流，不仅为侗族村寨提供了灌溉水源，也成为交通要道，连接了湘桂两地，为侗族人民的生活和经济活动提供了便利。林溪河流域侗族村寨依山傍水的聚居特点，既反映了侗族人民对自然环境的适应能力和利用能力，也体现了他们与周边环境的和谐共生关系。

林溪镇因镇政府驻林溪四村街而得名，林溪镇人民政府驻林溪社区长寿街15号，离三江县城31公里。明清时期林溪属怀远县。1933年设有林溪乡，属三江县平江区。中华人民共和国成立后，三江县人民政府成立，全县设6个区，林溪属于林江区，该区时辖高步、横岭、林溪、程阳、八

① 参见韩元利《中华人民共和国政区大典·广西壮族自治区卷（上）》，中国社会出版社2018年版，第724—725页。

江、马胖等6个乡。1951年4月，三江行政区划调整，林江区分设第七区和第八区，短暂的林江区成为历史，程阳、林溪、高步、横岭划属第八区。1954年10月，湖南省通道侗族自治县成立，第八区的高步、横岭两乡被划属湖南，原属坪坦河高步乡的高友、高秀两村，因为有山场地界在林溪镇，且两村群众又心念林溪，政府就把两村从高步乡划归林溪乡。1984年7月，林溪公社撤改为林溪乡。2013年，撤销林溪乡，设置林溪镇。至今，林溪镇辖1个社区、14个行政村，其中程阳八寨、林溪村以及平岩、平铺、冠洞、枫木、茶溪、美俗、弄团、水团、高秀、高友、合华村等13个村寨皆为侗族村寨，现居人口主要为侗族。

林溪街是林溪镇的贸易中心，民国时期的林溪已经成为三江东北部重要的商业重镇，商人们从各地聚集到林溪开辟市场，纷纷在市场附近建房居住，开设商铺。县志中记载货物由古宜行船水运至林溪镇后得改走陆路，舍舟改陆后再步行走三江林溪至湖南横岭的山间驿道，三江、融安、柳州等地的桂柳客商就通过水路将食盐运到林溪。[①]而那个时候湖南省鄱阳湖至洞庭湖一带盛产粮食大米且水路发达，但没有盐，因为两地被大山阻隔，移民商人就找来林溪沿岸村民将一担担的盐挑到湖南的坪坦、横岭一带去销售，然后又从湖南购买粮食挑回林溪。林溪与坪坦是湖南、广西两省区货物交易的重要枢纽，水路与挑山结合促成了两省区货物的交易，久而久之，就成为运输粮盐的通道，这便是林溪河一带家喻户晓的盐粮古道。由于林溪的粤盐、茶油是靠人工肩挑过科马界，运至湖南通道、靖州交换大米的，于是林溪街成了商户竞相抢购销售物资的前哨，并逐渐繁华起来。林溪街市场是林溪历史上最繁荣的一段时光，现在回想起来，林溪街上的居民不禁感慨昔日繁华的商号，也只剩下怀旧的招牌。据当地人回忆，林溪市场旧时最有名的店铺当数广东籍卢家的卢音记。除此以外，其余的商铺名字在今天林溪街老人们的记忆中仍旧非常鲜活，如三缘枪、万生缘、福安昌、兴发隆、合兴昌等，据当地70岁以上的老人回忆，在林溪繁华时期流行过这样一句顺口溜：“程

① 参见魏任重修、姜玉笙纂《三江县志》，台北成文出版社1975年版，第495页。

阳上来八担油，来到林溪宝号收，油还油不够，写信来添油。”[①] 这些大大小小的商铺，构成了林溪市场的主体。

程阳八寨由马鞍、平寨、岩寨、平坦、懂寨、大寨、平铺、吉昌等8个自然村（屯）组成，分管于3个行政村委会，现居侗族人口近万人。寨内拥有干栏式吊脚楼民居2000余座、鼓楼8座、风雨桥5座，有中国最大侗族木构建筑博物馆的美誉。程阳自清代及民国时期以来逐渐形成的8个侗族村寨，大部分相邻而设，建筑空间布局均衡，寨中风雨桥、鼓楼、戏台通过修复也基本恢复原貌，而各村寨的石板路、吊脚楼、碑刻、水渠、水车、水井、鱼塘等古建筑及自然景观保存较好。不仅如此，程阳八寨拥有独特的侗族集体婚礼等特色文化元素，又依托平岩两寨、程阳八寨当地的丰富民俗文化来开展民族风情民俗旅游，发展民宿留客、百家宴等旅游产业链，使其成为中国最大的侗族文化旅游景区，2024年程阳八寨被评为国家5A级旅游景区。程阳八寨是中国侗族村落典型代表和侗族文化生活方式活态展示区，完好保存着侗族木构建筑、歌舞文化、民族信仰、农耕劳作等古老传统，是中国最美山水侗寨。

二、以祭祀为中心的侗族新年

春节期间的除夕、大年初一和正月十五，林溪村寨的侗家人都要祭祖敬神，主要是祭拜护佑村寨的神灵“萨”、护佑家户的土地神，以及自家的祖先。在林溪村寨中存在着一种历史悠久、供奉女神“萨”的公共祭祀场所，当地人称之为“萨”庙或“萨”坛，“萨”（Sax）在侗族日常用语中意为“祖母”或“奶奶”。林溪村寨共设有四处萨庙（坛）供奉萨，“萨”共有四位，合称为“四萨花林”，专管人间生育与村寨平安。当地人认为“萨”是自建村立寨之时便存在的祖母神，林溪村寨中供奉的“萨”是从贵州省远口镇请来的。“萨”共有四位，合称为“四萨花林”，专管

① 受访者：卢瑞权，男，汉族，1944年出生；访谈人：杨瑞瑶；调查时间：2022年1月3日；调查地点：林溪镇林溪街长寿桥上。

人间生育与村寨平安。设在林溪村岩寨的“萨”庙被称为“萨玛”（Sax mags），意为最大的萨；设在林溪村亮寨的“萨”庙（坛）被称为“萨搭”（Sax dax），意为中间的萨；设在林溪村大田寨的“萨”庙被称为“萨温”（Sax unh），意为最小的萨。其中以岩寨的“萨玛”地位最为尊贵，是护佑整个林溪地区的神灵。这一历史记忆得以保存在当地歌师传唱的《萨根源耶》中。

> 我们林溪有几个萨咧，岩寨有一个萨，那个萨是砖房的萨，是萨庙啦，管萨的那家妈和小女都做和尚去了，还剩一个大女在家里管萨。亮寨这有两个萨，寨脚的萨是木房子的，里面有一个神台供奉萨，寨头还有一个萨是土堆的，另外还有一个萨庙在大田。我们这几个寨的萨都是祖公从贵州远口请来的，1958 年的时候把这点庙啊牌位啊全部拆了，现在这些萨庙都是后来重新建的。①

林溪河流域每个侗寨都设有“萨”坛以祭祀“萨”，有的“萨”坛形制为石子砌成的土堆，上面种植常青树；有些地方因为村寨曾遭遇火灾等天灾人祸，只在“萨”坛原址处设置用石头或石板搭建的临时神坛，无论其形制如何，所祀神灵“萨”都被认为是当地至高无上的神灵，凡事都要先祭祀“萨”，体现了“萨”在村寨中的优先秩序。

不同于“萨”庙的神秘与稀少，土地公祠可见于林溪四村街的各个角落，多见于桥头、寨门、鼓楼旁、家屋前与各道路出入口处，土地公祠是与村民关系十分密切的祭祀场所，岩寨村民多在自家附近设置土地公祠以代替自家香火堂护佑本家安康。这些神祠的形制的设置通常十分简易，多为用石板堆砌或者砖砌而成半米高的小屋，小屋的底座也用石板或是砖块砌成，底座上有供人上香与烧纸钱的洞口。有些神祠上面刻有“福德祠”

---

① 受访者：吴新宝，男，侗族，1940 年出生；访谈人：杨瑞瑶；访谈时间：2021 年 12 月 25 日；访谈地点：林溪村亮寨吴新宝家中。

的字样，两侧则刻有“土能生白玉，地可产黄金”“土能生万物，地可发千祥”等对联。尽管屋内并无神像，有些放上一块石头或者一支桃木象征能辟邪镇宅的土地神，人们依然恭敬祭祀。

腊月三十当天下午三点过后，林溪村寨中各家各户便相继开始准备祭祀自家祖先与村寨中各神灵。祭祀的顺序以家中祖先为先，如家中设有供奉祖先牌位的神龛，则在祖先牌位前摆桌祭祀。在祭祖仪式中，主家在祭祖桌上摆放一整只熟鸡、一块熟猪肉、一条蒸鱼、三杯白酒、三双筷子、三炷香。祭祀时，主家点燃两炷香烛插在神龛左右两侧，再在香炉内插上三炷香，接着在神龛下方与桌子靠近堂屋内侧的一侧焚烧纸钱，默念或者轻声低语呼唤祖先到家里吃饭，并向祖先祈求保佑。纸钱焚尽后，将桌上的三杯白酒喝一半，再绕着纸钱灰烬洒一半白酒，寓意着祖先和主家共享这一餐年夜饭。接着，村民们会用竹篮带着供品到距离自己家最近的神祠处祭祀，如居住在桥头的住户则会祭祀位于桥中间的关公神位，楼下附近设有土地神祠的住户则会到土地公祠处祭祀，附近有井水的住户也会到井水边的土地处祭祀。岩寨村民一般到老寨门前的土地公祠处祭祀，亮寨上寨村民会到上寨“萨”坛与凉亭前的土地公祠祭祀，亮寨下寨村民则会到下寨萨庙与井水前的土地公处祭祀，皇朝寨村民到半山寨门处的土地公祠祭祀，大田寨村民则会到寨脚“萨”庙处祭祀。在土地公的祭祀仪式中，主家将祭祖时所用的熟鸡、猪肉摆放在土地公祠前，同样摆上三杯白酒、三双筷子，在香炉上插上两根香烛以及三炷香。接着，一边焚烧纸钱一边向土地公祈求护佑本家在新的一年里平安顺遂，待纸钱焚尽后，将摆放在神祠前的三杯白酒喝一半，将杯中剩下的另一半酒水画圈浇在纸钱灰烬上。

大年初一清晨，村民们在家中祭祀完自家祖先后，便用竹篮带着祭品、茶水、香油、香烛、纸钱到家附近各神祠处祭祀，祭祀顺序与大年三十一致，其中“萨”庙与“萨”坛的香火尤为旺盛。在祭“萨”仪式中，以亮寨下寨的“萨”庙为例，早上九点至十点，平均两分钟便有村民前来祭祀，且多为家中的女性长辈。村民们把供品摆放于神台前的木桌上，倒上三杯茶后，便为摆放于神台上的长明灯添油。接着点燃一把香，在神龛前的三个香炉上与神龛下的香炉上各插三炷香，在大门两侧供奉门神的香炉上各插一炷香。最后，在神台下方焚烧黄纸，默念"'萨'要保佑寨子管理寨子哦，给我们寨送子送福哦，保佑我们身体健康，五谷丰登，家畜兴旺哦"等祈求平安的吉祥话，待黄纸燃尽，将桌上的三杯茶喝一半，再以画圈的方式洒一半在香炉边上，祭祀程序便全部完成。

三、以展演为中心的侗族新年

"月也"（weex yeek）意为集体做客，是侗族地区春节期间最热闹的活动之一。这一活动是两个村寨之间相互拜访、交流的传统习俗，涵盖了各种表演形式和仪式。活动通常从大年初二开始，持续整个正月期间，两个村寨轮流拜访对方，进行为期数天的交流与互动。活动开始前，村寨间商定"月也"的时间、先后顺序和具体安排。一般来说，先是一个村寨到另一个村寨做客，过几天后，另一个村寨再来做客，相互往来。

"月也"的规模也不定，男女老幼均可参加，是一种群众性的文化活动。表演队伍一般包括"歌队""芦笙队"和戏班子，他们会身着节日盛装进行唱侗戏、赛芦笙、对唱侗歌等活动。当客人抵达主家村寨时，通常会有热情的迎接仪式，包括敲锣打鼓、唱迎宾歌、拦路对歌等。主家村寨会举行百家宴款待客人，主家村寨每家每户准备丰盛的食物，如酸鱼、酸肉、酸菜等，以此表达对客人的诚挚款待。随后，主家村寨会进行拜神仪式，为来宾祈福，以示对客人的尊重和欢迎。拜神之后，两个村寨之间会展开文艺表演，包括唱戏、多耶共舞、唱情歌、舞龙舞狮等，全寨的男女老少都会参与其中。白天唱歌、晚上唱歌，一场场精彩的演出会持续数天。除了文艺表演，还会举行各种互动活动，如对多耶、对联仗等，让参与者更加融洽地交流互动。活动结束，来客离开时，主家村寨会举行送别仪式为客人送行。此时，主家村寨会为客人送上特别准备的礼物，如猪头、猪尾等，以表示对客人的尊重和友好。在送别仪式中，有时会表演送别歌曲以示欢送。

总的来说，"月也"活动不仅是一场文化交流的盛会，也是人际情感交流的重要场合。通过这一活动，村寨之间的友谊得以增进，相互之间的了解也更加深入，甚至有助于促成村寨之间婚姻关系的达成。

2024 年春节期间，广西三江侗族自治县林溪镇程阳八寨举办了以“侗寨百家宴，欢乐中国年”为主题的全国春节“村晚”活动，这场活动是由文化和旅游部主办的“欢欢喜喜过大年”重点活动之一。文化和旅游部公共服务司、全国公共文化发展中心、广西壮族自治区文化和旅游厅、柳州市委、柳州市人民政府和广西旅游发展集团共同承办了这场盛会。程阳八寨则沿袭“月也”的传统习俗迎接来自全国各地的游客。据介绍，参加“村晚”主会场活动的群众文艺队伍共计 22 支，超过 1200 余人参与其中。其中，三江当地村民文艺队就有 12 支，超过 1000 人，而来自广西各地各民族的群众文艺队伍也有 10 支，200 多人。春节假日期间，程阳八寨景区推出了多项文旅消费优惠政策，推出“村晚”打卡线路、开年百家宴、千人多耶、八桂潮集，以及一年一度的侗族“新娘回门”传统婚俗和《侗恋·程阳》主题篝火晚会等活动。景区每天举办的百家宴场场爆满，吸引游客量近 10 万人次。

2024 年 2 月 3 日（南方小年），笔者与游客一同来到程阳八寨，参加了当天的“月也”活动。上午九点，村民们早早聚集在景区门口，准备进行“拉也”仪式以招待客人。当游客队伍抵达景区门口时，马山会鼓排列整齐，敲响欢迎的节奏，龙狮起舞迎宾，姑娘们手捧寓意着风调雨顺、吉祥如意、祈祷幸福安康的侗族吉祥花送给宾客。接着，芦笙响起，人们跳起了踩堂舞。表演队伍引领着游客一路来到程阳永济桥头，进行“拦路迎宾”仪式。桥头平台和石阶上站满了村民，迎宾队伍手持着传统的竹竿或长绸红花，两侧平台上摆放着立式大鼓。姑娘们手捧竹筒杯，盛满了糯米酒，以进寨前的“拦路酒”欢迎仪式向游客展示着侗族人民的热情好客。游客们走过风雨桥，踏入寨子后，开始自由地游览村寨景观，参与了村民们包年粽、打糍粑、染五色糯米饭、酿酒、做彩蛋、做吉祥花等的活动。在田埂小路上，送亲队伍抬着红猪，挑着酸鱼、糍粑及米酒等贺礼，送新娘回门，而游客与村民们一同欢聚，观看这一热闹场景。鼓楼前的岩寨百家宴上，侗族戏曲演出吸引了游客们的目光，而鼓楼内的老人们则在下棋、聊天，展现出了宁静祥和的乡村生活。在平寨鼓楼坪上，芦笙队跳起了侗族芦笙踩堂舞。此外，书法爱好者们组织了写春联、送春联的活动，让每家每户都贴上了春联和福字，营造出了红红火火的新年气氛。

下午两点，群众文艺队伍和游客纷纷会聚程阳八寨演艺中心，期待着即将展开的精彩演出。游客们入席参加侗族百家宴，观看由群众文艺队伍精心呈现的21个节目，这场演出展现了广西独特的地方风情与多彩的民族文化。演出节目精彩纷呈，既有侗族大歌传承人与程阳八寨村民共同演绎的侗族大歌《蝉之歌》、三江县文化馆合唱团与艺术团表演的侗族琵琶歌《琵琶铮铮话和谐》等侗族歌谣，也有河池市环江毛南族自治县非遗保护中心选送的毛南族民歌《五湖四海来相会》，防城港市群众艺术馆、东兴市文化馆选送的京族打击乐《京岛梆声》，崇左市群众艺术馆表演的壮族天琴弹唱《弹起天琴好开心》，来宾市群众艺术馆表演的瑶族长鼓舞《欢歌迎客来》，柳州市融水苗族自治县民族文工团展演的苗族歌舞《担酒苗妹》等广西各民族歌谣，展现了广西作为多民族聚居的少数民族自治区，壮、汉、瑶、苗、侗等12个世居民族融合共生、美美与共的风采。此外，还有于添琪与文化志愿者共同演绎的“村晚”主题曲《美好山乡》、南宁市文化志愿者表演的杂技《漓歌情》、桂林市恭城瑶族自治县文化志愿者的情景表演《桂林米粉》、南宁市青秀区文化志愿者的情景表演《南宁老友粉》、柳州市群众艺术馆展演的青春潮舞《火辣辣》等节目，展现了广西各地丰富多彩的风土人情。演出接近尾声时，现场全体村民和群众演员齐声唱响歌曲《民族团结花盛开》，一同跳起多耶舞蹈《共舞同心圆》，标志着“村晚”主会场的展演活动圆满结束。

此次“村晚”活动不仅在现场热闹非凡，也在网络上引起了广泛关注和传播。据了解，2月3日当天，“村晚”全网互动声量高达189.64万，传播量更是达到10.51亿。央视频客户端、文化和旅游部、文旅中国、光明网、自治区文化和旅游厅、中国青年报社等43家媒体单位参与了“村晚”直播，总观看人数达1362万。其中，央视频客户端观看人数达595.2万，文旅中国的客户端、微博观看人数达118.2万，文化和旅游部抖音直播观看人数达85万。主流媒体如《人民日报》、新华社、中央广播电视总台、《广西日报》、广西广播电视台等86家也关注报道了“村晚”，形成了强大的宣传声势。此外，“村晚”相关的各种话题频频登上各平台热搜和同城热榜，其中“王雪纯探访柳州程阳八寨”话题登上今日头条热搜12位，“村晚主题曲《美好山乡》”“为了全国村晚广西已经准备好了”“在广西三江看全国村晚”“浓浓侗乡情谊，相约柳州村晚”等成为热门话题，展现了其在公众心目中的热度和影响力。与家喻户晓的“春晚”不同，“村晚”以村民自编自导、自娱自乐的形式，更富有民俗风情。这场农家风情、乡村记忆的文化大餐，将欢乐带入了人们的心间。“村晚”作为一个文化符号，早已超越了单纯的娱乐，它是对传统习俗的传承，更是对乡村文化的坚守。

四、结语

通过对广西三江侗族自治县林溪河流域侗族以祭祀和展演为中心的两种不同类型的新年庆祝方式的观察，我们可以看到一系列有趣而复杂的现象和变化。随着侗族社会与汉族文化交流融合历史进程的推进，春节逐渐成为侗族文化中的重要节日，在当地人民心中扮演着举足轻重的角色。然而，随着时代的变迁和生活方式的改变，侗族春节习俗也在不断演变和调整，呈现出一种新旧交替、传统与现代相融合的态势。

首先，侗族春节的祭祀活动是其传统文化的重要组成部分，也是对祖先和土地神灵的敬畏与祈祷。在这些庆祝活动中，人们会举行各种祭祀仪式，包括祭拜祖先、祭土地神和祈福祭祀等。这些仪式不仅是对传统信仰的表达，更是对侗族文化传承的一种体现。在祭祀活动中，人们会穿着传统服饰，进行祭祀祈福，祈求村寨平安。这不仅是一种祭祀仪式，更是一种文化传统的延续，是对历史的回顾和对传统的尊重。这些仪式的举行，不仅使侗族人民感受到了祖先的庇佑，也进一步增强了族群之间的凝聚力和归属感。

其次，侗族春节的展演活动则是体现了人们对生活的热爱和对文化的热情。在“月也”活动期间，两个村寨之间相互拜访、交流，进行各种表演形式和仪式。如唱侗戏、赛芦笙、对唱侗歌等，体现了侗族人民对艺术的热爱和对传统文化的传承。2024 年的“村晚”活动通过线下吸引游客、线上吸引观众的形式，成为侗族文化的窗口，展示了侗族村寨的新图景，为乡村振兴注入了活力。通过社交平台的直播，“村晚”活动引发了数百万人次的关注和参与，为当地村寨带来了更多的关注和支持。这些活动的成功举办不仅推动了侗族文化的传承和发展，也为当地经济发展和旅游业带来了新的机遇。同时，这也彰显了“千村示范、万村整治”工程的重要意义，为乡村全面振兴提供了有效路径和实践经验。

最后，侗族春节习俗的调查和分析是一项长期的任务，需要不断地深入研究和探索。随着社会的不断进步和经济的不断发展，侗族春节的庆祝活动将会更加丰富多彩，吸引更多的人参与其中。同时，侗族传统节日也将继续为当地经济和旅游业的发展提供动力，成为推动当地经济发展的重要力量。通过对当地民众日常生活和文化持续的观察和记录，可以更好地理解和传承侗族文化，为保护和传承中华民族的多样文化做出贡献。

16

数字媒介与春节习俗的融合与重塑

——以山西省祁县为例

宁祥文

北京师范大学社会学院博士研究生

随着21世纪的到来，中国经济与社会的快速发展与数字化时代的崛起紧密交织在一起。春节作为中华民族最为隆重的传统节日，一直承载着稳定而深厚的精神内核。但是，数字化语境下，人们过春节的现实表现在发生改变，“身体在场”不再是感受春节氛围的唯一途径，虚拟世界跨越物理空间的限制，成为实现春节团圆愿景的新平台。人们可以通过数字媒介进行面对面的交流，分享节日的喜悦，传递彼此的祝福，以此维系并强化家庭的纽带，让春节的传统意义得以在新时代焕发出新的光彩。

目前，关于数字媒介如何影响传统节俗的传承与实践的问题较少引起学界的深入讨论，学者们对于技术对春节习俗所产生的影响多集中于数字媒介削弱或者助力春节习俗的当代实践。有的学者认为，人们在参与新兴春节习俗这一由媒介主导和建构的媒介仪式的过程中，传统春节习俗中参与者所具有的独特的在场体验没有了，真实的在场变成了媒介化的虚拟在场，亲身参与的仪式变成了观看的仪式。① 现代生活的网络化虽然克服了传统习俗烦琐费时的弊端，但缺失了语言和情感上的互动，单调乏味，甚至千篇一律的祝福文字无法给人带来感动，反而增加了人与人之间的距离感，使得传统年节的热闹景象大打折扣。②

也有的学者持乐观态度，认为每当人类在物质生产和生活中发明新的生产方式、交通工具或交际手段时，传统的民俗活动必然发生变化，形成新的民俗传统，并反映出当时的社会、政治、经济和文化等各种背景信息。③ 春节本质上是人们的生活方式之一，而生活方式会伴随着时代的变迁发生或大或小的变化。④ “媒介的使用”已被纳入普通家庭的框架之中，

① 参见樊亚平、程浩《媒介重构：春节习俗的变与不变》，《当代传播》2019年第2期。

② 参见陈洁君《社会学视角下中国传统节日文化变迁——以闽南春节习俗为例》，《广西民族师范学院学报》2016年第2期。

③ 参见张举文《探索互联网民俗研究的新领域》，《西北民族研究》2021年第1期。

④ 参见郑土有《时代变迁中的春节民俗文化》，《人民论坛》2024年第3期。

成为人们日常生活的重要组成部分。[①] 毋庸置疑，接触和使用各类媒介成为新兴春节习俗的重要内容，各种媒介变成了承载新兴春节习俗的各种内容的具体载体，无论是春节习俗的呈现形式，还是内容表达都依靠媒介来完成。[②] 以抖音 APP 为例，有学者认为短视频的高度发展，使春节习俗文化融入了互联网的浪潮中，运用新型话语叙事形态把传统文化推陈出新地留于受众内心，形成一连串的连接、分享互动、对话，突破了时间与空间的限制，传统的经典与现代的科技碰撞，创新出了独具魅力的传播形式。[③] 也就是说，民众的节俗实践已经难以截然分为线上或者线下，现实与虚拟相交织，共同构筑了新的节日体验。

本文以笔者家乡山西祁县春节传承为个案，主要基于笔者的家庭和亲戚的春节传承实践，探索在数字化时代背景下春节习俗的传承与实践。笔者认为，数字媒介已成为春节习俗新的呈现与表达的主要方式与具体载体，并创造出一个新的社交场域，弥补了因距离带来的互动不足。在此过程中，数字媒介嵌入年俗实践，重塑了传统的春节习俗。

一、祁县的春节习俗及其文化内涵

祁县，地处山西省中部，晋中市南部，太原地南端，太岳山北麓，汾河中游东岸[④]，总面积 854 平方公里[⑤]。境内地势起伏，山地和丘陵较多，四季分明，粟作农业发达。祁县历史悠久，素称文化之乡。[⑥] 县境节日传承

---

① 参见李彦雯、吴飞《“家庭的媒介化”与“媒介的家庭化”：媒介与家庭的双向互构与实践逻辑》，《新闻与写作》2023 年第 8 期。

② 参见樊亚平、程浩《媒介重构：春节习俗的变与不变》，《当代传播》2019 年第 2 期。

③ 参见赵智敏、孙婷婷《从共享到共情：抖音 APP 春节习俗文化传播的互动表征》，《新闻爱好者》2022 年第 1 期。

④ 参见祁县志编纂委员会《祁县志（1978—2014）》，方志出版社 2018 年版，第 37 页。

⑤ 参见祁县志编纂委员会《祁县志（1978—2014）》，方志出版社 2018 年版，第 36 页。

⑥ 参见祁县志编纂委员会《祁县志》，中华书局 1999 年版，第 674 页。

生态完整，尤以春节最为隆重。节日习俗活动丰富，正月期间祭祀频繁，节日礼俗基本遵循传统礼制，只在细节上做出调整。

祁县春节并不仅限于大年初一当天。通常，一进腊月门，家家就忙着购年货，准备过大年。[①] 当地流传着一段顺口溜，用以形容这段忙碌而充满喜悦的准备时期。“二十三，打发爷爷上了天；二十四，搘抹打扫弄扫帚；二十五，杀个鸡；二十六，割上肉；二十七，把面发；二十八，胡拾掇；二十九，提啊坛坛打啊酒；三十日，饺儿捏了三箢篓。”[②] 如今，尽管人们不会严格依照传统歌谣的节日安排节前的准备活动，但大体上仍遵循惯例迎接新年。

腊月二十三，俗称“辞灶”，又名“送灶”。民间俗信灶神将在次日返回天界。当晚，家家户户以糖瓜作供品祭拜灶王，希冀其向玉帝汇报时为家中美言几句，祈愿全年丰衣足食、安康无恙。祭祀灶王较为简单，二十三晚，院中或堂中北向设供桌，供饧糖以祭。主妇或主家[③]，点燃供桌上的两支红蜡，敬三炷香、三张黄表纸，并三拜。二十四至二十九，人们则投入一系列忙碌而充满喜悦的准备工作中。他们会彻底清扫屋舍、精心准备各式美味佳肴，并采购年货等各种必需品。这是为了迎接新春佳节，进行最后阶段的细致筹备。

农历一年的最后一天，称为“年主”[④]，又称“除夕”。这一天，要做的事情很多。晨起，他们会祭拜祖先；上午，更换春联、灯笼以及门神；下午，进行最后的查漏补缺。祁县人民有守岁的习惯，吃过晚饭，全家老少守在电视机前包饺子，茶几上摆放着水果、干果和糖果，人们在热烈喜庆的气氛中迎接新年。“夕时，焚香爆竹，迎神。”[⑤] 除夕子时，燃放鞭

---

① 参见祁县《贾令村志》编纂委员会《贾令村志》，三晋出版社 2013 年版，第 225 页。

② 受访者：宁改林、宁腊林，访谈人：宁祥文，访谈地点：宁改林家中，访谈时间：2021 年 1 月 26 日。

③ 祁县地区惯称男性主人为主家。

④ 祁县《贾令村志》编纂委员会：《贾令村志》，三晋出版社 2013 年版，第 227—228 页。

⑤ 丁世良、赵放：《中国地方志民俗资料汇编 · 华北卷》，北京图书馆出版社 1989 年版，第 581 页。

炮，男性家长手持香炷，在院中四方各拜一下，意味着接神灵回家。

除夕过后，人们主要活动转为拜年与休闲娱乐。从初一到元宵，人们参与各种文化活动，享受团圆的快乐，同时保持着对传统禁忌的尊重，共同体验着节日的欢乐与传统的魅力。

正月初一上午给男方家长拜年，长辈要给晚辈发红包。中午，主家或主妇送除夕晚上接回的祖先神灵离开。供桌早晨八点已经设好，摆在院落或客厅北向，供桌上放置五盘水果、五盘莲花供、两支红蜡、三张黄表纸。十二点整，燃放鞭炮，主家或主妇，点燃红蜡、香炷，三拜后敬香。然后跪，敬三张黄表纸。敬后九叩首，至此，送神完毕。祭祀仪式通常由主妇和主家合作操持，主妇多负责供品的制作和摆放，送神则多由主家进行跪拜祈福。其他家庭成员多会围观这一过程，等待主家敬香完毕，可上前跪拜祈福。送完神，人们在初一中午吃团圆饭，主食吃饺子，寓意着新的一年合家幸福、团团圆圆。

初二上午，人们即给女方家长拜年，又称“拜丈母”。初三给姑姑姨姨等女性家长拜年。在当地，拜年只能早上拜，因此下午便自然成为放松娱乐的时光，人们可以尽情享受休闲和欢乐。多是亲朋相聚打牌、聊天，或相偕上街游玩。初八，祭拜生肖对应的星宿，祈求本命星官的庇佑。初十，将面饼放置于墙角之下，这一习俗被称为“贺老鼠嫁女”，充满了乡土气息。到了正月十三，将米、面和茶撒在屋顶上，以此来喂食寒鸦，希望它们不要啄食豆类作物，保护好人类的劳动成果。“十五日，‘上元节’。悬花灯，设鳌山，放烟火，弦歌彻夜。”[①] 元宵节是祁县民众的狂欢节，1926 年后，社火入城表演成为新的消遣方式。[②] 祁县地区有元宵夜晚赏焰火、花灯的习俗。烟花和灯展由政府出面组织，县城街道彩灯装饰，城内有多处灯园供人游赏。[③] 三合村还会设置大型九曲黄河阵，以庆贺上

① 丁世良、赵放:《中国地方志民俗资料汇编 · 华北卷》，北京图书馆出版社 1989 年版，第 590 页。

② 参见祁县志编纂委员会《祁县志》，中华书局 1999 年版，第 768 页。

③ 参见祁县志编纂委员会《祁县志（1978—2014)》，方志出版社 2018 年版，第 1031 页。

元佳节。

此外，过年期间还有许多禁忌。正月初一忌清扫室内、院落。[①]“至初五日五更，方扫地下尘土，送出门外，名曰‘送穷’。”[②]正月初五，俗称破五，不宜客来；初十称“十不动”，忌外出。[③]正月中除初五、初九外，直到二月初九均为妇女忌做针线之日。喜庆日说话时要避开不吉利字词，如元旦招呼起床，不能说“起”而说“升”，饺子煮破不能说破而说“绽开啦”，买神纸香烛要说“请”，烧香要说“上”等。[④]

整个春节大体可以将其分为忙年、除夕和初一至十五三个阶段，在时间建构中契合四时节令，在空间建构中因应传统中国宇宙秩序，呈现出自然与社会、神圣与世俗交织的特征。在近两个月的时间跨度中，通过各项节俗活动，一方面，民众得以放松身心，享受一年中难得的闲暇。另一方面，民众满足了走亲访友、人神共娱的需求，在人、神、祖先的和谐共处的氛围中共度春节。

然而，数字化时代，人们的春节传承实践正在发生着变化。据 CNNIC 第 52 次《中国互联网络发展状况统计报告》，截至 2024 年 6 月，我国网民规模达 10.79 亿人，互联网普及率达 76.4%。[⑤]手机网民规模达 10.76 亿人，网民使用手机上网的比例为 99.8%，即时通信用户规模达 10.47 亿人，占网民整体的 97.1%。[⑥]这意味着我国已经迈入网络社会。此时，人与人之间的连接与互动方式彻底改变，人们的意识和价值观也发生了转变。这种转变在民俗传承上的本质影响体现在突破了时间和空间的界限，无论是

---

① 参见祁县志编纂委员会《祁县志》，中华书局 1999 年版，第 765 页。

② 丁世良、赵放:《中国地方志民俗资料汇编 · 华北卷》，北京图书馆出版社 1989 年版，第 543 页。

③ 参见祁县志编纂委员会《祁县志》，中华书局 1999 年版，第 765 页。

④ 参见祁县志编纂委员会《祁县志》，中华书局 1999 年版，第 766 页。

⑤ 参见第 52 次《中国互联网络发展状况统计报告》，2023 年 8 月 28 日，http://www.cnnic.net.cn/n4/2023/0828/c88-10829.html。

⑥ 参见第 52 次《中国互联网络发展状况统计报告》，2023 年 8 月 28 日，http://www.cnnic.net.cn/n4/2023/0828/c88-10829.html。

春节的线上拜年、中秋的网上赏月，还是通过网络平台分享各地的节日习俗，都让民俗文化得以在更广阔的范围内传播与继承。尽管如此，新兴的电子媒介并没有与传统文化割裂，相反，它们吸纳并融合了传统元素。

二、数字化时代春节习俗的重塑

近年来，忧心春节习俗传承的声音不绝于耳。其实，在线上，人们分享的春节活动极为多彩，经常可以看到丰盛的饮食、簇新的衣袍、祈福的文字，甚至我们自己就是分享者。除了一些不适应时代的节俗消亡外，大部分节俗在虚拟社区得到了新的呈现与表达。可以说，春节作为中国传统节日，变是绝对的、必然的。但变的只是部分形式，春节的主题（内核）始终未变。[①] 二者之间仍然有共同的文化血脉和共同的文化基因，也有着共同的社会效用。

（一）线下与线上融合的新年祈福

春节习俗核心的部分无疑是禳除灾异、祈求福佑，人们通过多次摆放祭品供祭神灵，敬香跪拜、口中默念祈祷语以求得神灵赐福，从而获得安全感。这一系列活动不仅仅是对神秘力量的敬畏，更是一种深植于心的文化习惯，它为人们提供了一种心灵的慰藉，带来深切的安全感和归属感。随着香烟缭绕，每一个家庭的希望与祈愿也缓缓升起，寄托在新春的喜悦与期待之中。

数字通信技术提升了人们相互连接的能力与多样性，极大地压缩了空间对于人际互动交流的限制，智能手机为基础的数字化通信强化了亲密关系诸如家庭成员之间的互动交流。[②] 越来越多的人选择在虚拟世界里开放地分享自己的生活状态和情感表达。他们通过社交媒体上的文字更新、图

① 参见郑土有《时代变迁中的春节民俗文化》，《人民论坛》2024 年第 3 期。

② 参见王天夫《数字时代的社会变迁与社会研究》，《中国社会科学》2021 年第 12 期。

片上传和短视频等形式记录自己的日常，这样的分享行为已成为许多人生活中不可或缺的一部分，并且呈现出逐年上升的趋势。

此时，传统的祈福祭祀活动也在数字化浪潮中发生了变化，逐渐从家庭房屋向外延伸到网络空间，人们开始在微博、朋友圈、QQ 空间等线上平台进行祈福。这种新兴的在线祈福方式不仅方便了远在他乡的人参与其中，也让更多人能在虚拟世界中共同分享和体验传统文化的魅力。在祁县，笔者调研发现，当地不少人连续多年在朋友圈祈福——正月初一接福袋、正月初五迎财神，文字配合图片，求福避祸之心可谓虔诚。更多人是在看到别人的朋友圈祈福之后，也会转发类似内容，朋友圈已经成为家庭祈求福佑的新空间，形成了线上过节的新风尚。人们从线下实践仪式，转为线下简化仪式 + 线上虔诚转发，传统的祈福祭祀习俗在数字化时代得到了新的呈现与表达。

线上祈福已然风靡年轻人群体，春节期间，祁县许多年轻人会在网络世界里踊跃分享各类祈福避祸的图文，例如锦鲤，或者一些包括吉祥话语、幸运符号、各种寓意深长的图案等。作为祁县人，笔者年少时曾经在 QQ 空间和微博转发过此类消息，身边的朋友看到了也会积极转发。这些图文往往经过精心设计，既有传统元素的融入，如中国结、福字、龙凤呈祥等，又不乏现代审美的创意，比如结合流行的表情包或者网络热词。这种融合了古老文化与现代设计的元素，不仅让传统符号焕发新生，也让更多年轻人愿意参与其中，形成了一种独特的网络祈福文化。

此外，一些年轻人还会参与线上的虚拟许愿活动，通过社交媒体的叙事功能或直播平台进行许愿和祈祷，这些活动有时还会结合音乐、视频甚至虚拟现实技术，提供更加沉浸式的体验。笔者曾在抖音 APP 刷到过“云拜”雍和宫的视频，用户在评论区留言，完成祈福。在这些互动中，年轻人不仅享受着节日的乐趣，也在无形中传承和传播了传统文化。与此同时，线上购物也渗透到了传统的祈福信仰之中。许多年轻人在年节前通过网络购买财神塑像和其他风水摆件，将这些象征财富与福气的物件安置在家中或办公室，期望这样能够招财进宝、添彩增瑞。笔者的朋友曾通过“拼多多”购物平台购买了一套财神小摆件，并准备找机会带到庙中开光，还会在初一早上拜财神摆件以祈福。此类摆件销量很高，多为年轻人购买。这些现代与传统相结合的现象，不仅体现了技术如何重现我们的节俗文化，还昭示了年青一代在继承祖辈文化的同时，也在努力探索适应现代社会的新路径。

随着数字媒介的普及，传统的祈福求吉仪式正经历着革命性的转变。人们不再只是在现实生活中亲身实践这些习俗，而是越来越多地通过在线平台分享和参与。不只祈福习俗，许多传统习俗均借助数字媒介跨越地域与时间的界限，不仅得到了复兴和新的发展，还深度渗透到了民众的日常生活中，成为年俗实践中不可或缺的部分。

（二）虚拟与现实交织的社交礼俗

春节是民众走亲访友，维护既有社交关系的重要时间节点。在年节的特殊场域中，通过面对面的交往，密切家庭社交圈，彰显社会化的伦理关系。昔日，民众晨间拜年后，午后便以打纸牌——简易的纸质麻将——作为消遣，随着生活水平的提高，麻将和扑克牌逐渐取代了纸牌，成为大家喜爱的娱乐方式。往往三五家庭相约同乐、围坐一桌，通过打牌的欢乐氛围来增进彼此之间的情感联系，共同享受着节日的愉悦时光。

随着数字媒介的普及，人们的生活方式发生了巨大变化。数字化时代，人们越来越多地沉浸在虚拟世界之中，投入的时间、精力和资源不断增长。这种趋势导致了一个悖论：尽管我们在数字上更加连接，但现实生活中的“身体在场”却越来越被忽视，人与人之间真实的面对面交流变得稀缺。在春节等传统节日中，这种现象尤为明显。春节本是一个家庭团聚、共享天伦之乐的时刻，然而如今，即便是在这样的场合，人们也很难放下手中的手机，去真正关注坐在身边的亲人。每个人的注意力往往都集中在那小小的屏幕上，而忽略了现实世界中的互动和情感交流。曾经欢声笑语的家庭聚会场景，似乎正在逐渐消失，取而代之的是沉默与疏离。

其实，现实社交场域遇冷，并不完全意味着数字媒介将会消解民众之间的亲密关系。数字媒介所引发的变革在于它打破了传统以个体为中心的社交模式，改变了人们生活关系的构建方式。通过打破物理空间的限制，数字媒介创造了一个与现实社会空间重叠但又具有更大异质性的虚拟社交场域。这种变化使得个体原本相对封闭的社会交往空间被打开，形成了一个相互连接、自由流动的开放网络空间。在此空间中，人们不仅与自己紧密联系的朋友共庆佳节，还能与那些引起他们兴趣的陌生人进行互动交流。社交网络因此变得更加多元化，并且充满了各种社交活动。在此过程中，传统的面对面社交形式并没有完全消失，而是与数字社交形式并存，互相补充。

当前，由于工作和生活的需要，许多年轻人离乡离土，一年中少有时间与家人团圆。甚至春节期间，亲人都难以相聚。在数字媒介的帮助下，人们得以与远在千里之外的家人、朋友聊天，通过视频拜年，缓解不能团聚的遗憾。2021 年春节，新冠疫情的影响让笔者的几位堂哥无法回家过年。在这样特殊的时刻，他们选择了使用微信视频这一现代通信方式，于正月初一与家中的长辈们进行了一场特别的拜年。数字媒介成为家庭之间沟通的窗口，通过数个微信群，家庭与家庭得到有效互动。在其中，人们交流过节细节、分享游玩场所、互相祝福，从而拉近了彼此的关系。除了传统的面对面聚会，人们还可以通过线上平台一起观看春晚、参与抢红包、玩互动游戏等，这些活动不受地理位置限制，让更多的家人能够同时参与进来，共享欢乐时光。

数字媒介还为现代人提供了一个充满活力的平台，在这里，人们可以自由地交换思想、分享最新资讯、建立各类社会关系以及寻求社会支持。随着数字技术对传统社交空间的逐渐渗透和媒介化社会的深入发展，游戏已经超越了其原本单纯的休闲娱乐功能，演变成一个集信息传递和社会互动于一体的新兴媒介。在由游戏构建的丰富多彩的虚拟世界里，玩家之间的交互关系仍然是建立关系的基础。这种设计不仅鼓励玩家将现实世界中的社交网络带入虚拟领域，而且还能在游戏中形成新的联系。对于许多年轻用户来说，他们渴望通过游戏这一平台来加强与现有朋友的联系，并主动拓展自己的社交圈，从而开辟新的人际交流渠道。

以广受欢迎的 MOBA（多人在线战术竞技场）游戏《王者荣耀》为例，它依托于腾讯公司庞大的社交网络生态系统，无缝整合了玩家既有的社交链，使得好友之间可以轻松地一同进入游戏体验共同战斗的乐趣。这款游戏的成功部分归因于它如何不断地探索和扩展线上与线下相结合的社交场景，有效地促进了现实生活中的朋友之间在游戏世界中的互动。由于职业需求，笔者的堂哥常年在外奔波，仅在春节时能抽空归家。走亲访友的时候，为了打破沉默的尴尬，他常与晚辈们一同投入《王者荣耀》的激烈对战。经过几轮紧张刺激的游戏协作，不仅消融了彼此间的陌生感，还拉近了彼此之间的关系。显而易见，手游已逐渐成为年青一代深化亲密关系的一种有效途径。

此外，为了增添春节的庆祝气氛，游戏开发者们常在游戏中引入节日主题的皮肤和场景装饰。这些细节的巧妙融入不仅提升了游戏的吸引力，还加深了玩家在佳节时刻的沉浸感，让他们更强烈地感受到自己是游戏社区不可或缺的一员。《王者荣耀》和其他类似的游戏因此成为当代年轻人社交生活的一个重要组成部分，它们不仅仅是虚拟娱乐的空间，更是现代社交互动和社区构建的新前沿。

数字媒介不仅提供了获得信息的平台，还营造了虚拟空间供人们交流、分享。借助春节这一全民狂欢的活动，曾经萎缩、疏离的家庭关系重新密切起来，挽救了现实场域中遇冷的亲密关系。如今，日常生活已分为现实世界和虚拟世界两部分，数字媒介不只是一种信息交流的工具，它早已嵌入人们的生活之中，成为春节习俗的一部分。数字媒介弥合了身处不同地点的民众之间的距离，让节日的欢乐和温情得以延续和扩散。因此，我们可以说，数字媒介已成为现代社会中连接人心、传承文化的重要桥梁。

（三）网络信息重构下的礼俗与食俗

春节不仅仅是一个节日，它深深地植根于中国悠久的文化传统之中，象征着民族的文化身份，并在其丰富的活动和仪式中体现出中国人对于和谐与幸福生活的追求。随着信息传播媒介的不断演进，人们的资讯获取、社交互动、娱乐休闲以及思维观念都经历了显著的变迁。原本在传统农业社会中形成的春节文化体系，在现代社会的语境下正经历着一系列的重构与再解释。

一方面，它需要适应现代生活节奏和技术环境的变化；另一方面，它的核心价值——团圆、祈福、迎新等内核仍然得以保留和弘扬。“抖音短视频平台传统春节习俗文化的传播带来了新的生命力，加快了传统节日与后现代文化的结合，促使传统节日得到新式的传承，唤醒了那些逐渐模糊的中国文化记忆，复现了春节习俗文化的场景，春节习俗文化结合科学技术，在继承的基础上创新传播方式，绘就了中国传统文化的传播路径。”[①] 在此过程中，人们开始意识到，坚守传统的春节习俗在现代生活中可能显得笨拙甚至不合时宜。因此，他们开始尝试在继承古老的传统与顺应新时代生活方式之间寻找一个恰当的平衡点。在汉族农耕文化传统的影响下，祁县人民一直沿袭传统春节习俗，这种文化的延续使传统汉族农村春节的面貌得以展现。但随着数字媒介的介入，传统又不得不迎接新事物的挑战。此时传统文化并没有“闭关自守”，而当下的新事物也没有“肆意妄为”，二者在不断的发展中叠生、结合，春节习俗也在这样的情境下处于变迁之中。

在孕育数字民俗的新媒体环境下，熟悉的民俗形式会以一种明显陌生的方式呈现。[②] 春节属于民俗文化，民俗具有生活与文化的双重属性，表现为外在的生活方式和内在的文化意蕴，尽管有些外在仪式发生了变化，但文化意蕴并未改变。[③] 如腊月二十三祭灶王有一相对固定模式，近几年来，众多短视频应用程序推出大量与春节相关的内容。这些视频结合了古今中外、南北各地不同的春节习俗和传统，形成了一种新颖的文化融合。人们通过观看这些短视频，不仅能够了解多元的节日风俗，还能够掌握过节的基本流程和仪式。如笔者的堂姐，通过快手 APP 知晓了新的祭灶方式：按方位在供桌上点蜡阵（此称灯）祭祀。视频中详细提供了放置红烛

---

① 赵智敏、孙婷婷:《从共享到共情：抖音 APP 春节习俗文化传播的互动表征》,《新闻爱好者》2022 年第 1 期。

② 参见［美］安东尼·布切泰利《表演 2.0 版——对迈向数字民俗表演理论的思考》，贾志杰译，《西北民族研究》2021 年第 1 期。

③ 参见郑土有《时代变迁中的春节民俗文化》，《人民论坛》2024 年第 3 期。

的方式，强调它在祈福求吉方面的重要作用。也就是说，传统春节习俗在坚守其文化底蕴的同时，正向现代化迈进，逐渐摒弃了一些过时的迷信观念和烦琐的礼节。这一转型不仅是顺应时代发展的自然趋势，也是文化自我更新与丰富多彩的体现。正如祭灶从过去以香、烛、供品致祭，现在变更为以蜡阵祭祀，减少了很多仪节，但是祭灶的原有意蕴并未改变，反而更加突出了。

堂姐还提前把获得的方位图分享到了微信家庭群中，希望群里那些拥有丰富传统知识的长辈们能够确认这些调整是否符合当地习俗。通常情况下，如果这些改变不显著且没有违反当地的禁忌，家庭成员和亲戚们会接受这种适度的变动。然而，如果这些变化较大或触犯了某些传统禁忌，家族中的长辈们则可能会阻止这种改动，以维护传统。这说明数字媒介并不会破坏春节习俗，相反，通过数字媒介，民众学习不同节俗，取长补短，最后更新了传统节俗的形式。这使得春节习俗的变化始终围绕一条中轴线，游离在传统形式之间，又始终不完全脱离这一形式。

此外，在祁县，大年初一中午有吃团圆饭的习俗，这是一家人为迎接新年而准备的盛宴。当地的传统筵席有“八碗八碟”和“四碗八碟”等不同的规格。其中，“八碗”通常是指以猪、羊肉为主要食材的中等规模的宴席菜肴，而“八碟”则指的是搭配酒水的冷盘开胃菜，人们习惯性地称呼这套宴席为“八碗八碟”。“四碗八碟”较“八碗八碟”省钱、省事，多为普通农家在结婚庆典或春节团聚时采用。[①] 通常，“四碗八碟”在腊月二十八左右已经准备妥当，一般由主妇操持，其他成员偶有帮忙。

随着电视剧和电视广告中频繁出现的年夜饭场景，近年来该地区的团圆饭习俗开始发生变化。人们通过各种短视频应用程序了解到其他地区的团圆饭菜式，并受到启发，纷纷更新自己的家庭菜谱。如今，南方与北方的菜式交融，中外美食也时常出现在团圆饭的餐桌上，使得传统饮食习惯更加多元化。例如，笔者通过B站学习制作了几道泰式凉拌菜，这些清爽

---

① 参见祁县《贾令村志》编纂委员会《贾令村志》，三晋出版社2013年版，第244—249页。

的小菜很好地平衡了宴席上油腻的大鱼大肉，为口味带来了清新的变化。2023 年，笔者还尝试了准备川式麻辣牛蛙作为菜品之一，南方特色的蒸菜、米肠和豆豉炖鱼等也纷纷出现在团圆饭的餐桌上。与这些菜式一起，传统的丸子、烧肉、喇嘛肉和焖干肉等老式菜谱也被保留下来，形成了新旧交融的丰富菜单。笔者的父母将这些美食拍照，并分享到了家庭群中，这引得家人们纷纷点赞。大家甚至开启了视频通话，互相展示自家精心准备的佳肴，在欢声笑语中共同享受了一场“云”端上的团圆饭。

随着时代的演进，春节的庆祝方式虽然在经历着不断的演变，但其承载的深厚文化寓意越发被人们珍视。那些源远流长的传统习俗，仍旧是民众心灵中不可或缺的一部分，它们丰富了节庆的体验，使之充满活力。春节这一悠久的文化节日，在吸纳现代气息的同时，也始终保留着它的传统内核。

（四）跨越时空的赛博过年

数字媒介还为那些因工作、学习等原因长期生活在外地的人们提供了一种归属感。如今，“赛博过年”特别吸引了年青一代的注意，它以年轻人喜闻乐见的形式，激发了他们对传统节日文化的热爱，并鼓励他们踊跃参与到文化的传承与实践中去。这种庆祝方式打破了传统与现代之间的界限，让春节的文化意义跨越时空，得到了更广泛的认知和接受。社交媒体上的春节话题和活动也成为年轻人展示自己对传统文化理解的平台。他们在网络上发布自己的春节庆祝照片和视频，分享家庭聚会的温馨瞬间，以及参与春节期间的各种文化活动的经历。这些内容不仅增强了他们的文化自豪感，也让全球的网友能够直观地感受到中国传统节日的魅力。

通过线上交流，他们可以随时与家乡保持紧密联系，感受家乡的变化和发展，同时也能将自己所在外的文化和经历带回家中，促进了文化的交流和融合。例如，笔者的堂哥在贵州长期工作并成家，每当春节来临，他都会分享贵州当地的过年习俗。听他讲述如何在贵州欢度春节，我们不仅增长了见识，还在不知不觉中将贵州的春节庆祝方式与祁县的传统做法相比较。这种比较让我们意识到不同地区间的文化多样性，也让我们开始在随后的春节期间，有意或无意地融入了这些独特的元素，丰富了我们的节日体验。

互联网建构了一个虚拟世界，这意味着人们不仅生活在现实社会，也生活在虚拟世界里，[①]实体世界与虚拟世界合璧才是完整的人类世界[②]。数字媒介不仅重塑了传统的合作与交流模式，而且转移了人们的关注焦点，从而改变了长期以来形成的社会习俗，并对传统的年节活动产生了显著影响。例如，人们通过数字媒介发现周边地区，如忻州、平遥、太原等地，设有大型灯展，于是举家前往，观赏花灯。2023 年，笔者的堂哥带着父母去贾家庄园观灯，两位老人不仅在快手上发布几则相关视频，还在朋友圈中发图文分享这一喜悦。家人们看到纷纷点赞留言，笔者的姑姑一家紧随其后前去游玩。后几日，微信群里都是他们品评花灯、交流感受的话语，其他亲友也积极回应，分享在别处游玩的照片，群里一时热火朝天。在这样的氛围中，即使家人身处异地，心却紧紧相连。虽然不能面对面共度佳节，但通过微信这样的社交平台，每个人都能感受到家的温暖和亲情的力量。微信群里的互动成了一种新时代的过年方式，让传统节日的情感得以延续和升华。

此外，抖音 APP 在春节期间推出的新春主题不仅吸引了众多用户的目光，更成为他们表达节日情感和创意的舞台。笔者的妹妹便是其中的积极参与者，她在春节前后制作并分享了许多与新春有关的视频内容。这些视频不仅记录了传统习俗和庆祝时刻，还捕捉了她对于春节的独特理解和感受。通过观看她的视频，亲友们虽然身处不同地点，却能够感受到一种仿佛亲自参与庆祝活动的特别体验。这种由线下到线上的转变，不仅构建了一个共享的节日庆祝环境，还打破了物理空间的限制，为春节创造了一个全新的虚拟庆祝空间。这样的在线互动方式，不是简单地模拟现实世界中的社交习俗和文化活动，而是在数字世界中重塑和重新定义了它们。它架

---

① 参见何明升、白淑英等《虚拟世界与现实社会》，社会科学文献出版社 2011 年版，第 3 页。

② 参见邱泽奇《重构关系：数字社交的本质》，北京大学出版社 2024 年版，第 21 页。

起了一座连接虚拟世界与现实世界的桥梁，让那些身处不同地点的人们可以在网络空间中实现一种身体上的共同存在和仪式的共享。这种新型的互动模式，不仅增强了家庭成员和朋友间的情感联系，也为传统文化的传承和发展注入了新的活力。

在数字化浪潮中，数字媒介平台成为新的传承载体，助力春节等节日在虚拟空间中的传播与保护。这些平台打破了时间与地域的界限，使节日文化得以从核心家庭向更广泛的亲族网络扩散。得益于数字媒介巨大的信息承载力，人们能够获取到更加丰富的节日知识，与传统习俗融合后，促进了春节文化的再塑造。最关键的是，数字媒介极大地降低了沟通成本，允许人们在线上分享节日体验、进行亲密互动，从而推动了传统节日文化的现代传承与发展。

三、结论

春节作为中国传统大节，是大众情感的集中宣泄出口，具有任何其他形式都无法取代的特殊地位。然而，自中国迈入网络社会以来，关于互联网如何影响传统节日的讨论便未曾停歇。众多观点中，有一种声音尤为引人注目，那就是担忧数字媒介可能会侵蚀传统文化的根基。他们认为，虽然网络为人们提供了便捷的沟通方式，可以在节日期间快速传递祝福和分享生活，但这种方式缺乏了某种温度和深度。例如，在春节这样的传统节日里，一家人围坐在一起包饺子、长辈给晚辈压岁钱、亲朋好友互访拜年等习俗，都是基于现实空间中的亲密互动而形成的文化精髓。这些活动不仅传递着喜庆与祝福，更是一种文化的传承和情感的交流。人们越来越多地通过数字媒介来表达节日的情感，用电子红包代替传统的压岁钱，用在线视频聊天取代面对面的拜年。这虽然在一定程度上便利了相隔千里的亲人之间的联系，但也使得一些人质疑，这样的节日庆祝是否还能保留其原有的意义和内涵。

但是，笔者认为，虚拟世界同样是人的世界，它已经成为实体世界不可分割的一部分。虚拟社区中的节庆体验同样是民众年俗实践中不可分割的一部分，它在改变春节活动的实践场域时，为春节习俗带来了新的机遇。随着信息技术的飞速发展，虚拟世界已经变得触手可及，它突破了传统的时间与空间界限，将身处不同地域的人们紧密地联系在一起。在当今社会，得益于电话、微信、抖音等现代通信工具，人们可以轻松地交换新春的祝福，与家人朋友共享节日的欢乐。从观看春节联欢晚会、通过短信发送拜年信息，到通过视频聊天实现云端团聚，庆祝节日的方式已经不再局限于现实世界的物理接触。无论人们选择以哪种方式过节，人们心中那份相互思念、互致祝福、全家团聚以及对未来美好生活的祝愿，仍然是春节不变的核心。

数字媒介为人们提供了一个无视地理和时间限制的交流平台。得益于此，春节的传统习俗得到了创新的展现和诠释。互联网汇聚了丰富的信息资源，人们在浏览各种应用程序时，不断接触到新的文化元素。在这样的背景下，春节的传统风俗不但未受侵蚀而黯然失色，相反，它们吸纳了新的成分，变得更加丰富多彩，庆祝方式也越发多样化。而且，信息技术的进步使得分散各地的家人能够通过虚拟空间相聚，共同庆祝这个重要的节日。通过这些互动，春节的氛围更加浓烈，传统节日在数字化时代找到了新的传承与发展的途径。在这样的趋势下，年青一代成为传统节日文化传承的新力量。他们不再仅是传统与现代交融的见证者，更是推动者和实践者。随着时间的推移，“赛博过年”可能将成为一种全新的传统，让春节文化的火焰在年青一代的心中继续燃烧，不断传递下去。

17

兰州社火：典型的春节民俗活动

马丽莎

西北民族大学中华民族共同体学院民俗学研究生

2023年12月22日，第78届联合国大会通过决议，将春节（农历新年）确定为联合国假日。春节作为中国传统民俗节日，有其独特的民俗文化与民俗活动，而社火正是具有浓烈地方特色的民俗活动，展现了春节辞旧迎新、人与自然和谐共生的价值观念，同时社火表演中的各项具体活动也是我国传统文化元素的集中体现，其中兰州社火以其规模巨大、丰富多彩、热闹非凡而受到当地群众的广泛欢迎，每年的社火表演也成为春节期间兰州街头一道美丽的风景线。

在以“社火”为关键词进行文献检索时，可以发现，近五年来随着国家大力提倡保护非物质文化遗产，于是将社火作为一项非物质文化遗产进行保护和传承的研究角度成为诸多学者关注的热点，并取得了较多的研究成果。比如邵凡在2022年11月发表在《中国民族博览》中的文章——《平凉地区社火的保护与传承研究——以泾川县为例》，文中分析了平凉市泾川县社火存在的问题，并以小见大从学校、政府和传承人三方寻求解决对策，具有启发性。也有研究者关注社火表演对地方经济、旅游业等方面的影响，通过研究社火活动在地方发展中的作用，探讨如何有效保护和传承社火文化，并促进当地经济发展。但将社火作为春节民俗文化活动来进行探讨的文章目前比较缺乏，本文将通过说明社火起源、表演形式及特点，阐释社火活动的文化内涵和现实意义，也是对当前研究范围的拓展和补充。

一、社火起源

一般认为，“社”为土地之神，“火”即火祖，是传说中的火神，社火来源于古老的土地与火的崇拜，并与远古时期的图腾崇拜、原始歌舞有渊源。[①] 社火这一古老而具有浓厚地域特色的民俗活动，在中华大地上绽放着独特

① 参见李红英《甘肃社火文化在群众文化活动中的服务效能》，《戏剧之家》2022年第30期。

的光彩，特别是在春节这样一个全民热闹欢腾的节日期间，社火更成为人们祈求丰收和吉祥的重要形式。

相闻社火是起源于远古时代的一种土地祭祀活动，是人们对土地神的崇敬和感恩，也有祈祷来年五谷丰登的美好祈愿，是社祭的演变形式，有祝福之意，也包括在节日里的各种杂戏、杂耍表演。如今，社火逐渐融合了民间信仰、神话传说、历史故事等多种元素，成为集歌舞、杂技、戏曲于一体的综合性民俗表演，[①] 各地的社火表演各具特色，犹如一幅幅绚丽多彩的画卷，展现了浓郁的地方风情。兰州，这座独一无二的黄河之城，不仅是中国西北地区的工业重镇和交通枢纽，更是西部地区的重要中心城市和丝绸之路经济带的核心节点。这里，多元文化交织融合，为兰州的社火表演注入了独特的地域色彩。在陇原大地，社火已成为过年不可或缺的民俗活动，没有社火的春节，仿佛缺少了那份独特的年味和欢乐。兰州的社火表演，不仅展现了当地人民的智慧和才华，更传承了中华民族优秀的传统文化，成为连接过去与未来的桥梁。

二、兰州社火的表演形式与特点

在甘肃农耕文化的深厚土壤中，祭天、祭先农、祭山川土谷等神的仪式历经千年的沉淀与发展，至今仍然保持着旺盛的生命力。作为中国古老风俗的代表之一，社火在甘肃这片土地上已经延续了数千年，其独特的表演形式和特点深深扎根于当地民间文化之中，成为甘肃人民心中不可或缺的一部分。这种古老而又鲜活的传统风俗，不仅承载着当地人民对自然的敬畏与感恩，更展现了中华民族丰富多彩的文化底蕴。

（一）表演形式

社火的表演形式多样，各地独具特色。比较常见的有高跷、旱船、春

① 参见《超燃！甘肃各地社火强势出圈》，2024 年 2 月 17 日，https://mp.weixin.qq.com/s/4o7IAhhKMN6dwLPsB6UdgQ。

官说词、英雄人物扮演、舞狮、舞龙等。在2024年兰州的春节社火表演中，一位扮演关公的社火表演者因演绎生动、步伐豪迈、喝酒海量而走红于网络，也借助网络热潮让更多的人了解到了社火这一民间习俗。兰州社火的表演形式除了以扮演英雄人物为主，要求形象生动、场面热闹之外，还融合了地方优势，展现出了具有地方特色的独特魅力。比如今年社火表演中的春官说词，被网友称为是“中国有嘻哈（甘肃版）”“甘肃本土rap”，一句“三十三天天外天，当阳桥上会八仙，今日见了年兄面，好似拨云见晴天……”让更多人了解到了甘肃的社火文化。造型社火和表演社火是社火的两种表演形式[①]，造型社火主要展示人物造型和工艺，表演社火主要在场院进行打斗表演。社火除了形式上的区别外，在种类上也细分了好几种，主要有步社火、背社火、马社火、车社火、芯子社火、旱船社火、山社火、面具社火、地台社火、高跷社火、血社火、黑社火等。

甘肃各地的社火各具特色，以庆阳社火为例，其表演融合了戏曲、杂耍、歌舞等多种艺术元素，并保留了最为原始的农耕祭祀等传统内容，展现出深厚的历史文化底蕴。而临夏州永靖县的社火则独具魅力，不仅有舞狮子、跑旱船等常见表演，还融入了本地特色的秧歌和小剧目，并且与古老的傩舞有着千丝万缕的联系。兰州的社火则以磅礴的气势和喜庆的氛围著称。当喜气洋洋的太平鼓舞上演时，鼓手们跟随大旗的挥舞，变换着队形，手中的鼓槌敲击出龙腾虎跃的热烈节奏，感染着在场的每一个人。此外，步社火也是兰州社火表演中不可或缺的一环，通常由春官老爷在前开道，舞狮、旱船、锣鼓队紧随其后，秧歌、高跷等表演也接连登场。表演者们踩着高跷，扮演着《三国演义》《八仙过海》《西游记》等家喻户晓的神话传说或民间故事中的角色，这些深受群众喜爱的元素使得兰州社火表演更加生动有趣。在2024年的兰州社火表演中，小林子扮演的关公格外出彩，神形兼备，威风凛凛，一身正气。民间有“关公袍下过，关关难过关关过”的说法，于是在社火表演中，街道上常有人自发排成队列等待关

① 参见《超燃！甘肃各地社火强势出圈》，2024年2月17日，https://mp.weixin.qq.com/s/4o7IAhhKMN6dwLPsB6UdgQ。

公扮演者踩着高跷跨过，祈求新的一年无灾无难、平安顺遂，表达了人民群众对美好生活的殷切期望。

虽然社火表演形式各不相同，但都蕴含着“伏羲文化”和“秦陇文化”的人文精神，体现了广大人民群众敬畏神灵、崇敬英雄、忠孝节义、诚实守信、勤劳善良的朴实价值观。

（二）表演特点

社火表演以其独特的艺术魅力吸引着人们的目光。首先，它对表演者的身体素质和技巧训练提出了极高的要求。在腊月，表演者需要精心演练“武艺”，练习曲调，同时还要准备各式各样的道具和模型。这种精心的准备确保了社火表演的高质量和精彩程度。

其次，社火表演注重集体意识，强调表演者的团结与协作。当社火队伍经过时，锣鼓喧天，鞭炮齐鸣，旗帜飘扬，人潮涌动。五彩斑斓的服饰和精彩的表演共同营造出一幅正月里红红火火的壮丽景象，展现出表演者的良好整体效果。

最后，社火表演具有丰富的象征意义。通过各类道具、服饰及表演动作，社火表演传达着人民群众对来年生活的美好愿景。人们在观赏社火表演的过程中，不仅能够感受到一年的丰收喜悦，还寄托了对来年五谷丰登、风调雨顺的深切祈愿。这种深厚的文化内涵使得社火表演成为一种深受人们喜爱的民俗活动。

三、兰州社火表演的文化内涵

在陇原大地上世代相传的社火展现着前人的不懈追求，也传递着老祖宗留下的精神文明财富，春节期间的社火表演，其文化内涵丰富而深远。

一是传承传统文化。中国传统文化应该厚植于每一个中国人的心中，传承传统文化是我们应尽的职责，社火作为传统文化的重要组成部分，在春节期间得到了广泛的传播与发扬，同时春节期间的社火表演也让人们更加深入了解中国的传统文化，增强文化自信和文化自觉。

二是提升民族自信心。社火的独特表演形式和显著的地方特点来源于我国深厚的文化基础，而民族自信心需要强大的实力支撑，其中最重要的就是深厚的文化基础。社火表演蕴含了传统文化的魅力，有利于提升民族自信心。①

三是弘扬集体精神。社火表演需要百十来号人共同参与、协同完成，十分注重集体的团结和配合。在春节这个具有特殊意义的时期，进行社火表演有助于弘扬集体精神，增强民族凝聚力，让人们在欢乐的氛围中感受到团结的力量。

四是祈求吉祥与丰收。在古代，社火被认为具有驱邪避寒的重要功能，虽然现代社会人民的生产生活方式发生了显著变化，但人民祈求吉祥平安的心愿没有改变。通过参与社火活动，人们祈求新的一年五谷丰登，平安吉祥，寄托了对美好生活的向往和期待。

五是增添节日氛围。春节是我国最热闹喜庆的节日，红红火火的社火表演也为春节增添了浓厚的节日氛围。社火一路表演而来，人们欢聚在一起，共同庆祝新年的到来。这种欢乐祥和的氛围让人们感受到节日的温暖和喜悦。

四、兰州社火表演的现实意义

社火，这深深扎根于黄土地的文化脉络，历经岁月洗礼，被一代代陇原儿女传承发扬。春节的喜庆氛围中，社火表演总是最为引人注目的焦点，人们沉浸其中，共襄盛举，期待着每年都能欣赏到这一盛大的文化盛宴。社火不仅仅是一种传统习俗，它还具有深远的现实意义。

首先，社火活动体现了人与自然和谐共生的理念。中国传统文化强调天人合一，尊重自然规律，传统节日的庆祝活动也遵循着自然的节奏。在新年伊始、农民播种前，社火表演寄托着人们对丰收的期盼，以及对新一年平安顺遂的祝愿，这既是对自然的敬畏，也是对人与自然和谐相处的最

① 参见王俊《中国古代节日》，中国商业出版社 2014 年版，第 123 页。

好诠释。

其次，社火表演对于增进人们对民族文化的理解有着重要作用。社火活动中所展现的种种仪式，既体现了人们趋利避害的自然本能，又传达了追求平安喜乐的美好愿景。春节期间的社火表演，如同一部生动的民族文化教材，唤起了人们对传统文化的认同感和归属感。在这个传统节日里，整个中华民族的精神世界汇聚成一股共同的情感和期盼，从而加深了人们对民族文化的理解和热爱。

最后，社火表演对现代人的思想教育具有积极的影响。社火中所蕴含的传统价值观念、行为规范、审美情趣等，都是现代人应当学习和传承的文化财富。通过参与社火表演，人们可以在欢乐的氛围中潜移默化地接受这些传统文化的熏陶，从而有效地加强自身的思想教育，弘扬社会正气，营造积极向上的社会风尚。

五、小结

社火，这一由地方人民共同创造的民间艺术瑰宝，以其独特的本土文化魅力在春节期间熠熠生辉。它不仅仅是一项大型文艺游演活动，更是迎春、祭神、驱疫与娱乐的多重功能的融合。作为非物质文化遗产的重要组成部分，社火凭借其丰富的文化内涵和独特的表演形式，成为春节期间不可或缺的民俗活动。

在欢度佳节、祈求丰收和吉祥的过程中，人们通过参与社火表演，不仅深化了对春节民俗活动的认识，还进一步弘扬了集体精神。这一活动不仅有助于我们深入了解我国优秀的传统文化，增强文化自信，还为我们挖掘民间习俗的现实意义提供了新的视角。

春节，作为社火表演的节日载体，更是中华优秀传统文化的集中体现。它蕴藏着中华民族智慧的集体结晶，凝聚着华夏子孙的情感寄托。在当今社会发展的新形势下，我们应当倍加珍惜并加强对传统节日、传统文化的保护与传承工作。只有这样，我们才能推动中华文化历久弥新，不断发展壮大，让其在新的时代背景下焕发出更加璀璨的光彩。

18

红红火火闹元宵

史新会

河北省保定市清苑区教育和体育局教研员，

中小学高级教师

正月十五元宵节，又称上元节。正月是农历的元月，古人称“夜”为“宵”，正月十五故称“元宵节”。道教有“三元”的说法，正月十五是“上元节”。

元宵节是中国的传统节日，2008 年 6 月，入选第二批国家级非物质文化遗产。汉代元宵节只有一天，唐代变成了三天，宋代则有五天，明代更是从初八开始，一直到十七结束。元宵节期间，白天是热闹的市集，夜晚是灯火通明的游园。

元宵节是春节的高潮，也是中国文化的精华，更是人们心中一份浓浓的乡愁。人们怀着对过往的敬畏，对未来的期许，共同庆祝元宵。无论是现代璀璨的城市街巷，还是古老淳朴的乡村，元宵节都以其独特的魅力，串联着岁月的轨迹，传承着中华文明的灿烂光辉。

戎官营绣球龙灯

在中国，许多地方舞龙闹元宵，清苑区孙村乡戎官营村也有“龙灯”，叫“绣球龙灯”，为什么要在龙灯前冠以“绣球”二字呢？

绣球龙灯是大型表演项目，40 人以上方能演出。绣球龙灯由龙头、龙节、龙尾和龙珠（引龙用）四部分组成；舞龙人头扎方巾，身穿扎袖上衣、彩裤，脚蹬彩鞋；伴奏以打击乐器为主，有大鼓一面、堂鼓一面、中虎锣一面、铙四副、大镲六副、中京镲两副、云锣两面，另需方凳若干。

一般的龙灯龙头、龙身、龙尾是用彩布连为一体，而“绣球龙灯”龙体分为 12 节，闰年增至 13 节，每节代表一个月，红、绿两条龙 24 节，象征农历一年二十四节气。各节之间断开，每节由两个双层圆球组成，状如绣球，因此得名。

“绣球龙灯”表演分为“踩街”和“撂场”。“踩街”是边走边舞，表演“跃龙门”“龙门阵”“龙打滚”“大过桥”“月亮门”“抄连环”等，舞者步伐整齐，台步优美，衔接紧凑，动作敏捷，配合默契，一气呵成，两条龙威风凛凛。

“撂场”在街头、院落、空场表演。引龙人持彩球（龙珠）戏逗，红、绿两条龙各节随龙头上下翻滚尽情舞动，有“单盘”“双盘”“二龙出水”“二龙逗宝珠”“龙马献图”“炼石补天”“大舜耕田”“金龙盘玉柱”等20余种，表演套路多根据上古传说演绎而成。

“绣球龙灯”可做“口中吐字”（条幅）、“口中喷雾”、“喷火”等特技表演。绣球龙灯各节可分可合，根据不同需要，舞动中可摆出不同的字体和图形，称为“摆字”，如“天下太平”“五谷丰登”“万众一心”“和谐”“公元、年、月、日”等；图形有“五星”“五环”“三角”“圆圈”等。

绣球龙灯的突出特色是灯。每节球内点燃蜡烛，无论怎样舞动，内层圆球同烛光保持朝上，永不熄灭。夜晚表演龙体晶莹剔透，光彩夺目，其造型别具一格，增加了绣球龙灯的神秘色彩。绣球龙灯表演变化多样，形象逼真，既有巨龙腾飞之势，又兼具灯光闪烁之效，两者并存，刚柔相济，极具观赏性。

旧时的乡村，没有电灯，元宵节夜晚，引龙人持龙珠上场，一个火球在黑色的夜幕下上下蹿动。红、绿两条巨龙禁不住龙珠的诱惑，由两侧直扑龙珠而来。火球左躲右闪，两条巨龙紧紧相随，或分或合，上下翻滚，好像争斗，又似戏耍，时而相对平行，时而纠缠在一起……此时，远处围观的人们，看不见跑动的舞龙人，只见两条火龙，追逐着一个火球，左冲右闯，上下翻飞，真似蛟龙出海，出没在碧海波涛之中。

人们看得出神，屏住呼吸，大气都不敢出。直到鼓声骤停，两龙回宫，人们才醒过味来，掌声、叫好声连成一片。

贾辛庄高跷圣会

高跷是踩着踏脚木棍的民间舞蹈，也叫高脚秧歌，可分为文、武两大类。文高跷腿高达五尺，动作幅度大，突出队形变化和身段表演。撂场演出，走圆场、抄连环、窜瓜蔓，组造型、老汉推车、叠罗汉，再加上挑逗风趣，构成文高跷的特点。武高跷腿较短，便利滚打，如蝎子爬、深下腰、翻筋斗、跨凳子、跑坡登高走天桥等动作，技巧高、难度大。

贾辛庄高跷队始建于 1887 年，至今有着 130 多年的历史。高跷组队，基本是 12 个角色上场表演，彩扮成戏，主要角色有陀头和尚、丑公子、俊公子、小二哥、柴王、药王、渔公、渔婆、俊锣、丑锣、俊鼓、丑鼓。为增加趣味性，有的添上“傻小子”、小媳妇等角色，有时也有《西游记》中孙悟空、沙僧、八戒的角色。

高跷表演叫“出会”，人员到齐，会头摇令旗，陀头“叫棒”，锣鼓齐鸣，开始“踩街”表演，主要是文跷。“撂场”做技艺表演，先打圆场，然后表演，主要是武跷。单腿跳、双腿跳、背腿、蝎子爬、深下腰、翻筋斗、跨凳子、跑坡登高走天桥等高超技艺。等会头摇旗鸣锣后，陀头叫棒，停止演出。“踩街”或“撂场”表演时，腰鼓、小锣、木棒既是道具，又是伴奏乐器。另外，有钗、铙、锣、手锣等伴奏乐器齐鸣，悦耳动听，催人奋进。

高跷队里的 12 个角色，都挺有来历。据传明末闯王李自成开始造反不成，后来，12 个精灵来帮忙，起义成功。这 12 个精灵分别是蜈蚣精（陀头和尚）、蝴蝶精（丑公子、俊公子）、蝎子精（小二格）、王八精（药王）……因为 12 个角色代表 12 个精灵，所以每年正月十五，贾辛庄高跷都会在村里“踩街”，又叫“净街”，寓意是驱逐妖魔鬼怪，保全村一年平安，这一习俗从未间断。

新组建的高跷会成立于 2008 年 8 月 8 日，会员多是二三十岁的年轻人，也有十几岁的少年。他们不仅在乡间表演，还多次参加重大演出：1990 年 9 月北京举办亚运会，贾庄村高跷队在保定市体育场参加亚运圣火传递仪式；2011 年 2 月 14 日，清苑区“花会进城”在县广场隆重举行，贾辛庄的高跷赢得阵阵掌声……

放烟花

张登镇张登屯的烟花最有名。烟花老艺人孙建忠介绍说：“烟火分中午和晚上两场。中午场有水鸭儿、黄烟匣子、烟鞭、花鞭、转花、歪嘴鞭、歪嘴灯鞭，晚场有子母灯（炮）、大起花、盘花、正推倒推、花炮匣子、飞老鼠、红绿灯鞭、歪嘴灯（花）、灯匣子、转花匣子、花树（包括白灯、红灯、花轮子）、七节花、花架（诸如猴儿偷葡萄、猴儿捅马蜂窝等）、铁花、大花、盒子灯（小小子尿泡等）、轮子塔、万寿灯、条幅，等等。”

最令人热血沸腾的是晚上放花。天彻底黑透后，先是一阵“叮当”乱响的二踢脚，间或几支带着尖厉呼哨的大起花，引得三里五乡的父老乡亲们从四面八方赶来。那时，鞭炮和礼花都是自制的，那可是整整一个正月人们冒着凛冽的寒风和极大的危险，精心研制的成果。

记得有一种花像个大泥窝窝，里边装上药，点着后往外刺花，憋劲很足，“刺刺”直响，吓得人们直往后躲，但是它能刺两房多高，人们看着很过瘾。最出彩的是花架，花架是把各种花炮按程序捆绑扎好，燃放时通过连锁反应演绎一定的故事情节，像“黄鼬抓鸡”，鸡在前面拼命地跑，黄鼬在后面紧追不舍，还有“小小子儿尿尿”，画一个七八岁的顽童，在他裆里放一个刺花，一点他便开始尿尿，并且滋得老远，半天也尿不完，有时还一股一股的，笑得人们前仰后合……

放鞭炮

拉鞭放炮是男孩子们的最爱。但是小时候，我们很少舍得整挂整挂地拉鞭，都是事先把整挂鞭拆散，抓一把装在口袋里，跑到街上和小伙伴凑在一起，再掏出来一个一个地放。

开始胆小，要把小鞭儿放在地上，或是插在墙的砖缝里，然后去点，别人在一旁还带吓唬的:“哎，着了，快跑……”有时竟要点好几次，点着后赶紧远远地跑开，回头捂着耳朵盯着捻儿“刺刺”地着完炸响。有时，捻儿着完了也不响，我们想跑过去查看，被大孩子们一把拽住:“慢点儿，炸着！”又等了一会儿，看着确实蔫捻儿了，再跑过去先用脚蹁蹁才敢拾起来。

蔫捻儿的鞭炮，我们也舍不得扔，要变着花样地玩：可以把它们都剥开，把黑色的药面倒在纸上，然后点着纸，“轰”的一声烟火腾空而起，像是放烟幕弹，很是危险，不小心要熏成个“黑老包”；也可以放“刺溜锅”，把蔫捻儿的鞭炮从中间撅开，但不要断，放在地上点着，它就会喷着火苗乱转，更好玩的是把几个撅开的鞭炮围成个圈，点着其中一个，其他的便全都引着了，四下里乱窜，相互碰撞，就像一群无头的苍蝇；还可以来个结合，用撅开的鞭炮夹住一个好鞭炮的捻儿，一点先刺后响，很有意思。

放的多了，胆就大了。找个小棍儿或秫秸夹住鞭炮，左手拿着右手点，点着迅速伸开左臂，扭过头，闭上眼，单等那一声炸响。后来，干脆扔掉小棍儿用手拿着，点着后不急于扔掉，捻儿快着完了才将其抛向空中，淘气的则故意对扔，常常烧了衣服伤了皮肤，哭着滚打在一起，回家免不了大人一顿责骂。

放“二踢脚”是最刺激的，可惜我们只有看的份儿，看着大人们用拇指和食指轻轻捏着“二踢脚”，只听“叮”的一声，便蹿到了冒天云里，再“当”的一声炸开花。我们心里痒痒极了，大人们却不让沾边，怕炸在手里可不是闹着玩的。

等长到十多岁，大人们不再管得那么严，我们便开始试着放“二踢脚”：找块平整硬邦的地面，把“二踢脚”放稳，甚至用砖夹住，离开一段蹲下，接过大人递过来点燃的香，伸长胳膊去点，上身和脑袋则尽量往外躲，大人们在一旁一个劲儿地叮嘱小心，放了几个之后，“咚咚”跳的心才平静下来，动作也渐渐熟练多了。

看大戏

大庄镇草桥村是远近闻名的戏曲之乡，老调剧团很是活跃。村里男女老少个个懂戏，还有一批演员散布各地，其中最有名的是景印楼（乡亲们叫他狗巴子）和小良儿，景印楼最拿手的是抖乌纱帽翅儿，让它动，它就上下乱颤，叫它停，它就立马纹丝不动，并且还能一边动一边停，两边轮换，每每演到此处，台下的叫好声就此起彼伏。据说著名老调表演艺术家王贯英老师当年曾向他专门学习这种绝技。

被誉为“活潘洪”的老调名家崔澄田（村里人叫他崔浮囊）和草桥也有很深的渊源，他在草桥唱戏，从不在剧团吃饭，卸完妆，就去村子里串门，不管到哪家都推门就进。刚开始恢复唱古装戏时，在外边唱戏的都回来，再邀些别的角儿，唱几天“大插班”。

后来，村里人觉得不过瘾，便张罗着“打戏”，小良儿夫妇担任教师。这样，村庄上空每天便丝弦婉转，锣鼓悠扬，人们的日子变得有滋有味。

再到元宵节，戏台下更加热闹，席棚下人们站不下，就在外边站在凳子上、车子上抻长脖子看，边看还边议论，你家的闺女如何，我家的小子怎样，脸上洋溢着自豪，惹得周围一片羡慕。

我爷是个老戏迷，几乎场场不落，七十多岁的时候，还能扒着台板儿看戏，我也沾光被放在文武场边上，得以从小接受戏曲的熏陶。

赶围裙儿

围裙儿是四四方方的一张白纸，和手绢大小相仿，上面一圈一圈地印着螺旋形的轨道，一直旋转到中心，轨道上画着帽盔儿、蝎子、石头、老猫肉等物品，每样都画两个，不是紧挨着，而是分散在不同的位置。围裙儿图案线条简洁明快，上色鲜艳醒目，当属版画范畴。

围裙儿纸薄，很容易烂，但平时难得一见，年年得等到赶年集时去买。买回家，打好糨子，找来牛皮纸或者报纸，糊在围裙儿的背面做衬，这样耐磨多了，整个正月都玩不坏。

赶围裙儿一般需要两个人，也可以几个人凑在一起玩。玩的时候先掷骰子，按点数多少确定先后顺序，点数最多的人先掷，再按掷出的点数从围裙儿上最外边入口处画的那个图案往里数，数到哪个图案再返到和它一样的另一个图形，用一个钢镚或是一个纽扣甚至干脆就是一个玉米粒放在上面，第二个人再接着掷骰子，找图形，以此类推，第三个、第四个……直到最后一个人找到自己的图案压好，再开始第二轮，循环往复。

需要注意的是，如果后面有人找到的图形和前边某人的一样，前边的人就被压住了，要自认倒霉，再轮到自己也不能掷骰子，直到后边的人把压在上面的东西移走，才能重获解放继续接着玩。

更有趣的是，这些图形排列得杂乱无序、神秘莫测，有时你可能在外面，碰巧了一两步就翻到了里面，也有时你到了里面，一会儿又返到了外面，最让人懊悔的是眼看着离终点不远了，胜利在望，骰子掷出去一数，正好落在最后一个图形上，又翻到了外边还得从头再来……

正是这样进进出出、出出进进，演变出无穷的情趣与快乐，以至我们姐弟几个着了魔一般，趴在母亲烧得滚热的土炕上，一玩就是大半宿，有时母亲忙完了活计，也加入其中，欢声笑语便不断地挤破窗棂飞向夜空。

挂吊挂

大庄镇史庄村，早年间有过年悬挂吊挂的习俗，吊挂有点类似于现在的条幅。

第一次看见吊挂是在20世纪90年代初。吊挂就是一根绳子拴在临街两边的房上或树上，绳子下面垂着四块长方形白布，布下端有剪出的装饰性花边。布是村里织得最强的白布，浆过之后打上白底，上面画着山水、人物、楼台、车马等。四副吊挂两侧各有一条窄布条，上书一副对联，或对画面内容概括，或对世人进行警示，文辞古雅，笔力老到。据说是村中老私塾先生史殿雄的手笔，其中一副是“春浓红杏苑，恩渥紫封泥”，至今仍不解其意。

因为年代久远，白布已经发黄破旧，画面也显得斑驳模糊，但仔细辨认，画中的景物依稀可辨，人物神气尚在，字迹风骨犹存。老人们说:“别看现在破成这个样子，当初才挂出来可鲜亮了，跟真的一样，你们知道画的什么吗？《封神演义》，一幅接一幅，那都是连着的。那会儿没电灯，绳子两头一边吊一个大红灯笼，晚上灯光一照，更招人稀罕，大人还都围着看，跟这会儿看电视似的……”噢，原来如此，敢情这吊挂还是电视剧，至少也是连环画的鼻祖呢？

老吊挂画始于20世纪三四十年代，画吊挂的是我们北边邻村草桥的王浩荣。王浩荣是我老姥爷，就是我父亲的姥爷，他是祖传的画匠，经常到庙里画佛像、神像和壁画，最擅长的是画人物，在我们这一带是有些名气的。老姥爷只有两个闺女，膝下没有子嗣，画技也就失传了。

但是叔叔小时候常住姥姥家，姥爷虽没专意教他，自小也颇受熏陶影响，长大后酷爱画画，并小有成绩，最后做到县文化局副局长，专管文化艺术。尤其是堂妹史红梅，从小随父学画，后又拜访名师，专攻牡丹，自成清新淡雅画风，现已是省画家协会会员。老姥爷地下有知，当瞑目矣。

正月十六“烤百病儿”

“烤百病儿”是压轴大戏。过完大年，过完十五，乡亲们仍然意犹未尽，非要在正月十六晚上烤完“百病儿”，这年才算过完。

其实，“烤百病儿”早在十六下午，甚至更早就开始准备了。小的时候，家里的柴火金贵，烧水做饭还不够用，哪还舍得让我们拿出去。家里的没有指望，我们几个小伙伴就背个破筐头，遥街去拾，拾的柴火必须要干净、干燥，否则光炬烟不起火，还有异味熏眼刺鼻，呛得流眼泪，最不能要的是没有燃放的炮仗筒，弄不好要惹出大麻烦。

有时街上捡不到，我们就跑到村外的地里，当然，回来时，顺手东家宅篱上抽根秫秸，西家柴垛上抓把麦根，那也是在所难免的，因为我们知道，今天至多惹婶子大娘一两句“小兔崽子”的笑骂，她们是不会对我们穷追不舍的。有了柴火还必须要藏好，不然被别人找到偷偷拿去，那就前功尽弃，还要被那些得了便宜卖乖的人嘲笑。

“烤百病儿”是在吃过晚饭天黑透以后，地点要选在四通八达的十字路口。老人们说：这样一烤，身上杂七杂八的病就被烤得顺道跑了，下来一年不闹毛病。这也许就是“烤百病儿”的来历，也是在那缺医少药的年代人们最朴实的心愿。

火点起来了，熊熊的火光映红了我们的笑脸，烤得我们浑身暖融融的，我们伸出小手一下一下地抓着那跳动的火苗，撩起衣服烤我们腆得高高的肚皮，然后手拉手在火堆周围围成个圈儿，一踢一踢地烤着腿和脚。

之后，我们几个嘎小子还要转过身去，撅得高高地来烤屁股，胆大的则从火堆上跳来跳去，偶尔，燎了裤角和鞋子，惹得大家一阵哄笑。

也许是我们的欢笑声，也许是那红红的火光，引得大人们也围拢过来，慷慨的家长便会呼喊自家的孩子："去，抱咱们家的麦根去！"那孩子便似得了圣旨一般飞奔而去，后边肯定跟去几个跟斗趔趄的追随者。

火重新欢快地跳跃起来，孩子和大人们这时相处得是如此和谐。其中有一位老奶奶，可能是老寒腿，一边烤嘴里还一边念叨："别找我腰疼，别找我腿疼，专找卖瓜子的屁股眼儿疼……"时到如今，我也不明白，卖瓜子的到底怎么得罪了老奶奶，她为什么偏偏和他们过不去。

但是当时，我们觉得很是好玩，于是来年再"烤百病儿"，我们就又多一个项目，就是一边烤一边嚷嚷："别找我腰疼，别找我腿疼，专找卖瓜子的屁股眼儿疼……"

跑　桥

大庄镇南杨桥村，村中心有一个南北长约 80 米、东西宽约 15 米的不规则大坑，坑的中间，东西走向坐落着一架不起眼的石桥。说是"石桥"，单从外观来看已很难看出"石"桥的踪迹，石桥上浇筑了一层混凝土，两侧也加装了铁栏杆。

桥的东头南侧，紧挨着石桥有一通石碑，青石材质，上面的文字已略显斑驳，更显示出历史的厚重。碑上铭文为《河北省清苑县南杨家桥村重修仝福桥碑记》，石桥名叫"仝福桥"。

> 村之西则唐河，南则沙河，二河之水蜿蜒潺湲，皆达于村，近村之鄙，遂营木桥，累趾于渊，醨水七孔，其长八十尺，广丈有半，其形如虹如带颜曰仝福桥。

村里老人讲，当年桥修好后很高，但从未摔死或淹死过人，都说它是一座好桥。正月十六晚饭后，别的村都有"烤百病儿"习俗，而南杨桥村却是“走桥”。这一天，桥上开始热闹起来，周边几个村子的人都来走桥看热闹。人们敲锣打鼓，燃放鞭炮，扭起秧歌，耍起狮子，跳起广场舞。卖小吃的、卖玩具的、卖鞭炮的……桥上桥下人山人海，人们从桥上走过，来往三次，祈求新的一年身体健康、全家平安、事业顺利、五谷丰登。孩子们兴高采烈地吃着糖葫芦，互相嬉戏玩耍，一些年长的大妈们早早在桥边上堆好土堆，插上香烛，虔诚地叩头跪拜，祈求石桥保佑。好不热闹。

走桥的还有大庄村，也是在正月十六，他们叫“跑桥”。村里一串串灯笼挂满每条街道，墙面上贴好红红的标语，洋溢着节日的气氛。人们穿着节日盛装，成群结队地走出家门，手挽手、肩并肩地来到大庄村西的桥上。在跑桥前，村里锣鼓队的锣鼓表演，有动听的乐曲，有场面宏大的广场舞，还有孩子们最喜欢的舞狮表演。

表演结束了，该跑桥了，村民们不约而同地站好，头前一人举香开道，其他人随后，大家相率过桥，谓之“度厄”。据说，不过桥不得长寿；过桥者，则可保一年无腰腿疼痛之患。以祛除病邪为主要目的，出门四处游走，意谓将家里病邪驱散。天长日久，形成传统习俗。

制作走马灯

元宵节，笔者这里没有观灯的习俗，但小时候，在小球哥家门前见过走马灯。

走马灯形似宫灯，装饰华丽，很有几分艺术性。最与众不同的，也是最吸引人的是灯笼四壁上有人物或动物（多为奔马）不住地奔跑，你追我赶，却始终追赶不上。在笔者这里，形容一个人忙碌不停，常说他像走马灯似的。

当时就很奇怪，灯笼上的人和马怎么会跑呢？是谁在推拉他们？我们歪着小脑袋围着走马灯看，叽叽喳喳吵上半天也说不出个子丑寅卯来。问到振锁哥，他说：“我没做过走马灯，但是原先小禄爷做这个，人和马却都是我画的。”

做走马灯首先做一个普通的灯笼，四角、六角甚至八角都行，关键是里面不一样。普通灯笼只需底部放上蜡烛或灯碗儿即可，而走马灯还需加些零件：先做一把小伞，伞面用窄纸条粘成，越往边缘缝隙越大，形成一个风轮；或者干脆做成一个平放的风轮（风车）。伞柄直通灯笼底部中心固定着的半个杏核儿，杏核儿内壁光滑，利于伞柄转动。小伞四周粘贴着人和马的剪纸。

小伞和底部之间有个十字架固定在灯笼壁上，十字架中心是个眼儿，眼儿不大不小，伞柄穿过，既能转动，又不至于歪斜。一切停当后，点燃底部的蜡烛，产生的热气上升推着小伞或风车转动，连在伞上的人和马也跟着跑起来，烛光把它们的影子投在灯笼四壁上，从外面看，就好像人马在壁上奔跑。

走马灯主要是调节蜡烛与风轮的距离，远了不足以推动小伞转动，近了又恐怕把它烧着，这个尺度一定要掌握好。振锁哥说得很认真，心中多年的走马灯之谜，今天终于解开。

前些年，每到元宵节，各乡镇村的花会都要齐聚县城，在主要街道踩街表演，最后，来到县政府前的广场，撂场表演。广场上锣鼓喧天，人山人海，舞狮的、耍龙的、敲鼓的、耍叉的、跑旱船的、踩高跷的、两鬼摔跤的……整个广场就是欢乐的海洋，欢声笑声一浪高过一浪，人们迟迟不肯离去。

19

对川东北乡村年俗文化传承和创新的思考

刘强

中国散文学会会员、四川省作家协会会员

千百年来，川东北一带的人们把过春节，叫过年。除了打扬尘、贴春联、放鞭炮、吃团年饭与中国其他省份大致相同外，还有很多富有地方色彩的传统文化习俗，细细品评咀嚼，让人回味无穷。

一、川东和川东北的由来

对于川东和川东北的区分，打开百度搜索：“川东，指四川盆地东部地区。四川盆地主分 4 向：川西、川东、川北、川南。川东是四川盆地东部地区的简称，或指川东道。明代分巡道：四川上东道（驻重庆）；下东道（驻达州）；上下川东道（驻涪州）。川东（四川盆地）大体上泛指如今的重庆直辖市、达州市、广安市。如果说老川东（老四川省），指的是当时的重庆市、达县地区、万县地区、涪陵地区。”重庆直辖后，川东北地区则是指“川北区域中的南充、巴中、广元和川东区域中的达州”。

二、川东北地区乡村的过年习俗

杀年猪

冬至节前后杀年猪，似乎是川东北一带约定成俗的事儿，也就拉开了过年的序幕。人们普遍认为冬至前后杀的猪，不仅耐贮藏，而且熏制后的猪肉颜色金黄，味道鲜美。所以每年冬至节前后，乡村处处皆闻猪叫声。人们对杀年猪很看重，一般都是请手艺好的杀猪匠，以免在杀猪时出现差错，“预兆”不好。杀猪时要一刀断喉，如果长时间不咽气，或补第二刀就不行，抽刀后血要多，才代表血财旺。

乡村还有这样的风俗，拉猪出圈时，主妇会站在圈门前不停地唤猪，意在明年还要喂这么大一头；抽出杀刀猪血流尽后，杀猪匠会在猪喉刀口处用草纸搽抹点猪血，让主妇拿去贴在猪圈门上“祭圈神”，希望来年“六畜兴旺”猪满圈。

吃刨汤肉

川东北一带的刨汤肉一般都是清炖。清炖刨汤肉味道自然清香，汤色鲜美，肉质细腻，萝卜入口化渣，夹杂着葱蒜香味，吃起来肥而不腻，无疑是一道难得的汤菜。如果喜欢吃辣的人，拌上自家腌制的辣椒酱，加上香醋、豆油，放在碗里蘸着吃，真叫一个爽。

但是，一锅清炖肉萝卜汤，必须配上其他家常炒菜，才称得上是一桌真正的杀猪菜。一盘爆炒猪肝、一盘泡豇豆炒肉丝、一盘火爆毛血旺、一盘蒜苗炒回锅肉、一盘芹菜炒肚条，外加一盘爆炒腰花，几捧苞谷泡炒花生，一坛土酿咂酒罐，一碗老白干，满满一桌人，大口吃菜，大碗喝酒，你来我往，举杯投箸间把亲情友情再现。

做腊货

这是川东北人过春节主打课题。首先是“灌香肠”，把猪小肠清洗干净，用刀刮去上面的一层油皮，将猪瘦肉切成块，拌上盐巴、辣面、花椒面和五香八角粉，用竹筒把小肠绷起把肉灌进去。灌好的香肠挂在竹竿上风干几天，等待熏制。

灌完香肠后，将切成块的猪肉抹上盐巴放在瓦钵内腌制，将猪肝切成条用细竹丝串起挂在灶屋头，让柴灶里冒出的烟火熏烤；把猪肚切成片撒上花椒面、辣椒面和食盐，卷成筒用麻丝捆缠成肚花。直到腌制的猪肉都浸满了盐水，再洗尽去毛后晾干，放在自家的土灶上，与香肠、猪蹄、排骨、猪膘肉一起熏制，而熏制的原料也很有讲究，一般都是用谷糠和柏树枝慢慢熏烤，直至所有腊货都被熏烤得金黄流油为止。

吃腊八粥

川东北地区熬煮的腊八粥配料多以大米、糯米为主，佐以玉米、大豆、花生米、绿豆、荞麦、红粱等五谷杂粮，外加腊肉丁、大枣、腊豆腐干等食物。先要把大米、糯米和其他杂粮放进温水里浸泡几个小时，待锅内的水烧开后，把这些粮食倒进锅里，用猛火煮沸，再以文火慢熬几十分钟，加入腊肉丁和豆腐粒继续熬煮，然后，根据各自喜好，放入少许食盐或白糖，一锅香喷喷的腊八粥就熬煮熟了。煮出来的腊八粥要干清适度，吃起来才香糯可口。

打扬尘

这是为过年做准备。每年的腊月二十四这天，便成为川东北山乡农家打扫扬尘的日子，意在“除旧迎新”好过年。打扬尘不是用扫帚，而是去竹林割一大把竹叶，绑扎在一根长竹竿上，这就成了打扫扬尘的主要工具。那些年，川东北一带木排立房屋居多，分“五柱”“七柱”或“九柱”（通指一扇排立五根、七根、九根柱子），房屋高度一般在 5.3 米至 6.6 米之间，且大多数没有楼层，手拿捆绑着竹叶的长竹竿，站在地上都能把屋顶的扬尘清扫干净。屋内的扬尘主要是蜘蛛网和厨房里烧柴火产生的烟花所致，所以打扬尘时要戴草帽，避免扬尘入眼和脏了头发。打下来的扬尘不能随意乱倒，可与柴火灰混合之后，用作农家肥施用在麦窝内，既可肥田，又可灭杀地里的“土蚕”（一种专咬禾苗根茎的虫）。

办年货

顾名思义就是上街购置过年的吃穿物品。在生活困难时期，逢年过节，家中都得有所准备，即使东挪西借，也要置办一些年货。穷有穷的活法，富有富的活法，一般来说，大门小门的春联要买，门神、福字、画报要贴，还要多少买点瓜子、糖果、鞭炮、包汤圆的红糖，用自家玉米炒点爆米花，炒点红苕果，权当招待客人的零食。大人不穿不戴，也要到供销社去买几尺布，为儿女缝制一件新衣服，哪怕是阴丹阳布，或用膏子将白布染上不同的颜色，穿在儿女身上，暖在父母心上，也能增添一点喜气。

贴春联年画

这是过年时必须要做的，主要是增加过年的喜气。在 20 世纪 80 年代前，春联和年画只有新华书店才有卖，当然，春联也可以买几张红纸回家，请人帮忙代写。而年画除门神外，都是单个人物肖像或领袖画像，也有故事画报，几十个人物故事小画片，组成一张大画报，下面配有文字故事。大年三十中午吃了团年饭，用沥干饭的米汤，加一点汤圆面增强黏稠度，搅拌成糨糊，用红粱苗做刷子涂在墙上，把春联、画报贴上去，陡然间屋内屋外焕然一新，增添了过年的祥和与喜气。

团年饭

这是过年的开场锣。大年三十中午，远在异省他乡的人都要赶回家来团圆，一家人举杯话亲情，其乐融融，欢声笑语荡漾在山乡农家小院。川东北一带在吃团年饭时还有一个习俗，就是将桌上的饭菜，每样都夹一点放在地上让狗食用，如果狗儿先吃哪种饭菜，开年哪种食物就值钱或价格会上涨。还有“封年年饭”的习俗，吃罢团年饭，用刀把自己家中的李树、桃树、杏树等果树砍一条口子，涂抹上团年桌上的饭菜，意在来年果实满树。其实，这些习俗都是人们心中对新的一年的愿想。

放鞭炮

过年放炮无疑会增添很多喜庆的色彩，每到春节，华灯璀璨，锣鼓齐鸣。燃放鞭炮在川东北地区历史悠久。每逢大年三十中午吃团年饭时，家家都要燃放一挂鞭炮，预示团年喜庆，年三十晚上零时，同样要点燃一挂鞭炮，这叫烧“子时香”。从大年初一开始每天的早晨和晚上都要放鞭炮，一直到正月十五才结束。

坐岁

这是过年的必修课。在20世纪六七十年代的山乡农村，没用上照明电也没电视看，吃了年夜饭后，便围着一盘炉火拉呱闲聊，这就叫“坐岁”。大人们通常是你一句我一句地说这说那，东拉西扯说一大堆，既像是全家一年的“工作总结”，又像是开年的“计划安排”，反正是一些陈芝麻烂谷子的事，一说就是几箩筐。

大人们的闲聊，似乎与小孩们无关，他们坐岁的目的，是为了那份“压岁钱”。虽然只有三毛五毛，那可是一年中仅有的一次，并且可以随意支配的“红利”。所以，无论坐多久，哪怕是上眼皮和下眼皮打架，也硬撑着焦急地坐在小板凳上等待。不过，做父母的心都很公平，即使有人耐力不够睡着了，第二天起床后，从自己裤兜里也会发现那份惊喜。

偷青

这是年三十晚上的娱乐节目。收到父母的压岁钱后，定力好的毛孩子，便会邀约同院居住的伙伴摸黑外出，去“偷”别人家地里的小菜，诸如葱子、蒜苗、白菜、萝卜、豌豆尖，这就叫“偷青”。但区别于其他偷窃行为，看上去算是偷，实际上是过年取乐的一种形式。去“偷”的人，都不会太贪心，大不了每人手里都拿着那么一点菜回家，也算是了却一桩心事。当第二天丢菜的主人发现后，也不会过分生气，边说边笑地骂上几句:“背时的贼娃儿，点力不费还要比我先尝新，吃了尿都屙不出来！”一阵风儿吹过来，笑骂声淹没在了稀落的过年礼炮声中。

挑银水

这是正月初一的习俗。人们清晨起床第一件事就是去井里挑水，谁去得早，挑的水越多，兆头就越好。一般初一大清早井边都围满了挑水的人，依轮排序，你一挑，我一挑，片刻工夫就将满满的一井水挑个精光。说话声，桶碰井沿声，回响在寂静的乡村，渲染着节日的气氛。不过，初一这天还有其他习俗，厨房里用过的废水不得随意向外倾倒，得用桶钵装着，否则倒的是银水，会破了今年的财运；一家老小白天不得上床睡午觉，说睡了要垮田边地坎，即使头痛脑热感冒了，也不能吃药打针，无论如何也要熬过初一这天。所有这些忌讳，都是为了新的一年图个吉利，有个好的开头。

吃汤圆

这是正月初一早上的主食。早起，将用糯米磨成的汤圆面儿，根据各自的喜好，以红糖或猪肉为馅，做成大小不等的汤圆，放在不温不火的开水锅里慢煮，目的是不让汤圆破皮“走糖”。有的还会在几个汤圆中包上一枚硬币，如果谁吃上了包硬币的汤圆，预示着新的一年财旺运旺。

上坟祭祖

这是雷打不动的课题。吃完汤圆后与弟兄叔侄，五房之内血亲，带上早已准备好的香蜡纸烛，来到自己家的祖坟前，年长的叔爷辈们会向你介绍这个坟里埋的是谁，那个坟里埋的是谁。如果哪座坟的石头或坟上的泥土塌陷了，便会吩咐身边的年轻人，清明上坟时，把坟头石扶正，添上几捧土重新垒一垒。然后，按辈分和年龄大小，依次一个一个地上前磕头祭拜，燃响一挂鞭炮，点烛焚香，默许心中愿望，愿今年红运当头，父母身体健康，儿女茁壮成长，财源滚滚，事事顺心如意。

吃面条

这是正月初二的规矩。初一晚上就得提前准备，将熏制后的腊猪脚洗净切块，加入海带、大豆、木耳之类素食，用文火慢炖，待第二天早上起来，倒入新鲜的酥肉再炖煮半个小时，就可以食用了。吃时，必须加少许煮熟的面条和菠菜、白菜、豌豆尖等时令蔬菜混吃。不得不说，这种烹调方式，味香色美，不愧为一道难得的美食。浓浓的腊肉香，伴着新鲜的蔬菜和葱香味，为新年增添了浓郁而祥和的气氛。

化门前纸

过去有句俗言：“初三化门前纸，大人外出做生意，小孩出门捡狗屎。”意思是说，正月初三一过，这个年算是过完了。于是乎，一家老小各行其是，大人们开始挖田耪地，给麦子补肥除草，拾掇田地里的禾苗庄稼。小孩则上坡放牛割草，捡拾路边的狗粪、牛粪，倒进自家的粪凼里，浸泡发酵后充作农家肥。那时的农作物很少施用化肥，全靠农家肥当家，平时收集的农家肥生产队计数评工分，年终决算得凭工分折算口粮。

走人户

川东北人豪爽、大气、不拘小节，而且重情重义。那些年，春节拜年的礼品一般是六斤挂面，家庭条件稍好点的人，会提上一块腊肉，因为是带着排骨的肋肉，用谷糠熏制后呈弯形，所以又叫“弯弯腊肉”。过年提着走亲戚，代表着身份，也很吸路人眼球。虽然一块肉只有两斤左右，但这也算是罕见的大礼了。

而上门拜年，可不是白拜的，主家得给同去的小孩打发喜事钱，也叫“挂挂钱”。所以，遇到家中弟兄姊妹多的，能争取到拜年走人户的美差，得使出“一哭二闹三滚地”的耍横招数，方能得到父母的许可。小孩子高高兴兴穿上新衣服去走人户，其目的是冲着那点“挂挂钱”去的。

文娱生活

那些年过春节，虽然物质匮乏，可精气神相当不错，村村都有文艺宣传队。只要每年的十冬腊月一到，每个生产队都会抽调几名有文化的男女青年到大队统一排练文艺节目，队里评工分。“忠”字舞、三句半，还有快板书，以及革命歌曲唱得震天价响。从正月初一开始，天天开台唱戏，免费为群众演出。唱歌跳舞的人乐此不疲，看戏的人也百看不厌。

狮子龙灯

每个乡场都扎有龙灯和车车灯，每个大队也都有一蓬狮子，走村入户地为乡民拜年讨喜事钱。狮子、龙灯耍得好不好，一是靠锣鼓敲打，二是靠吼吉利话。人们把吼吉利话的人称之为“叫口”，“叫口”请得好，狮子龙灯就兴旺，可以说是出口成章，见啥说啥，全是四言八句的发财恭喜话。如果路遇两蓬狮子龙灯碰了头，相互间还得比拼一番吉利话，少不了锣鼓助威，直到输的一方拿烟点火后，说上几句客套话，方才拱手让行，各行其路。

舞狮耍龙一般从正月初一开始，要闹腾到正月十五才结束。乡场上扎的草龙正月十五晚上，在街头巷尾烧完“烟火架”后，要送到河坝头去烧掉，意在“送龙入海”。乡村的狮子也要入室，用一条木条凳将狮头供在堂屋里，待来年过春节时又可拿出来用。

过大年

川东北地区把正月十五这天，叫作“大年”。早晨放完一挂鞭炮，同样是吃汤圆，中午一般都是吃蒸菜，和年三十中午的团年饭差不多。在生活困难年代，肉食之类的物品少，但无论如何也要留足这天的食品，那时没有冰箱冰柜，到了正月十五这天，酥肉、元子已霉变了。用温开水洗一洗，也要让一家人团团圆圆过大年，由此也代表着这个“年”真的过完了。

三、川东北传统乡村年俗蕴含的文化意义

川东北地区地处山区丘陵，这里的人们勤劳憨厚，千百年来孕育了丰富的乡村年俗文化。这些传统的年俗文化不仅给人们带来了欢乐和祝福，更体现了人们对生活的热爱与美好追求。

一是传统的乡村年俗反映了川东北人民对家庭和亲情的重视。过年是举家团聚的时刻，在外游子都会回到家乡与家人共度佳节。在这个特殊的日子里，家人们会一起吃团圆饭，共同分享美食和快乐。这不仅是一种物质上的享受，更是一种情感上的满足。乡村年俗文化提醒人们珍惜家庭的重要性，加强家庭成员之间的情感联系。

二是传统的乡村年俗体现了川东北人民对祖先和传统文化的尊重。在春节期间，人们会祭拜祖先，烧香祈福。这一习俗体现了川东北人民对祖先的敬仰和感恩之情。祭祀活动不仅是对祖先的感恩和怀念，更是对传统文化的传承和弘扬。通过这种方式，人们能够更好地了解自己的根脉，增强文化自信心，并将这种传统的价值观和行为方式代代相传。

三是传统的乡村年俗再现了川东北人民对美好生活的向往和追求。人们自发地开展各种活动，贴春联、放鞭炮、舞龙、舞狮，以及各种文化娱乐活动。同时，又是一次物质生活大展示，从年三十的团年饭开始，各具特色的地方菜品粉墨登场，人们变着花样编排着餐桌上的美食。这

不仅仅是品尝美食，而且也是对饮食文化的传承，激发人们积极向上的精神风貌。

四是传统的乡村年俗体现了川东北人民承载的社会团结与和谐。过年时，人们走亲访友，互赠礼物，话家常，以表达对彼此的祝福和关心。这种亲情互动加强了人与人之间的沟通和联系，增进了相互之间的友谊。由此，川东北乡村年俗不仅是一种传统的生活方式，更是一种大众参与的社交活动，其促进了社会的和谐稳定。

四、对乡村年俗文化淡化的分析

如今，生活富裕了，过年的喜气却淡了，传统的乡村文化习俗逐渐被人们遗忘。过年的狮子龙灯没有了，更没了自编自演的文艺宣传队。昔日那激昂的鼓点、高亢的吉利话、婉转的歌舞声，还有那一张张欢笑的脸庞，已湮灭在岁月的长河中，时不时勾起人们思乡的愁绪。

（一）原因

一是生活水平提高。人们平时吃的、穿的与过年没多大区别，无非是大家都放假闲了下来，跟平时的生活其实没有根本的不同，所以概念上与过去相比发生了变化。

二是人情淡而冷漠。随着社会的发展和进步，人们口袋里的钱多了，人情却变得冷漠了许多。过年上门拜年的人少了，更多的人选择了在最亲近的人之间互动，甚至一个电话、一条短信、一个红包就代替“走亲访友”这一习俗。由于缺少面对面的交流，人情味变得空洞和虚伪了起来。

三是传统文化被忽视。那些年过春节，很多具有传统文化的东西吸引着人们，比如舞狮子、玩龙灯、踩高跷、猜谜语、文艺演出队和一些自发性娱乐活动，但现在真正属于民间自娱自乐的文化活动，被有一定档次的活动取代，这种貌似高雅的东西，未必能真正走近老百姓，让人看上去生疏无味。

四是科技转移了兴趣。电视、电脑、手机，转变了人们的思维，吸引着人们的眼球，占用了年轻人大半休闲时光，中老年人们闲了下来，便围坐在牌桌前，川牌、扑克牌、麻将牌轮番上场，赌牌论输赢，直玩得天昏地暗，走出去参加大众性活动的人也就越来越少了。

五是过年方式陈旧无趣。随着社会的发展，人们的思维发生了转变，传统的乡村年俗文化，由于形式单一、内容陈旧，很难让人感到新鲜有趣，甚至有些能激起人们兴趣的文化也逐渐消失了。当传统的玩法没有新的内容跟进，人们对过年的欲望就会变得索然无味，特别在物质水平和文明程度更高的今天，人们的欣赏水平也愈高，如果达不到人们的要求，就只有选择放弃。

（二）措施

一是在传承上下功夫。川东北年俗文化的传承可追溯至数千年前，这些年俗象征着吉祥、团圆与繁荣，是人们在新的一年迎接新一轮生命循环时表达祝福和庆祝的方式。年俗文化的传承要通过家庭教育和社会集体活动等形式进行。通过代代相传的方式，将乡村年俗文化融入日常生活，给孩子们讲述一些关于年俗的故事，教育他们如何弘扬和传承文化传统，加深他们对年俗文化的认识与了解。

二是在创新上下功夫。随着社会的不断发展，乡村年俗文化也需要不断创新，以适应现代社会发展的需要。让传统年俗在传承的基础上进行了一定的改进。比如，传统的上门拜年方式，改为用手机发贺年卡、拜年帖、发红包等方式，向亲朋好友表达祝福。又比如，年夜饭的形式也可以多样化，可以在家中进行，也可以选择外出就餐或订餐上门。这些方式既满足了人们的需求，也延续了乡村年俗传统文化。

三是在公共活动上下功夫。县级和乡镇文化部门，春节期间应开展一些文化活动。进行传统的舞狮、龙灯表演，把一些具有地方文化特色的节目搬上舞台，比如达州市的渠县三汇镇，每逢过年时，他们都扎彩亭，让彩亭、车车灯、抬总爷这些非物质文化遗产，走进大街小巷、走进百姓们的心中。有条件的乡镇、街道、社区，也可举行一些广场舞比赛，让广大民众参与进来，进一步增加过年的氛围。

四是在记录整理上下功夫。乡村年俗文化的传承，需要人人参与。特别是县一级民俗文化协会，要担当起这一历史使命，要对传统的乡村年俗文化进行记录和整理，逐步形成文字、影像方面的资料，并时常进行宣传，使传统的乡村年俗文化代代相传，无论多少年后，都能够让后来者感受到自身与祖先的联系，从而建立起对自己文化身份的认同，增强集体意识和凝聚力。

总之，川东北乡村年俗文化，不仅是祖先流传下来的文化遗产，而且是传播大众、凝聚民心的精神食粮。我们不但要积极传承和发扬这一优秀的文化传统，更应当在乡村年俗文化的创新上砥砺奋进，以适应时代的发展和变化。让川东北年俗文化在新的历史时期，在中国大地上绽放出更加绚丽的光彩。

20

作为“非遗”的春节与春节文化创新

刘德伟

中国文联民间文艺艺术中心研究员，

上海大学特聘教授

据新华社报道，2023 年 12 月 22 日，第 78 届联合国大会协商一致通过决议，将春节（农历新年）确定为联合国假日。春节作为中国传统民俗节日，不仅是阖家团圆、辞旧迎新的日子，传承着和平、和睦、和谐等中华文明理念，也承载着家庭和睦、社会包容、人与自然和谐共生等人类共同价值。许多国家和地区把春节作为法定节假日，全球约五分之一的人口以不同形式庆祝春节。中国推动春节成为联合国假日，是践行全球文明倡议、倡导尊重世界文明多样性的务实行动。春节正式成为联合国假日，充分展现了中华文明的传播力影响力，将有助于促进世界不同文明的交流互鉴，积极体现联合国倡导的多元、包容文化价值理念。

我们在庆祝春节成为世界性节日的同时，不禁回忆起保护、传承、弘扬春节文化走过的漫漫路程。由中国民间文艺家协会等发起的“中国（鹤壁）春节文化高层论坛”，至 2023 年（农历癸卯年）已经举办了 9 届。最初论坛的主题是“保卫春节”。当时很多专家学者认为中国的传统文化，特别是传统的春节文化受到了很大冲击，也就是通常说的“年味越来越淡”，所以提出要“保卫春节”。自 2010 年以来，10 多年过去了，我们对春节文化的理解和传承有了全新的提升。一个重要的共识就是，要在以往保护传承春节文化的基础上，进一步发展和创新春节文化，让春节成为人类的节日，走向世界。在 2023 年举办的第 9 届中国（鹤壁）春节文化高层论坛上，笔者有幸受与会专家学者委托，宣读了与会者一致通过的《推进中华春节申遗鹤壁倡议书》。其中特别提出，“进入新时代，春节面临新的挑战和千载难逢的发展机遇。在继往开来的关键时期，保护传承和弘扬春节文化，让春节蕴涵的价值在全球化时代为人类所共享，是我们的神圣使命！”“在保护传统的同时，尊重广大民众的自主创新，建设更加开放、包容的春节文化。”“尽快启动中国春节申报人类非物质文化遗产代表作名录的工作。”[1] 如今，春节已经成为世界性节日，进入世界非物质文化遗产代表作名录的工作也在抓紧开展。

笔者认为，在这样一个令人欣喜的背景下，要特别注意明确一个问题，那就是春节是非遗，非遗本身不存在创新的问题，我们要创新的是建立在传统节日基础上的春节文化。

一、深入认识春节的非遗属性

作为中国非遗内容最丰富的节日习俗，春节具有的非遗属性也最为鲜明。

独特性

非物质文化遗产一般是作为艺术或文化的表达形式而存在的，体现了特定民族、国家或地域内的人民独特的创造力，或表现为物质的成果，或表现为具体的行为方式、礼仪、习俗等，这些都具有各自的独特性、唯一性和不可再生性。而且，它们间接体现出来的思想、情感、意识、价值观也都具有其独特性，是难以被模仿和再生的。春节的独特性体现在，具有悠久的时间延续、广阔的空间覆盖、深厚的民间根基，且具有独特的结构。作为中华民族的盛大节日，春节宛如一部宏大壮阔而又优美深情的交响曲，从序曲到起步，从发展到高潮，从高潮到尾声，跌宕起伏，扣人心弦。其具有的独特性举世无双。

活态性和传承性

非物质文化遗产重视人的价值，重视活的、动态的、精神的因素，重视技术、技能的高超、精湛和独创性，重视人的创造力，以及通过非物质文化遗产反映出来的该民族的情感及表达方式和传统文化的根源。以鹤壁

---

① 《推进中华春节申遗鹤壁倡议书》，2023 年 2 月 9 日，中国民间文艺家协会官方公众号。

浚县大伾山春节庙会为例，这项延续了1600多年的民间节俗活动，从正月初一开始，一直延续到二月初二结束。其中的祭祀、表演、饮食、说唱、手工、社火、庙会、灯会等至今原汁原味、活灵活现，世代相传，体现出了极强的生命力。

流变性

从共时性来看，非物质文化遗产往往通过交流方式得以流传到其他民族、国家和区域。在它的传播过程中，常常与当地的历史、文化和民族相融合。从而发生变化，产生广泛影响。春节的这个属性也在历史长河中日益凸显。中原地区传统春节习俗对我国边远地区、少数民族地区和周边国家的节日习俗都产生了深远影响，其自身也在文化交融过程中不断发生着内容和形式上的变化。

综合性

非物质文化遗产是各个时代生活的遗存和体现，与社会物质和精神生活有着千丝万缕的联系。许多非物质文化遗产与物质文化遗产往往是各种表现形式的综合体。春节的综合性尤其突出，春节寄托着丰富的精神属性——辞旧、迎新、祭祀、怀念、感恩、团圆、祈福、慈孝、纳财等，并和与之呼应的物质、精神表达方式有机结合起来——敬香、祭祖、放鞭炮、贴春联、年夜饭、吃饺子、祭灶王、迎财神、压岁钱等，内容与形式完美结合，高度统一。

民族性

民族性是指为某一民族所特有，深深地打上特有民族价值观、伦理观、审美意识、情感表达等因素的烙印，并随着文化交流融合，留下不同民族文化的痕迹。春节作为汉族传统节日，在长期历史发展过程中留下了鲜明的民族特征，同时，其也日益受到不同民族、不同国家节日习俗的影响，春节的内容和形式也随着社会生活的发展不断发生着变化。

地域性

就一个民族来说，每一个民族大都有自己进而会在此基础上形成该民族的文化特征。通常，非遗的自然生态环境、文化传统、宗教信仰、生产生活既典型地代表了该地域的特色，也是该地域的产物。在广阔的中华大地，春节的地域性特征尤为明显。河南省鹤壁市浚县大伾山春节庙会是中原地区年俗的集中体现；自称“春节起源地”的四川阆中，则以“春节老人”落下闳和他创立的历法《太初历》闻名天下。我国是一个多民族的国家，在汉族欢度春节的同时，有许多少数民族也和汉族一样辞旧迎新，沉浸在节日的气氛当中。在农历正月初一与汉族一起欢度春节的有满、蒙古、朝鲜、达斡尔、鄂温克、回、东乡、畲、赫哲、白等少数民族。因为各少数民族的历史文化、宗教信仰和生活习惯各不相同，所以就形成了他们各具民族特色丰富多彩的过年习俗。

二、建立在传统节日基础上的春节文化如何创新

作为非遗的春节，其存在传承与发展变化有其自身的规律。对此，社会管理者（政府和相关社团）、研究者和参与者都应予以充分了解和尊重，尽可能地保持传统春节习俗的原真性，以便更好地保护传统文化不被随意曲解和改变。当然，这并不影响在科学认知的前提下，在继承传统的基础上，主动弘扬和创新春节文化。

这里所说的春节文化，是指在传统节日春节期间，与人们社会生活发生关联的物质生活与精神生活的集合。这个春节文化，当然要随着时代的发展而发展，随着生活的变化而变化，随着科技的创新而创新。

坚持科学传承和弘扬传统春节文化

要在深入研究春节习俗的基础上，辨析传统习俗的优劣，弘扬优秀、科学、符合时代发展的春节文化。对于一些带有时代烙印，与时代发展有抵触和负面影响的传统习俗，应采取学术上保护性研究与社会实际生活适

应性引导相结合的方法科学对待，逐步使之与当代文明相适应。比如，春节燃放鞭炮，在当代居住条件下，确实会对社会安全、生态环境产生一定影响，应该加以改良。对鞭炮的规格标准、燃放的场地、安全措施等予以严格限定，同时利用当代高科技手段开展新型鞭炮的设计研发，努力做到既满足百姓的节日心理需求，又维护好社会秩序和生态环境。

时代精神、科技发展与春节文化创新

时代飞速发展，科技日新月异，人们的衣食住行、社会交往和精神生活与以往（特别是古代）相比发生了翻天覆地的变化，春节期间的表现更为突出。春运、春晚、村晚等新的社会现象层出不穷，信息时代拜年方式的变化，新式住宅给贴春联、挂门神带来的不便，人们在引发怀旧思绪的同时，有了更多“今夕是何年”的困惑，这些都促使老中青三代人对春节文化的时代创新进行全新的思考。笔者认为，春节文化创新应坚持两个原则：一是“笔墨当随时代”，要科学继承传统，坚持优胜劣汰，充分展现时代精神和中国特色；二是密切结合科技发展，用当代科技引领带动文化创新。这个方面大有文章可做。高铁、航天等新技术的高速发展为春晚、贺岁片、村晚等提供了无数精彩的故事素材和创作手段。中国文联把“百花迎春”晚会搬上了高铁，《流浪地球 2》掀起了贺岁片新潮，这些都令人兴奋和期待。可以预见，在未来的时代，高科技含量的春节文化创新会给传统节日带来全新的时代体验。

开展春节文化探源研究，塑造春节文化系列品牌

要创新发展春节文化，就要对春节文化进行系统梳理，对特定区域内春节文化的源头根脉、演变发展、传承传播、地域特色、空间分布、民间传习、资源转化、赋能创新等内容开展深入研究。在此基础上，构建春节文化资源的知识产权保护体系，树立、塑造并不断提升春节文化品牌，带动相关文化产业发展。

春节文化国际化创新

中国的春节文化在世界上的影响力越来越大，正在被更多国家和人民接受和喜爱。春节被确定为联合国假日，这离不开联合国会员国的积极响应和踊跃支持。联合国秘书长今后每年都将在春节（农历新年）发表贺词，向中国及所有庆祝春节的各国人民致以节日问候和祝福。越南常驻联合国代表对确认春节为联合国浮动假期表示欢迎，并希望能在2024年日程安排中有所体现。随着“一带一路”构想的深入扩展和实施，春节文化将以全新的姿态走向世界。在这个过程中，春节文化将携带中华优秀传统文化强大的基因，与世界各国千姿百态的地域文明进行交流融合，发挥中华文化特有的包容、和睦、和谐的特色，与异域文化一起，共同创新发展。

与此同时，春节也将把更多的异域文化吸引到中华大地，促进春节文化向着融合创新的方向发展。以鹤壁浚县为例，浚县正月庙会是全国参与人数最多的庙会之一，已经吸引了不少外国友人来参加，为讲好中国故事、树立中国形象塑造了好的典型。鹤壁浚县庙会（民俗文化节）和中国（鹤壁）春节文化高层论坛最大的特点是具有稳定的连续性和广泛的参与性，在长期保持这种连续性和参与性的同时，应增加国际性。中国（鹤壁）春节文化高层论坛一步一个脚印，久久为功，为春节文化的传承发展做出了不可磨灭的贡献。今后应进一步发挥论坛的作用，吸引国际上更多专家学者和各界代表参与进来，吸纳国际智慧，进一步推动春节申遗和春节文化创新发展。从另一个角度来说，鹤壁也要在突出自身特色，提升春节文化、民俗文化在国际上的影响力方面大做文章，创造具有鲜明特色的鹤壁文化品牌，让鹤壁走向世界。

21

广西防城港市东兴市江平镇京族三岛京族春节习俗

何波

广西钦州市文艺评论家协会主席，

防城港市京族文化研究会副会长

京族是我国人口较少民族之一，同时又是我国唯一一个从事海洋渔业生产的少数民族。据典籍记载，我国京族最早是从越南的涂山等地迁移过来的，迄今已有500多年的历史。京族主要聚居于广西防城港市东兴市江平镇管辖下的巫头、山心和万尾三个行政村，人们习惯将这三个村称为“京族三岛”，少数散居于三岛附近的村落。京族过去称为“越族”，1958年成立东兴各族自治县时，根据其历史、语言、文化艺术、生活习俗的特点和本民族的意愿，经国务院正式公布，定名为京族。据2020年第七次全国人口普查统计数据显示，京族人口为33112人，其中广西29326人，而防城港市京族25973人，其中东兴市为20834人。在500多年的历史发展进程中，京族人民与当地世居的各族人民在这片沿海、沿边的区域共同开发，创造了独特而璀璨的文明，为保卫边疆、建设边疆做出了特殊的贡献。

春节是中国最重要的传统节日，也是京族最重要的节日之一。京族春节习俗与汉、壮民族相似，但处处洋溢着海洋气息，蕴含着京族文化的特征。

京族春节从除夕到第二年正月十五止，计16天，有6项重要的活动或仪式。

其一，“年晚福”

“年晚福”是京族每年腊月（腊月中旬到腊月二十八或二十九）都要举行的还福活动，从京族祖先一直流传下来，从未间断，目的是感谢各种神灵一年来的庇护和保佑。还福有两种形式：一是以自然村或者家族为单位的集体还福仪式；二是以家庭为单位的个体还福活动。集体还福活动主要有三个时间：腊月十六，以康王庙为集中点，举行还福活动；腊月十八，以水口大王庙为集中点，举行还福活动；腊月二十，以哈亭为集中点，举行还福仪式。其中以哈亭还福最为隆重。

每年到了腊月中旬，东兴京族一般以姓氏为单位，各家族开始张罗本族做“年晚福”的事宜，先是由族长（村翁）召集本族的老大（翁古）召开家族会议，就本年末如何开展“年晚福”活动达成一致的意见，接着开始筹措资金，准备祭品、道具等。祭品有生猪猪头，全鸡、糯米饭、糯米糖粥、米酒、糖果、饼干、水果、香纸等，道具有用竹篾、泡沫、颜料、彩色纸等制作的战船模型、渔船模型、“三头九尾”海神精模型、兵旗等。腊月十九，统一将祭品、香纸等集中于哈亭。腊月二十，由本村族长（村翁）、哈亭事务委员会成员、陪祭员、村老大（翁古）代表集中到哈亭举行拜祭仪式，扔“杯珓”，如占得顺卦即三叩首谢拜。接着到海边沙滩上举行还福仪式，祭拜海神。师傅念读祭文后扔“杯珓”，如占得顺卦即三叩首、鸣炮谢拜，将最大的战船模型、“三头九尾”海神精模型留在沙滩上，任凭潮水冲刷吞没。最后到本村的各大小庙宇，如万尾村的镇海大王庙、公庙、海婆、土地庙、三婆庙、高山大王庙、东（南）水口大王庙，拜祭还福。拜祭内容和程序与到海边拜祭相同。

还福仪式结束后，大约下午一点，凡参加拜祭的人员回到哈亭举行乡饮（会餐）。中华人民共和国成立前，乡饮席位用木板或者砖块搭建为三个级台。最高一级称为“床官”席，居哈亭中间，为村中“村翁”和“翁古”座席；第二级为“中亭”席，是哈亭“官员”和50岁以上的老人座席；第三级也是最低一级为“行铺”席，位置靠哈亭边角，是50岁以下的“白丁”座席。开席时，大家席地而坐，一般是6人或8人一桌。菜肴由各家轮流送来，放在“蒙”（长方形木托盘）里，置于席中，每个“蒙”要6个菜以上，全是荤菜，有虾、鱼、炸沙虫、鸡、扣肉、鱼丸等，当天的祭品也平均分到各席。20世纪80年代，拆除了台阶，摆上大圆桌和椅子。20世纪90年代初开始，各家各户不用自带菜肴，而是由“年晚福”主持者筹措，各家各户自愿捐款赞助。“年晚福”主持者在上一年还福活动时，由村里评选出有一定经济实力和威望的人担任。村民以能够当选主持为荣，都争着当一次主持。在“年晚福”头一天（腊月十九），由主持和哈亭“官员”采购食品和祭品等，置放于哈亭，用于“年晚福”当天烹饪。

个体还福以户为单位，根据实际情况，在腊月二十一至腊月二十八之间，选定一个日子，家庭主要成员备祭品到哈亭、本境庙（土地庙）、公庙婆庙、海边等地烧香拜祭还愿，然后回家拜祭本家祖先神。京族民间把天官奉为“福神”，将“土地”视为家宅的“保护神”。“本境土地”所辖之地有大有小，或辖一村，或辖村中的一小块地方，连庙宇和丛林也各有其“本境土地”。管辖全村的“大本境土地”，一般将其供奉在哈亭中。如巫头村将“大本境土地”的牌位立在哈亭正坛前，而山心则供奉于哈亭正坛之上。民间则把“天官”和“土地”合供于家宅。一般在庭院内距厅堂门口四五米之处，立有一座用砖或石头砌成的神台。神台高约一米，分上下两层。上层为“天官”，神位上书“天官赐福”；下层为“土地”，神位上书“本家土地”或“本家土神”。逢年过节祭拜。

京族民间还流行“鸡卜”和“珓卜”两种占卜方式。鸡卜亦称“鸡骨卜”，以鸡骨或鸡卵预测吉凶祸福或买卖求财等。原是古越人的占卜法，后广泛流行于我国民间，因民族和地域的不同而各异。京族的方法是：用鸡一只（忌用黑色的鸡），杀后去毛，除掉内脏，将鸡腿齐膝处截断，置入滚沸的水中煮数分钟，捞起放入冷水中浸凉，再放回沸水中，如此反复数次，捞起后用一细麻线悬挂起来，视其形状与颜色变化情况预测吉凶。珓卜又名“杯珓卜”。凡要向神灵卜卦问事，如哈节迎神、送神，生产丰歉安危，生活问病卜吉等，都以生童行“杯珓”来定夺。“杯珓”多为牛角、蚌壳、竹片、木片等剖制而成，状如半月形，正面平滑，反面凸起。占卜时，若两块“杯珓”正面仰，为阳卦，表示吉；反面伏，为阴卦，表示凶；一仰一伏，则为阴阳卦，表示胜“珓”，是大吉大利。

其二，腊墓祭祖

京族清明节不扫墓，而是在腊月下旬（腊月二十一至腊月二十八）举行扫墓祭祖活动，故称腊墓。这是京族与汉族以及其他少数民族不同的节日习俗。腊墓分为家族集体扫墓和家庭分散扫墓两种。家族集体扫墓是祭拜本族共同的祖先。每年腊月中旬由族长召集家族会议，商定扫墓祭祖的具体时间。在扫墓祭祖那天早上，本姓家族各户拿出一些米粮、海鲜、全鸡、肉类、酒水、香纸等祭品，会聚到村翁家。先由“师傅”在老屋祖堂里“请师”（道教天尊、天师），接着由几位年长的翁古协助“师傅”制作祭祀用的冥钱、冥衣、冥车、兵马、兵旗和三牲、糯米糖粥、水果、糖果等祭品。同时，组织几个有一定厨艺的族人，在老祖屋准备家族会餐的饭菜。

大约上午十一点，先在老屋祖堂拜祭家神，然后前往岛上的祖坟举行祭祖仪式。参加祭祖的人员主要有族长（村翁）、分房房长、村老大（翁古）、各家各户至少 1 名代表。需要拜祭的祖先坟墓有从越南涂山搬迁到京岛的第一、第二和第三代祖先。在每一座祖坟举行祭拜仪式之前，都由青年男女清除祖坟四周的杂草，并给祖坟添上新土。在每座祖坟的祭祀过程中都要请“师傅”念经，并向先人灵魂祷告。族长代表全族子孙烧香纸，献祭品，跪拜，祈求祖先保佑。其间，“师傅”现场扔“杯珓”，占得顺卦后，轮到村翁、翁古祭拜，各家子孙轮流跪拜。祭拜完毕，即燃放鞭炮。

祭祖结束，参加祭祖活动的全体人员回到族长（村翁）家，先召开家族例会，然后举行家族会餐。

京族之所以在春节前夕腊墓祭祖，原因有二：一是清明节期间天气正好转暖，是出海捕鱼的好时节，大伙都很忙，到腊月下旬休渔时节才有空去扫墓；二是京族敬仰祖先，感恩祖先为子孙后代开拓栖身之地，希望祖先干干净净地过年，请祖先先享用美味佳肴。

其三，团圆饭

除夕，京族家家户户对堂前屋后进行彻底的清洁卫生。水缸注满水，米缸装满米，以象征“岁岁有余”“年年不断炊”的好兆头。准备充足的鸡、鸭、猪肉、海鲜、粽子等食物；米饭要蒸得比平常多，象征富裕；有的还会包制一尺多长、五六斤重的烷粑，以便招待客人。吃团圆饭前先要祭拜祖宗。按照规矩，除夕至正月初四，祖堂灵位前的香火要一直燃着，其间不能熄灭；每天都要在祖堂上摆放各种祭品供奉祖先；早晚烧香祭拜后，家人才能用餐。吃过年夜饭，大人们给孩童，子女给父母上辈，分发“压岁钱”。正月初一、初二有客人来须用粽子招待。正月初一到正月初三期间，京族群众都会自发组织歌圩、对歌、打陀螺、跳舞、赛球等文体活动，欢庆新春。

其四，守岁

京族有守岁的习俗。有哈亭守年、家庭守岁两种形式。每年除夕晚上，哈亭事务委员会都要组织哈亭事务委员会成员、哈亭陪祭员、村老大代表到哈亭守年（守岁）。除夕晚上八点许，上述人员集中到哈亭，烧香纸，点蜡烛，逐个祭拜。而后围坐在火塘边一边吃着点心一边聊天。凌晨零点，燃放鞭炮迎接新年的到来，各自再次向哈亭的各位祖先神、英雄神烧香祭拜。之后，除了留下一两个香公留守哈亭外，其余人员拿着一把燃着旺火的柴棒回家，寄寓吉祥如意、万事顺利的愿望。

京族人家吃完年夜饭，按例家里的小孩洗完澡，穿上新衣服，领到压岁钱，就和家人围坐在厅堂里守岁。有的一边做“白薯糙”或者包糯米粽子，有的聚在一起烤火闲聊，有的打麻将和玩各种棋牌游戏，还有三五成群的小孩玩玩具枪、燃放烟花。凌晨零点，燃放鞭炮，烧香祭拜祖先后，才能就寝。

其五，春节祈福

京族不但重视还福，而且十分重视祈福。祈福活动时间一般在大年三十、正月初一、初二、初三、十五。

春节祭拜祈福有四种情况：

一是家庭祭拜祈福。除夕中午，在家中祖堂摆上三牲（鸡、猪、鱼）、糯米糖粥、水果、糖果饼干、酒茶等祭品，烧香纸，请历代祖先神、各路神灵前来“吃年夜饭”，并祈祷、祈求祖先及各路神仙、神灵保佑全家在新的一年里身体健康、四季平安、渔业丰收、人丁兴旺等。

二是家族祭拜祈福。以家族为单位，备三牲（鸡、猪、鱼）、酒茶、水果、糯米糖粥等，先到村里的哈亭、老屋祖堂、祖先墓地祭拜祖先神，回到家后，烧香祭奠祖先神。有的还要到三婆庙、六位婆婆庙、镇海大王庙、水口大王庙、高山大王庙、土地庙等庙宇为某项特殊愿望进行专门祈福。

三是哈亭公祭祈福。上午十一点前，哈亭事务委员会组织村老大到哈亭祭拜各位神祇。主要祭品有：鸡、猪肉、鱼，糯米糖粥、糖果饼干、水果、香纸、鞭炮等，祈求亭内五位大神保佑来年丰收、平安，心想事成。然后到黄马大将军庙（京族人有功祖先神）祭拜，再祭拜自家的家神（祖先神）。

四是海神祭拜祈福。镇海大王、海公、海婆、龙皇天子、水口大王等是京族信奉的海神。正月里，吃了“散年饭”，特别是正月十五之后，京族渔民便陆陆续续地出海。按照惯例，新年第一次出海前要到公庙婆庙、哈亭、高山大王庙、本境土地庙以及海边和船上祭拜，主要是祈求神灵保佑出海平安、鱼虾满仓、渔业丰收。准备的祭品主要有：鸡、糖果饼干、水果、糯米糖粥、香纸、鞭炮等，先在家中祭拜祖先，然后到海边、沙滩上祭拜，最后将祭品摆在停靠到海滩上的船头，贴上“出入平安”字样的条幅，在船尾贴上“一帆风顺”字样的条幅。船主一边烧香纸，一边叨念着祈福的话语，最后燃放鞭炮。

其六，“散年饭”

“散年饭”活动是京族老祖宗传承下来的家族祭日，也是家族聚会日，是京族的新年团圆饭。春节期间，外嫁的小姑、大姐、小姨等京族女子，都要抽时间回娘家拜年，娘家要杀鸡宰鸭，并准备各种海鲜食品，摆设几桌家宴，招待回来拜年的女儿、女婿、外孙，同时还邀请邻居兄弟、亲戚一起热热闹闹地聚餐。“散年饭”举行的日子不设定，由各家各户根据本家族的实际情况，同时和其他来往比较密切的家族商议，选定好日子。在同一个家族中，如果你家定为正月初三，另外一家就定为正月初四或初五，一直排到正月十五。亲戚、邻居间轮流做东。因此“散年饭”实际上是家族、亲戚、邻居的团聚会餐。“散年饭”时间从早到晚，来客要燃放鞭炮贺新年，主人要给外孙及前来拜年的晚辈发红包（压岁钱），以图吉利。吃团圆饭前还要祭拜家族祖先、本境土地神，以祈求保佑一年全家平安、生产丰收，万事顺利。吃完“散年饭”，第二天就可以出海打鱼，下地耕田，出门做生意，回单位上班。

京族地区每年正月初一都要举行庙会。庙会又称“庙市”或“节场”，是京族民间宗教及岁时风俗。主要内容包括祭祀戏和花舞表演等。祭祀戏主要表演的是当地先民迁居立业的过程，而花舞则是跟着鼓乐跳灯舞的形式。

春节那天（即正月初一），京族忌扫地，忌往屋外倒水。否则会将家中的财气扫掉、倒掉，一年都不吉利。忌洗衣服，因为相传那日为水神的生日，为了纪念水神，这天忌洗衣服。

附

（一）京族哈亭奉祀的神祇

哈亭是京族民间信仰的象征和标志，是京族重要的传统文化遗产，是哈节举行各种活动的场所。万尾、巫头、山心和红坎都建有哈亭。各村哈亭建设时间不同，规模与格局不同，所供奉的神祇同中有异。下面以万尾哈亭为例说明：

万尾哈亭始建于 1553 年前后。最早的哈亭位于万尾小学以南的旧哈亭山林处，当时村里进出南海的小道的东面。据说，那时建哈亭是用较好的木材做柱子，屋顶为“人”字形双斜面，以茅草覆盖，墙壁以竹夹草围成。亭内结构分三间，中间一间称“龙庭”，正壁上立板架安放神位，地面用海黏土打地板，祭神拜祖或唱哈时铺上草席，左右两间支离地面一尺多高，以木条竹子纵横交错排成铺架，铺上竹片或木板。节日活动时，铺上草席。人们在两侧偏间聚会、听歌或饮酒。因这个哈亭离村庄较远，于是迁到今村民梁能光房屋以西、罗周才房屋以东的中间地带，据说那里是罗家开垦的坡地。哈亭其外形与内部结构与始建的哈亭一样。1857 年正月，哈亭迁至今址建设。据说，此地是梁贵公的买厚地。京族先祖见此处两侧有山林，背后有靠山，亭前有水塘，有山有水好风景，故作为哈亭新址。在此地先后重建了四次。第一次是 1857 年，为木柱瓦房。第二次是 1888 年，也是木柱瓦房，但非常雄伟壮观。亭柱用粗大的红木，全部采用凿眼钻孔精工技术，以大木钉稳固连接纵横梁架，用大方石垫柱底。屋脊、屋梁等均为好木料。屋顶盖瓦，瓦面用石灰糊黏，以防台风。以石条垫基底，用砖砌墙。亭内的正殿龙庭前梁雕龙画凤。亭柱对联也是雕刻的。房内用石灰铺地板。两边偏厅从地板支离 1.6 尺、1.3 尺和 1 尺高，底架由纵横交错的木条、木板拼成，分为高官席、上官员和下官员三个阶级的座位，屋顶和屋上角用石灰、石膏雕刻龙凤。1965 年倒塌。第三次重建是 1985 年，为砖瓦房。第四次重建是 2001 年，即现在所见的哈亭。

万尾哈亭内部分为正殿和左右偏厅两大部分。正殿分前庭和后庭，后庭又称“龙庭”。龙庭分前、中、后三殿。前殿为正殿，供奉的圣神依次为镇海大王、高山大王、广达大王、安灵大王、兴道大王等五位圣神。高山大王全称为“高山神邪太上等神”，也称高山神，为专管山林之神，是京族民间信仰图腾。高山大王在哈亭中的神位平日只是虚设，每逢哈节才到庙里把其接到哈亭里祭祀。广达大王全称为“圣祖灵应广达大王”，又称太祖神，是东兴京族的祖先神。据传，广达大王是越南后黎的开国皇帝黎利。15 世纪，黎利发起了声势浩大的“蓝山农民起义”，1428 年驱逐明军，恢复独立。其所建立的黎朝，到圣宗期间（1460—1497）达到了越南历史的鼎盛时期。越南人民对他的敬仰不下于兴道大王，关于他的传奇故事在民间广为流传。安灵大王全称为“点雀神武安灵大王”，在越南茶古称之为“白点雀大王”，又称鸟神，是京族民间信仰图腾、京族三岛专掌人们精神灵魂的保护神。兴道大王全称为“陈朝上将敕封兴道大王”，亦简称“陈朝上将”，是京族的祖先神。龙庭左右两侧设有“左昭”“右穆”牌位，供奉当地京族的祖先“十二家先”，即最早迁居来的十二姓氏祖先。此外，还供奉历年加入祖先神位的三种神：一是有功者，即生前为国家、民族、村庄、哈亭等做出贡献的人。二是买厚者，即没有后代的老人。他们生前把拥有的田地作为厚德送给村里作哈亭建设用地，或出租出卖所得的钱用于供奉圣神。他们去世后，由村老大举行有关仪式，将他们列入祖先神位。三是所谓“圣神需要者”，即村里去世的年轻人。他们生前精明能干（女子要求容貌端庄、未婚）且死于海难。由“降生童”传话给村人，让其进入哈亭，服务圣神。这种既共同祭神又共同祭祖的习俗是京族在独特的历史条件下形成的，称为“异祖同祭”，对京族文化的保护与传承起到了重要作用。

龙庭灵前常年设有香炉、烛台，两侧陈列有罗伞与兵器等。中殿正中有一香案，上置香鼎。后殿过道上摆有敬酒台，上置酒壶、酒杯及一些纸质的宝帛等，正厅两侧设有阶梯形的宾客座席，可容纳一二百人。哈亭按规定以东为上、西为下，供唱哈时不同辈分（或等级）的人入席和听哈时就座。每年农历六月初九至十六为哈节，举节时，前、中、后三殿还要加供各种必需的祭品。

正殿内的柱子上都雕着具有民族特色的楹联或诗词。如，灵位后的正墙两侧书有一副对联：上联“汪洋圣泽庇村中”，下联“显威神佑护人民”，横批“万事英灵”。龙庭内有一副对联为1530年建哈亭时所撰，至今已有近500年的历史：上联“风云一遍白藤江上接威灵”，下联“社稷两回青史边中垂火烈”，横批“上等英灵”。龙庭前有一副长联：上联“古在南邦成原例山河之永固”，下联“今朝北国敬严存社稷之遗风”，横批“圣躬万岁”，此联为清光绪十四年（1888）苏光清所撰并书。

（二）家庭（家族）奉祀的神祇

祖灵又称“家神”。京族民间相信祖宗有灵，认为祖灵能庇佑子孙后代，有时还能以某种形式表示其“神意”。因此，京族每个家庭都设立“祖堂”（又称神台）。“祖堂”上方用红纸或红色塑料板，在中央写着：“×（姓）门堂上历代先远祖宗之位”。两边是“是吾宗枝”“普同供养”。祖堂内左侧写“集一堂兼奉事”，右侧写“永垂历代旺儿孙”。按祖堂的长度和宽度挂一块红布，两边下垂的红布插上“大花”。祖堂门前对联，左是“银台报喜烛生花”，右是“宝鼎呈祥香结彩”。祖堂门横梁张贴五片红色利是，台上摆放三个香炉，每一个香炉前放一只盛满水的水杯。水杯前摆放两只蜡烛饼、一盏煤油灯。祭品台上放三只茶杯，五只酒杯（又称三茶五酒）并“杯珓”。祭拜祖先由家庭长者主拜。每逢农历初一、十四、十五、三十，都要上香。更换水后，每个香炉插上三支香，作揖三个，然后用京语吟诵“今日烧香、换水给祖宗，恳求祖宗佑护家人平安，万事如意……”每年先祖去世之日（忌日）都要煮糯米糖粥、白米饭和三牲（猪肉、鸡肉和鱼）祭拜。若是父母、祖父母忌日，除三牲外，还要添加各种菜肴祭拜。每逢传统节日，祭拜祖先后，还要托祭品到庭院或房屋大门口，祭拜本境土地神及无法合祖的宗亲亡灵。

京族民间把“灶君”看作玉皇大帝派驻各家监察凡人的“天神”。神位除了极少数供于祖堂上，大多供于厨房灶边，由于每天煮的食物，他都已随时“享用”，因此，平时祭祀不再另行上供。只在每年的腊月二十三专门供奉一次，因为这天是他返天庭向玉皇“禀报”的日子。到了除夕，又给他烧香，迎接他回来。在这期间，人们说话做事可以无拘无束，俗称“顺顺利利，百无禁忌”。

（三）京族三岛的调味品

京族三岛村民利用海产品制作的调味品主要有虾蠓汁、虾酱、沙蟹汁和鱼露。

虾蠓汁是京岛万尾村渔民以南虾与海盐为主要原料，采用独特的传统加工工艺制作而成。虾蠓是海洋虾类中体型最小的品种，一两就多达500多只。每年六月至八月，是南虾汛期，渔民拉密网、耥箩可捕获成千上万斤。新鲜南虾除食用、出售外，渔民将剩下的南虾用海水冲洗干净挑回家中，放进水缸或木托里，按京族传统制作方式，撒入海盐腌制。一个月后虾蠓变成虾汁。由此得名“万尾虾蠓汁”。虾蠓汁味道鲜美。京岛万尾村民常年食用。

虾酱是京岛万尾村渔民以南虾与山竹子为主要原料加工而成的。具体做法：将本地特产山竹子外皮洗干净后放进石臼捣烂，然后掺入南虾搅匀，虾与盐按3∶1的比例放进瓷瓮（或瓦盘、木桶）里腌制。10天后拿到屋外晒太阳。晒太阳时要用蚊帐布或密眼竹筛遮盖瓮、盘、桶等容器的口，防止尘土或虫子污染。日晒时间越长虾酱味道越香。连续暴晒 15 天后便可食用。虾酱味道鲜美，京岛、万尾村民常年食用。

沙蟹汁的主要原料是沙蟹和食盐，辅料是姜、蒜、白酒等。具体加工方法：选鲜活的沙蟹并用海水清洗干净，把沙蟹腹底的脐盖掀掉，或挤出脐底污物，然后将其置于清洁、干燥的瓦盘（类似捣臼的器物均可）里，加进食盐，将沙蟹捣碎，再加入适量的被切成颗粒的蒜头、姜和白酒并拌匀后分装到玻璃瓶或瓦盘（须加玻璃盖）里，最后放在太阳下暴晒两三个小时。除了做酱料外，也可当调味品，如焖豆角。成品带有一股腥味，但吃起来却很香。

鱼露又叫鲇汁，是京族村民制作的最负盛名的调味品。每年 3 月至 6 月间腌制。主要原料：小鱼、盐。加工流程：准备一个干净的大瓦缸，在其底部凿一小孔，安装上塞子及漏管，垫上稻草和沙包当过滤层，然后将清洗好的小鱼及盐一层一层地铺在缸里，上压重石，加盖密封。一年后，打开漏管，鲇汁不断流出，其色如浓橙汁，清香四溢。待到漏管中已流不出鲇汁，“头漏汁”便告取尽。接着，向缸内再添冷却了的盐开水，过数日接取“二漏汁”，最后压滤“三漏汁”。就其质量来说，一次比一次差点。因而“头漏汁”多出口东南亚各国，“二漏汁”多在国内市场销售，“三漏汁”通常自家食用。做汤时加些鲇汁，汤味顿觉鲜美。

（四）京族三岛的饮食

京族饮食以植物性食物为主。主食是谷物，辅食是蔬菜，外加少量的肉食。

1. 主食

京族主要食材有大米（籼米、粳米、黏米、糯米）、番薯和芋头。主食有饭（籼米饭、番薯饭）、粥（米粥、番薯粥、糯米糖粥）、粉（米粉、炒粉、卷心粉）。其中，番薯饭（又叫红薯饭）是旧社会京族日常食用的饭食。糯米饭是京族逢年过节食用或馈赠的饭食。糯米糖粥是祭拜祖先及各种神祇的供品。炒粉则是当今京族最流行的饭食，家庭或朋友小聚的餐桌上离不了它。

2. 特色食品

京族传统特色食品有糉（风吹糉、发糕糉、大笼糉、水糉、木薯糉、芋头糉、白薯糉、白糉、艾糉、糍粑），糕（发糕、黏米糕），粽（四角粽、三角粽）。糉，是京族传统特色食品，也是京族逢年过节用来拜祭神灵祖先的供品。各种糉都有不同的做法，不同的形状、不同的吃法、不同的味道，而且不同的节日会做不同的糉。

京族地区最独特的食品是风吹糉（又名风吹饼）。主要原料是大米。制作过程：用热水浸泡大米后磨成粉浆，舀入直径约 40 厘米的铝制托盘里，将托盘漂浮放在开水锅里蒸熟成一张张薄粉膜，撒上芝麻，置于大眼篾屏上以炭火烘干即成。因其轻而薄，似乎可迎风而起，故称之。其味香脆可口，是旅行、出海或居家待客美食。

京族米粉俗称糉丝，又称南方米粉。制作方法：大米磨成浆，加工成糉皮，晒到八九成干后将其卷起来，用刀切成丝状，按一定量捆扎起来，继续晒干成成品。京族米粉与虾米、海螺等海鲜混合炒熟，味道可口，可以做小菜，也可以做主食。

粽子也是具有京族特色的传统食品。主要原料：糯米、猪肉、红蓝叶或绿豆沙。用经过处理好的粽叶把它们包成各种形状（四角粽、三角粽），煮熟后便可食用。煮熟后还可以煎着吃。

3. 特色小吃

京族传统特色小吃主要有虾仔糉、虫仔糉和糉丝。虾仔糉因糉上放有新鲜的虾仔而得名。主要原料：糯米、大米、葱、花生油、虾仔等。制作方法：①将糯米和大米按 1 ∶ 4 的比例混合，浸泡 3 小时至 5 小时后，将其磨成米浆；②在专用器具（一根长木柄的一端连着一个铁制或者不锈钢制的小圆盘）的圆盘里盛上米浆，撒上葱花，再盛上少许米浆，最后在上面放一只或两只虾仔；③将其放入油锅中油炸至自行脱落，在油中翻动直至颜色金黄色；④用筛子捞出来，将油沥干。可直接食用，也可淋上调料（如酱油、醋、椒盐）再食用。味道鲜香酥脆，老少咸宜。虫仔糉的主要原料：纯木薯粉或纯米粉。制作方法：将木薯粉或米粉放在簸箕或圆托盘上平摊开，中间稍洼，用适量开水浇上，用筷子搅匀，像和面一样搓揉起来，使粉团柔韧，再用手将粉团撮一小点放在干净的筲桶背上搓一搓，就变成小虫子样的糟，经蒸熟煮成成品，可炒着吃。

京族传统菜肴主要有红螺炒萝卜缨、泥丁炒萝卜丝、鱿鱼丝、鱼生和春卷等。萝卜缨炒红螺。主要原料：红螺、萝卜缨、酸菜，三者与少许辣椒。烹炒而成，色、香、味俱佳。泥丁炒萝卜丝。主要原料：泥丁、萝卜丝。经烹炒而成。鱿鱼丝。主要原料：鱿鱼。经过严格的加工工艺，精心制作而成，是味道鲜美、口味适中且营养丰富的休闲食品。

（五）京族服饰

京族传统服饰有便装和盛装两种。便装是京族人在平时生产生活中穿着的服装。式样比较简单，装饰也较少。盛装是京族人在节日喜庆和宴会时穿着的服饰。除盛大节日外，过去京族人离村外出、上街入市、探亲访友，都会换上盛装。其式样新颖别致，色彩艳丽。男女服装都无花饰。

男性便装的上衣长过膝盖、无领无扣、窄袖，裤子宽而长，尤其是裤裆，几乎是裤长的三分之二，腰间还束以彩色腰带，一般束一二条，有的束至五六条，以此来显示自己的富有、能干。由于上衣长过膝，而且衩又开得很长，为了方便干活或活动，平时就把两边的衫脚撩起，在腹前随意打个结，给人一种洒脱、自然、奔放的感觉。上衣的颜色一般是浅青、浅蓝或浅棕三种，裤子多为黑色。男性盛装是在便装外面套一件无领窄袖长袍，其颜色多为黑色，也有青色、蓝色或淡棕色，头戴一顶黑色或棕色的圆顶毡帽，俗称“头箍”。

女性便装的下装与男装无异，也是既宽又长，没过脚背，看上去像轻柔飘动的长裙，上衣与男性相反，很短，衫脚仅至腰间而不及臀部，故有“长不遮臀”之说，紧身窄袖，无领，不开襟，但有三粒纽扣，不束腰带。颜色较男性更为丰富，而且不同年龄段的女性，其服装的颜色也有所不同。青年女性的上衣一般为白色、青色或草绿色，裤子一般是黑色或褐色；中年女性是青色或浅绿色上衣，配以黑裤；老年女性多用棕色或黑色的衣裤。女性盛装则加穿一件类似旗袍但下摆较宽、矮领窄袖的长衫，人称“奥黛”。“奥黛”是中文对越语 AoDai 的音译。“Ao”源于汉语“袄”，而 Dai 的意思是“长”。在越南的官方中文版网站里，始终用“旗袍”称呼。“奥黛”源自中国旗袍，却是融合了多种文化的产物。通常使用丝绸等软性布料，胸袖剪裁非常合身，以凸显女性玲珑有致的曲线，两侧开高衩至腰部，走路时前后两片裙摆随风飘逸，下半身配上一条喇叭筒的长裤。因此无论日常生活的行、住、坐、卧都很方便。不同的颜色代表不同的年龄段，少女是纯洁的白色、未婚女子是柔和的粉色、已婚妇女则是深色。一般是在外出、会客、年节以及婚宴等重大节庆、社交场合穿着。京族是 500 多年前从越南涂山等地迁徙到京族三岛的，故京族妇女的长衫也就类似越南的“奥黛”。这是京族妇女服饰异于汉族、壮族之处。

京族妇女上身袒胸处还穿着一块绣有精美图案的菱形遮胸布，俗称“胸掩”。用棉布或麻布制作，菱形大小因人而异。颜色丰富，长幼各有所好。青年妇女一般喜欢白、青或浅绿色，中年妇女大多中意青色或浅绿色，老年妇女则用棕色或黑色。据传，东汉伏波将军马援来到交趾，对妇女同男人一样袒胸的穿着感到不甚文雅，便亲自设计了一块美观的“胸掩”相赠。从那时起，这种带有装饰性的“胸掩”便在京族妇女中流行，她们无论是平时还是外出都穿着“胸掩”，既实用又美观。

（六）京族三岛传统游艺竞技活动

以海洋捕捞为生的京族，民间所保留的传统游艺竞技活动，与自身特定的生产方式有着密切的关系。如捉活鸭、摸鸭蛋，以考量参赛者水性高低为主要目的；踩高跷比赛，是在高跷捞虾的基础上，进行游艺规范并强化竞技性，而逐渐演化成一项传统的民间游艺竞技活动；跳竹杠原是京族渔民庆祝丰收的舞蹈活动，而今发展成群体性的游艺竞技活动。

1. 民间传统体育项目

京族传统体育运动项目有踩高跷和拔河。踩高跷又称赛高跷、踏高跷、扎高脚。高跷的制作简单，选两根长约 2 米、直径 5 厘米至 6 厘米、节子长短基本一致的木棍，在两根棍子上各留一道高低一致的节子装上踩蹬，或者从木棍的一侧开榫装上踩蹬。比赛形式多样，有两人捉对“厮杀”的，有几对选手分组对抗的，有踩高跷赛跑的，还有在高跷上打陀螺的。最常见的是踩高跷比赛，谁能在高跷上把对方推下来，谁就是优胜者。这是一项比技巧、比耐力的竞技活动。拔河：竞赛时，人数相等的两队成员，分别握住长绳的两端，向相反方用力拉绳，把绳上系着的标志物拉过规定界线为胜。

2. 传统体育竞技游戏

京族传统体育竞技游戏主要有顶担、顶臂、顶头、拗手臂、捉活鸭、摸鸭蛋、打陀螺和打狗等。

顶担。也叫顶竿，参赛者相对而站，并备好一根竹竿。比赛时，竹竿的两端，分别顶在参赛者的肚皮上，地下画有一条线。把对方顶过中线者胜，反之则输。

顶臂。两人为一组，相对而立，中间画一道线，两人伸直手臂，掌心相贴握紧，裁判哨音一响，双方同时发力对顶，以谁先越过中线为胜，反之则败。以 3 局 2 胜定输赢。

顶头。竞赛时，双方面对面两手撑地，双膝而跪，两头相抵，然后相互用力推顶，被顶翻者告负。3 局 2 胜定输赢，时间长短一般视竞技双方的体力而言，如果双方势均力敌，一局往往要 10 分钟甚至 20 分钟，直到一方被顶翻在地才宣告结束。

拗手臂。以二人左手或右手相交对搏为基本竞技形式，3 局 2 胜定输赢。竞赛时，两人为一组，相向而坐，将手肘置于桌子上，以一截长约 30 厘米木棒为器械，双方各执木棒的一端，两臂相交。比赛开始，双方同时发力，以压倒对方手臂为胜者。

捉活鸭。参加人数及性别没有严格的规定，只要谙熟水性即可。竞赛时，先将一只活鸭放入海中，让其游出一段距离，然后裁判一声哨响，参赛选手随即跳入海中，争先恐后地扑向鸭子，以最先抓到鸭者为胜。胜者的奖品就是那只鸭子。

摸鸭蛋。参赛人数多少及性别没有严格的规定，只要谙熟水性即可。竞赛时，先将一些熟鸭蛋丢进划定区域的海域里，待鸭蛋已经沉到水底之后，裁判一声哨响，参赛的选手们纷纷跃入海水中，潜到海底捞鸭蛋，谁捞得多谁就是赢家。

打陀螺。这是京族人在冬闲时节喜欢聚在一起玩的竞技游戏。打陀螺对场地要求不高，平台场地或路边空地均可进行。陀螺以质地坚硬的木头制作，呈圆锥体，上大下小，体型大小无规定。玩时用绳子密密地绕在“螺”身上，然后将陀螺猛掷地上，顺势抽绳使其旋转。陀螺快速旋转时发出嗡嗡的鸣叫声，以其响声大、旋转速度快为优。打陀螺有多种玩法，可由两个人或多人对打。先停倒地者为败，旋转久者为胜，败者将自家的陀螺打转在地，由获胜者以陀螺击之，直到被击不倒或旋转时间长于原获胜者的陀螺，才转败为胜，获得打击权。

打狗。场地器材要求简单，只需用直径3厘米、长30—40厘米的木头数节制作成“狗”，选一个较为宽阔的场地，一字形相隔数米掘几个坑，深浅只有“狗”的一半，将“狗”放入坑中。一般分团体和个人两种形式的比赛。比赛时，选手每人持一根木棍或扁担击打“狗”，输赢以选手将“狗”击出去的距离长短分胜负，团体则以累计分高低分名次。

22

近似疯狂的闽西客家闹元宵

何志溪

福建省龙岩市民间文艺家协会主席、名誉主席

闽西是指福建省龙岩市，因地处福建西部而称为“闽西”，位于北纬24度23分至26度02分，东经115度51分至117度45分，总面积19050平方公里。辖新罗区、永定区、漳平市，及上杭、武平、长汀、连城等县。2010年年底，全市有255.95万人。除新罗区和漳平市为闽南方言区外，其余5地为客家方言区，而且是举世公认的客家祖地。客家，是自晋以来，中原先民为避天灾战乱，举家举族的五次大南迁，至地广人稀、社会安定、四季长春的闽西山区定居下来，与原畲瑶土著民族长期碰撞融汇而逐步形成的一支汉族民系。他们带来的中原古文化，与当地原有的土著文化相互吸收融汇，逐步形成了积淀深厚的闽西客家传统文化。由于历史上的闽西山高路远、交通阻塞，给交流产生了诸多不便，所以闽西客家传统文化往往局限在某一地域形成、发展与流传，这就使之带上浓郁的、五彩缤纷的地方特色。客家传统春节、元宵习俗，便是闽西客家传统文化中最为丰富精彩的部分之一。尤其闽西客家闹元宵，丰富多彩得令人眼花缭乱，丰富热烈到近乎疯狂的程度，每年引得中外超过10万观众蜂拥而至来打卡观赏。

闽西客家传统春节、元宵习俗，具有广泛的群众性、坚韧的传承性、生动的变异性、明显的地域性和积淀的深厚性等特点，是闽西人民的人生观、价值观、伦理道德观等的生动体现。它的寓教于乐功能，使闽西客家传统的伦理道德观点和对真、善、美的追求，对假、丑、恶的鞭挞，潜移默化地教育着世代子孙，使之得以代代传承。今天去发掘、研究它们，能给我们揭开一个个历史的、地理的、自然的、哲学的，以至民族学、社会学、迁徙学、人类学等多学科的知识宝库，具有很高的学术价值。

今分两部分叙述：第一部分，介绍完整的、从春节前“入年界”开始的闽西客家春节、元宵习俗；第二部分，逐项介绍不同乡村不同风格、奇特且近似疯狂的闹元宵活动。

一、闽西客家的春节、元宵习俗

送灶君

腊月二十三或二十四，家家户户“送灶君”。传说玉皇大帝派灶君下界到各家观察人间善恶，初则每月上天禀报一次，后来一年上天禀报一次，供玉帝赏善罚恶决策。是夜，在灶君神位前摆上祭品、焚点香烛礼拜之后，揭下张贴在灶头上印有“南天护福星君利济真卿东厨司令万化天尊”红纸的灶君菩萨像，当天焚烧，祈求他“上天言好事，下界降吉祥”。四五天后，家家户户再摆香案供品，在灶头再贴上早已购好的新灶君像，迎接灶君返回，这是劝人向善的一个良俗。1949 年后此习俗多已消失。近年来，许多地方又恢复了这一习俗。

入年界

腊月二十五开始，称为“入年界”，一般“入年界”后都不操办喜事、丧事，此后不能吵架打骂了。家家户户备办年货，大搞卫生，将家中的桌椅橱柜、被帐衣裤及屋里屋外大洗扫一番。厅堂开始挂起祖宗像、摆上供品、烧香敬祖宗。嫁出的女儿回娘家帮忙碓米粞、做糕粄、炸糖枣、做炸肉、做肉丸，然后带一些回去过年，如上杭中都嫁出的女儿要担一担“泮糕”“米腊糖”回夫家去。女儿、女婿向岳父母家送礼，称“送年”。亲友之间也有互相送礼，称“馈岁”。各家外出人员大多此时先后赶回来团聚。

过年

农历一年当中的最后一天称“除夕”，又称“过大年”，是一年中最重大的节日。家家户户各大小门框都贴上春联、悬挂灯笼、门板贴门神。春联分门心、框对、横批、春条、斗方等。现今许多人的春联都在街头购买，但过去的春联大多自拟内容，自写或请人书写，所以旧时春联内容往往能反映这家的身份、志向、修养、祈求。有的还以红纸条贴于门顶、窗顶，贴三张的是“三星高照”，贴五张的是“五福临门”。有的要在大门正对面的墙上贴上写有“对我生财”的红纸条，在牛栏、猪圈、鸡笼、兔舍等处贴上“六畜兴旺”字样的红纸条，并在谷仓、盆花以及桌、凳脚上都贴上一张小红纸条，以示除旧迎新，增加喜庆气氛，然后杀鸡宰鸭。有的则要在房门后侧搁置两根带叶留根且贴有红纸圈的长粗甘蔗，叫“门蔗”，因当地方言“蔗”与“佳”音相近，喻来年日佳、生活甜美，而“带叶留根”，则喻开枝散叶、子孙发达、根底兴旺。

年夜饭都吃得特别早，下午三时一过，便家家户户燃放鞭炮，当天敬神后，便阖家入座吃年夜饭，叫“过大年”。然后，长辈送给孩子们一些钱，称“压岁钱”。晚辈也给长辈送“红包”钱。晚上大厅小屋的灯火一直点到天明，叫“照岁”。当晚要做好年初一至年初三的饭，称为“做岁饭”，因为年初一至年初三是不能烧火做饭的。还要供一甑饭在正厅祖宗像前，甑外贴红纸，饭上放桂圆、红枣、花生等。香案摆上供品，称“上岁饭”，直至年初三才吃掉。有的当晚在家烧一炉炭火，雅称“聚宝盆”，阖家围炉品尝茶点话家常，称为“守岁”，直至天亮“开门”。

近年，“守岁”以观看电视台春节联欢晚会代替，直至年初一放鞭炮“开门”。

春节

春节，是闽西客家一年中最隆重的传统节日，俗称“过年”“过老历年”，1949 年后改称为“春节”。大年初一当天，家家户户按事先择定的吉时“开门”，即穿上新衣裤、新鞋袜，打开大门放鞭炮。一些聚族而居的大楼，“开门”需选全楼“最有福气者”，时辰一到打开大门说“开门大吉”，走出大门后说“脚踏四方，方方得利”，再放长挂鞭炮。然后家家户户放鞭炮开厨房门，男女老少即到厅堂拜祖宗像，然后逐一向长辈拜年。有的还拜神佛、拜灶君，或挑着祭品到祠堂拜祖宗牌位。人们第一次见面都互贺“新年大发”“恭喜发财”。孩童、青年放单个鞭炮、闹锣鼓、踢毽子。不少地方每户一人、一盘菜、一壶酒，到祠堂或正厅会宴，称“团圆”，以劝酒至醉为吉利、热情。从这天开始到年初五“开小正”“开年界”，不能骂人、吵架、打小孩，要多讲吉利话。初一到初三还不能扫地、洗衣、挑水、做饭及干农活。人们走家串户相互拜年，家中由长辈留守。家家户户备有糖果、花生、茶烟，锅中都热着酒和下酒菜。有人来拜年，均先敬茶烟，请食糖果，然后请食酒菜。见门口有人经过，都主动招呼说“进来食茶”！

大年初二，客家称“年下日”，是妇女们携儿带女回娘家拜年的日子。有的当天返回，有的第二天或第三天才返回。男人们则或随妻“转外家”，或继续到亲朋好友家拜年，或约请亲朋好友来家宴饮。有些客家地区这天祭祖墓，称“新正祭墓”。

年初三“吃岁饭”，即将过年时敬神敬祖宗的“岁饭”煮吃。开始搞舞龙、舞狮、船灯、采茶灯、竹马灯、舞鲤蛟，民间艺人“打新年鼓”及民乐队演奏等文艺活动。有的文艺队还逐家逐户拜年，户主要放鞭炮迎送，并送红包。有的乞丐以一红纸写上“新春大发”，到各家张贴，讨取红包。

年初五，称“开小正”，有的也称“起神”，意为这天起上天诸神又回到人间，家家户户烧香、放鞭炮，迎接诸神下凡，又称为“许神”，祈求保佑全年平安、发达。有的地方还有迎神仪式，或“许神”后祭扫祖墓。连城地区称“初一祖、初二郎、初三初四野婿郎（指拜年迟了）、初五初六有酒无肉”。从这天开始，可以挑尿桶做小农活了，做生意的可以开门营业了。

这些热热闹闹、有吃有玩有新衣穿有红包的“过大年”，是孩童们的最爱。但在旧社会，这些大多是富人们的事。对于穷人，过年如同过难。按民俗，年终是结清欠租欠债的时间。穷人既要寻钱应付上门讨债的债主，又要筹备全家过年的衣、食开支。他们一到农历十二月便眉头紧锁。过年如同过关，所以民间有“年关”的说法。

上述是典型的传统春节。但1949年后，却几度发生改变。

1949年，人们得到了解放，接着开始了“土改”，那是一次历史上最彻底的“反封建”。人民欢天喜地“过大年”，一些优秀传统习俗如大扫除、拜年等被保留了下来，但如挂祖宗像、祠堂墓地的祭扫、守岁、放鞭炮、开门和拜年时的一些吉利话等传统民俗，也被当作“封建习俗”而被革除了。“过大年”的主要标志，除了除夕的年夜饭和穿新衣裤外，就是大年初一全体党团员和干部打着红旗敲锣打鼓向烈军属拜年。所谓“拜年”，也就是在烈军属放鞭炮迎接后，送上一副对联或一张年画。但烈军属们却感到无上光荣，青少年们对他们都羡慕不已。此后的打船灯、竹马灯之类的文艺活动，表演内容大都有了政治内涵。1958 年开始的“大跃进”，因要“超英赶美”“大干快上”，所以提倡要“过革命化春节”，要“厉行节约”反对“大吃大喝”。其实也无法“大吃大喝”，因为那时是凭肉票、糖票、粮票、布票等票证购买肉、糖、粮食、布匹等物品。农民粮食更紧，年年盼“回销粮”，所以也无法做糕粄之类。尤其是要大年初一便下田做农活，不管季节是否需要。因为这才算突出了“革命化”。

1966 年开始了“文化大革命”。十年间，那时“过革命化春节”到了极端程度。1978 年全面展开的拨乱反正、改革开放，翻开了历史全新的一页。人们的“过大年”，基本回归了传统习俗。而且随着时代的发展、人民生活水平的“节节高”，人们“过大年”也“节节高”。如今的“过大年”，是世界规模最大的人口大流动。大多闽西外出者要回老家，哪怕父母兄弟平时都在外地，农村老家已空无一人，但一到“过大年”，人们便从四面八方全都回到故乡，打开久锁的大门大团聚，一些乡村甚至出现春节路上堵车的现象。除夕夜不再围炉守岁，而是合家围看“春晚”电视节目和接读不断收到的贺年手机短信；开门的鞭炮越放越长，而且大多有了烟花弹；新年的新衣饰越来越讲究，不少人戴上了金银饰品，城乡男子汉都个个西装笔挺；吃的已不在话下，更有人把年夜饭搬到饭店大团聚。近几年，还有不少人“过大年”时外出旅游，甚至远赴欧、美、澳，把千年传统古老中国的“过大年”搬到洋人那里过。据报道，有些时候春节赴海外旅游的人数爆满，甚至一票难求。

过月半

正月十五元宵节，闽西民间称“过月半”“正月半”，又是“开大正”，是闽西民间最重要的民俗节日之一。一般乡村要杀鸡鸭备酒席宴饮一番。这也是一年中各种民间文艺活动最集中、最丰富多彩的一个节日。在元宵节前后的几天，整个闽西地区，几乎成为一片狂欢的海洋。

“闹花灯”是汉民族最传统的元宵节民俗活动，但闽西地区除了常见的小孩提灯四处游玩和在街头房舍悬挂或固定场所展示的花灯外，还有自己独特的闹花灯方式。

此外，过去龙岩地区还有元宵节之夜偷拔菜的风俗。孩子们，特别是女孩子在月亮出来之后，到附近菜园里偷拔一两棵芥菜或葱蒜回来煮着吃。特别是到“有福气的人家”菜园去偷拔菜，据说这样能长命吉利、财运亨通。即使被菜园主人发现，因为是被别人尊敬为“有福气的人家”，所以也不会生气，不会去指责偷菜者。这种风俗至今在龙岩个别乡村还存在着。元宵过后，广大乡村便准备春耕大忙了。

二、闽西客家不同乡村的奇特闹元宵

连城县姑田游大龙

每年的正月十五元宵节期间，连城县姑田镇有“游大龙”习俗。据传此俗起源于明朝。相传姑田下堡村邓屋八世祖邓应，在明代出任潮州府检校，后定居于潮州，其弟邓恭仍居姑田邓屋，他们两地的子孙常互相往来。明万历年间，邓恭子孙在潮州看到民间游龙，赞叹不已，便将其画成图样带回姑田，依样仿制，开展龙灯活动，以祈求风调雨顺、五谷丰登，进而流传各地，逐步越做越大，形成如今的“游大龙”活动。

姑田大龙的制作很是复杂，包括准备龙板、筋骨，扎制龙头、龙尾、龙腰、龙爪、龙蛋，糊裱、画龙、剪贴、题字、装灯，备龙棍、插袋等十几道工序。如，扎龙头所用的竹篾圈每个直径80厘米，长4.3米，从龙板到顶鳍高2.2米。要扎出龙嘴含着龙珠，装上眼睛、牙齿、舌头、鼻子、胡须和一个突出的大前额，还要装上两个大鳍和一个矮鳍，再扎两个龙爪。有的大龙的下颚和鳍是活动的。

游龙的程序繁多。以中堡华、江两姓出龙为例，每十年为一届，成立理事会，用拈阄的方式安排各年擎龙头、龙尾的户主，组织乐队，筹集经费。每年大年初一的子时便到上堡溪边庵迎接“东山福王民主公王”（又称公爹），安放到扎龙头的祠堂里供奉。大年初一，由擎龙头、龙尾者到本姓各户去分发做龙腰的纸张，便开始扎龙。正月十二又去各户检查落实龙腰的节数。十三上午在祖祠“拈龙”，以安排龙腰的顺序，还要查游龙的路线，对一些道路进行必要的修补，做好游龙前的准备工作。

正月十五游龙，以神铳响声为指挥信号。上午十时许，三声铳响后，在锣鼓声中“公爹”驾到，并排龙头、龙尾。下午三时一过举行祭龙，先要摆香案、点龙烛、陈列供品，然后在龙头和龙尾前宰猪、杀大公鸡，滴血洒于龙上。主祭人是辈分大、福气好的长者，祭祀配乐队。祭文是“月朗中天，龙游大地”“三五良宵，烟火乐长春之国；一年初望，光华驻不夜之春”“恭维尊神，四灵之首，百界之尊”“变化三千，昔日图呈洛水；数登九五，今朝形现姑田”“我等生居僻壤，运际升平，旧例爰遵，胜会欣开东里；元宵可庆，龙头值出斯乡……”，等等。

下午四时许，三声铳响后，龙腰被从各户抬出，要点松明、放鞭炮送行。五时许在铳声中“驳桥”（连接龙身），三位德高望重的长者擎龙头开路，龙腰边走边“驳桥”，慢慢向上堡方向游去。大龙擎到上堡赖屋祠堂门口停住进行点火，点完即封火门。接着，游龙队伍依序游行。最前头是铳队，其后依序是龙头灯、大鼓铜钟、锣鼓队、十番队、唢呐队、龙头、龙身、龙尾、龙尾灯、龙蛋。最后是大鼓铜钟、锣鼓、十番队、唢呐队，一路吹打，浩浩荡荡，数百米长的大龙游行在田野村庄，十分壮观。大龙所到之处，家家户户门前燃松明、点香烛，鞭炮齐鸣，迎接“龙游大地”。

大龙由上堡村游向溪边庵，再向中堡街、镇政府到大坂山，经下堡街到天后宫、松溪坂返回中堡。此时龙腰开始“拆桥”，龙头则带着四五节龙腰以及龙尾，直往内祀“真武祖师”的张岭庵，在庵门口绕一圈再回原处。大龙回家，仍要点松明放鞭炮迎接。此时约是晚上十一时许，各户会以丰盛的菜肴，让游龙者吃点心，称“喝龙酒”。还有鼓乐班助兴，一直喝到天亮。

姑田大龙在清代、民国年间有 12 条，1949 年后，仅有中堡和下堡的邓屋、万堂、城兜等 3 条龙。这些龙各具特色。有评价说：邓屋的龙“老得好”，历史悠久；中堡的龙“长得好”，1946 年华姓出龙，达到 173 节，长达 700 米；华坑的龙“高得好”，龙头的第一竿龙棍是 4 米高；下堡周、黄两姓的龙“画得好”，在龙身上画双龙戏珠、丹凤朝阳、梅兰菊竹、八仙献宝、雄鸡白鹤、奇花异卉、鱼虾蟹蚌等精美图案，龙腰两头和截口上的诗词、句子也“题得好”，字体集草隶篆等古今书体于一龙，展现高超的书画艺术。

1991 年，龙岩地区举办“山茶花”节，姑田大龙以 108 节大龙，236 个龙腰和 12 节小龙参加踩街游行，盛况空前，得到广大观众和文艺界的好评。同年中央电视台《神州风采》节目播放了姑田“游大龙”实况。还有人把“游大龙”拍成录像，带到马来西亚等地播放，引起轰动。姑田大龙从长、高、大及制造工艺和装饰艺术方面，皆为世间罕见，故而被誉为“姑田大龙甲天下”“人间第一龙”。2008 年，姑田游大龙作为“闽西客家元宵节庆”的子项目，被国务院列入第二批国家级非物质文化遗产名录；2012 年元宵节，姑田大龙以 791.5 米长度，打破了台湾在 2011 年创造的 204.53 米最长游行花车原纪录，被列入最长游行花车吉尼斯世界纪录。

连城县罗坊“走古事”

连城县罗坊“走古事”，据传源于曾任陕西宁州知府、湖州武陵县知县的当地罗氏十四世祖才徵公。昔日罗坊常闹旱、涝两灾，才徵公卸任返梓时，把流传在湖南的“走古事”移授乡梓，以祈风调雨顺、国泰民安，兼兴民间娱乐活动。自此流传世代，仅在“文化大革命”期间遭禁，现又风行。

起初，按当地九大房族，出九棚古事。后因争先竞赛，常有闹事，便减至七棚。每棚古事挑选房族内身健胆大的十岁左右男童两名，按戏曲装扮，画上脸谱，身着戏袍，一名男童扮主角，一名扮底座的护将。领先的是天官、武将，后面依次排列李世民、薛仁贵、刘邦、樊哙、杨六郎、杨宗保、高贞、梅文仲、刘备、孔明、周瑜、甘宁等。扮主角的男童直立在一条铁杆上，腰身有铁圈固定，扮护将的男童在轿台上，以手托主公，成为两层。轿台是由木柱制成的方形框架，四围饰上精美的画屏，两根轿杠，每棚重四百余斤，一次需用22名抬工。因竞走激烈，要三班轮替，故一棚古事就用 66 名抬工。

每年春节期间的正月初三、初四，房族内挑选的抬工就要上山劈芦萁草，锻炼脚力；到正月十二开始三天斋戒，不吃荤，不与妻子同宿；十三晚净浴，更新内衣；十四上午十时许，穿上红衫，打红绑腿，脚着红带子新草鞋，抬着古事，以天官领路，跟随古事六棚，后有三太祖师菩萨轿、万民宝伞、彩旗、十番鼓乐队，一路鸣神铳，来到罗坊的屋背山坪。在上万乡民、来客的围观中，一个个精神振奋，呼喊着“嗬！嗬！”声开始绕圈竞赛奔走。

“走古事”，着重于“走”。他们把三太祖师菩萨轿、彩旗、宝伞置于中间，古事列队抬在外围。竞跑时，奔走在约400米的椭圆形的跑道上。每跑两圈，就休息十分钟，养精蓄锐，鸣一响神铳为号，又开始身抬古事轿赛跑，如此重复四次。竞跑胜利者，被认为是房族兴旺的体现。第五次改跑为游，按剪刀把的图形走“剪刀绞”线路，第一圈顺走，第二圈逆行。此次圈数不限，要走到抬工筋疲力尽，致使领先的天官棚与第二棚古事脱节，方可鸣数响神铳走出屋背山坪，进村中街道，游回本房宗祠，这第一次“走古事”才告结束。

第二次是正月十五上午。罗坊乡百姓住房密集，以往常闹火灾，群众为预防发生火灾，又在“走古事”上进行创新。他们认为水能制火，而罗坊有一条青岩河，河上有座古建廊桥叫“云龙桥”，河床中铺满鹅卵石，河水清澈，长流不息。每年正月十五的第二次“走古事”，上半阕仍依十四走法在陆上竞走。但至正午一时许，古事便列队到河边，从“云龙桥”下到河水中。在河床中常以鼓乐队为先导，各抬古事互相边泼水边竞走，又是一场激烈的竞争。

除天官一棚不能超越外，后棚若能超过前棚，则视为吉利。于是抬工拼力而为，不顾天寒水深、河床苔滑，你追我赶，跌倒了再爬起，情绪高昂，两岸挤满数万观众，呼号鼓劲声不断，达到“走古事”的高潮，一直到达罗坊中学河边上岸为止，一年一度的走古事才告结束。

永定区抚市出魁

永定区抚市镇有从正月十三到正月十七一连五天，以一个下午、五个夜晚举行迎花灯、走古事“出魁”的节庆民俗活动。

正月十三晚，各村花灯古事开始“出棚”。花灯古事队伍，如果一村一姓，则以村为单位组织一支队伍，如果一村不止一姓，则以姓氏为单位，各自组织一支队伍。如果村中有大楼宅，住户人丁众多，财力又雄厚，该楼也可独自组织一支队伍。十三晚上，所有队伍都先到本姓祖祠上灯、祭祖，然后在祖祠前坪按各组花灯、古事迎行时的表演先表演一番，俗称“穿闹”。最后，放鞭炮焰火，这天的活动即告结束。

十四晚上，各支花灯、古事队伍大串门恭贺新年。先到本村本姓的各房派代表性楼宅及各著名大楼，然后到外村本姓的各大楼恭贺。

串门贺年之前，花灯古事队伍的“古事头”(理事长）会先派人送去一捆鞭炮，示意今晚有某某花灯古事队前来贺年。收到鞭炮的楼院，便先备好用红糖、姜片、橘饼等烹煮的糖茶和鞭炮、礼品恭候。届时花灯古事队以祀神灯笼、牌联灯为前导，奏着鼓乐来到楼前，大门口立即燃放鞭炮欢迎，楼主恭请祀神、牌联灯及诸执事人员入内，奉上糖茶。祀神者先登楼厅敬神拜祖，牌联灯则置于内大门两旁，左边的一盏写着“恭贺新禧”“庆贺元宵”“风调雨顺”“国泰民安”之类的贺词，右边一盏写着“某某村（某姓或某楼）拜贺”等字样。同时，楼门坪上鼓乐喧天，一棚棚作为代表的花灯或古事抖擞精神穿闹起来。穿闹完毕，楼主燃放一串长长的鞭炮表示感谢和欢送，再次向诸执事奉上糖茶，并献上一份礼品，多为糕饼之类。然后队伍走访另一楼。这样一楼一楼走下去，从本村走到外村，直到预定要走访的楼全部走完。如果时间实在太晚，那些没走的楼院就留至十五到十七晚上再走。

正月十五下午，以社前村为主的赖姓全族花灯古事上街，通称“社前出魁”或“社前出贵”，掀起抚市花灯古事的第一个高潮。

正午前，赖姓各支队伍，除需多人扛抬的重型花灯古事外，其余均集中在老街头，参拜万寿寺后，即按规定次序，由老街迎至新街中丰街上段，与等候在那里的重型花灯古事汇合，开始正式巡游。巡游时，依旧是以祀神大灯笼和牌联灯为前导。牌联灯用木条钉架，长方形。朝前一面写“恭贺新禧，庆贺元宵”等贺语，背面写“赖氏合族敬贺”。近十几年来，队伍前打一横幅，上书“社前村人民向全抚市镇人民恭贺新禧”。接着，两位长者各执一面清道旗，后面跟着几面大锣“鸣锣开道”。“肃静”“回避”牌随之而来。接着是“魁星点斗”这棚领衔古事亮相。然后是一连三顶大轿，第一顶“魁星”，其次为武神、财神还有地下走的寿星，及一群戴着各色面具的“鬼”。之后的古事，依次为和合仙、四进士、观音送子、春秋架、天女散花、八仙过海、五虎将、桃园结义，等等。古事后面为各色花灯，压阵的是两三条矫健腾舞的龙灯。沿街店铺相继燃放鞭炮迎接，在迎遍抚市圩场各主要街道后，再集中在赖氏家庙前热闹火爆地穿闹一阵，直到下午四点多才罢。而“魁星点斗”整棚古事，还要到水尾龙佛庵敬神，才算完成任务。

入夜，以中在村为主的抚市苏姓合族的花灯古事又登场。晚八时许，苏姓各支花灯、古事队伍集中到苏氏大宗祠，恭祭上祖，在祠前大坪先热烈穿闹一番。放过焰火，即整队上街，沿着抚市街道巡游。前导彩车车头缀上光彩夺目的苏姓郡望“武功”两个大字。后面每棚花灯或古事都由一掌祭祀的长者率领。他一手提个大灯笼，一手挽个香纸篮，身后是该棚花灯、古事的牌联灯。接着依次为几组五谷丰登蝙蝠灯、大鼓凉伞灯、花篮灯、竹马灯、花钵、花缸等。花灯过去，古事亮相。突出的是“六国拜相”，这是值得后人骄傲的苏姓祖先，所以扮演得最壮观、最铺张。六顶华贵的国君轿导引一顶苏秦的宰相轿，把苏秦声名权位的显赫，烘托得无以复加。另一个最受欢迎的是那众多扮相和性格特征都非常突出的人物，糅唱、做、舞和高跷等为一体的高跷表演，把观众逗得如醉如痴。在参拜万寿寺后，来到目的地老街祠堂，这是抚市苏姓祖先的发祥地。在那里拜祭了祖先后，全队花灯、古事在祖祠前穿闹，最后在满天艳丽烟花下结束。正月十六晚是黄姓巡闹。黄姓在抚溪八坊分布很广，聚居点有井头、老街等十来处。当晚，各点的花灯、古事汇集后整队上街，队伍特长。由井头“黄氏家庙”大祖祠出发，往往行进到今抚兴大道中路，末尾的龙灯还在井头祖祠前等候起步。长长的队伍，巡游了大街小街，最后到达老街最顶头的抚溪黄姓开基祖仕全公坟前，祭祖穿闹。此时，大型花灯、花钵、花缸、轿台和步行古事密密罗列在祖坟前石峰塘两侧大路间，环拥祖坟穿闹，此是黄氏迎灯的最高潮。

这些黄姓花灯、古事，特色浓郁：一是花灯、古事的棚数特多，节目最精彩。因黄氏聚居点有十几个，个个不甘落后，因此在化装、服饰、道具、布景、扮相、表演各方面，不论是在数量上还是在质量上都争强竞胜。服饰化装之考究，对伴奏要求之高，都胜人一筹。二是排在队伍前列的麒麟狮象灯和压阵的双龙灯特别引人入胜。迎街时，一只麒麟，一头狮子，先并排左顾右盼，向两旁商号、观众招呼、贺岁，然后走到大商号或知名人士的店铺前，立刻一起或分头跳着优美舞步，到店门口点头稽首，再三拜舞。这时大象也忙不迭地舞弄一长鼻子，向着店门一伸一卷。店主人兴高采烈，又燃放一串长长的鞭炮表示答谢。压阵的龙灯，至少是双龙，丰收年景多至四五条。三是在仕全公坟地上大烧花。花灯古事到达仕全公坟地上大穿特闹后，已是子夜十一点多，便是特别壮观绚烂的结尾大轴戏——烧花，又称“烧架花”，又有人称“药发傀儡”。

旧时的大架烟花，是一层一层绕在一根高大木柱上逐层燃放的。烟火在空中迸放后，能连续做360° 的回旋数次，分外壮观。第一层照例是“恭贺新禧”，即火花迸射接近尾声时，会出现一副耀眼的红纸长联，上书“恭贺新禧庆贺元宵”；第二层“猴哥撒尿”，烧到中途闪出一个厚纸板制作的金猴，双腿间不断喷射出绚丽火花，随射随做360° 转身，十分有趣；第三层“鲤鱼跳龙门”，或叫“鲤鱼吐珠”，焰火中一只大鲤鱼，烧着一圈绿色的环，鲤鱼口里频频喷射出一串串璀璨珍珠似的火花，预兆着金榜题名、连登科甲；第四层“魁星聚照”，火花旋转迸射几度之后，会结成一个个相互连接的圈圈，光华夺目，末尾还出现一副红彤彤的对联：“五星聚奎，三元连捷”；末尾一层的“雪花盖顶”最为盛大，只见火焰四射频转之际，一声脆响，一道火光直蹿太空，接着又是“砰”的一声，炸出万千朵雪亮晶莹的奇花，层层叠叠，花团锦簇，变幻无穷。

次日夜，即正月十七晚，抚市花灯古事进入尾声。社前赖姓选出大部分节目，迎到抚市圩排下拜祭上祖，在祖坟坪上穿闹。依然鼓乐喧天、鞭炮土铳山鸣谷应，观众也仍然不少。但毕竟是尾声，那规模、气氛比起十五下午便较逊色了。

连城县新泉烧炮

每年的农历正月十五，连城县新泉镇周边东南、西、北三个村，有家家“烧炮”祭祀的元宵习俗。

相传，连城县新泉有一张姓经商者，从外地带回观音、定光、伏虎等三尊铜塑菩萨，尊为“三太祖师”。起初，供奉在西村坪头山祠庙中。据说菩萨相当灵验，有求必应，保一方平安，所以朝拜者络绎不绝，香火越来越旺。新泉的东南、西、北有许多农户兼以制作鞭炮为业，尤其西村几乎家家都制作鞭炮，所以祭拜时，家家都大量燃放鞭炮，以至于燃放的鞭炮越来越多，到了无法承受的地步。后来经过协商，改为每年轮流到各房族的祠庙里供奉，且定为正月十五出游。为了节省燃放鞭炮的时间，又改成了烧炮，就这样一直沿袭了下来。

在每年的元宵节之前，这里家家户户都先准备好一万至十万响的鞭炮。到时用一块门板作垫，将鞭炮密集圈围成三角形的鞭炮片块，以五六根小棍固定后悬挂在屋前空坪上。正月十五凌晨一时许，村民们抬着“三太祖师”菩萨轿，举着狮、豹、龙、凤旗，奏着十番音乐，敲锣打鼓，组成长长队列，自北、西至东南村游行一日。到各家门前，村民都摆上香案、供品，烧香点烛，然后点燃这团块鞭炮。只听一声炸响，顷刻之间，火光冲天，硝烟弥漫。鞭炮团块不是在放，而是在烧，响声震天，以求一年大发吉利。

傍晚，游行队伍来到东南老街。数百村民户主早已恭候在老街两旁，列队成阵，人人手中抓着一只大公鸡，面前摆上盛有少许清水的三只碗，点燃香烛。待巡游队列一到，立即割鸡血入碗，祷告神祇庇佑。神轿一到面前，马上倒扣碗中鸡血，以示虔诚，顿时街上血流成河。

一日游毕，“三太祖师”被抬回庙中。此时，个个村民将杀了的鸡拿到滚沸的温泉边拔毛清肚肠，然后回家煮鸡下酒宴请亲友。那温泉边数百人杀鸡的场面蔚为奇观。

除连城新泉外，还有连城的北团和长汀县的涂坊等地也有这种“烧炮”的民俗活动，精彩程度不亚新泉。

连城县芷溪出案花灯

连城庙前镇芷溪出案花灯是在清康熙年间从苏州引进的。据传当地杨氏十六世燕山公，号窦仙，于康熙四十三年（1704）以太学生身份入京考授州同（州同、州判均为知州佐官，分管一州钱粮、水利、海防诸务），任职于苏州，娶苏州女子吴二姑为妻。还乡后二姑思乡念切，尤喜苏州美艳绝伦的花灯。因此，燕山公将苏州花灯制作技艺并锣鼓板点、宴客酒席菜谱一起，传入芷溪，迄今已有近300年历史。

芷溪主要有黄、杨、邱、华等四姓，芷溪花灯便每年由四姓轮流出游，一年轮一姓。其轮流顺序是：背园杨姓—阁康邱姓—邱坑、店背、大楼背邱姓及华屋华姓—洋背杨姓—背园杨姓—阁康邱姓—邱坑、店背、大楼背邱姓—黄姓。其中黄姓、杨姓人丁最多，却8年才轮到一次，即所谓“八年逢胜会”，大概是在早年游花灯前便这样议定的，一直沿袭至今。至于华姓为什么与邱姓同一案，大概是因华姓人口较少，不胜负担，才与地理位置相邻的邱姓同一案。

芷溪的花灯在形式结构、花样色彩、工艺技巧诸方面都别具一格。整个花灯由108个或96个各式各样的小花灯组合而成。其中有宫灯式的纱灯和象征动物花卉的鲤鱼灯、牡丹灯。花灯制作程序：第一个程序是先劈好竹篾，第二个程序是制作花灯骨架，第三个程序是刻花板，第四个程序是上糨糊布花灯，第五个程序是制作走马灯。花灯分两层，下层是主体灯，由一串串小花灯组合而成。小纱灯的制作是用竹篾做骨架，再粘上各色各样的图案花边制作而成。中间装上耐热的玻璃杯，杯中盛上茶油，中央是灯芯草做的大芯，点亮芯火便显得剔透玲珑分外好看。6个小纱灯上下连成一串，在纱灯串与纱灯串之间又是一串串的牡丹灯或花篮灯。

牡丹灯、花篮灯的制作又别具一格，它是用泰国、缅甸出产的通草纸粘在竹篾上制作而成的。通草纸三寸见方，乍看似纸，细看似泡膜又不是泡膜，是从碗口粗的通草茎上用锋利的刀一层一层剥下来的，它有千百万个微孔俨然如纱又似泡膜，再染上颜色。用这种通草纸制作的花灯，点上火，通明透亮。一串串的花篮灯或牡丹灯与小纱灯相间组成圆形的大花灯，芷溪人将它叫作“花篮吊筒，纱灯衬孔”。

大花灯直径约 73 厘米，高约 1.3 米，中间是洁白宣纸做的大花瓶。花瓶中插上各种鲜艳的绸花、塑料花，花枝上有姿态各异的小鸟，把人们引入鸟语花香春意盎然的境界中去。花瓶上面是一个深红色丝绸凉伞，点亮火时，深红、浅绿、淡红、金黄，红绿相间，浓淡相宜，动静搭配。

主体灯的上层是宝盖头，分内外两层，中间是走马灯。外层形似公园中的八角亭。角与角之间有 6 个门。其中又有内层门和外层门。门与门之间装有潮州制作的生、旦、丑、净等各种脸谱造型的人物，代表着各种历史故事戏剧情节，诸如“西厢记”“大闹天宫”“八仙过海”，等等。灯门上书写着“春王正月”“风调雨顺”“人寿年丰”“政通人和”“年胜一年”“万事如意”等人们祝愿来年丰收、国泰民安等的吉祥话。

通过两重门，里面是走马灯。走马灯上绘有“天女散花”、孙悟空等人物。点燃走马灯，由于空气受热上升冲动上面螺旋桨的科学原理，走马灯便不断转动，十分引人注目和猜想。外层宝盖上有 16 个鲤鱼灯、凤凰灯。每只凤凰口含 3 串绿豆大的彩色玻璃珠。凤凰头顶上有 3 根钢丝，钢丝上端有 3 个红黄绿的三色绒球。它展开翅膀，临风颤动，栩栩如生，配合走马灯不断旋转，十分逗人。

一个花灯队，由 30 人至 35 人组成（一般 20 人至 24 人，再加打锣鼓的 9 人）。从正月初一开始，几户人合一个花灯轮流出游，到正月十一或元宵节。到正月二十（百花生日）就随意游了。

芷溪虽然由黄、杨、邱、华等四个姓轮流为头出花灯。但黄姓人数最多，花灯也最多。据说 80 多年前“芷溪花灯胜会”最热闹的一次曾经出过 106 个花灯。以一个花灯队 30 人至 35 人计算，106 个花灯就得出动 3000 人至 3800 人，再加上龙灯、飞标（即古事，以故事戏剧形式化装，钢筋做骨架，小孩坐或站在钢筋架上，四人抬着配以十番乐队出游），以芷溪一万人口计算，至少出动了40%的人，其队伍之庞大和热闹的情况可想而知。

芷溪花灯出游从正月初一至正月十二，高潮为正月初九至正月十二，按选定的路线出游，斋戒十分严格。正月十二“回礼”。灯回到家中，宾客要在门口迎接，把玻璃杯从小花灯内取出，留一盏在灯内，将玻璃杯移到各个房间继续燃点，表示“添丁”。配合游花灯的其他活动有案灯、案龙、游“古事”和乐队等。

2008年6月，“芷溪花灯”作为“闽西元宵节庆”的子项目之一，被国务院公布为第二批国家级非物质文化遗产名录项目。

永定区下洋闹花灯

永定区下洋镇中川村是福建著名侨乡，自古人杰地灵，素有“文武世家”美誉。在这里，每年正月十五都有“迎花灯”闹元宵的传统习俗。相传这一传统源自清代，至今已有近200年历史。

下洋花灯的制作全靠手工。一般的有鼓形灯、莲花灯等。每当春节刚过初五开始，以各房为单位，族中有号召力者便奔走相告，称为“炒灯”，筹集钱款，称为“写灯”，安排人工做花灯，称为“制灯”。以往由于制花灯工艺复杂烦琐，往往是举族挑灯夜战，通宵达旦赶制，土楼内灯火辉煌，人头攒动，忙得不亦乐乎。

正月十五晚上，中川胡氏开基始祖铁缘公一脉的下洋胡氏各村，家家户户以一长竹篙，挂上各式花灯，二人抬着，再加上锣鼓队，连成一长列。这花灯锣鼓队先齐集中川，按房派顺序游行，路线为：和好坊—水口坝—南片角—背头山上的铁缘公墓—胡氏家庙，全程约5公里。为了迎花灯闹元宵，下洋胡氏举族动员，男女老少倾巢而出。老的敲，幼的扛，壮的护，分工明确，历时五六个小时，风雨无阻，辛苦异常，但皆无怨无悔，不亦乐乎。

尤具特色的是灯队到南片角后要上背头山的铁缘公墓地，摸黑沿着羊肠小道深一脚浅一脚爬山而行，到达墓地参拜后才下山。扛灯的大多为小孩，待下山来到了胡氏家庙广场，常见扛灯小孩已是一身泥泞。接着还要绕着胡氏宗祠绕游一大圈，再进到祠堂内逐一经过祖宗牌位前，有的还把花灯挂在了宗祠内，与先辈祖宗共庆元宵，尽显客家崇宗敬祖的孝道精神。

花灯游完全村后，各房还要分成若干组，敲锣打鼓将花灯逐个送回本房族的家家户户，往往结束时已到下半夜，但仍乐此不疲。这呈现出客家农村族人的和谐、乡亲的团结、费财费力而无怨无悔的感人情景。

除此之外，元宵闹花灯还有新罗区苏邦镇的元宵灯会、连城莒溪镇的元宵灯展等也十分精彩。

连城县下江拔龙灯

连城县下江村有正月十三、十四和十五晚上举办拔龙灯活动的习俗。华灯初上，长街上人山人海。几声铳响，阵阵鞭炮声中，只见村民们抬着200多米长的龙灯，在村中间的公路上激烈地拔、拉、推、挤，现场观赏的民众发出阵阵惊呼，烛光映照着人们的欢颜。这是连城县北团镇下江村举行的别具特色的客家闹元宵民俗活动——拔龙灯。老一辈的人说，这个民俗是从邻近的三明清流县长校村传过来的，迄今有400多年历史。

这里的龙属于板龙。下江村的民众以江姓居多，所以，拔龙灯的龙头和龙尾均由下江村的江氏宗祠制作。

拔龙的龙头与龙身不连接在一起，龙头嘴大，寓意放眼看世界；龙灯挂在龙嘴的正中，若将龙灯送给当年结婚的男女，则寓意来年要添丁、早生贵子；龙须很长，表示该村五谷丰茂，猪肥牛壮；龙头上还有龙角，表示老人健康长寿，人人丰衣足食，学子则步步高升、人才辈出……

“拔龙”参与者在龙头龙尾出发之前进行细致的检查，每到出灯时节，都有江氏族人在祠堂准备丰盛的晚宴，宴请主事者、乐队成员和各地来宾。

天黑了，七点多，三声铳响，长串的鞭炮引领着龙头和龙尾从江氏祠堂被抬出来。而龙身则是各家各户出的一块块长约2.5米的木板，靠兼作擎龙的木棍连接而成。每块木板上都固定了3个至5个点着蜡烛的灯笼。灯笼由各家各户精心制作，他们一般会在灯笼上画上山水、花鸟、吉祥图案，写上“国泰民安”“人寿年丰”“风调雨顺”“和谐盛世”等祝福词语，灯笼成了各家各户艺术才华的大展示。

拔龙时，村民们都要点燃灯笼，依次来到集合地，接成一条长长在闪着烛光的长龙。2013 年下江的龙有 80 多节，长近 200 米。有的年份，龙身有 100 多节，长度十分惊人。

大龙接好之后，在神铳和锣鼓唢呐声中，浩浩荡荡，绕着村庄游一圈。村民们早就备好了香案，点燃松明和鞭炮迎候。随后，长龙缓缓地游到附近的一座山上，俗称“龙上山”。然后，在一个大坪里，长龙在行进中围成一圈游走，圈中焰火不断，远远望去十分壮观。最后，大龙游到了横穿下江村的公路上，拆开龙头和龙尾，百多米长的龙身就在笔直的公路上呈“一”字形摆开，每节龙灯由五六个青壮年抬着。此时，长街上早已是人山人海，慕名而来观赏的民众来自天南地北，争相观看这一奇特民俗。

开始拔龙时，大家一起用力你推我拉，或拔或挤，龙灯一会儿是“之”字形，一会儿又是“一”字形，或挤成“弓”字形等。

据说，参加游龙的村民不仅要有力气和耐力，还要掌握平衡，如果一段失衡，前后的龙灯就会想办法帮忙，或拉或退，要么一起被逼入困境，要么一起摆脱困境，所以“拔龙灯”也体现出客家人精诚团结、互助共赢的精神。

几百人又拉又拔，呐喊和惊叫声中，不少擎龙者被拉倒在地，部分灯笼也被烧坏了。指挥拔龙灯的人通常会呼叫暂停，调整好龙板，重新点亮熄灭的灯笼，稍事整理之后，又开始拔龙灯了。如此反复，直到把龙灯挤烂，不能再抬方才罢休。

在拔和挤的过程中，龙灯有被挤破或烧坏的，但人们还是喜笑颜开，拔者、观者以此为乐，并不生怨恨，只要点上蜡烛便可以高高兴兴地回家了。因为按当地习俗，只有把龙灯拔烂了，才预示着人们吉祥如意、风调雨顺、国泰民安。

上江拔龙活动从正月十三开始，一直闹到元宵次日凌晨才结束。

上杭县南阳花灯龙

闽西上杭的南阳镇，自古就有元宵闹花灯的习俗。据传，上杭南阳的闹花灯习俗肇起于清代康熙年间，距今300多年。当时南坑村的黄浩公出仕广西，乡人以邵武传来的“闹花灯”一俗相庆。后来花灯的制作技艺传至射山曹屋。1949年前，南阳、射山、南坑、矶头、官田等村均有闹花灯习俗。1960年前后，唯南坑、射山等村于每年正月十五元宵节时尚续存此项民俗活动。

花灯龙的头尾是纸扎的龙头、龙尾，而节节龙身是一块块长条木板，上装3盏至5盏花灯。这些花灯分为桶子灯、瓶子灯两种造型。桶子灯系用竹篾扎成外层为正六边形的棱柱体，内为空心圆柱的“桶”，在圆柱体表面蒙上一层透明而有韧性的土纸即谷皮纸；在六边形柱体外层蒙上各色彩纸为装饰，6个侧面预留6扇小窗户，在窗户边沿装饰各种彩色图案，在窗口内剪贴花卉、人物、鸟兽虫鱼或祝福祈盼的文字。瓶子灯则是在桶子灯的上方增设一层六面体，其下方桶子灯也设计成一定的弧度，使整个灯笼如同花瓶。

不管哪种“灯”，其制作工艺均是在长150厘米、宽25厘米的木板上钻孔、立柱，用纸把木板封围起来，中间插一根蜡烛，点燃成灯，再辅以四周装饰，最后用篾条弯成“n”形扎上白花、红花做成花树，连同花灯主体固定于木板上。又分为白花树灯和红花树灯。有的还在花灯上饰以流苏、挂上铜制小铃铛。木板底下安装一根供表演者把持的木杆。花灯主要由“花”和“灯”组成。花寓意美好，灯则谐音客家方言“丁”，寓意为“添丁发财”。红花添男丁，白花添女丁。每家制作一板。正月十四开始全村村民斋戒。当天上午，各房族先将每家一板的花灯连接起来，形成一条龙身中的一段，抬至村中庙前，向菩萨祭拜后，各房族一段段龙身再连接起来，接上龙头龙尾，形成一条数百米的花灯长龙。

花灯出游时，由壮汉擎着过村穿巷，游走数小时、几公里，俨如一条火龙，蜿蜒盘旋，蔚为壮观。途经各家各户，则燃放烟花爆竹，焚香祷告迎送，祈盼国泰民安、百业兴旺。沿途赏灯人形成道道人墙，他们或驻足观赏，或尾随花灯奔走，一路上鞭炮声、欢笑声不绝于耳。最后，巡游到村中一口池塘边，观众会聚这里，花灯长龙绕塘一周，鞭炮齐鸣，把热烈、喜庆的气氛推向高潮。结束后，村中开演木偶戏、竹马灯、唱山歌等群众文艺活动，直闹到次日凌晨。

随着人们生活水平和欣赏水平的提高，民众对花灯的制作工艺要求更高，力求完美。花灯的形制，已由过去的四方形发展成瓶子灯、六角灯、八角灯等形式。花灯发光源也由单一蜡烛发展到用煤油灯、汽灯或用电池、电瓶供电，灯围饰以各色玻璃纸，发光效果五彩斑斓，且不断闪烁。再伴以悠扬的乐声、升腾的烟火和人们的笑语，形成一片天地祥和的喜庆气氛。

上杭县庐丰草龙

在上杭县庐丰畲族乡蓝氏家族中，至今还保留着春节、元宵节期间舞“草龙”，以“游龙赐福”的民间活动习俗。

“草龙”又称“香灯龙”“打香灯”“打草龙”。因整条龙是用稻草扎制而成的，表演时在草龙身上插上密密麻麻的点燃的线香，故有此称呼。曾是上杭、武平客家地区常见的一项民俗文艺活动，但至今却很为少见。

客家地区保留了自中原南迁时带来的龙崇拜意识，所以春节、元宵节期间多喜举办舞龙灯活动。但扎制布龙灯成本高、开支大，旧时一些乡村无此经济能力，又想开展此活动，便以稻草来扎制龙头、龙身和龙尾，形成一条“稻草龙”。也许是因稻谷为五谷之首，对人类生存有特殊意义。所以按习俗，香灯龙比布龙更具神威。若布龙、香灯龙在路上相遇，布龙要拜香灯龙，还要为香灯龙让路。

庐丰“香灯龙”有9节（含龙头、龙尾）再加龙珠组成，节与节之间不相连。舞香灯龙时，有“起步”“穿花”“寻珠”“转圆”等舞法。由于龙身各节可单独活动，只要互相跟随成串即可，所以龙尾常可单独舞至队伍中央，用快速旋转的手法使人感到别出心裁，特别引人注目。加之舞动时引得龙身上的香火在风的作用下火星四射，在夜色中看去分外壮观。

每年到了十二月，当地理事头头就会召集相关人员做香灯龙，俗称

"扎龙灯"。龙头造型较为简洁古朴，龙尾像牛角，每节龙身用长 40 厘米至 50 厘米左右、直径约 10 厘米的圆形木头与长约 100 厘米的圆形木柄组成"T"字形，圆形木头上缠绕上一层厚厚稻草，以便于插香，每节插香 4 排至 6 排。按传统的龙头，与布龙的龙头相似，威武伟岸。

每年才到年二十八，庐丰乡民就要到附近的山上有龙骨石的地方进行"祭龙"。"祭龙"的程序有上香、杀公鸡、把鸡血淋在龙身上、给龙头披红、放鞭炮，然后敲锣打鼓送香灯龙回村中祠堂，拜过祖宗牌位后，便把龙放在祠堂中供奉两天。

正月初一，理事头派人先到每个村"送龙帖"，告知各家各户香灯龙到达的时间。到了那天晚上，"香灯龙"在灯笼、花灯、马灯及锣鼓队的簇拥下，并由专门一人挑着一担线香，锣鼓喧天、鞭炮齐鸣、浩浩荡荡从祠堂出发，开始正式巡游。先在本村每家进行"游龙赐福"，然后再走其他村落，至元宵前后达到高潮。香灯龙到达时，每家都会用鞭炮迎接，把龙请到自己家中，用事先准备好的新香换下龙身上的香，再把换下的香插在自家大门、炉灶、谷仓、猪圈、鸡舍等门框上，并给龙头挂上一个红包。就这样，乡民们在烟雾缭绕、火星飞舞的景象中，寄托着对子孙繁衍不息、来年风调雨顺、家人平安吉祥的祝福。

游龙到正月二十结束前要举行"送龙"仪式。仪式在白天举行。先杀一雄鸡，在鞭炮锣鼓声中将香灯龙焚化，然后收集起化龙后的灰烬，送到附近溪边撒入溪水中，寓意龙归大海。最后众人聚餐，整个打香灯龙以游龙赐福的活动才告胜利结束。

除此之外，闽西元宵舞龙灯，还有漳平市双洋的炮龙等也十分精彩。

永定区坎市打新婚

每年的正月十一，永定区坎市镇全镇上下人如潮、灯如海，成千上万名群众聚集在卢氏宗祠前，举办独特的客家传统婚俗活动"打新婚"。

相传 500 余年前，当地卢姓人的第五代开基祖——林婆太百年辞世，于当年正月十一出葬。当棺木抬到现在的"打新婚"地点时，突然天降雷雨，人们纷纷找地方避雨。待雨过天晴，抬棺木的人回来却发现棺木不见了。大家认为这是天赐给婆太的“风水宝地”，便在此处筑起林婆太坟墓。林婆太百岁才谢世，儿孙满堂。儿孙们为图吉利，便于每年的正月十一在林婆太坟墓前举行“打新婚”活动，祈求人丁兴旺、幸福安康。

这天，凡是上一年结婚的新婚男女都必须到场参加祭祖和“打新婚”活动。中午，大家酒足饭饱之后，就纷纷赶到这个上、下祠堂中间的排上。排上是人山人海，摩肩接踵，香烟袅袅，铳炮连天。两祠中间草坡凹陷处的“林婆太”坟场（没有墓地，俗称“天葬地”）前，宽阔的布篷下6张八仙桌拼起的祭坛上，摆满了三牲、熟食、糕饼、糖果蜜饯等食物供品，以及坐式宫灯、精雕果盒、蜡烛台、盆景、水仙花之类等，必须摆21行，每行9盘，共189盘，纵横必须排直。祭坛前方的左右两边，还各摆一架猪羊。

下午一时许，在唢呐、管弦齐奏声中，“新婚祭”开始了。主祭是去年的“新婚头”（第一个结婚的后生），后面，其他新郎官西装革履，分行排列陪祭。礼仪按部就班、井然有序地进行。当铳炮声又响起，人人向祖宗牌位跪拜后，一个鸣锣开道的人从祠堂快步出来，后面两个壮汉搀扶着一个身穿长袍、头戴礼帽、帽檐下压着一张敬神的“血纸”、右手擎起一个用纸做的上面写着“早生贵子”4个字的红滚筒（俗称“面槌”）、状甚滑稽的“酒醉公”，紧紧跟着前来。全场的人群顿时骚动起来，你推我搡，左右相挤。

“酒醉公”先在林婆太坟前叩头作揖，并兜了一个小圈之后，绕过祭坛来到跪在祭坛前的主祭新郎官旁，举起“面槌”，不由分说地就从左肩到右肩上下把他滚“打”起来，而且口中念念有词:“早（左）生贵子”“又（右）生贵子”。接着又从他的背后自上而下滚“打”一遍，口念“双生贵子”（双胞胎）。旁边看热闹的后生，个个捧腹大笑，俏皮的还会大声附和一句:“今年打你，明年生子！”之后，“酒醉公”又挥舞着“面槌”朝每个陪祭的新郎官照样“打”一番。有些新郎官不好意思，看到“酒醉公”来了，倏地爬起来钻入旁边人丛中去。但逃不了，不用“酒醉公”追赶，已被别人“抓”回来送去“补打”了，逗得人开怀大笑，整个场面热闹非凡。差不多每年都有五十几个新郎官，虽然“漏网”了好些，但也够“酒醉公”“打”得气喘吁吁了。在“酒醉公”打新郎官的同时，五六个办事后生把十几箩筐的鞭炮搬到林婆太坟地上头，几串几串连起来不断燃放，震耳欲聋。就这样，经过约莫两个小时的“折腾”，“打新婚”活动才告结束。

近年来，那里卢氏上、下祖祠理事会做出了改革的新规定：当年出生的新丁，不论男女，名字都贴到祠堂墙上；“五榜”（贤人榜、能人榜、功德榜、成人榜、敬老榜）人员也上墙；“面槌”上的字改成“优生优育、婚育新风”；“酒醉公”“打”新郎官时，口中念的词改为“生男生女一样好，只要培养教育好”！虽然没有传统的精彩贴切，但却与时俱进，带上了时代的色彩。

打客家船灯

闽西客家船灯主要流行在上杭、武平一带民间，已有250多年历史。这一带地处汀江中游黄金地段，境内汀江水系纵横交错，居住在这里的民众极大部分是来自中原汉族的客家人。他们依山傍水而居，带来了古中原的文化，在近千年的繁衍生息中，创造了璀璨的客家文化。客家船灯就是中原文化与当地土著文化融合升华的产物。

闽西客家船灯可以以上杭县湖洋镇为代表。湖洋镇遵行孔孟之道，崇祖敬宗、尊师重教，客家民俗文化底蕴深厚。每逢节日庆典，船灯、龙灯、舞狮、十番、花灯等各项文娱活动琳琅满目十分精彩。“打船灯”就是一项深受群众喜爱的节目，因此，镇中大部分村乡都有船灯队。最多时全镇有13支船灯队。历史上湖洋船灯还传入武平、广东等地，湖洋镇被誉为“船灯之乡”。

客家船灯表演的主要道具是特制的装饰华丽的道具船。用竹片、木条钉成船的框架，再蒙上白布描上彩绘制成，中间“船舱”为四方形空间，可以隐蔽站立扛船的人。船头船尾有“艄公”“艄婆”表演，或说或唱，加上划船的舞蹈动作，生动形象，活泼风趣。

过去船灯有固定的传统词曲，如《渔家乐》《上滩曲》《下滩曲》《拖船曲》及一些民间小调。如今很多表演队用老曲套新词，宣传党的中心工作、建设成就等，形成了新的表演形式。

关于船灯的起源，有个美丽的传说：清乾隆年间，皇帝微服下江南，某日来到汀江上，投宿于一艘渔船上，船夫及其孙女盛情款待，闲聊中，乾隆皇帝得知渔家饱受渔霸欺凌，不得温饱，便动了恻隐之心。离开渔船时，赠船夫夜明珠一颗，还亲笔题赠“渔家乐”金匾及“圣旨”金牌各一悬于船头，夜明珠则放在船尾，日夜照明便于捕鱼，渔霸闻之也不敢欺凌渔家了。后人遂根据这一传说创编了船灯歌舞。《渔家乐》乐曲成为船灯的主题曲。

上杭、武平的船灯活动始于清朝乾嘉年间，至今已有200多年历史。每逢庙会、节庆便有船灯表演，特别是在春节期间，船灯表演队走村串户为群众演出，东家往往送“红包”作为酬谢。20世纪50年代，船灯活动特别活跃，湖洋三田村还出了个夫妻船灯队轰动一时。60年代，这里每年春节均要举办全镇船灯会演，如1976年，湖洋镇船灯会演就有13个船灯队参加。

传统的船灯一般由三人协同表演，一人藏在船舱中肩扛彩船，船头有艄公（丑），船尾有艄婆（旦），边随船行走边表演划船，并随着江面变化表演上滩、下滩、划桨、牵船等动作，体现江上行船的艺术效果。有时艄婆也打扇花，边演唱边表演，间或插上道白。道白往往随不同地方而即兴发挥，或插科打诨。演唱的内容多为表现青年男女的爱情故事。音乐曲调一般是奏《八板头》为引，然后演唱《渔家乐》及《剪剪花》《螃蟹歌》《卖杂货》《十杯酒》等下滩、到滩的民间小调。到了现代，船灯表演形式虽然依旧，但往往老曲套新词，唱的内容为宣传中心工作、农村新面貌等。

船灯演完后，大都还表演《打花鼓》及《补锅》《王婆骂鸡》《卖花线》等船灯小戏。整个表演过程可长达两个多小时。

如今，客家船灯在上杭、武平仍然流行，但由于经济大潮的冲击，年青一代特别是男青年，基本上不参与、不喜欢。现在船灯表演基本上是中老年人担角，“艄公”也很多是女扮男装，使这一传统节目表演大为逊色。加上创作人员缺乏，演唱曲调较为混乱，表演上也较为粗糙，给船灯表演的传承、发展带来不利的影响。为了做好客家船灯的传承与保护，当地党委、政府都十分重视。如上杭湖洋镇就于 2014 年 4 月成立了文化艺术团，每年都给予适当的资金补助，使这一活动一直坚持了下来。

舞客家双狮

舞客家狮曾经是闽西客家地区元宵节庆的主要活动项目之一，是闽西客家很喜闻乐见的一种传统文体活动。

我国舞狮有南狮和北狮之分。闽西客家狮属南狮中的一派，狮的造型，不像北狮那么形如真狮且狮身狮脚有狮毛。客家舞狮，头和尾是狮头、狮尾，身子却是长条形，如蛇如龙。狮头扁平。只狮头、狮尾有狮毛，狮身只是一块长条形布，饰以简单的长条形图案。舞狮者只穿平常衣服，腰部系一红腰带，脚部未穿带毛的狮脚裤。整个造型似狮头蛇身，颇为独特，这是否可能与土著先民和“七闽”部族一样以蛇为图腾崇拜有关，尚待考证。

客家舞狮分成舞双狮和舞单狮两种。

舞单狮将在后文详述。舞双狮由两人舞。一人舞狮头，一人弯腰藏身狮被内舞狮尾；整个舞双狮过程，按一固定的故事情节表演。逗狮者戴面具，称“大面”，是故事中的沙僧，手持一束细竹枝，也是故事中的灵芝，表演沙僧（大面）用灵芝诱狮，然后由大面（沙僧），红面猴（孙悟空）、青面猴（六耳猕猴）和驼背（弥勒佛）表演诱狮回宫廷等情节。红面猴、青面猴和驼背亦戴面具。驼背还手持竹棍和葵扇，是故事情节中诱狮出石岩的宝棍宝扇。最后狮子吞下狮珠，连狮珠的宝线留在狮口外面，由大面牵狮回朝，弥勒回天庭，只剩两只猴子猜拳醉酒庆功，舞狮结束。一般舞狮结束后，紧接着表演各种拳术和刀枪棍戟等武术。

不论单狮还是双狮，整个舞狮和武术表演过程，均有打击乐队以锣、鼓、钹等打击乐伴奏。此套打击乐，十分严谨且丰富多彩，锣鼓经多达数十种，如狮队在路上行进时打的锣鼓经叫“长锣”，舞狮时的锣鼓经叫“狮鼓”，表演武术时的锣鼓经叫“拳鼓”，等等。各类中又有十余种“锣鼓点”，有极为深厚的传统积淀。

如今，客家舞狮在客家地区仍有流传，但为数已不多，只部分乡镇在节庆期间还有活动。其中，最著名的是上杭县中都镇的女子舞狮队，除在本地经常活动外，还应邀到深圳、福州、三明、南平、漳州、龙岩等地为一些大型活动表演。该舞狮队表演的武术称为“五枚拳”，相传是“五枚师太”的遗传。本源于北方，但北方现已失传。该女子舞狮队主要骨干于1985年参加首届全国农运会获金奖。此后多次在全国、省、地的各类赛事中获金、银奖。

此外，还有一种叫连城青狮的，属客家双狮范畴，整条狮为青色，再和著名的连城武术紧密结合，特色浓郁，别具一格。

上杭县中都舞单狮

最著名的客家单狮舞狮队，是上杭县中都镇兴坊舞狮队，是至今流传下来的唯一尚存的珍贵单狮舞狮队伍。中都兴坊的舞单狮又称青草狮、“五金魁”，表演十分独特。舞狮者只一人舞，将狮被从背部经胯部围至前腰扎紧，手舞狮头表演，具有颇高的技巧。表演时，远近闻名的上杭县中都镇兴坊村的舞狮队，既能舞双狮，又能舞单狮。当今社会上舞双狮较为多见，但舞单狮已未在其他地方再见到。这个我国优秀民间艺术之一的稀有品种，已面临失传边缘。所以上杭单狮，弥足珍贵。

通过一系列的狮舞动作，如抓痒、抖毛、舔毛、跳跃、翻身等，惟妙惟肖地展现狮子的各种不同表情。尤其是以一张四方桌，或二三张四方桌层叠起来，舞狮者从地下舞至桌上，又舞至两张层叠的桌上，再舞至三张层叠的桌上，时而腾挪跨越，时而自高桌上空翻而下，具有很高的武功技巧，十分逗人喜爱。

单狮周边由四人分别扮演青猴、红猴、驼背、大面。大面是沙僧，戴大头佛面具，故有此俗称，腰系彩带，手握葵扇，用各种手段逗引狮子；青猴面戴青色猴形面具，调皮好动；红猴面戴红色猴形面具，生动灵活，表演中紧跟青猴；沙婆为驼背造型，故俗称“驼背”，拐脚，手打红伞，动作滑稽。他们四人和单狮一起，按一定故事情节表演，一会儿朝拜、跳跃、扑跌，一会儿翻筋斗，一会儿猜拳捶背。狮子在沙僧的引导下，表演沉着刚健威严有力的动作，再加入青猴、红猴、驼背、大面的戏闹，尤其是精灵的青猴、红猴，不断戏耍憨厚的驼背，显得十分滑稽可笑、趣味盎然。青猴、红猴还环绕着四方桌，时而腾身跨越方桌、时而在桌边单肩倒立、时而自桌上滚翻而下、时而侧翻而过，尽显功底的深厚。

整个舞单狮，都是在一整套完整有序的锣鼓声的伴奏下完成的。表演完舞单狮，接着在武术锣鼓的伴奏下，表演拳术、棍术、刀术等。整个武术，循着代代相传的严谨规范套路表演，刚健雄猛，丰富、完整、精彩，已传承多代，尽显当地尚武精神。

按当地的民俗传统，认为舞狮可驱邪避鬼、趋吉避凶、护佑全境平安吉祥，所以每年的年初一或元宵前后，村里都会敲锣打鼓舞狮演武术，自古以来代代相传直至今天。

长汀县涂坊“迎花灯”

长汀县涂坊镇是长汀南部的大镇，距县城 53 公里，平均海拔 890 米，汀南高山扁岭崠海拔 1237 米。丹溪水自东而西拐弯向南，在濯田镇美溪村汇入汀江。全镇处在重峦叠嶂、丘陵起伏之中，山清水秀，景色旖旎。

长汀涂坊元宵迎花灯的来历，有一个美丽的传说：据说在 1297 年，涂大郎公到涂坊开基。当时乡间有邪魔依社为害，每年要用童男童女祭社公保平安，各姓三年轮一转。涂公 36 岁那年，轮到用涂、赖二公儿女祭社公。涂、赖二公是姻亲，认为神明是护佑百姓的，享童男童女者，必鬼妖无疑，决定去骊山学法治社公。行前，二公在“三佛祖师”神位前许愿：如学法成功，治社除妖事成，涂坊就以“千年古事、万年花灯”敬奉“三佛祖师”。二公学法成功而归后，砍社树，翻庙坛，驱社公，止童祭，除妖告胜，涂坊民众从此获得平安。涂、赖二公也成为护佑涂坊百姓的神明，得到涂坊民众的拥戴和膜拜。涂坊百姓每年正月迎花灯，抬古事，敬奉“三佛祖师”和纪念涂、赖二公。“千年古事、万年花灯”习俗传续至今 700 多年。

涂坊花灯以竹篾为骨架，贴手工刻纸、绘画、书法等图案，放置灯火，装饰丝绦，是汉族传统手工技艺，造工精细，而且寓意深厚。灯高五鲁班尺，寓五尺童子；整灯由大主灯和子灯组成。大灯由“灯宝盖、花灯球、灯地盘”三节串一，寓天地人合一；子灯又称“八宝子”灯，有吉祥“八宝”造型，绕主灯布12盏或24盏子灯，寓12月或二十四节气。大主灯工艺图案精细巧妙，有梅兰菊竹君子四品，琴棋书画雅人四好等；文字有祖训、吉言、诗句等，还有灯谜古曲和有时代特征的格言警句。

花灯制作完成后，点上灯火，抬着巡游，叫迎花灯。迎花灯时每盏花灯前都有一个乐队开路，以丝竹为主的是细乐，俗称十番小乐；以锣鼓为主的是响乐，也称十番锣鼓。涂坊传统的迎灯有细乐和锣鼓伴行。花灯锣鼓词有八段：“和试袍、九连环、一连排、二连排、三连排、的的庆、对对宝、八角楼。”花灯细乐板式有八板：“和板、花板、执板、遛板、漾板、静板、拉板、法板。”八板与八卦义理关联。

涂坊花灯数量从前较少，随着历史的发展，人口的增多，现在有24盏花灯，每盏代表一族房系。其中张姓1盏，陈姓1盏，赖姓6盏，涂姓16盏。按自然村分，涂坊（涂坊、红坊二行政村）16盏，赖坊8盏。

每年的正月初十至十二，各房系分散迎花灯，游本房私屋，叫“分得开”，各灯带孩童跟灯行，认识本房宗亲，吃“灯酒”。灯到之处，主人烧香放炮“接灯”，兆人丁兴旺安康。正月十三白天走古事，晚上各房系花灯在竹头园广场聚合，称为“合得拢”，看谁家灯好看，比谁家“十番”好听。而后，同游各房宗祠、机关、工厂、学校、单位，一路灯火长龙耀，十番锣鼓铿锵敲，十番小乐丝竹响，极为壮观。正月十四至十五花灯游村，游大街小巷和主要村道。正月十六涂坊、赖坊两村“齐灯”合游，祭拜“三佛祖师”和“涂赖二公王”，祈祷国泰民安。正月十七，各房系花灯自行活动。至此，历时八天的迎灯活动宣告结束。

永定高陂五色锣鼓

永定高陂“五色锣鼓”历史悠久、影响广泛、保存相对完整，其打法多变、技巧复杂，节奏明快，特色鲜明，是客家锣鼓的一朵奇葩。2015年被列入永定区和龙岩市非物质文化遗产名录。

高陂“五色锣鼓”是流行于龙岩市永定区高陂镇及坎市、抚市、下洋一带的一种民间锣鼓乐。它主要由单皮（扁鼓）、战鼓、大钹、小钹、铜钟、小锣等六种乐器组成。“五色”是因整套锣鼓由五种主要乐器构成而得名。“五色锣鼓”音色浑厚、洪亮清纯、喜庆欢快，又称为“太平盛音”“太平鼓”，主要用于春节、元宵节等重大节日和民俗活动时演奏，有时伴随花篮灯、龙灯等表演。

永定高陂“五色锣鼓”起源于北山长楼厦自然村，根据永定区高陂镇北山村长楼厦自然村张氏族谱记载：长楼厦（昌裔堂）张氏先祖十三世养吾公（明万历七年—清顺治十一年，即 1579—1654）有“公素好诗书尚斯文志气高远，度量宽宏，创产业而遍四乡，高儒资而裕后贤建学堂以申庠序”的好评，从商从文风气已盛，至十四世庚来公（明万历三十八年—清康熙二十八年，即 1610—1689），仕途家业兴旺，兴建昌裔堂。乾隆五年至道光五年（1740—1825），庚来公之孙十七世祖熙堂公“恩赐修职郎”，在湖南衡州（今衡阳）经营永定条丝烟及烟刀期间，发现当地的“五色锣鼓”非常有特色，便选派家族第十八世中资质聪颖的 6 名青少年随本族经营永定条丝烟的商队，前往湖南衡州（今衡阳）学习锣鼓。

当时 6 名青少年每人各学一件乐器，集体学成归来后，便在每年的春节、元宵节等重大节日和宗族一些重要活动时进行表演，由此逐渐在永定一带流传开来，迄今已有 200 多年的历史。

“五色锣鼓”主要以战鼓、扁鼓作为乐队的指挥，整套锣鼓分为“起鼓、铜钟转板、大钹转板、扁鼓转板、小锣转板、收鼓”6 个部分，每个部分之间由固定节奏的常锣常鼓进行衔接。所谓的“转板”，即切换的意思。每个转板部分，由该部分的转板乐器为引领。每个转板乐器，均有典型的节奏，并在自己所引领的转板部分占重要作用。作为承担整场演奏衔接部分的常锣常鼓，其节奏虽然是固定的，但可根据实际的演奏需要，在战鼓、扁鼓的指挥下随之变化。因此，“五色锣鼓”结构严谨、打法多变、节奏明快、富于变化。战鼓虽然没有单独的转板部分，但它和扁鼓自始至终是整套锣鼓的核心乐器，战鼓音色浑厚，而扁鼓音色清澈，二者形成明显对比。其余乐器在二者的指挥下，各具特色又相互衬托，使得整体的音色丰富，欢快激扬，观赏性强。

“五色锣鼓”演奏方式主要有两种：一种为坐奏，以扁鼓、战鼓为中心，其他乐器分别排坐两边；另一种为行奏，以扁鼓为头、后接战鼓，其他乐器紧随其后。永定高陂“五色锣鼓”通常在每年春节、元宵节等重大节庆民俗活动时表演，有时用于指挥花篮灯、龙灯等表演，观赏性极强，在闽西客家地区深受百姓喜爱。

长汀公嬷吹

每年春节、元宵节到处演奏的“长汀公嬷吹”，过去称“公嬷子”“公婆吹”，是闽西特有的民间器乐演奏形式，流传在长汀一带，至今已有百余年历史。1981 年 5 月，“长汀公嬷吹”参加福建省第二届武夷之春音乐会获优秀节目奖，被专家誉为“八闽绝唱”“民间交响曲”。2011 年 5 月 23 日，国务院公布“长汀公嬷吹”为第三批国家级非物质文化遗产名录项目，为传统民间音乐的唢呐艺术项。

“长汀公嬷吹”由大小两支唢呐重奏、十番民乐和吹打乐伴奏而得名，小唢呐为公吹，大唢呐为嬷吹（也叫婆吹）。所谓“公吹”“嬷吹”，是两种特制的唢呐，演奏时相互配合。两种唢呐的构造差不多，都是用梧桐木制成，上端是竹哨，下端套有铜制的喇叭。但“嬷吹”短而窄，“公吹”长而宽。

音域皆在十二度至十四度之间。调定为“本调”“四指调”和“天宫调”三种。其板式分为“散板”“单板（慢板）”“双板（中板）”“快板”四种，小调插在“双板”部分。它的乐曲曲式结构可分三部分，初段用传统的【高山流水】等曲牌，中段自由套用地方小调，后段将初段缩减并略作变化反复来结束全曲。公吹音色高清明亮，嬷吹音色浑厚低沉。公吹的旋律为雄句，嬷吹的旋律为雌句。一般以“公吹”“嬷吹”两把唢呐为主要演奏，其他乐器伴奏。演奏时公吹与嫲吹一唱一和，一问一答，“公”“嬷”乐句互相衔接。传统演奏时，“公”“嬷”衔接有严格规定，“公吹”带路，“嬷吹”在一定的音节上才能接上。两把唢呐相差八度交织进行，有时独奏，有时重奏，有时合奏，多半是变奏，有时也有协奏，小唢呐吹出主旋律，其他乐器伴奏，有时候乐器全部停止，只小唢呐独奏，齐奏用得比较少。整个演奏过程变化多端。在十番民乐和锣鼓的伴奏辅助下，曲调时而缠绵如水，时而凄凉如泣，时而高亢奋进，时而低沉圆润，气势恢宏，“长汀公嬷吹”音乐一气呵成，犹如交响乐的效果，特色异常鲜明。

“长汀公嫲吹”全由民间艺人口传身教传承下来，现代年轻人不太喜欢。随着老艺人的不断辞世，抢救“长汀公嫲吹”音乐任重道远。

武平中湍民俗绝艺

武平县中湍村有每年正月半表演“上刀山”“踩火海”“捞油锅”“过锥床”“拧香火”等民间绝技的习俗。

中湍村民俗绝技表演始于清咸丰年间，至今已有160多年历史。这种习俗的由来，有两种说法。一种说法：传说在咸丰年间，武平境内建有36座孝经馆，中湍村分设一座忠新馆，馆内供奉着文昌帝君、关圣帝君、姜大圣人等三大圣人。据说当时住在忠新馆的一位信徒突然不吃不喝睡了七天七夜，醒来后说王母娘娘派人带他去吕山学法术，如今已学成回来，便在村里把这些绝技表演了一番。从此开始，中湍村就有了这些绝技表演，而且一代代传承了下来。另一种说法：据说这个中湍村的蓝姓村民是八仙之一、唐代进士蓝采和的后人，他们的那些神秘绝技是蓝采和传下的“仙术”。由于当时的朝代更替、战乱、灾荒、民族歧视等，造就了蓝姓民众特别重视悍勇的特性和大无畏的精神，也是为了抵御外侮、保护家园以适应生存和发展的需要，所以成年男性要接受“上刀山、下火海”的成年礼俗考验，因而产生了这种代代相传的民俗绝技。

中湍村以蓝姓为主姓，百余户，上千人。据说是祖先在此开基之后，连年五谷丰登、六畜兴旺，闲暇之时，很想庆祝一番，于是选中了一年中较有空闲的“十月半”作为该村的醮会日，举行“上刀山”“下火海”“捞油锅”“竹篮挑水”“草席撑船”“掌心燃放鞭炮”“拧香火”等民间绝技表演。后来，元宵也表演。这其中最引人注目的莫过于“上刀山”“捞油锅”“过锥床”“拧香火”的表演了。

赤脚上刀山。在村坪中央立一根直径20多厘米、高约8米的大杉木柱，36 把长 35 厘米的钢刀磨得闪闪发亮，锋利无比，分别插在木柱两侧。在欢快的唢呐、锣鼓、鞭炮声中，一位村民“法师”手执令旗，先口喷“符水”，念念有词，然后光着手脚，两手抓着柱上刀刃，两脚踩在刀刃上，一步步攀登到顶，然后坐下。接着，另外一位村民“法师”用同样的方法上到柱顶，领取“法师”发的红包，下来后又换另一人上去。先后有多人在“刀山”上上下，但所有的人下来后手脚都丝毫无损。

空手捞油锅。在村坪的中央搭一木台，台上有火炉，架设直径 80 厘米的大铁锅。烧起火炉，把 10 斤花生油放进锅里，将油烧沸。然后将现场制作的一簸箕白色米饭放进油锅，约 10 分钟后，白色米饭渐渐被炸成深棕色。这时，十番乐曲齐奏，捞油锅的表演者脱掉外衣，赤手伸入沸腾的油锅将米饭捞起，发给观众。观众品尝米饭，证实米饭已被炸熟。捞油锅者双手丝毫没有损伤。

徒步走锥床。在坪中央摆两张八仙桌，桌上放着一块用数块松木板合成的长近 2 米、宽 1 米的木板床，2000 多枚 8.3 厘米长的铁钉钉穿木板，在床板另一面露出 2 厘米长的锋利钉刺，每枚铁钉间距 2 厘米，这就是刺床，也叫锥床。在过锥床之前，钉刺被一块红布盖住。表演时，红布揭开，民间艺人脱去鞋袜，在阵阵吆喝声中，赤脚缓缓走过锥床，之后抬起左右脚，显示脚底未受任何伤害。此项绝技已失传近百年后，于前几年才重新展现。此外，还有人坐在钉满尖锐铁钉的锥板椅上，由人抬着沿舞台转一圈，亦毫无损伤。

赤脚下火海。村中大坪里砌起长约 10 米、宽约 1.2 米的火坑，里面堆上 40 厘米左右高的木炭，木炭已通红燃烧近 2 个小时后，火坑周围观看的人群早已热得满头大汗。下火海前，一村民在通红的火坑里放进一些盐和酒，然后脱掉鞋袜，卷起裤脚，赤脚踩进通红的火炭里，走过火坑。接着其他的人用同样的方法走过火坑，其中有一些中年男子还抱着小孩走过。每人走过的时间约 10 秒，整个过程有 10 分钟，但无一人烫伤。

空手拧香火。一老人左手拿一大把香火，每炷香均有竹筷一样粗大，右手比画着，然后将香火拿到观众面前，请大家用手试捏香火的热度。之后，这位老人将这一大把熊熊燃烧的香火在自己未穿任何服饰的胸膛上涂擦，再用右手把香火拧熄，可是胸、手均未被香火烫伤。

此外，还有中湍村村民的“掌心燃放鞭炮”，一老人将鞭炮放在手掌心劈劈啪啪燃放，却双手无损；“鞭炮缠颈燃放”，老人将2米长的大串鞭炮缠在脖子上燃放，而放炮老人却毫发无损，而且老人还会口中灭烛火、剑提米斗等。据说，从前中湍村的民间绝活还有“竹篮挑水”“草席撑船”等，可惜现在已失传。

当观看的人们问及这些身怀绝技的人平时是如何训练时，他们都说：“没有，我们都是平平常常的农民，平常还要下地种田，忙着呢！但你们要切记：此举危险，不可模仿。”

现武平中湍村的民俗绝技——“赤脚上刀山”“空手捞油锅”“徒步过锥床”“赤脚下火海”“空手拧香火”等，已被列入福建省第一批非物质文化遗产代表作项目名录。

连城县新泉犁春牛

闽西客家元宵期间，有一项很能体现古老农耕文明的民俗活动——连城新泉“犁春牛”。

“犁春牛”活动在“立春”前后三天举行。以房族为单位，由一位有文艺爱好的中年人任发起人，先找同族几位中青年协商，选谁家的牛，由哪些人组成锣鼓队，谁扮犁田农民、牵“春牛”，谁扮“迎春者”、送饭送草的农妇、书生、渔夫和挑柴妇女等，即渔、樵、耕、读。耕牛要选体魄健壮的牛牯；扮“迎春者”要选最能表演丑角的中青年人；扮木犁者要选真会犁田且有一定表演才能的；扮书生者则选英俊少年；扮农妇者，旧时一般男扮女装，1949年后多选未出嫁的大妹子；扮渔夫者老中青皆可。若本房族能参演的人数较多，还可选些扮郎中、商人和古装人物如岳飞、关云长、钟馗等，还要安排5人至7人准备松明火把或火网笼。

活动一般在“立春”前后三天的晚上举行。万一“立春”是在腊月底，则在“立春”的前一晚、当晚和年初二晚上进行。在活动开始之前，扮演角色的村民就要事先自备适合角色的服装、道具，并在活动当天下午集中到指定地点简单化妆。化妆都比较原始粗放。与此同时，一伙人跟着松明火把，敲锣打鼓到牛寮将选定的耕牛“请”到化妆地点，用数尺红布扎成一朵大红花缠挂牛角上。据说被选出巡游的耕牛，整年都会健壮无病，所以谁家的牛都愿被选出巡游。

巡游开始，除在一定距离安排一个点松明火者外，其余的排列次序是：锣鼓队，放鞭炮者，牵牛迎春者，套上犁田锁链的耕牛，披棕衣戴斗笠扶犁耙（拆除铁犁头）表演犁耙田的农夫，头戴凉笠以软扁担挑着送饭送草的农妇，锄荷的男女锄田手，挑谷箩者，身穿长衫手拿书本的书生，钓鱼的渔夫，挑担木柴的砍柴妇女，身穿长衫手提写着“四季平安”中草药包的郎中，手拿算盘账簿的商人，古装古事人物，“十番”乐队或锣鼓队等。若一房宗亲只有一副锣鼓，则安排在队伍后边或队伍前面。

游行路线是：先到开基祖祠堂祭祖宗牌位，然后按事先商定的线路周游全村。新泉村是按全村大街小巷走大中小三圈，其他小村子一般按商定线路游两圈。有的还游到邻近村子，互相往来。春牛游到家家门前时都放鞭炮迎送。游到有“土地神”的地点，领队则要给“土地神”烧香、鸣炮。

按计划游完全线后，整支队伍回到出发前的集中点，敲锣打鼓将耕牛送回牛寮。扮演者卸妆，发起人请所有参与者一起互相祝福，一直闹到三更半夜。

长汀童坊闹春田

长汀县童坊乡的举河村，每年正月十二至十四都要举办当地人叫“摔泥巴”的“闹春田”活动。该村有 11 个姓氏的宗族，每年轮流把关圣帝君菩萨自庙中抬出，以簇簇三角龙旗和锣鼓鞭炮作前导巡游，沿途家家门前摆香案、祭品，放鞭炮祭拜，然后抬到一丘事先准备好的、当年收成最好的自己宗族的烂泥田旁，宣读祭文并祭拜后，由 4 至 10 余位青年将关帝神轿抬入烂泥田中，先将神轿疯狂地转着圈子，互相推拉挤搡，卷起阵阵泥浆，然后放下菩萨轿，每个抬轿、护轿者都捞起烂泥互相摔到对方头上身上，纵情狂闹，直至个个成为满头满身是泥浆的泥人，又似一条条泥鳅。岸上则挤满了来自周围乡村的观众，人人欢呼雀跃放鞭炮鼓劲。尽兴之后，才抬到清水中，将关公和自己一洗干净。然后再轮到下一个姓氏宗亲，仍是一路香火鞭炮送迎，抬去他们自己田中继续狂闹。据说这是为求当年的太平盛世、风调雨顺、人寿年丰。关于这奇特民俗的由来，有个传说：

明朝嘉靖年间，广东饶平县鸟石村人张琏，原是饶平县一名“库吏”。嘉靖三十七年（1558），张琏见官场腐败，苛捐杂税层出不穷，致使民不聊生，便投奔当地木棉寨当副寨主，不久和大埔县的郑八、萧晚等组织了“白扇会”，揭竿起义。由于张琏多谋善战，在郑八死后即被推为义军首领，势力日壮。而后，他又联合了当地其他小股义军，使其兵力达到十万之众，张琏被推为统帅。嘉靖三十九年（1560）5月，张琏在今广东饶平与福建平和交界的柏嵩关一带创立“飞龙国”，自称“天子”，当上了“飞龙国”皇帝，并自号“飞龙人主”，封王、署官，筑皇城、建宫殿，在周围数百里范围依山建筑一批营寨，在饶、和、埔边界垦荒屯田作军饷。一时投奔者日众，势力不断扩大。

同年11月，张琏为进一步扩大势力，派出部将萧雪峰进攻龙岩，结果失败，萧雪峰被杀。数月后的嘉靖四十年（1561），张琏派出飞龙军兵分三路出击闽、粤、赣、浙等4省。除征战广东外，其中部将萧晚、罗袍率兵三万，出击永定、上杭、武平、汀州，激战数场，然后直捣瑞金、宁都、兴国等赣南地区。张琏则亲率义军三万，于5月攻占平和县城，6月攻占云霄县城，8月破南靖，至12月攻占了龙岩。接着又攻永定、连城，直至延平（今南平），再一直自赣南打到浙江龙泉县。三路义军先后攻陷县城数十个，飞龙军也由10万人扩展到20余万人，一时间威震闽、粤、赣、浙等4省。

张琏飞龙军的人多势众，震撼了明朝廷。于是在嘉靖四十一年（1562），朝廷调动都督刘显、参将俞大猷及闽、赣官军等三四十万大军，对飞龙义军进行大举围剿。至嘉靖四十二年（1563），张琏各部在俞大猷等的强力追剿下，终因寡不敌众，逐个失败。最后，张琏只得率领残部自云霄河出海，辗转南下南洋，直至夺占了三佛齐岛（今苏门答腊）。在那里，他再一次自立为国王，占有旧港、柔佛、马六甲等地，垦殖、为渔。

除客家人外，众多闽南人及其他华裔移民也纷纷依附于他。他仍定国号为“飞龙”，成为三佛齐国王，延续了在中国的皇帝梦。梁启超称他为“中国殖民八大伟人”之一。而在他家乡的客家地区，民间传说则把张琏神化了，说他是“泥鳅精”转世。

在长汀童坊一带的民间传说中，张琏是在连城与长汀交界处被最后打败的。当地还传说关公是“泥鳅精”转世，别处并无此传说。有人认为那是当地的客家后代为纪念张琏这位客家皇帝，但又担心会得罪朝廷被镇压，便把“泥鳅精”的传说放到关公身上。泥鳅是生活在农田里的，村民便在每年的元宵前夕，把关公当作张琏，抬到农田里祭拜戏闹，以此暗中纪念张琏这位客家皇帝，一直延续至今，形成了“闹春田”的奇特民俗。

这些毕竟是民间传说，但“闹春田”寓意着通过这番戏闹，唤醒沉睡的大地，迎接春耕的到来，确实是一个既有纪念意义，且极富诗意的民间传统节俗。

长汀县四都“打菩萨”

菩萨是受人敬拜的，谁听说过菩萨要被“打”，而且是真打，打得越热闹越好呢！在闽西客家地区，在元宵前后，就流行这么一项很特别的民俗活动——四都“打菩萨”。

长汀县四都镇渔溪村有三个自然村，共230多户1200多人。村民主要是廖、刘、王等三大姓。廖氏于元朝末年从宁化石壁迁到上杭古田，又迁来长汀四都，开基至今700多年。这个村每年的元宵前后都要举行“打菩萨”活动，已有500多年的历史。

传说明朝时期，一位当地农民给稻田放满了水，然后用石块填缺堵住。可是第二天，田里的水都流光了。是不是有人搞破坏呢？他晚上躲在田边观察，发现那块填缺石会自己浮起来，水哗哗地流走。于是他用锄头把石块打下去，过一会儿它又浮起来，他再打时，突然一块小石片飞进他的眼里，又疼又弄不出来。于是他祈求说：“不知你是哪路神灵，我打你，得罪你了，可是，我田里不能没有水啊！请你挪地方吧！我用青藤把你挑走，哪里掉下来，就在哪里给你做庵。”农夫挑石走到村东的山边时，石头掉落，于是就在那里建了庵，农夫眼里的小石头也出来了。结果当年的粮食竟然获得大丰收。从此，这里就有了供奉“石圣祖师”菩萨，又“打菩萨”的风俗。

又一传说是过去当地的菩萨，常变化成一块石头，隐藏自己的原形，以暗中观察人间善恶，并惩恶扬善。不料这石头被一坏人偷去，用它把村中唯一的水源堵住。可谁知第二天渠水照流。坏人觉得奇怪，便半夜埋伏在那里偷看，却见这石头化作了人形，离开水渠，让渠水照流。从此坏人便改恶从善，村民也才知道这石头是菩萨所变，便有了争抢这石头不让其抬走的“打菩萨”习俗。每年这天，周边乡镇甚至外县众多游客都前往渔溪观赏“打菩萨”，这成为当地一个奇特的节庆民俗。这时，他们打的并非佛教的菩萨，其实只是一块缠上二三尺见方红布、灰黑色三角形的石块，人称石圣祖师，是道教中的土地神之属，相当于石头伯公。

从每年的正月十二开始，村民抬着镇溪庵里的真武祖师、三宝菩萨、五谷大神等巡游全村，沿路彩旗飘扬、鼓乐鞭炮、烧香照烛。到了正月十四，其他菩萨巡游全村后停在桥边，供人祭拜。然后几个年轻人去庵里抬出石圣祖师“菩萨”，并将它以红布绑扎在竹轿上抬过小河巡游。抬“菩萨”的前后各两人，旁边几个年轻人前后保护。双方隔山鸣炮后，便抬石圣菩萨出发过河。所谓“打”，其实是“抢”，双方争夺，不让别村把这石圣菩萨抬走，以利于本村灌田的水量充足。在河滩上，对岸八九个青年，人人手持一棵砍下的被红布紧紧缠绑的毛竹，冲向抬来的石圣菩萨打压，不让对方把它抬走。一方要抬走，一方以长毛竹打压不让抬走，如此激烈争夺。从河滩到村中心 800 米的田间小路，被沿途年轻人持着的上百根毛竹一次又一次地“打压”不让走——寓意守住水才有丰收，又一次次地突出重围，前进一小段路。如此从上午九点进行到中午十二点多，才到达村中心的祭坛摆放好，供人们祭拜。一时间鞭炮声震天、香火不断，信众和观赏者人流如鲫，气氛达到高潮。

连城县庙前红龙缠柱

连城庙前红龙缠柱，历史悠久，是春节元宵民间娱乐活动的一种舞蹈形式，相传由当地六世祖江万权初创，至今已300多年历史。当时，庙前人为强身健体，捍卫家园，有习武之风。初创者认为连城有滚龙，可舞没有灯；姑田有灯龙，有灯不可舞。于是，采其各长，自创一种可舞又有灯的红龙。旧时群众性的健身娱乐活动较少，红龙缠柱就成为当地春节元宵盛行的健身娱乐节俗活动。

红龙缠柱是用武术“六九拳”为龙头的舞步，用武术棍棒的“四勾拨”为龙珠的舞步，两项刚柔相济，形成整套的珠逗龙、龙抢珠的戏珠、藏珠、抢珠、缠柱等优美舞姿，为群众所喜闻乐见。100多年前江姓十五代江兆梁曾把此龙舞带到广东韶关的“福建会馆”传艺，并在韶关（当时韶州）的知府衙门内演出，深受粤人欢迎。1986年又参加龙岩地区“山茶花节”的舞龙表演。2012年正月十四又被特邀参加连城县“冠豸山客家民俗文化节”演出。2015年6月参加江一真同志诞辰一百周年纪念活动，在庙前江姓祖祠十个柱头表演，福建东南卫视到现场摄影，称舞此龙独具一格实属罕见。20世纪80年代改革开放后，社会繁荣，庙前、庙上两村就出过10条红龙赛舞。

庙前的红龙，由龙头、龙尾、6节龙身和5个龙珠组成，全长10余米。竹扎的骨架，以棉纸和有光纸糊就，配上红蓝色彩；龙珠画有各种花草；龙头和龙身画上龙鳞，龙头和龙身之间用一条红布连接，各节留有空隙，便形成一条活灵活现的红龙。

每年正月初一至初七期间出游舞龙，初九是庙前的庙会，晚上再活动一次，然后即待来年。舞龙时，龙头、龙珠用草纸捻成、生油煮沸浸后的纸绳点上火，光亮透明彰显红色，龙身则用蜡烛或电灯点亮。每条龙要50多人参加，互相交替。出游前，先在祖堂摆上五素五荤五糖果五水果、三牲（猪肉、全鸡、目鱼）、三杯茶、三杯酒设祭，并以敬灯社名义致祭。祭毕，红龙先在祖堂舞上一出，然后到神坛，再到演出点入门时，家家鸣放鞭炮迎龙进厅。表演时，舞者身着红装，紧系腰带，在6件“苏州锣鼓”——花灯鼓、钟铜、大丝锣（二面）、小丝锣、大钹、小钹等打击乐的锣鼓声中，红龙先在厅堂前点头致礼，随即龙头退后，龙珠展开，开始珠戏龙、龙抢珠，进珠、逗珠、抢珠、转珠、跌珠、藏珠、寻珠等一整套舞龙套路。因全龙与龙珠皆用纸绳点亮，整条红龙显得透明光耀，在夜色中起舞分外注目。舞者翩翩运转自如，龙身滚动忽高忽低，左闪右藏，仿佛真龙活现。龙头与第一节龙身用一条2米多长的红布连接，紧随着龙珠用“四勾拨”武术为舞步，龙头用武术“六九拳”或少林拳术“四平步”为舞步，两者刚柔相济，拆解迎对，腾挪扑闪，或退或进，忽左忽右，忽藏忽探，龙珠相逗，武术功底与舞蹈优美结合，龙身及龙尾不舞动，只跟随龙头环行。有一珠开始，二珠并进，三珠抢行，四珠并进等套路。一般上下厅堂有四根柱头（也叫四点金），从上厅开舞，走“8”字形，从左到右分别缠柱身，龙珠在柱上左右闪动，龙头寻珠，随后龙身缠住柱身，用一两个龙珠在龙身或龙尾滚动点缀。龙珠、龙头又相互嬉逗，动静有别，进退自如，分外壮观。每缠一柱，都要按抢一次珠的舞步多次起舞，从一珠抢到四珠，舞者或盘步如松、挥手雄劲，或腾跃俯身、翻转灵巧，或蹬身藏珠、探珠戏龙，形成整套的戏龙缠柱的优美舞姿。一场武术与舞蹈的表演，历经20余分钟。这个红龙缠柱的优美表演，每年春节都要按各自既定路线方向，每晚进行4小时至6小时，老老少少齐上阵，家家户户迎红龙到家送吉祥，着实让人开眼。

红龙缠柱融武术、舞蹈、图画、音乐于一体，特色浓郁，具有极大的观赏性，每年春节的活动，演出前先在古宗祠祭祀然后表演，世代相传。

说明：本文第一部分，参考了何志溪、肖干南编著《闽西民风概览》（鹭江出版社2012年版），第116—130页、第180—182页，以及第345—363页，略有修改；第二部分，参考了何志溪编著《闽西非物质文化遗产大全》（中国国际广播出版社2017年版），第55—107页“闽四客家元宵节庆”、第134—154页“武平民俗绝技”、第250—253页“连城庙前红龙缠柱”，均略有修改。

23

铸牢中华民族共同体意识视角下青海社火的传承与发展探究

——以民和县古鄯镇为例

"火种"探寻队①

① 本探寻队成员，分别是辛月祥、顾锡妍、李娟业、王德才、张秀霞。

一、绪论

（一）选题背景

1. 铸牢中华民族共同体意识

2019 年 10 月 23 日，中共中央办公厅、国务院办公厅印发了《关于全面深入持久开展民族团结进步创建工作铸牢中华民族共同体意识的意见》（以下简称《意见》），《意见》要求，促进各民族交往交流交融，搭建促进各民族沟通的文化桥梁，坚持以社会主义先进文化引领促进各民族文化传承发展。2023 年 10 月 27 日，习近平总书记在中共中央政治局就铸牢中华民族共同体意识进行第九次集体学习时强调，铸牢中华民族共同体意识，推进新时代党的民族工作高质量发展，要着眼建设中华民族现代文明，不断构筑中华民族共有精神家园。

2. 社火概述

社火是一种民间迎神的杂戏。宋代诗人范成大在《上元纪吴中节物俳谐体三十二韵》中写道："轻薄行歌过，颠狂社舞成。"后来自注："民间鼓乐谓之社火，不可悉记，大抵以滑稽取笑。"随着时代的发展和变迁，社火所展现的作用也远远超出了迎神功能的局限，其文化功能和特性越来越突出，成为民间的一种自演自娱活动。一些地区的社火成功入选国家级非物质文化遗产代表性项目名录。

国内社会、学者对社火的关注日益增多，各类型社火相关研究也走向成熟，其中社会学、民俗学学者研究较为丰富。青海社火作为青海本地的一项特色表演形式，承载着青海多民族的文化意蕴，它是青海民间艺术的活化石，还是多民族艺术的大熔炉，更是青海多民族人民共同的精神家园，承载着青海各族人民的精神生活。青海社火表演者为当地村民，这些人员既包括汉族，也包括少数民族，表演内容也展现着汉族和少数民族的生活。因此，青海社火展现着多民族人民的生活。研究青海社火表演，有利于实施中华优秀传统文化传承发展工程，研究和挖掘中华传统文化的优秀基因和时代价值，对于铸牢中华民族共同体意识有着不可替代的作用。

（二）调研时间

2024 年 1 月 10 日—2 月 14 日

（三）调研地点

青海省民和回族土族自治县古鄯镇

（四）调研内容

1. 调研对象

社火表演人员、社火负责人、社火观看者。

2. 调研重点

（1）着重探究社火表演内容和表演者年龄结构，以及文化特性是否发生了一定的转变。

（2）通过研究社火的普及程度以及观众对于社火的了解程度，分析社火传承的内在逻辑和模式。

（3）探究社火表演所承载的文化功能，表演者对于角色的理解程度以及这些角色所蕴含的情感和期盼。

3. 调研难点

（1）研究文献积累不足。

（2）访谈调研的工作量大。

4. 主要目标

（1）研究社火的当代价值。社火承载着人民对美好生活的向往和追求，丰富着人民群众的生活和休闲方式。社火表演内容多为神仙与人的互动，人们祈求神灵保佑一方水土，表现了老百姓心中最真实的想法和愿景，诉说着老百姓心中对美好生活的向往和期待。

（2）理解社火对铸牢中华民族共同体意识的作用，了解现实意义。社火承载着青海地区众多民族的文化传统，在乡村振兴持续推进的同时实现精神文明和物质文明协调发展，有利于挖掘乡土文化的价值，提升乡村文化软实力，以多民族文化铸牢中华民族共同体意识。

（五）调研思路

1. 基本思路

本研究从“现状研究—特性分析—当代价值—传承保护”的思路展开研究。

（1）现状研究：综合已有的文献和调研材料，完成社火传承、表演的历史和现实状况研究，总结社火传承、表演的基本情况及特点。

（2）特性分析：充分利用已有文献和民俗学相关知识，对社会基本情况及特点进行分析，形成对社火的系统性、完整性认知体系。

（3）当代价值：深入调研试验点，分析调研数据和调研材料，对调查对象开展深度访谈，在中华民族共同体视角下，结合社火融合多民族文化的特点调研社火中民族文化传承及其与民族团结的联系，探索铸牢中华民族共同体意识的文化路径，形成对特性分析的支持和修正。

（4）传承保护：在深度调研的基础上，分析社火传承所需的基本条件，评价当地的传承条件，得出当地在传承社火中的内在逻辑和机制，进一步探索分析传承社火的模式，寻求社火传承至今的本质原因。

2. 具体调查研究方法

（1）实地参观法：参观当地社火艺术表演，体会其文化氛围和传递的文化思想，以此了解当地居民的生活状态、社火基本情况等。

（2）访谈法：对当地社火文化相关负责人进行访谈，了解社火文化的起源、传播发展状况和其具体内涵，感悟其精神价值所在。

（3）问卷法：依据实际情况（如年龄），采取线上问卷和线下纸质问卷相结合的形式，调查当地居民对社火的了解程度和喜爱程度等，了解社会文化在民间文化中的传承意义。

（六）调研价值

1. 理论与实践意义

（1）有助于探求民众丰富的精神生活。在青海民和的社火表演中，表演内容包含神仙与人的互动，人们祈求神灵保佑一方水土。社火队伍排头的旗子或指路灯上就写着“国泰民安”“风调雨顺”“五谷丰登”等字样，这些文字带领着整个社火队伍，为社火队伍指明方向。因此，青海民和社火的研究有助于挖掘蕴含在社会中的文化内涵和人民对美好生活的向往。

（2）有助于增强民众的文化自信。文化兴国运兴，文化强民族强。社火表演通常由当地人自发组织表演，表演者多为本地人员，表演时间通常为每年春节期间。这一期间，结束农忙的人们装扮起来表演社火，既不耽误生产活动，也能在农忙之余丰富生活。而绝大多数不参与表演的人们也是社火文化的享受者。人民既是社火的生产者和创造者，也是社火的观赏者和享受者。社火研究有利于对乡土文化的挖掘和传承，也有利于增强该地区乃至国人的文化自信。

（3）有利于铸牢中华民族共同体意识。春节期间几乎每个地方都要举行热闹而隆重的社火，社火表演者既有汉族，也有土族、藏族等少数民族人员，各民族人民共同参与表演。而且，社火表演的角色中既有代表汉族的，也有代表藏族的。多民族的人民交融在一起，多民族的文化交织在一起，由此不但形成了青海地区的特色文化，也实现了不同民族之间沟通和对话的族际交流功能，从而推动着民族地区文化的向心整合。青海民和社火的研究对于加强民族团结、筑牢中华民族共同体意识具有重要的文化意义和现实意义。

2. 创新之处

（1）学术思想：社火是中国传统的民间娱乐形式，具有丰富的文化内涵。青海社火的文化特征主要表现为：吸收了青海各民族的文化养料，呈现出青海多民族文化的色彩；保留了较多的原始社火文化，具有浓重的宗教色彩；在表演内容上，展现出鲜明的地方文化色彩；社火表演时，演员与观众之间具有很强的互动性；社火音乐具有比较多的地方文化特征。保护和传承青海社火这一非物质文化遗产，有利于弘扬中华传统文化，促进民族团结。

（2）学术观点：青海社火传承对于筑牢中华民族共同体意识具有重要意义。传承青海社火、研究青海社火，有助于对中华优秀传统文化的传承，丰富乡土文化，坚定文化自信的信心，增强文化自强的信念。

（3）研究方法：本项目在研究过程中，主要通过亲身观察春节期间的社火彩排和演出并进行实地深入采访相关负责人和社火参与者，同时结合线上、线下问卷等不同形式展开调研。

二、文献综述

（一）青海社火的起源探索

社火是汉民族传统文化的一部分，起源于中国上古祭祀活动，是汉族民间一种庆祝春节的传统庆典狂欢活动。社火源自古代社会的祭祀土地神和火神活动，现代社火是西周“大和会”的延续和拓展，它证明社火划旱船与上古方祭有关，是远古社会祭祀女娲活动的演变。从先秦时代起，《周礼》曰“二十五家为社”，所以祭祀以“社”为单位。社神，也称土地神，由此而产生了以祭神为初衷、娱人娱神为发展，因民间社交文化而流行的社火，最终以非物质文化遗产成为人类文化不可消逝的一部分。目连戏是中国戏剧的源头，它在不断演变中吸收中华优秀传统文化，符合中国理念。从祭祀戏剧到审美戏剧，目连戏与观众的互动与认知得到提升，在传播的过程中与当地文化融合，形成了不同的类型。现在麻地沟目连戏演出虽然中断了，但目连文化影响下的民俗功能仍然作用于大众生活，其中关于青海汉族来自南京竹子巷的祖源传说和河湟地区民间社火的唱词和风格，都深深烙上了目连文化的烙印，是目连文化在青海河湟地区传播的结果。目连戏的文化影响力产生了强大的凝聚力，对目莲文化圈中儒释道民俗文化圈的形成发挥了关键作用，使来自不同地区的汉族在青海这片土地上形成了共同的文化认同感。

《历史场阈中的目连戏研究——目连戏的形成、传播及青海民间遗存》中详细阐明了目连戏的形成轨迹和传播发展。麻地沟目连戏的参演人员同时参加社火表演，因而目连戏对社火产生巨大的影响。一方面青海社火大量借用了目连戏的母题，另一方面社火直接借用或改造了目连戏的唱词。虽然在传承的过程中，由于戏剧语言无法校正、老艺人离世音乐失传、村落文化语境发生转变等原因，青海目连戏已无法演出，但是目连戏对青海社火的影响始终长久深远，间接地将目连戏传承下去。目连文化也促进了青海三大民俗文化圈的交融和共享，每次目连戏的演出都会形成巨大的社会影响，吸引不同少数民族前来观看。久而久之，三大民俗文化圈不断交融共享，促进了民族团结和民族交融。

（二）青海社火的重要特征

青海作为一个多民族共居的省份，各民族的风俗文化呈现出浓郁的民族特色和地方特色。民和县是一个典型的多民族杂居共处的地域，民和县是一个回族土族自治县，这里的居民族属主要以土族、汉族、藏族和回族为主。综观整场“社火”展演，无不体现出各民族日常生产生活的人文印记。由此可见，民和地区的“社火”文化的丰富多彩，是离不开各民族文化的多样性作为积淀的，如果没有每一个民族自身的传统文化作为表演的基础，是不可能达到各民族群众都能喜闻乐见的结果的。与此同时，这里特殊的自然条件和风土人情，不但培育了人民的豪放、粗犷的性格特征，同时也使“社火”这一民俗活动呈现出豪迈和不羁的特色。

人神同乐、人神狂欢是社火表演的信仰性特征。民和县的人口主要以汉族、回族、土族、藏族为主，群众信仰的宗教主要是藏传佛教、道教和伊斯兰教，三种宗教在民和地区交融，呈现出多民族文化交流、融合的局面。作为一个多民族共同居住的地区，信仰文化必然突显出多元交汇的特征。在这里，信仰文化对人们的精神生活起着不可或缺的重要作用，甚至支配着个人的精神生活。多元信仰文化的渗入，在“社火”活动中表现得尤为鲜明。社火表演的主要目的就是祭祀神灵、表达对神灵的敬意、祈求神灵保佑，因此本地群众也依靠信仰自主组织社火队、发起社火表演。这种以信仰凝聚的活动，使物质世界与人类精神世界达到了和谐统一的状态，以神和信仰的名义为各民族群众提供了精神交流和物质交流的时间和空间。各个族群在持续互动下，增进了对彼此的认识和了解，在情感上也得到了更多的抚慰和认同，是获得地方文化认同感的重要手段之一。

青海汉族的春节习俗并不是一成不变的，而是有着发展演变的轨迹。河湟汉族的春节习俗对其周边的藏、土、蒙古等世居民族也产生了深刻影响，具有多民族文化多元交融、和美共荣的特质。

“社火”这一乡土民俗文化在不断扩充自身的过程中一直在寻求发展，其目的在于保留传统文化的同时加入时代气息，成为各个年龄阶层、各种民族文化下的群体都能够接受的群众性风俗活动。而“社火”表演作为一种非物质文化遗产，并不是一个单一的文化表现，更多地体现了不同文化交融的文化复合体。在不同时期，其所蕴含的意义和功能是多维的，并且随着时代的变化而发生着改变和调试。逐渐从宗教仪式行为转变为节日娱乐活动，除了展现民间文艺，更多的是反映了中国传统乡土社会的民风、民俗以及信仰文化的多样性和共融性。民和县的“社火”活动与其他地方最大的差异就在于，多元文化在一个地区共生的情况下，本土化过程即是融合共生的过程，各民族各种文化相互吸收、相互促进、相互融合、相互借鉴，最终达到共生共融的状态。这也是民和地区多民族、多元信仰文化共存这一现实条件下，所要实现的最为重要的目标之一。

（三）青海社火的社会功能

社火是青海省特有的一种民间传统文化活动，具有悠久的历史和深厚的文化底蕴，已经成为节日庆典中普遍的艺术表演形式，作为一种集体性的社会活动，社火不仅是一种文化现象，也承担着多重社会功能。

首先，在文化传承方面，青海社火作为一种重要的非物质文化遗产，其活动本身是对传统习俗、民间艺术和宗教信仰的再现与传播。它不仅为民族文化的保护提供了实践平台，而且促进了文化的多样性和民族文化认同感的增强。社火活动中包含了踩高跷、耍狮、扭秧歌、跑旱船等多种表演形式，这些形式多样的表演艺术是民族文化的瑰宝，它们的传承和发展依赖于社火这样的活动平台。通过每年的定期举行，社火为这些传统艺术提供了展示和传播的机会，使这些可能逐渐淡出公众视野的艺术形式得以保存和弘扬。每一次社火的举办，都是对当地历史、风俗的一次再现，它让参与者和观众能够直观地感受到历史文化的魅力，从而加深对本土文化的理解和认同。另外，青海省古鄯镇少数民族较多，通过社火活动的持续进行，可以促进不同民族文化的相互了解和交流，进一步推动文化的多元发展。这种共同的体验有助于强化个体对于民族文化的归属感和认同感，从而促进文化的传承。

其次，在社会凝聚方面，社火活动通过集体参与和观看的形式，加强了社区成员之间的互动与联系，构建了共同的社会记忆，提升了社区凝聚力和社会稳定性。特别是在节日庆典中，不同年龄、性别和社会地位的人们聚集一堂，共同参与社火，这种集体活动有助于强化社区内的团结和协作精神。青海省民和县世代居住的民族有汉族、回族、藏族、土族，多民族和谐相处，共同发展。而社火表演是各个民族和谐发展的稳定器。通过社火表演，使得各个民族彼此了解，相互影响，有助于民族团结，和谐发展。

另外，社火不仅是一种文化娱乐活动，也是一种重要的社会教育形式。它通过多种形式和内容，对参与者和观众进行道德教育、历史教育和社会教育，对个人的全面发展和社会的和谐发展具有积极的影响。在教育与启蒙方面，社火作为一种传统的社会教育形式，传递了诸如忠诚、勇敢、正义等传统美德，如《十劝人心》就是分十段来劝人们尊天敬地、孝亲爱友，《十杯茶》就是以敬茶为名敬爷爷奶奶父母兄弟妻子诸人，感恩之辞溢于言表，而《绣荷包》就是一个妇女剪了荷包样要在上面绣上杨家诸将，每绣一个唱一段，最后也由穆桂英表达了对他们忠君爱国的赞美，再如《五大将军》以油菜花等比喻刘关张诸葛子龙等五人，歌颂他们的智、勇、忠、信、义……这些对青少年的社会化过程产生了积极影响。同时，社火活动也是提升公民文化素养和社会责任感的有效途径。社火活动中，通过角色扮演和故事情节的展现，观众尤其是青少年可以在娱乐中接受道德熏陶，学习到社会公认的价值观和行为准则。社火将教育内容以娱乐的形式呈现，使得观众在享受文化盛宴的同时，也能不知不觉地吸收知识。这种教育方式对于提高教育的吸引力和有效性具有积极作用，尤其是对儿童和青少年来说，更容易接受和理解。社火活动为人们提供了社交的场所，特别是对年轻人来说，参与社火不仅是学习传统文化的过程，也是社会实践和人际交往的过程。在这个过程中，年轻人可以学习如何在社会中与他人互动，培养合作精神和社交技能。社火活动通常涉及大量的组织工作，包括策划、组织、协调等，参与者在实践中可以培养责任感、团队精神和组织能力。同时，社火活动也为公民提供了一个了解和参与公共事务的平台，有助于提高他们的公民意识和社会责任感。

三、调研分析

（一）民和县古鄯镇社火概况——访谈分析

1.表演动机

社火表演的根本目的是祭祀神灵，民和县古鄯镇的社火表演的根本目的也是祭祀神灵。民和回族土族自治县古鄯镇参与和发起社火表演的群众的信仰为藏传佛教和道教，在这两种宗教中，除夕和春节是重要的节日，必须要以重大的仪式庆祝，同时祈求神灵的保佑。社火与宗教有着千丝万缕的关系，是三教“神权”组合的产物，因而社火成为制度宗教和民俗宗教的过渡和桥梁。[①] 除祭祀神灵外，古鄯镇的社火表演还有祈求神灵保佑的目的。例如古鄯镇山庄村社火队的头旗为一对上大下小棱台构造的旗帜，在队伍中被称为“台灯”，意味着为社火队照亮前行的道路。棱台前后为虎头画像，左右为文字，两只台灯的文字分别为“国富民强”“国泰民安”和“五谷丰登”“风调雨顺”。在社火唱词中也有祈求神灵保佑众人的歌词。

据调研，古鄯镇的社火表演集中于各个村庄，每个村庄拥有自己的

① 参见霍福《春节社火的文化功能——以青海社火为分析对象》，《节日研究》2011年第1期。

表演团队，每个村庄并不是每一年都要组建社火队表演，村庄的社火队今年是否要表演取决于本村寺庙中神灵的意愿。村庄寺庙会负责人在春节前，通过宗教仪式祷告神灵，并询问神灵今年要不要社火表演。如果神灵要社火表演，则寺庙负责人号召全村群众参与社火表演，为社火表演出资出力。

村民在信仰的驱动下，通过各种方式参与到社火表演的队伍中。首先，村民主动参与社火表演、扮演角色、击鼓奏乐是村民参与社火表演的直接方式和主要方式，男性村民扮演秧歌、旱船、牦牛、舞狮的全部角色以及藏舞中的部分角色，女性村民扮演藏舞中的部分角色。其次，为社火表演人员提供后勤服务是村民参与社火的间接方式。作为寺庙负责人的村民负责组织社火表演的人马、负责采购社火表演中所需物品、管理社火表演的资金，等等。其余村民负责为表演人员烹制餐食、扛旗搬运等工作。

据社火负责人介绍，过去的社火表演主要是以祭祀为主，祈求神灵保佑，如今随着时代的变革，社火表演也包含着传承传统文化，保护文化遗产的重要使命。社火表演发展到现在，其功能也不仅仅局限于娱神。社火经历了千百年的嬗递消长，已经成为我国传统节日庆典当中很普遍的仪式内容与艺术表演形式，也正是这些丰富多彩的共同表演艺术铸成了我们多元一体的华夏文化得以源远流长的重要文化因素。①

2. 节目形式

古鄯镇社火表演的节目有秧歌、藏舞、牦牛、旱船、舞狮，其中秧歌是社火表演的核心内容，其他节目围绕秧歌表演进行。

秧歌表演的由 36 人组成，其中包括 4 个外场角色，32 个内场角色。据当地老人讲述，36 个角色代表着 36 天罡星，与梁山 108 将中的 36 天罡相呼应。36 个角色中 4 个外场分别是高瑶客（又叫“灯官”），瑶婆（又叫“胖婆娘”），藏民（男），藏民（女）；内场角色为花姑儿（16 人），姑娘（12 人），棒棒客（4 人，由孩童扮演）。社火的角色都被称为“身材”，一

① 参见冯华瑛、张志春《浅谈青海社火的社会功能》，《吉林广播电视大学学报》2013 年第 1 期。

个身材代表一种身份、一个故事。其中外场人员被尊称为“大身材”，古鄯镇的社火中4个外场人员是固定的角色，不同的村庄则存在差异，例如古鄯镇池坡村的外场还增加了4位太傅，山庄村的藏民（男）负责领牦牛，藏民（女）负责赶牦牛，没有牦牛表演的社火队中的藏民则没有领（赶）牦牛的表演。内场角色在外场高瑶客和瑶婆的带领和锣鼓手的音乐节奏下表演，表演的节目有《单四门》《双四门》和《八门》，主要的表演节目为《双四门》。这三种节目的表演由内场人员围成一个圆形，其中以太极图的形状变换队形，代表着太极的含义，“四门”的社火以东西南北为方向跑出太极图形状，“八门”则以东南西北、东北西北东南西南为方向跑出太极图形状。

藏舞表演由28人组成，分为左右两队，每个队分别有14人。藏舞表演者身穿藏族服饰，搭配长长的衣袖表演。洁白的衣袖挥舞在人群中，宛如圣洁的哈达献给伟大的中国共产党，寄托着高原人民对中国共产党的爱戴和感恩。藏舞表演的音乐既有锣鼓手击打乐器演奏的音乐，也有节奏欢快明朗的藏语歌曲。无论是锣鼓声还是藏语歌曲，都是青藏高原人民精神生活的生动展现，也是对美好生活的期盼和对中国共产党的感恩，如《洗衣歌》赞扬党的恩情，《欢腾的草原》展现草原牧民生活，《吉祥禄曲》表达对美好生活的期盼。

牦牛表演时一般由藏民夫妇带着牦牛表演，男子拿着猎枪吓唬不听话的牦牛，试图让牦牛跟着自己的方向走，牦牛则把牛角摔在地上，企图用牛角打男子来表示愤怒和反抗，女子在后面配合丈夫赶牦牛，表演后期牦牛怀孕，产下小牛犊，小牛犊跟着牦牛，牦牛跟着藏民在高原上行走。牦牛表演实质上是高原生活的缩影，高原上的藏民们期待母牛产子，生活更加富裕。

旱船由两艘船、4个船夫表演。旱船中间有一个人撑起旱船，4位船夫划桨前行，途中遇到暗礁以及暴风雨，4位船夫相互推卸责任、殴打对方再到齐心协力克服困难一路前行。

舞狮由两头狮子、两位武者共同表演，两头狮子在武者的带领下活蹦乱跳、生龙活虎，产下小狮子后又在高台上跳上跳下，以扑、跌、翻、滚、跳跃、擦痒等动作展现着狮子的各种神态。

3. 人员组成

社火表演队的人员由当地村民组成，主要包括老者（负责人）、身材（表演者）、锣鼓手、扛旗手，以及其他保障人员组成。老者是本村村庙的负责人员，日常处理村庙中的事务，在社火表演期间负责统筹社火表演的安排以及彩排工作，同时为社火表演提供后勤服务；身材是指在社火表演队中扮演的角色，身材的任务就是表演社火；锣鼓手为社火表演演奏音乐，为社火表演提供节奏；扛旗手在社火出马时扛起社火表演队的旗帜；其他保障人员提供运送表演工具、烹制食材等各种后勤保障性服务。

4. 资金来源

个户集资是社火资金来源的最重要的形式。村庙牵头向村民家家登门收取费用。据村庙负责人介绍，过去几年村民并不富裕，很难筹集资金，所以村庙负责人到村民家收取油馍馍（当地群众过年必做的食物）、猪肉和人民币 5 元至 10 元。随着国家的脱贫攻坚战打响，村民的生活渐渐走向小康，社火活动也由向村民收取食物到直接向村民收取金钱。经费筹措好后村庙负责人即刻张榜公布。筹措到的经费主要用于置办服装、道具、食品等物资。

大户筹资是社会资金的又一筹集方式。村庄中比较富裕的村民根据自我意愿向社火活动捐助资金，例如古鄯镇池坡村今年的社火表演就收到了来自村中经商取得良好效益的村民的巨额捐款，为此社火彩排时向这些捐款的大户特别演出了一场表演。除大户之外，村庄中家境较好，在单位上班的村民比普通村民多缴纳一定的资金，例如古鄯镇某村 2024 年向普通村民筹资每人 200 元，向有工作的村民筹资每人 500 元。

文化局资助。社火表演是重要的非物质文化遗产，也是中华民族的优秀传统文化，政府部门为保护传统文化，也在能力范围内向社火活动提供经费支持。据古鄯镇山庄村社火负责人介绍，文化局在过去的几年中曾为社火表演提供资金和物资，支持社火表演，藏舞表演时播放音乐的音响上就印有“青海省文化和旅游局赠”的文字。2023 年甘肃积石山地震，对民和县的部分地区造成了重大破坏，政府资金被用于抗震救灾，村民也理解政府的难处，选择自我筹资。

总的看来，古鄯镇社火活动主要是由民间自发组织、自发进行的。固定的组织、严密的资金筹集方式是社火制度完善的重要标志。

5. 准备工作

排练工作是社火表演准备工作最重要的内容。据当地村民介绍，若是村庄今年要表演社火，则在每年十一月末腊月初通知村民，号召村民参与社火表演。村民得到号召后在社火表演的场地聚齐，待负责人拟定身材（角色），并向全体村民张贴告示，公示身材的扮演者。被选定的村民在正式表演之前在负责人的组织下学习社火表演，开展排练工作。

场所布置。社火表演的场所一般是村庄中较大的打谷场，近年来新农村等项目完成后，部分村庄的表演场地迁到本村的广场举行，也有部分村庄将过去的打谷场地面硬化，秋日打谷冬日表演社火。场所布置主要是在表演场地的上方拉上彩旗，挂起灯笼，营造祥和喜庆的节日氛围和布置异彩纷呈的表演环境。

彩排（又称“穿衣裳”）是指社火表演人员穿上表演时的服装在正式表演前的最后一期排练，也是唯一一次穿上表演时的衣服排练。彩排往往定在每年腊月二十至除夕前的这段时间，负责人请人选定吉祥的日期，并在该日为表演人员穿上社火表演的服饰进行社火表演。

6. 表演时间

古鄯镇每个村庄的社火队除了在本村表演，还受邀至其他村庄表演，因此古鄯镇每个村庄社火表演的时间持续周期较长，一般从正月初一、初二或初三出马，持续至正月十五或正月十六，涵盖了半个正月。

7. 社火队表演仪程

出马。出马是指社火表演队通过宗教仪式开启当年的社火表演，并在当地村庄表演第一场的仪式。社火表演队确定当年的出马时间，并告知所有身材（角色），在预定时间集合，所有身材（角色）化装穿衣服后在本次进行第一场表演。例如 2024 年古鄯镇山庄村的社火在正月初一凌晨三点半（寅时）出马，在山庄村的表演场地表演秧歌、藏舞以及种庄稼。

降香。社火从表演的动机上来讲，是一种宗教信仰驱动的活动，因此降香也是社火表演队仪程中的重要环节。社火表演队在出马以后，从表演场地行走至村庙降香，即社火表演队在村庙烧香并在村庙为庙内的神灵表演。本村社火接到其他村庄社火的邀请后到其他村庄表演社火时，到其他村庄的第一件事也是降香。

受邀和表演。当年不表演社火的村庄以神的名义在春节社火表演前会向有社火表演的友邻村庄的社火表演队发出拜年帖（邀请函），给友邻村庄的社火表演队拜年并邀请其到自己的村庄进行社火演出。社火表演队收到友邻村庄的拜年帖（邀请函）后，安排出演时间，及时通知发出邀请的村庄。在表演当日，发出邀请的村庄派人在村口恭候社火表演队，待社火表演队进入村庄时燃放双响炮及鞭炮表示欢迎，社火表演队在该村村庙降香完成后到该村表演场地进行表演。如果发出邀请的村庄当年也有社火表演时，邀请仪式与没有社火表演的仪式一致，迎接时发出邀请的社火表演队会在村口迎接，并有一定的欢迎表演。

还愿和卸身材（角色）。在社火表演的最后一天在本村庄内进行，俗称“还愿”，即民众向神灵发出告示，祷告今年的社火表演已经结束。表演结束后表演者向庙会归还表演的工具及衣物，结束当年的社火表演，这就是“卸身材”。

8. 社火中的音乐

锣鼓乐是社火表演的重要伴奏音乐。铜锣、响鼓、钹等三件乐器是社火音乐演奏的重要乐器，三件乐器在锣鼓手的配合下发出悦耳和谐的乐声，为社火表演提供节奏指示。秧歌、藏舞的部分节目、牦牛、旱船、舞狮的伴奏均由锣鼓手提供，这些节目在震天的锣鼓声中进行表演。

社火小调在秧歌表演的途中由秧歌身材（角色）的人演唱，其节奏较为缓慢，但音调高昂，体现着高原生活的慢节奏和高原人民的豪迈。青海省作为众多民族聚居的地方，社火曲调具有很强的“民族风”，语言上有着明显的嬗变倾向，都有着很深刻的交融性，包括说唱的方式、曲调的节奏等。[①] 据调研，古鄯镇的社火小调演唱由村庙负责人和身材（角色）自

① 参见杨天奇《社火曲艺的价值和问题研究——以青海社火为例》，《原生态民族文化学刊》2013 年第 2 期。

行编唱，内容多为祈求平安的吉祥话，如“叫一声龙王爷你是听，再叫个花姑儿说一声，恶风暴雨深山里降，轻风细雨俩降吉祥”“山庄的众人你是听，再叫个身材上的听分明，山庄靠的是黄草山，家家户户里出状元”，还有用夸张的手法歌颂党的恩情的演唱，如“叫一声领导你是听，再叫个众人听分明，党的恩情比海深，山庄修成了北京城”……无论是哪种歌词，都用青海方言演唱，表达村民心中的朴素想法和对美好生活的期盼。

藏族歌曲被用于藏舞表演，藏舞表演的部分节目由锣鼓伴奏，大部分节目由藏族歌曲伴奏。《洗衣歌》赞扬党的恩情，《欢腾的草原》展现草原牧民生活，《吉祥禄曲》表达对美好生活的期盼，这些藏族歌曲都是青藏高原人民精神生活的生动展现，也是对美好生活的期盼和对中国共产党的感恩和爱戴。

9. 社火表演中的创新

据当地负责人介绍，古鄯镇的社火表演的创新较为缓慢，在 2000 年以前社火表演只有秧歌和牦牛等节目，2000 年以后，社火表演渐渐加入了藏舞、舞狮和旱船等节目。在池坡村调研中，我们了解到当地的太傅表演已有 20 余年未曾表演，当地老人也只在记忆中看过太傅表演。2024 年池坡村负责人为传承当地文化，从邻村请来了一位老师傅为他们教授太傅表演。

腰鼓是 2024 年古鄯镇山庄村社火的重大创新，也是整个古鄯镇社火表演中最大的创新。腰鼓本是陕北地区的特色节目，2024 年山庄村为丰富社火表演的节目种类和节目形式，特地请本村的小学音乐教师高老师为社火表演人员教授腰鼓表演。这种创新，不仅是对社火表演的丰富，更是地区文化的交流和融合，也是中华多民族的文化交流的重要举措。

（二）问卷调研分析

本次调研我们采用实地观察法、访谈调研法和问卷调查法线上线下相结合的调研方法。问卷调查法通过设置简单易答的问题，来了解“社火”在不同性别不同年龄当中的印象及了解程度。此次共得到线上问卷 145 份，有效问卷 144 份。根据填写情况对得到的数据进行详细分析：

1. 调研群体及关注度

调研群体的年龄大多集中分布在 17 岁至 25 岁，少数中年人，这说明年轻人对社火的关注度不比中老年人低。中年人填写较少主要与当地受教育程度有关，由于此次调研地在村落，对中老年人的调研更多地采取访谈调研法，所以本次问卷调研主要针对不同性别、不同民族、不同学历和职业的青年。

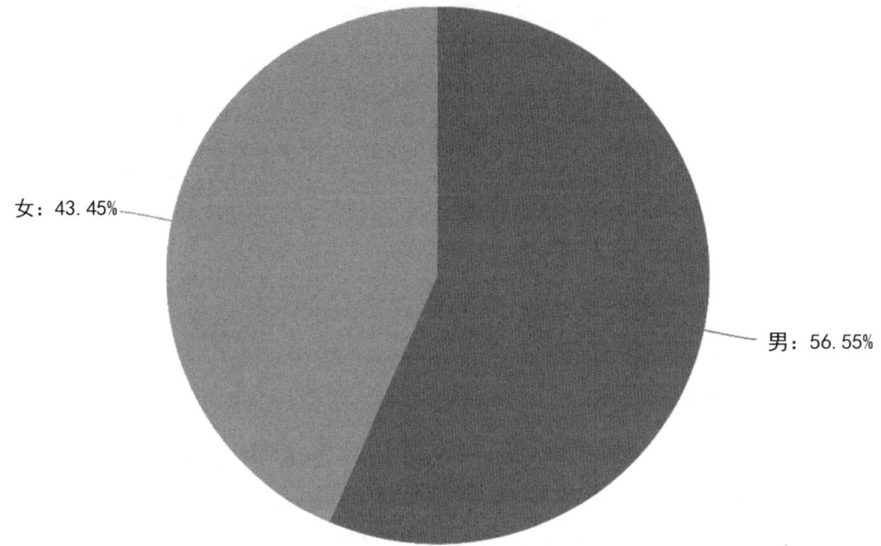

图 1　调研群体的男女比例

从图 1 可以看出，男女比例基本相持，样本相对平衡具有代表性，不同性别的青年群体都对社火表演持有较高的关注度。参与答卷的民族由汉族、回族、土族、藏族、撒拉族等组成（图 2），作为一个多民族聚集地，青海早在元明时期就已逐渐形成了儒释道、藏传佛教、伊斯兰等三大民俗文化圈交流交融、互动共享、和谐发展的多元体民俗文化格局，民俗文化融合了众家之长，同时也孕育着各民族的特色。社火在表演之初就吸引了各民族人民前来观看，生活在青海这片土地上的青年都对社火有或多或少的了解。

图 2 调研群体的民族构成

青年群体从事的职业多种多样，大多数为学生，也有受到良好教育及有过走出家乡经历的知识分子，还有少部分为工人、驾驶员、广告设计者等。随着民众兴趣多元化，信息化的娱乐方式和各类新兴科技化对当代民众产生了较大的影响，人们更乐意通过电视、网络、跳现代舞等方式消遣余暇时间，但是对社火这一传统习俗，大家依旧热情不减。学生群体对社火表演的关注度高有利于社火传承，在问及是否愿意向其他人介绍或传播这种习俗时，超过九成的人表示愿意向其他人介绍或传播社火这种习俗，仅有不足 8% 的人表示不愿意。由此可见，人们对于社火文化有着极强的文化认同感和文化自豪感。

2. 喜爱及了解程度

对社火的关注度高也并不意味着对社火的了解程度高。在问及社火表演的相关知识时，调研群体给出了不同的答案。

针对这些群体的调查，其中喜欢看社火的占 87.59%，不喜欢看社火的占 12.41%（图 3）。这说明虽然是年轻人，但是传统的表演社火的习俗还是比较受人喜欢，并没有随着时间的消逝而淡出年轻人的关注范围。对于喜欢看社火的人，我们对于是否每年都会观看的情况进行了了解，其中有 63.45% 的人每年都看，36.55% 的人虽然喜欢但并不会每年都看（图 4）。深入跟进，在喜欢看社火的人当中，我们又进行了调查来研究表演者中青

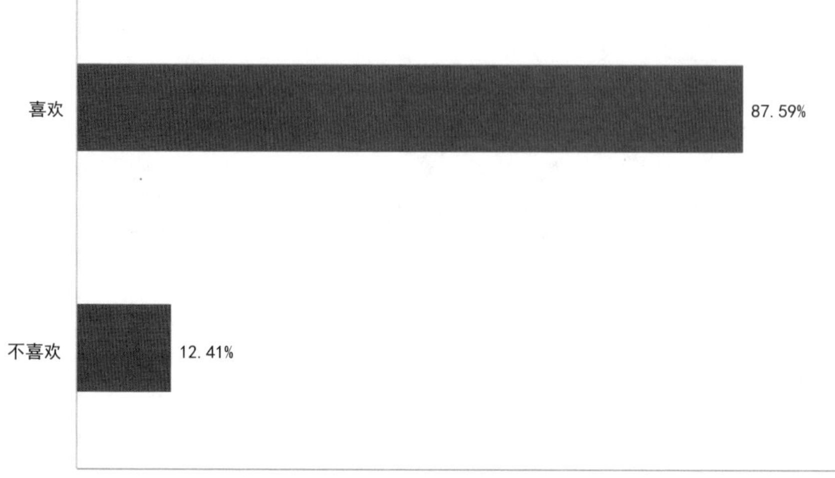

图 3 调研群体的喜爱程度

年力量的加入情况，得到的答案是，92.39% 的人回答“是”，7.61% 的人回答“否”（图 5）。这说明在大多数年轻人看来每年表演的社火都会有新的演员加入，即社火演员不仅仅是那些代代相传的旧人，而是每年都有一些新的接班人会传承该文化和习俗。

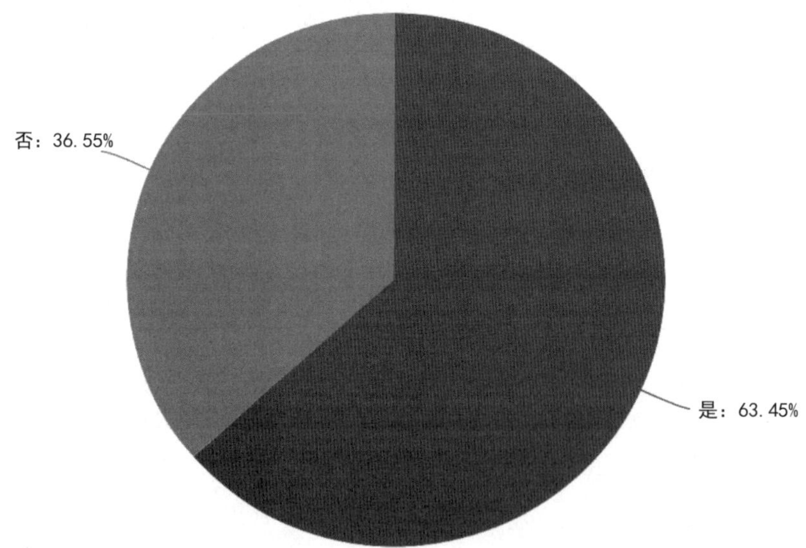

图 4 调研群体的观看意愿

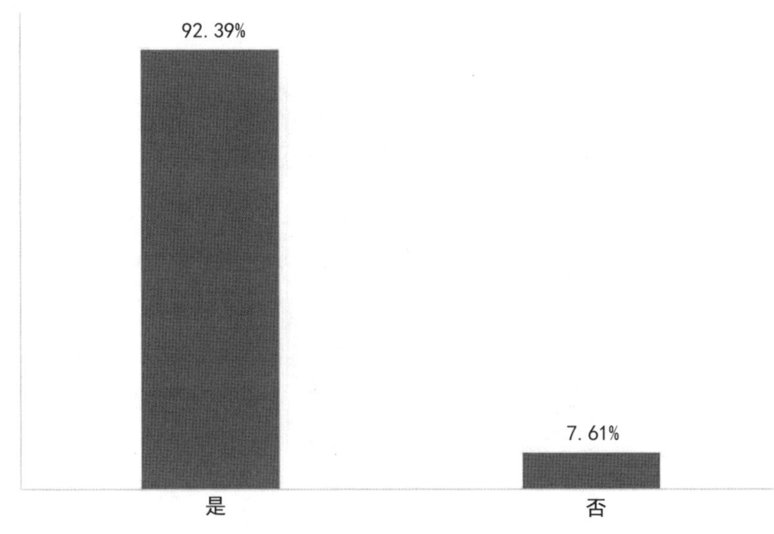

图 5 表演中青年力量加入的情况

我们对所有参与问卷的人提问了一个开放性问题，旨在了解有哪些节目是受到年轻人关注（看他们对社火中的经典节目是否了解）。在青年人眼中，比较深入人心也比较受欢迎的节目有舞狮、舞龙、高跷、藏舞、扭秧歌等，也有一部分人表示不知道比较经典的节目。这说明在每年的社火演出中，一些经典的节目很少受到年轻人关注和喜欢，只是关注到了一些最引人注目和最具有趣味性的节目。

人们对社火节目寓意了解度的调查数据显示，有 66.9% 的人表示了解社火节目的寓意，而 33.1% 的人则表示不了解节目所蕴含的寓意（图 6）。不难发现，大多数人对社火节目的寓意有明确的认识，可见社火节目能够吸引众多民族围观且参与其中，不仅仅是因为其丰富多彩的节目表演形式，更在于节目背后所蕴含的寓意。但是也有三成的人只知道这个节目在社火中演出，但并不知道它有什么样的含义，更别说那些没有受到自己关注的节目，只知形而不知意。

人们对于社火表演的新变化有着不同的看法，根据调查数据显示，有 63.45% 的人认为以前的社火更好，而只有 36.55% 的人认为现在的社火更好（图 7）。由此可见，随着社会的发展，社火表演添加的新元素并不是十分受欢迎。通过采访了解到，大多数人认为以前的好是因为其氛围更加浓

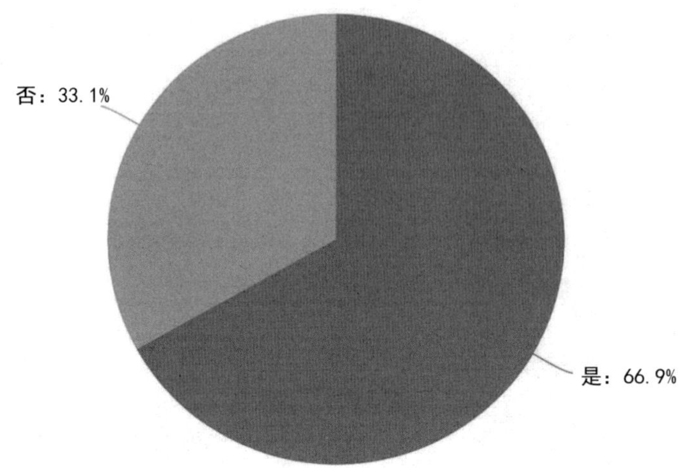

图 6 人们对节目寓意的了解程度

厚，形式更加灵活。少部分人更加喜欢现在的社火，因为时代的不断进步中社火表演节目更加丰富多彩，服装款式更加多样。

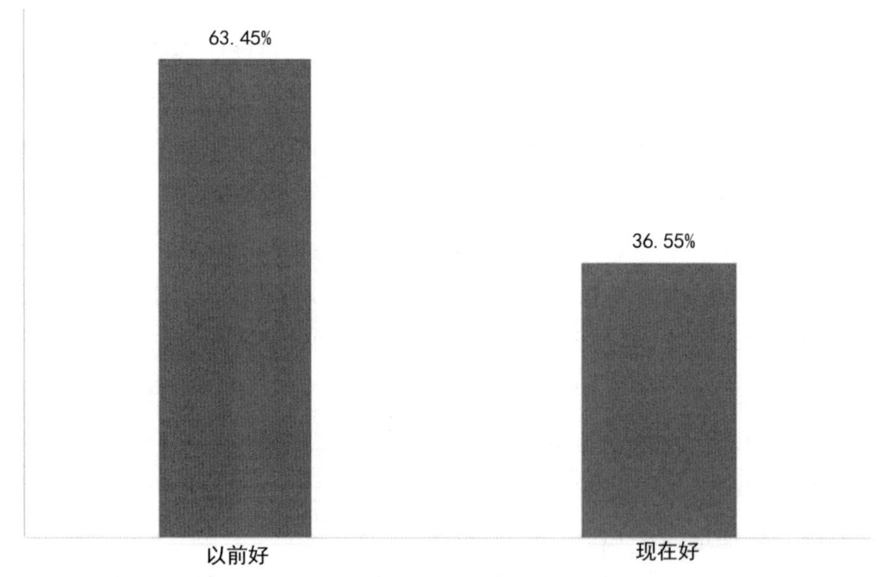

图 7 对于社火新旧的认识差异

根据采访和数据显示，大多数人所了解的少数民族节目有藏族舞蹈《锅庄》和《牦牛舞》，因为其明显的藏族服装和民族节目而被知晓。而其中的社火小调融合了回族、土族等少数民族的唱法，但是并没有人细分，可见，古鄯镇汉族与回族、藏族、土族等少数民族世代杂居，相互影响，潜移默化中已不分彼此。调查结果显示，参演者主要以汉族为主，同时也有土族和藏族参与其中，而观众中有很多的回族，但因其特殊的民族文化并未参演（图 8）。

图 8 参加社火表演的民族构成

图 9 对方言传唱的认可度

社火表演中很多节目都是用方言来演唱的，根据调查数据发现，有95.17%的人更喜欢用方言演唱的社火表演形式，表示方言演唱更接地气，更具亲切感，更能融入其中。只有4.83%的人不喜欢方言演唱（图9）。不难发现，方言演唱形式因其独特的地方风格，民族风格而更加备受青睐。方言演唱既是社火的一大特点也是传承的难点，调研群体对未来方言演唱的预测也做出了以下回答。有57.24%的人表示方言演唱的形式会增加，而42.76%的人认为会减少（图10）。可以发现，持两种意见的人相差并不大。其中，大部分人认为方言演唱更加喜闻乐见，应当不断增加。而其他人则认为方言演唱虽然更接地气，但是时代的不断进步中，文化需要不断传播和发展，而方言演唱则不利于传播和发展。

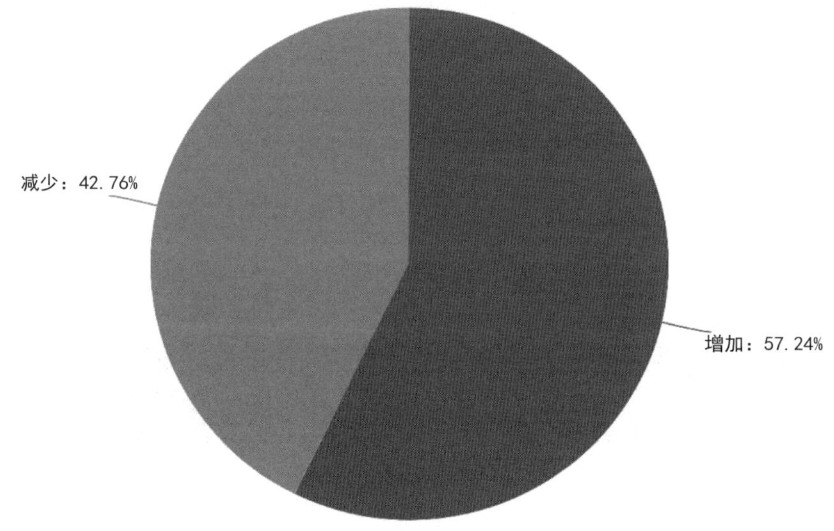

图10 对方言传唱的预测

3. 互联网时代的认同感

随着互联网的发展，社火逐渐出现在各大网络平台上，对于观看方式的调查数据显示，有84.83%的人更喜欢现场观看，认为现场视听效果更好，观众比较多，表演者与观众能进行互动，气氛更加强烈。另外15.17%则倾向于通过社交媒体观看，认为线上观看能够全方位观看现场表演，更加多维而全面（图11）。

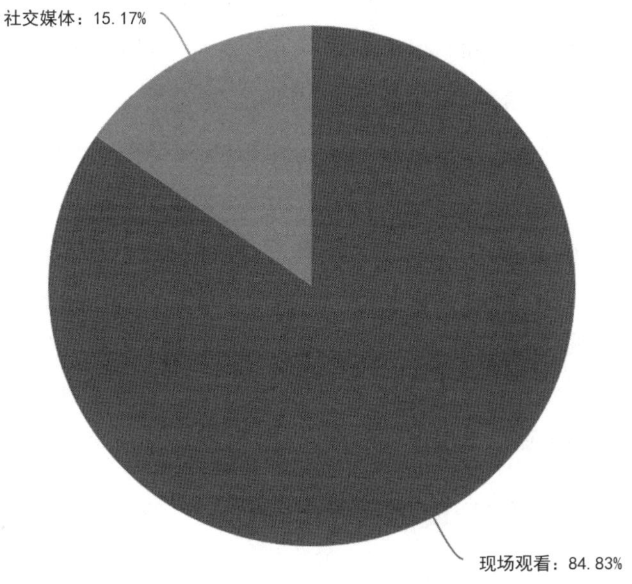

图 11 线上线下观看意愿

由该线上问卷分析结果得出，社火比较受青年人喜欢，并且不受性别和年龄范围限制，而且每年都会由新的社火演员去表演和传承该习俗和文化。但是在大多数观众看来，比较经典的节目仅局限于一些能够引人注目和具有趣味性的节目，一些意味较深的节目并没有被部分年轻人了解和熟知。在与少数民族联系方面，较少有人知道社火中的节目与少数民族之间的联系和故事，只知道比较经典的藏舞，缺少与少数民族的交流和融汇。但是值得高兴的是，大多数年轻人对于社火有一种自豪感和文化认同感，并且愿意向外介绍传播青海社火。

四、调研结论

（一）青海社火展现着青藏地区人民的生活方式

前文所述，古鄯镇社火表演的节目秧歌、藏舞、牦牛都真实反映了青藏地区人民的生活。秧歌代表着高原上的农民庆祝一年取到的好收成，向龙王及神灵展示一年来的收获，《种庄稼》节目中用撒种子、犁地的方式展示青藏高原的农民最简朴的种地方式，期待来年继续风调雨顺、五谷丰登。中国舞蹈家协会主席冯双白说：“藏族舞蹈70年来在内容上主要有几个发展方向，一是非常深情地赞美中国共产党；二是歌颂军民鱼水情；三是赞美自己火热的新生活。”[①] 藏舞是高原人民庆典的一种方式，生动地展现了高原人民的生活热情、对生命的敬畏以及对中国共产党的爱戴与赞美。牦牛表演展现了藏族夫妇驯服牦牛并照顾牦牛产下小牛犊的场景，牦牛表演的实质是高原生活的缩影，高原上的牧民们期待母牦牛产牛犊，自己的牦牛数量更多，生活更加富裕。这些表演通过村民最真实的状态向观众展示着高原生活的缩影，也期盼着生活幸福安康。

（二）青海社火表演形成了“村庙＋村民”的固定模式

青海的村落都是以村庙为纽带，将农户联系在一起，形成了“村庙＋农户”的二元结构，这是青海农村的基本模式。[②] 在古鄯镇社火表演中，表演动机、人员组成、资金来源、准备工作及社火队表演仪程都是在村庙和村民的二元结构下配合进行的。村庙是村民的信仰，村庙的负责人是村民公认的领导者与社火组织者，村民在村庙负责人以村庙的号召下参与社火表演；社火表演的人员基本由村内群众构成，村内群众为社火表演队提供了基本的人员保障；个户集资和大户筹资都是农户及村中大户自愿出资或捐赠给村庙，由村庙统一调度安排给社火表演队；村庙负责组织村民，村民在村庙的安排下开展社火表演的各项准备工作及表演仪程……村庙作为青海社火的纽带，将村民联系在一起，共同参与到社火表演的工作中。在青海的众多村落中，这一“村庙＋农户”的模式普遍存在，这种模式将村民连接起来，构成了青海社火组织的基本模式。

---

① 张婷：《高原上的藏舞还能跳得更好》，《中国文化报》2021年9月2日。

② 参见霍福《春节社火的文化功能——以青海社火为分析对象》，《节日研究》2011年第1期。

（三）青海社火传承有内在的稳定性

一个空间一经形成，便具有相当的稳定性，这种稳定性是通过社火来宣示和确认的，因为社火的演出基本上是在这些村落内部进行的，这些村落是社火文化的核心区。[①]“村庙 + 农户”的二元模式基于农村的现实状况形成，与村落农户的生产生活方式密切结合，其内部的连接方式虽然在日常生产生活中难以观察，但是在社火表演中该模式得到了极大的发挥。这种稳定性也维护着社火的传承。“村庙 + 农户”的模式对村庄内部具有增强认同感和聚集村民的作用，并且社火演出增强了村民们的相互认同感和凝聚力，进而促进了社火的传承和发展。青海社火已经变成了维护整个村落稳定的“稳定器”，这些以信仰为核心的民间习俗凝聚着村民共同表演，维护着社火的传承，从而保证了青海社火不断被传承下来。

（四）社火表演对于维系村社团结具有重要意义

社火表演是村与村、社与社之间集体性的活动，冬天时就开始准备各项事务包括会头们下帖、置办“身子”服装道具、安排人员参演、组织乡民们捐钱纳粮出人出力，等等，忙活一两个月那是很普遍的。而乡民们平时不在一起，或者忙于各自的家业无暇顾及，冬天却经常一起练舞、排剧，维系乡民之间的感情，寓之于乐，再好不过了。[②]在青海的每个地区社火表演的“身子”都有地区差异性，像河湟地区的多数社火中都有“灯官老爷”“哑巴”“胖婆娘”等重要的形象，而他们每个角色之后都有故事，每一种行为都赋有含义，而在村社当中，人民群众在社火中除了五谷丰登、风调雨顺、国泰民安、民族团结等美好的祝愿外，每一种角色都能带来美好的期盼。每当社火在村子和社区内“出马”后，各村乃至各县之间都会相互邀请演出，也会进行社火队伍集结后的巡演，承载着大家对新

---

① 参见霍福《春节社火的文化功能——以青海社火为分析对象》，《节日研究》2011 年第 1 期。

② 参见冯华瑛、张志春《浅谈青海社火的社会功能》，《吉林广播电视大学学报》2013 年第 1 期。

一年美好生活的期盼，同时是构建村社团结的重要枢纽。

（五）青海社火在乡村振兴中具有文化振兴和经济振兴的双重作用

青海地区多样的优秀传统文化在乡村振兴中起到了至关重要的作用，而精准定位优秀传统文化功能并进行功能分析，要走在乡村振兴的实践前，这样就能更好地发挥文化的稳定器、黏合剂的作用。[①] 每到年底开始进行社火排练和新年初进行社火表演的时候，成千的群众围成一圈在欢欢喜喜过大年的氛围中感受传承下来的独属于青海人的文化氛围。同时，2024 年青海社火当中的高跷也登上了河南卫视春晚，成功出现在更加广泛的大众视野，并将高跷文化带出了青海省，让全中国人民感受来自青海社火的震撼。例如 2024 年春节期间，民和县文艺演出、乡土社火、篮球邀请赛线下文体活动持续展开，让群众感受到了浓浓的节日气氛和“家”的温暖。社火在带动文化振兴的同时，也带动了经济增长，每到春节时期，就有不少旅客慕名而来观看青海社火演出，带动了当地经济的增长。除了外地游客，省内游客也会为了感受不同地区的社火文化氛围到处观演。只要社火存在，就会有小的商业流动区跟着社火队伍的脚步而流动，旅游业和小的商业队伍的流动也给每年春节带来了经济增长。

（六）青海社火对于维护民族团结、展现多民族生活、铸牢中华民族共同体意识具有重要作用

以我们调研的代表地区古鄯镇为例，当地以汉族和土族居多，也有部分藏族居住。经过我们调研访谈得出，就表演者来说多数为汉族装扮，但是所表演的节目中从原来的传统社火表演的基础上又增加了藏舞这一表演内容。青海河湟地区汉族的春节习俗与全国相比，既在节日仪式和文化内涵上存在共性，又具有鲜明的地域特色，春节社火作为河湟汉族最具有代

---

① 参见唐田《优秀传统文化在青海省乡村振兴中的功能研究》，《智慧农业导刊》2023 年第 22 期。

表性的节日文化，它又深刻地影响了周边藏、土、蒙古等世居民族的节日文化。在青海河湟地区的社火表演中，除了增加已久的藏舞之外，近几年又逐渐增加了锅庄、新疆舞、蒙古舞、土族舞等常见的少数民族舞蹈，在现今已被大众广泛接受并喜闻乐见，展现了多民族的生活，可见现如今对各民族文化的重视程度越来越高，人们心中的民族团结和民族共同体意识也逐渐加强。当然，这种少数民族节目增加的形式也吸引了越来越多少数民族观看甚至参与到社火表演当中。千百年来，作为国家主体文化的汉文化绵延不断地通过春节这个重要媒介向周边少数民族地区辐射和传播，并使之成为青海藏、土和蒙古族最为隆重、内涵最丰富的民族传统节日。同时，有了社火这个契机，少数民族的节目和习俗也能够通过这个文化载体向汉族和其他各民族民众传递传统文化和伦理道德观，营造和美共融、多元一体的和谐团结局面，从精神文化层面传递中华民族一家亲的理念，从而在人们心中铸牢中华民族共同体意识。

参考文献

1. 汪晓琴:《新中国成立70年来北方“社火”民俗研究综述》,《地方文化研究辑刊》2021年第2期。

2. 胡芳:《文化认同视域下青海三大民俗文化圈的交融与共享》,《青海社会科学》2021年第2期。

3. 霍福、赵艳:《历史场阈中的目连戏研究——目连戏的形成、传播及青海民间遗存》,《高原文化研究》2023年第1期。

4. 马岩芳:《仪式、信仰与乡土社会秩序建构——以青海湟中葛家寨村的社火表演为研究个案》,《青海师范大学学报(哲学社会科学版)》2010年第5期。

5. 王默:《多元信仰文化与族际互动——基于青海河湟地区的民族学研究》,博士学位论文,兰州大学,2017年。

24

西和县春节三祭民俗录

杨克栋

甘肃省陇南文史研究中心研究员

当地老山歌："鸟儿能飞各有窝，年要过好讲究多。"[①] 唱的就是甘肃省西和县春节期间保留着许多古老民俗，其中最主要、最能代表春节历史文化内涵的是群体性信仰民俗——祭灶、祭天、祭祖的"三祭"。笔者数十年亲历了家乡西和县春节"三祭"的昌盛情况，现将亲历、亲见、亲闻分别辑录如下。

一、祭灶

当地老山歌："到了腊月二十三，家家灶爷要上天。先供灶饼后献糖，为说好话降吉祥。"[②] 唱的就是西和县春节民俗——祭灶。

一般群众把春节祭灶的神祇称"灶爷"，文化人称"灶君"，阴阳生称"赦罪大天尊"或"保生真人"。古籍中有灶神是黄帝、炎帝、祝融、玉皇御厨苏吉利等不同的记载。各地传说中，虽故事情节不同，但都认为灶神姓张。笔者很小时就听老人传说，该县的灶神是《封神演义》中的张奎、王兰英夫妇。因镇守渑池关壮烈殉职，后被姜子牙封为灶神。根据此故事情节，文人还编写成了秦腔剧目《渑池关》，1949 年前后西和县秦剧社在各地庙会中经常演出。

祭灶是《礼记》"五祀"[③] 之一。该县群众春节祭灶由各家单独进行，仪式分送神、接神两部分。当地把春节称"老年""大年"，相较之下，把腊月二十三日称"小年"，也是全县遵循的祭灶送神日，不过有少数地方例外。石堡乡包集村有大户包姓、杨姓、张姓等家族。据村中退休老干部张三胜先生讲，只有他们张姓家族在腊月二十四祭灶送神。据传说，很久前

---

① 杨克栋：《陇南 · 老山歌》（内部资料），2018 年，第 514 页。

② 杨克栋：《陇南 · 老山歌》（内部资料），2018 年，第 514 页。

③ 五祀：指祭祀的户神、土神、门神、行神、灶神。

张姓家族先祖很穷，当同村其他家族在腊月二十三祭灶时，还没有把所需祭品备齐，只得拖到腊月二十四借债购得祭品完成送神仪式，保佑了家族平安。当时张姓先祖破例立规，腊月二十四祭灶送神延续至今。这与民间传说宋人吕蒙正因穷腊月二十四祭灶并作诗“一炷长香一缕烟，灶君今日上青天。玉皇若问人间事，乱世文章不值钱”[①]之事如出一辙。

当地砌大小灶台时不设神龛，在祭灶送神前才安置神主位。由于家境情况不同，其安置形式各异。

1949年前，富有人家购买并张贴灶爷神像安置神主位。神像由木版套色印制而成，正中为执笏端坐的灶爷夫妇，左右立有金童玉女。顶上印玉宇天宫，下印当年历法12节气表。底部中间是聚宝盆，两侧还有鸡犬六畜。专供年货的腊月集市上，许多青少年拿上成沓的神像大声高喊“灶爷揭上，灶爷揭上”来沿街叫卖。富有人家将该神像请[②]来张贴在大灶台正面墙壁上后，左右还贴红纸对联。其联常写“上天言好事，下凡降吉祥”或“上天言好事，回宫保平安”。横额常写“一家之主”或“司命灶君府”。

大多数普通人家张贴自制灶爷牌位安置神主位。牌位用黄表纸叠成，其高30厘米，宽约12厘米，中间贴约3厘米宽红纸神签。神签常写：“东厨太阳司命灶君之神位”或“九天司命奏善灶王府君之神位”。灶爷神主牌位贴在小灶台正面墙壁上后，再在顶端贴上用黄表纸叠成的倒三角遮帘。

通过以上不同形式，在腊月二十三或二十四，不论富户大灶台，还是穷人小灶台都安置了灶爷神主位。

祭灶送神的供品，因家境情况不同质量有优劣，数量有多少之分，但各家不可或缺的是灶饼和灶糖。灶饼形圆碗口大小，由各家用小麦面、清油烙制而成。大户人家烙千层灶饼12块，分4碟上供，要是有闰月，烙13块，意为“月月红”。小户人家烙普通灶饼4块，装一碟上供，意为“四季来财”。灶糖米黄色、长条状，在集市上购买。西和县大桥乡、银杏

① 祝新福:《祭灶诗趣》,《知识窗》2006年第9期。

② 请：买的恭敬词。

乡一带，自古就有许多家用玉米制作灶糖的专业户。其制法分发芽、磨浆、滤渣、熬制、拉条、冷却等环节。其糖条状乳白色，平时不销售，专供腊月上市祭灶用，故称“灶糖”。当地流行一首歌谣：“灶王爷爷本姓张，一碗凉水三炷香。今年小人过得苦，明年请你吃灶糖。”这也反映了贫穷人家祭灶的真实情况。

祭灶送神的当天下午，各家晚饭都吃得很早。饭后将灶台打扫干净，摆好香炉蜡台祭器，只等天黑开始祭祀。由男性家长担任主祭，先在灶台上摆放灶饼、灶糖等供品，点黄蜡一对，燃长香三炷。后下跪，举杯献茶、献酒，庭院中鸣放鞭炮。将揭下的灶爷旧画或旧神牌位同三沓 9 张黄表纸一起焚烧在盛清水的小盆中。小声祈祷“言好事、保平安”一类的话语，行三跪九拜礼毕起身。如张贴了新灶爷画，取灶糖一块，在燃烧的黄蜡上稍烤变黏糊状后涂抹在灶爷嘴上，意为“吃了甜头，多说好话”。其后将盛纸灰清水小盆端出院门，倒在迎喜神的方向墙角处，至此，祭灶送神仪式结束。当黄蜡快燃尽时，取灶饼、灶糖供全家大人小孩享受，这可谓“上供人吃，心到神知”。当地民俗认为，腊月二十三祭灶送神后就百无禁忌，一切过年前的准备工作相继开始，年味也就越来越浓。

到除夕晚上进行祭灶接神，仪式较为简单，只是天黑守岁前给灶爷神主位燃蜡、炷香、献茶、献酒、焚表、跪拜，在庭院中鸣放鞭炮而已。

在当地群众心目中，灶爷不光是升天禀报善恶之神，他更是管水火、保吃喝的“一家之主”。世上谁不怕缺吃断顿，揭不开锅？谁又不怕家道败落，妻离子散而“倒灶”？所以对灶爷十分敬重。凡灶台上动土或重新砌灶都要选择吉日。在灶爷神主位前不妄言乱语，不乱敲锅盆勺碗，家中每次请阴阳生祭祀土神时，都要同时祭祀灶爷。夜间做梦如梦见有老阿婆参与的事情，不管所梦是吉是凶，第二天都要到灶爷神位前炷香祈祷。当地民俗认为，如有嫁出门的女性去世，第三天午夜魂魄会回娘家参灶。当晚娘家要打扫灶台，燃蜡炷香，敞开厨房门以备相迎。当地老山歌：“照着娘家的凉风台，想转娘家不叫来。想转娘家没人叫，除非死了去参灶。”[①]

① 杨克栋：《陇南·老山歌》（内部资料），2018 年，第 456 页。

唱的就是此民俗。

春节“三祭”中，祭天、祭祖是除夕接神、正月十五送神，天爷和祖先只能在各家敬奉15天。祭灶恰好相反，是腊月二十三送神、除夕接神。灶爷被接来后在各家敬奉到当年腊月二十三才被送走，历时近一年之久，彰显了“一家之主”不可或缺的地位。

家家从除夕祭灶接神开始，直至正月十五为止，每天要在灶爷神主位前“续香”，即一炷香快燃尽时马上要续燃一炷，不能间断。此事多由家中男性小辈承担。笔者在20世纪40年代小的时候，祖母常大呼其小名说：“快去神面前续香！”当时不管你情愿或不情愿，都得每天多次去神主位前完成这项任务。全家吃午饭和晚饭前要“供馔”，即先盛一小碗，碗口担筷一双，恭恭敬敬地分别献到神主位前，晚饭供馔时家家还在庭院中鸣放鞭炮。每天晚上要燃蜡、炷香、献茶、献酒、焚表、跪拜，这可谓“白天香烟缭绕，晚上明烛高照”，当然神与人皆大欢喜。

当地流传着一本《灶王真经》载：“东厨司命，元皇灶君。福水善火，一家主尊。鉴察善恶、户赖洪福。”另有《敬灶全书》说：灶爷“受一家香火，保一家康泰。察一家善恶，奏一家功过”[①]。这就是春节祭灶成为西和县乃至全国各地的群体信仰民俗之一的缘由。

二、祭天

当地老山歌：“当院摆的天爷堂，天天不断烧长香。天爷生日正月九，献上寿面连寿酒。”[②]唱的就是西和县春节民俗——祭天。

一般群众把春节祭天的神祇称“天爷”或“老天爷”，文化人称“玉皇大帝”，阴阳生称“玉皇宥最大天尊”。春节祭天由各家单独进行。祭天仪式分接神、送神两部分。据古籍记载，周人祭天要“兼及三望”（日月星），而在空旷处设坛。当地群众春节祭天亦同样在能望见天空的庭院中

① 彭金山：《陇东风俗》，敦煌文艺出版社2001年版，第31页。

② 杨克栋：《陇南·老山歌》（内部资料），2018年，第514页。

安置神主位。由于家境情况不同，其安置形式各异。

1949 年前，富有人家除夕前先在庭院中面向主房正厅放置书桌一张安置神主位。桌上摆木架彩纸糊成的三间屋式小神龛。神龛门楣写有“天爷堂”匾额，左右写有“风调雨顺和，国泰民安康”或“人间善为本，天堂降吉祥”对联。其堂由当地木匠做成，腊月集市上多有出售。天爷堂底盖由木板做成，底有小孔可左右插黄蜡一对，盖有大孔可供蜡烟冒出。晚上点燃，通明透亮，像彩灯一样。由遮起黄纸帘的堂门向里望去，正中贴有约 3 厘米宽红纸神签，上写“天地三界诸神之位”或“天地三界十方万灵诸神之位”。从神签书写看出，虽是天爷堂，对万灵诸神统统供养。堂前摆有香炉。古有“立木行祭”之说，富有人家春节祭天时亦立栎或松效仿。栎为铁橡树，俗称“铁橿”或“铁抱子”，松为华山松，二者均为常绿树种。腊月下旬，林区或林缘村庄的农民，常砍伐高 2 米左右的铁橡树和华山松到集市上出售。富有人家购得后直立固定在摆天爷堂的书桌后面，不但使祭祀显得严肃与庄重，而且使庭院中春意盎然。

大多数普通人家同样在能望见天空的庭院中安置神主位，多因没有书桌，常用其他器物替代。如 1949 年前笔者家中每年春节祭天时，将一装水大木桶放置庭院中，上置一块案板摆放天爷堂，堂前摆有香炉。当然也没有松树与栎树，当时购买其一棵要花四五升粮食的代价，普通人家只得将“立木行祭”免去了。不过林区或林缘农民家中，因“靠山吃山，靠林吃林”，不但直接进林砍伐松、栎直立固定在摆天爷堂的器物后面，有的还在庭院中着意栽培一株，每年春节祭天就直接在树下摆放天爷堂。家境特别穷的人家，没有书桌，也没有天爷堂，他们就张贴自制天爷牌位安置神主位。牌位用黄表纸叠成，中间有天爷红纸神签。除夕时将其牌位粘贴在庭院中任意一处墙壁上。其壁如有墙台，可放一装灰的容器，祭祀时作燃蜡、炷香用。如无墙台，用厚纸折一倒三角形粘贴在天爷牌位下方呈袋状，装灰后亦可燃蜡、炷香。正像俗语所说：“为祭天，穷人也有穷心穷方子！”

通过以上不同形式，在除夕不论富有人家还是普通人家的庭院中都安置了天爷神主位。

除夕晚上天黑守岁前，群众都在庭院中天爷堂或天爷牌位前进行祭天接神仪式。普通人家男性长辈燃蜡、炷香、焚表、行三跪九拜礼。富有人家男性长辈除行以上礼仪外，还要献茶酒和各种供品及在庭院中鸣放鞭炮。

家家从正月初一祭天接神开始，直至正月十五为止，每天都要在天爷堂或天爷牌位前“续香”，午饭、晚饭前要“供馔”，晚上燃蜡、炷香、献茶、献酒、焚表、跪拜、鸣炮。

当地群众把正月初九视为天爷生日，这与古人认为“9”为最大数有关。当天家家除进行正常祭祀活动外，还要在天爷神主位前献长寿面和寿酒。县城东山有朝阳观，上建玉皇大帝凌霄殿。正月初九举行“上九庙会”，由阴阳生设坛诵经，群众纷纷朝山赴会祭祀天爷生日。

春节祭天送神在正月十五晚上进行，照例要在天爷堂或天爷牌位前燃蜡、炷香、献茶、献酒、跪拜，在庭院中鸣放鞭炮、焚表时将天爷堂内红纸神签和墙壁上天爷牌位一起烧掉，至此，历时半月的春节祭天仪式结束。

天人合一，万物有灵的古老哲理，无不揭示出人类生活同大自然的密切关系与和谐的一致性。春节祭天是人们善良和美好的心灵与大自然的一种约定与感恩。祈求新的一年里风调雨顺，五谷丰登，牛羊成群，家宅平安。这就是春节祭天成为西和县乃至全国各地的群体信仰民俗之一的缘由。

三、祭祖

当地老山歌：“过了除夕年对年，初一祭祖头一件。千事万事孝占先，祈求祖先保平安。”[①] 唱的就是西和县春节民俗——祭祖。

一般群众把春节祭祖的祖先称“先人”，文化人称“先祖”，常书写为“祖宗”。当地没有修建家族祖宗祠堂的风俗，所以春节祭祖由各家分散单

① 杨克栋:《陇南·老山歌》（内部资料），2018 年，第 514 页。年对年：方言，指两年。

独进行。祭祖仪式分接神、送神两部分。祭祖接神前要安置神主位。由于家境情况不同，其安置形式各异。

1949年前，富有人家用小神龛和画像挂轴安置神主位。小神龛常年摆在正房中厅八仙桌上，雕刻精美、形式多样，当地群众称“先人堂”。除夕祭祖前将堂门打开，其内正上方立有蓝底金字的祖先牌位。书香门第的牌位书写“天地君亲师之神位”。望族名门冠以姓氏书写“×门三[①]代祖宗之神位”。西和少有的几家官宦门第悬一代或几代祖宗彩色画像挂轴。其轴常年装在书画匣内，除夕接祖先前才请出悬在正房中厅墙壁上。正月十五送祖后及时收起，以表对先人的敬重。民间流传“只有除夕才能见，元宵过后不再留”的说法就指此事。当时，据笔者所见，其像多是顶戴花翎、清朝礼服着装，证明其祖先在清朝或捐或考取得过官衔。

大多数普通人家祭祖接神前自制祖先牌位安置神主位。牌位常用表面附有黄表纸的烧纸一沓封包而成，中间贴约3厘米宽红纸神签摆在正房中厅桌上即可。神签如请文化人书写，会冠以姓氏写为“×门三代祖宗之神位”。其签如在集市上购买，出售人为图方便，提早都写成了“本音三代祖宗之神位”或“本门三代祖宗之神位”。

通过以上不同形式，在除夕不论富有人家或普通人家的正房中厅桌上都安置了祖先之神位。

富有人家安置好祖先神位后，先在八仙神桌上摆放祭器：带底座的铜制大香炉一个，精制的金属蜡台、香筒各一对，然后撑开折叠的木雕十字供品架若干，架上花陶碟中盛满各种糕点和油炸面果，再在八仙桌前挂上红绸、黄飘带的俗称“桌裙”的桌帏。同时，厨灶里女性家眷正忙碌地准备各种祭品。除夕守岁到深夜子时，当院燃放鞭炮开始祭祖接神仪式。全家穿戴整齐，肃立神桌两侧。家中男性长辈担任主祭，燃蜡、炷香、焚黄表、跪拜。晚辈由厨灶依次端盘传递供品，交主祭人行三献九供礼。供品献罢，主祭长辈行礼起立后，全家男性成员依辈分、年龄的秩序给祖先行三跪九拜礼。“追感岁时，不胜永慕，敬陈厚奠，用表孝忱。”祭祖接神仪

① 三：此处是概数，取其多数之意。

式就在严肃、隆重、恭敬、虔诚的气氛中进行着。晚辈给祖先行礼后，要直呼长辈称谓叩头行礼拜年。此时，长辈要逐个给未成年的小辈压岁钱。其钱当地群众称“见子钱”，意为等到“一元复始”的子时才给的钱，这是对压岁钱赋予的别样含意。

大多数普通人家安置好祖先神主位后，虽心有诚意，但家境条件受限，对神桌的布置不像富有人家那样豪华。有的摆放木质献器，有的只摆陶质香炉，也没有木雕十字供品架和碟装供果及桌帏。但祭祀用品黄蜡、长香、黄表纸一应俱全、数量充裕，直可用到正月十五送祖祭祀时。普通人家由于没有自鸣钟确定“一元复始”的子时，祭祖接神仪式常在除夕天黑守岁前与祭灶、祭天接神同时进行。笔者家贫，小时虽年年直呼长辈称谓叩头行礼拜年，但很少得到“见子钱”。当时，同属此类家境情况的小辈境遇一样，谁也就没有什么奢想、怨恨之意一说。

家家从正月初一祭祖接神开始，直至正月十五中午为止。每天都要在神主位前“续香”，午饭、晚饭前“供馔”，晚上燃蜡、炷香、献茶、献酒、焚表、跪拜、鸣炮。

祭祖送神在正月十五下午三时左右进行，全家男性老少用盘端上封包的祖先牌位，拿上茶酒、香蜡、黄表、冥币、金银纸锭等祭品，将祖先神主牌位送往埋葬祖先的坟地祭拜焚烧，至此，历时半月的春节祭祖仪式结束。

亲情、血缘、宗族是中华民族传统文化思想支柱之一，“百善孝为先”又是中华民族传统美德。林语堂先生说：“儒学关于孝道的箴规是‘我们应事奉故去的双亲如同活着的双亲’——过一种无愧于他们令名的生活。”[①]因此，人们凭借春节祭祖仪式，慎终追远，寻根数祖，和逝去的亲人再次相聚，以表示对他们的感恩、崇敬并祈求对子孙的护佑。这就是春节祭祖成为西和县乃至全国各地的群体信仰民俗之一的缘由。

综前所述，春节祭灶、祭天、祭祖，以固定的仪式强化了人们对历史文化的记忆和传承，表现了中华民族优秀的道德传统和独特的价值取向，

---

① 林语堂：《中国与世界》（上卷），国际文化出版公司 1997 年版，第 272 页。

能使人们得到精神慰藉，满足心理需求。这也是千百年来春节“三祭”成为中华民族群体信仰民俗之一的缘由。但是，从20世纪50年代后期至今，春节虽立为法定节日，其“三祭”在某些地方和人群中已被淡化，理应引起人们的深思与关注。

参考文献

1. 萧放:《春节》，生活 · 读书 · 新知三联书店2009年版。
2. 张志春:《春节旧事》，河北人民出版社2009年版。

25

互嵌、交融与共享：彝汉杂居区春节习俗的传承与变迁

——云南石林春节习俗的调研报告

所揽月

北京师范大学社会学院民俗学硕士研究生

春节是中华民族的“第一大节”，是中国诸多民族广泛共享的传统节日，在中华文明史上处于重要地位。传统意义上的春节以“年终”“岁首”为时间基础，称为“大年”，其核心内容是辞旧迎新和祈福纳祥；围绕除夕与新年，形成了丰富多彩的年节习俗。春节凝结着中华民族的民族精神、民族情感和文化血脉，是中华民族共有的集体记忆，是联结民族情感的纽带。但伴随着中国社会转型，春节习俗也发生了种种变化。因此，立足于春节的当代传承现状，深入探讨和助推春节与现代生活的有机融合，是一项重要的时代命题。

本次调研是基于萧放教授中国民间文艺家协会“春节习俗的当代传承与变迁研究”课题而进行的返乡调研。大课题主要选取四川省阆中市、河北省廊坊市等春节传承的代表性社区（村落），展开主题性调研。而本调研则是笔者利用春节返乡，对云南省昆明市石林彝族自治县展开的家乡民俗学调查，通过对彝汉杂居地区春节传承和变迁现状的调查，为大课题提供点面结合、城乡兼顾的资料补足。

一、石林县历史地理概况

云南省昆明市石林彝族自治县（以下简称“石林县”）位于滇东高原的腹心部分，位于昆明市的东南部，东南与红河哈尼族彝族自治州泸西县毗邻，东北与曲靖市陆良县接壤，南与红河哈尼族彝族自治州弥勒市相邻，西北与昆明市宜良县相连。[①]

石林县属亚热带低纬高原山地季风气候，“冬无严寒、夏无酷暑、四季如春、干湿分明”。石林地势起伏平缓，由东向西呈阶梯状逐渐倾斜下

① 参见石林彝族自治县人民政府《石林彝族自治县概况》，（2023-04-17）[2024-02-15]，http：//www.kmsl.gov.cn/c/2023-04-17/6624104.shtml。

降，东部老圭山主峰为全县最高处；西部巴江河谷大叠水瀑布跌落处为全县最低点。[①] 境内山脉河流以由北向南展布为主，大部分地区被石灰岩覆盖，经地下水的长期溶蚀，到处可见发育典型的岩溶地貌。境内最主要、最典型、最具特色的地貌是喀斯特地貌，全县三分之二的地区均属此地貌。

石林的行政建置历代有异：最早是汉武帝元鼎六年（前 111）在今石林县、陆良县一带设置谈稿县，隶属于牂牁郡；三国时期，建兴三年（225）将谈稿县易名为同劳县，隶属于建宁郡；隋朝隶属昆州，由南宁州总管府统辖；唐朝与陆良县地设同乐县，隶属于郎州；南诏时期设置新丰川，隶属拓东节度管辖；宋代大理前期，设置路甸，隶属善阐节度，大理后期为落蒙部；蒙古宪宗六年（1256）设为落蒙万户府；元朝至元十三年（1276）改落蒙万户府为路南州，隶属澄江路；明清两朝沿袭不改；民国二年（1913）改路南州为路南县；1950 年成立路南县人民政府，1956 年成立路南彝族自治县，1998 年更名为石林彝族自治县。[②]

目前，石林县辖鹿阜、石林、板桥 3 个街道，圭山、长湖、西街口 3 个镇，大可 1 个乡，共 7 个乡镇（街道），是一个以彝族为主、多民族聚居的自治县，居住着彝、汉、苗、壮等 20 多种少数民族。大部分彝族人口居住在山区，少数则在坝区与汉族杂居。[③]2022 年石林县常住人口达 23.91 万人，全县户籍总人口 25.61 万人。其中，彝族人口 9.01 万人，占总人口的 35.18%。[④] 石林的彝族以撒尼为主，据估计，全国撒尼人口约 10 万余人，其中约 6 万人都聚居于石林县。

遗憾的是，石林县历史上编纂并保留下来的地方志书只有六部，分

---

① 参见石林彝族自治县人民政府《石林彝族自治县概况》，（2023-04-17）[2024-02-15]，http://www.kmsl.gov.cn/c/2023-04-17/6624104.shtml。

② 参见石林彝族自治县史志办公室《云南石林旧志集成》，云南民族出版社 2009 年版，第 1 页。

③ 参见石林彝族自治县志编纂委员会《石林彝族自治县志（1989—2000）》，云南民族出版社 2006 年版，第 120 页。

④ 参见石林彝族自治县人民政府《区划人口》，（2023-04-17）[2024-02-15]，http://www.kmsl.gov.cn/c/2023-04-17/6624104.shtml。

别是康熙《路南州志》、乾隆《路南州志》、光绪《路南州乡土志》、民国《路南县志》、民国《路南县乡土志草本》、民国《路南县地志》，[①] 且其中对民俗的记载较少。

二、互嵌、交融与共享：石林春节习俗概观

"路南风俗，颇称淳朴。"[②] 正如康熙《路南州志》中所述："至于岁时节序，元旦祀天地祖先、戚友相贺，上元张灯火……十二月二十四日祀灶，除夕守岁，一同中土。汉人来自各省，以上数事故与各省相同。他如元旦采松叶铺地，以为敬客。立夏日以灰围屋，谓蛇不能入。六月二十四日夜，束薪为燎，以腥肉为牲，互相馈请，谓之'火把节'，又谓'星回节'。除夕，烧兜罗香以避邪。以上数事，乃汉人渐于蛮俗，故与各省稍异。"[③]

作为彝汉杂居地区，石林的春节习俗不仅具有汉彝习俗相互嵌入、相互交融并在区域内共享的特点，还呈现出世俗和神圣性质相互嵌入、相互混融的特征。下文将以各习俗发生的时间为序，大致从家庭的春节、村落（社区）的春节、公共社会的春节三方面记述多民族共享的春节文化，分析其对地方社会的凝聚意义以及习俗变迁所影射出的人们生活需求的变化。

（一）村落的春节：冬腊月"忙年"

俗话说，"过了腊八就是年"。一般认为，腊八或小年可以作为进入

① 参见石林彝族自治县史志办公室《云南石林旧志集成》，云南民族出版社2009年版，第2页。

② 石林彝族自治县史志办公室：《云南石林旧志集成》，云南民族出版社2009年版，第39页。

③ 石林彝族自治县史志办公室：《云南石林旧志集成》，云南民族出版社2009年版，第39页。

大年的起点：如果说腊八是报信儿的，那么小年就是大年的开场锣鼓。[①] 腊八节一般在腊月初八，小年则一般在腊月二十三（北方小年）或腊月二十四（南方大部分地区）。但在当下的石林，人们很少过腊八节，小年的时间则在正月十六。因此，石林的过年应是由冬腊月里的“杀猪饭”拉开帷幕的。

1. 杀猪饭：社会关系的联结和稳固

杀猪饭是云南的一种地方风俗，即在每年冬腊月，邀请亲朋好友来家里吃猪肉。云南各地的杀猪饭口味各不相同，在菜肴上有一些差异。在石林，不论是彝族还是汉族，都会宴请杀猪饭，但总体体现浓浓的彝族风情。每到年关，村子里每家每户轮流杀猪、摆席，甚至可以连续吃上一个月。

（1）时间的选定。杀猪饭是以家为单位进行的宴请亲朋的年终聚餐。在20世纪六七十年代，一般在腊月二十以后才杀猪，这样新鲜猪肉就可以吃到大年三十了。当下则是一到冬腊月，就可以开始宴请杀猪饭了。但每家杀猪的日子不同，具体日期需要翻阅黄历来择吉日。当下，杀猪仍然是家里的大事，体现在择日上，就有许多讲究。比如，“属猪的日子”是不能杀猪的，其次要避开所有家庭成员出生年所属生肖的日子（比如家里有人属羊、属牛，则属羊的日子和属牛的日子都不能作为杀猪饭的日期）；此外，人们也更倾向于选择属猴[②]、属龙、属虎的日子，因此这些日子比较吉利。但在实际操作中，满足以上所有条件是非常困难的，因此也有一些折中的办法。例如，所选的吉日只要不冲撞家庭中核心成员出生之日的生肖即可（可以不管其出生之年、月的生肖）。

（2）组织。杀猪饭的组织需要全家人甚至邻里的共同参与。对当地人来说，帮亲戚或帮邻居杀猪，是一项默认的义务，因为自家杀猪的时候也需要亲戚和邻居的帮助。杀猪饭当天，一般早上六七点就开始杀猪放血，有的还会杀鸡宰羊。前来帮忙的亲戚和邻里还会带来桌子、板凳、碗筷。

① 参见萧放《春节习俗与岁时通过仪式》，《北京师范大学学报（社会科学版）》2006年第6期。

② 在石林方言中，常用“猴”来形容某人厉害。

一般来说，男人负责杀猪，女人负责洗菜、做饭、收拾洗碗。午饭主要是主人家和前来帮忙的亲朋一起用餐，菜肴简单。晚饭才是杀猪饭的“正餐”，主人所邀宾客陆续赶来。在20世纪六七十年代，一家杀猪还须交三元的税，再上交一半猪肉给生产队，自己吃剩下的一半。即便这样，家家户户都要尽力在年底杀一头猪，准备过年。

（3）菜肴。杀猪饭的菜肴非常丰盛，丝毫不逊色于年夜饭。数量上，以双数为吉。即使在生活条件艰苦的年代，也要尽力凑足“八大碗”，舍不得吃大白米饭，就会在米饭里掺苞谷面（即玉米面）。当下的杀猪饭则多见十、十二、十六碗菜。杀猪饭中必备的菜是“老肥肉”和“小炒肉”。“老肥肉”又称大白肉，是石林杀猪饭的一道必备菜。“老肥肉”就是将猪三线肉煮熟，切成厚肉片，以肥为主，瘦为辅，蘸着“辣椒蘸水”吃。在石林，有“没吃过一块老肥肉不算吃过杀猪饭”的说法。“小炒肉”则是将新鲜猪肉和葱姜、辣椒一起爆炒，鲜嫩下饭。

杀年猪后，还会腌腊肉：将肉切成方块，抹上盐在大缸里腌七天后，吊挂在楼条上晾成酱色。在一些彝族村镇（如西街口镇），还会制作“骨头参”和“肝生”。“骨头参”是一种咸菜，一般在年末杀猪时，除炼猪板油、猪肉腌制腊肉外，剩余的骨头、油渣，用刀剁细，加入适量的姜、葱、蒜、花椒粉、草果、八角粉、辣椒粉、精盐等配料，搅拌揉匀，装入陶罐中腌半月后即可食用，食用时，用蒸、煮、炒、炖等方法皆可。“肝生”则是彝族的一道特色菜，以猪的肝脏为主，以血为辅，加花椒、鸡蛋、盐、味精等佐料搅拌均匀后生食。据说过去的“肝生”并非用猪肝来制作，而是以猪血为主料的。其他菜肴则因地域各有不同，如西街口镇尾堵渣村，山高林深，野鸡很多，所以每年杀猪饭都有野鸡；因野鸡个头小，一般用来炖鸡肉稀饭。在当下，除了杀猪，还会杀鸡、宰羊、杀牛，饭桌上甚至能凑齐猪肉、羊肉、牛肉、鸡肉和鱼肉。

杀猪饭时，主人还常以甜白酒（即苞谷酒）待客，主人一般手提老式铝壶倒酒。甜白酒是以苞谷粉掺糯米，蒸熟后又加甜酒拌匀，放在有一定温度的地方发酵七天制作而成的。

（4）待客。杀猪饭一般在自家庭院中摆桌待客，偶有借村中待客处场地的。但人们认为只有把客人请到自己家中来坐坐，才是诚意的体现。旧时缺桌子椅子，会在地上铺满松毛，大家团团围拢，席地而坐。饭后将松毛扫走即可。

关于“铺松毛”有各自版本的传说。阿玉林村的一位老婆婆告诉笔者，据说铺松毛是为了掩盖血迹不被发现。封建社会时，每十户就有一个“家鞑子”来监视，“家鞑子”不允许普通人家使用菜刀，只许十家人合用一把。人们过年杀猪都须找“家鞑子”借刀。大家商议后，就一起请“家鞑子”吃饭，等“家鞑子”喝醉后，一起动手杀了“家鞑子”。而为了掩盖屋中的血迹，就用青松毛铺地。于是每年过年，人们都用松毛铺在堂屋里吃饭。

在生活条件艰苦的年代，杀年猪主要款待的是亲人。兄弟姊妹分家后，每年轮流杀年猪，再一起聚餐分食，吃一半，腌一半，留足一整年的肉。当下的杀猪饭除了款待亲人外，还广邀朋友、同事、同学。石林地区的杀猪饭尤以热情好客著称。主人邀请一客，该客还可再邀约其他人一同赴约，不论主人是否认识，告知主人“坐几桌”即可。杀猪饭吃的是流水席，吃饭时，主人会不断续菜、添菜、温菜、倒酒；往往用餐结束时，满桌的菜依然是满满当当的。杀猪饭最后的礼仪就是送新鲜猪肉。也不是都送，只有亲戚或特别要好的朋友，在临走之时，主人会送一些新鲜猪肉或其他土特产。至于客人，不带任何礼物到访也是可以的。如果实在过意不去，只需准备一箱水果、一箱饮料，总价不超过一百元。到主人家后，直接放在家门口，也不用特别说明。主人也欣然接受，立即就会把饮料分发到各桌，大家一起享用。

（5）火塘跳舞。吃杀猪饭时，喝酒喝到兴奋时，人们就会一齐站起来唱敬酒歌。天色渐晚，便开始笼火，围坐火塘，男人们抽水烟，女人们聊天。夜幕降临，三弦声响，能歌善舞的彝族人就手拉手围着火塘跳起舞。兴致浓时，还会随手搬起椅子、扫把、锄头等生活用具或劳动工具，全家老小边唱边跳，好不热闹。

调研发现，在石林，杀猪饭是彝汉共享的习俗，不只是彝族村落有杀猪饭，许多汉族村子也有。总的来说，离“街子”[①]远的村子，杀猪饭最为兴盛，而离“街子”近的，则少有人家杀猪。笔者猜想，旧时离“街子”远的这些村子，位置偏远，赶集不易，人们不常能买到肉。因此每家每户在年关杀猪分肉，一方面为过年准备新鲜猪肉，另一方面也能为来年制作腊肉和咸菜，储备一年之需。当下，人们的生活水平得到了极大改善，“杀猪饭”不仅没有消失，还举办得越来越红火、规模越来越大。其原因可能是杀猪饭满足了当下人们在年末宴请亲朋、人情往来的社交需要。如果说除夕的年夜饭是家庭内部的团圆，那么除夕前的杀猪饭就是各自社会关系的团结和稳固。以笔者参加的一场杀猪饭为例，主人是村里的乡村医生，他不仅邀请了自己的亲戚、朋友、同学，还邀请了同行、邻居以及常来自家诊所看病的村民。吃饭时，主人轮流到每一桌敬酒感谢，答谢主题各有不同。高丙中教授曾指出，当代频繁的人口流动、家庭近亲的异地居住等，使得春节礼仪活动（以家庭近亲为主）不足以覆盖所有重要的社会关系，因此调动其他的仪式活动时间就成为必然，越来越多的人就利用圣诞节和元旦来祝贺新年、进行公共的礼仪交往。[②]但在石林，杀猪饭正好满足了人们与各方面、各层级社会关系交往的需要，趁年关的氛围，主人操办一场杀猪饭，既表明自家“今年有收成”，对乡里亲朋有了“年终交代”，又答谢了四方宾客，巩固了社会关系。杀猪饭正是“村落（社区）的春节”的代表，以家为核心，逐渐联结起村落、社区以及各方面的社会关系，不仅是一场年关的“总结宴”，更是一次“答谢宴”，承担人情往来、巩固社会关系的重要作用。

2. 忙年习俗：世俗与神圣的双重准备

年关将至，各家各户为迎接新年，有一系列准备活动。除杀猪饭外，还有舂粑粑、做豆腐、捂白酒、腌腊肉、炸酥肉、做腐乳等准备年节食品的习俗，扫尘、洗浴等准备清洁环境的习俗，以及烧纸钱、泼水饭等祭祀

---

① 街子：云南方言，即集市。赶集就叫“赶街”，赶集的日子叫“街天”，人们上午聚集到街子交易，傍晚时散去。

② 参见高丙中《作为一个过渡礼仪的两个庆典——对元旦与春节关系的表述》，《中国人民大学学报》2007 年第 1 期。

习俗。总体而言，这些忙年习俗体现出家庭和村落混融、世俗与神圣兼有的特点。

其一，忙年习俗不仅仅是家庭内部的，还需要同村亲戚、邻里好友之间的合作。这尤其体现在准备年节食品的过程中，因为食物的制作、酿造、腌制无一不是复杂的、耗时的过程，人们往往会几家相约一起准备，相互照应、相互把关，共同储存。以舂粑粑为例，这一习俗的合作模式，就受到过去农业合作化的影响。舂粑粑，也就是做饵块，一般在腊月二十四、二十五后，家家户户就开始做饵块了。在20世纪六七十年代，一个生产队有四个组，每到年关，每个组就要组织舂粑粑：首先要淘洗糯米，然后将其放到水中浸泡，再放入蒸笼中蒸至半熟，倒入簸箕里舂捣；男人负责在桌子上揉米团，女人再将其揉搓成形。做好的粑粑可以存放至三四月份。过年时可以烧给小孩儿吃，也可以做成一道菜。如今，尽管没有生产队了，人们准备豆腐、腊肉、乳腐等年节食物时，依然会兄弟妯娌一起、乡里亲朋一块儿，相约制作再各自带回家。若有富余，还会给其他亲戚朋友送去。

其二，忙年习俗不仅具有世俗性质，还兼有神圣性质。一方面，在世俗层面，准备年节食品、准备清洁环境，都是为一家人过年而提供物质和环境上的准备。另一方面，年关祭祀也是为人们过年提供一个心理上的准备。腊月二十七、二十八后，各家各户就要开始给祖先烧纸钱、泼水饭。外婆说，因为祖先也是要过年的，所以也要为他们的过年做准备。在年关追思先人、告慰祖先，其实也是一种对活着的人的心灵慰藉。

（二）家庭的春节：年末岁首的过渡

越临近除夕，人们就越往家庭内部聚集，同时，也在逐渐减少与村落、社区以及其他社会关系的活动。直至大年三十晚，家庭的团聚到达高潮，全家一起吃年夜饭、看春晚、守岁，而到正月里，再慢慢开始走出家庭、与各亲疏关系拜年、到邻村看花灯……开展种种家庭之外的社会活动。

此外，居于年末岁首的除夕和正月初一，处于“分离阶段”和“结合阶段”之间的一个过渡的、中间的阶段[①]，因而各习俗和禁忌就带有明显的神圣性质。

1. 大年三十：度过“中间阶段”

可以说，大年三十是年节习俗里的高潮，是各种春节习俗的集中式体现。且诸多习俗都是为了帮助度过这一不确定的、不稳定的“过渡阶段”，因此具有许多神圣的意味和说法。例如，点香驱邪。也就是大年三十早上，家家户户会在门口点香，一直要从大年三十的早上点到正月初三。20世纪的县志中也有“腊月三十插香点烛，供酒、供肉、供大米花糖、割肉杀鸡全家共吃年饭”[②]的记录。与此相似的还有“点松毛”。也就是人们在大年三十点燃松毛，拿到每个房间中走一圈，用松毛烟驱邪。民国六年《路南县志》中就有“除夕，烧兜罗香以辟邪”[③]的记载。此外，彝族撒尼人还会睡在松毛上：从三十晚上至大年初三，全家人晚上睡在松毛上，被子上面还要盖上棕衣，据说有驱邪避魔的作用。[④]又如，封门挡煞的习俗。人们贴完对联和门神后，往往会用鸡血封门：先用清水洗鸡嘴、鸡冠、鸡脚，然后用鸡冠血点在门神的眼睛、鼻子和嘴巴上，叫作“开眼”，或者用鸡嘴啄一下门神的眼睛、鼻子和嘴巴，也有用鸡血直接抹在门上的。年夜饭开始之前在家门口放炮仗也属此类。而在撒尼人家，大年三十的午后家门口要插上绿色的树枝，树枝上再挂一顶草帽，意思是：请勿入内，请勿大声说话。[⑤]以上这些习俗都是为了封门挡煞、辟邪去灾。此外，还有守岁开灯，也就是大年三十晚守岁，要打开家里所有房间的灯，据说也是

---

① 参见［法］阿诺尔德·范热内普《过渡礼仪》，张举文译，商务印书馆2012年版，第17页。

② 石林彝族自治县志编纂委员会：《石林彝族自治县志（1989—2000）》，云南民族出版社2006年版，第141页。

③ 石林彝族自治县史志办公室：《云南石林旧志集成》，云南民族出版社2009年版，第455页。

④ 参见《石林撒尼人·春节》，（2023-01-30）[2024-02-15]，https://mp.weixin.qq.com/s/q29AJmdBmiemqc8CBrY0fQ。

⑤ 参见《彝族（撒尼）春节习俗》，（2023-01-27）[2024-02-15]，https://mp.weixin.qq.com/s/JsFnEcuepoJi5cmxom_99Q。

为了驱邪镇宅。

此外，有关年夜饭的习俗也非常丰富。其一，铺松毛。正如前文所述“铺松毛”的传说。大年三十年夜饭，人们都要用松毛垫在堂屋里吃饭。康熙五十一年《路南州志》中也有记载：“元旦采松叶铺地，以为敬客。”[①]20世纪的县志中还言及：老人要坐在铺满松毛的堂屋中守岁，向儿孙训诫做人的道理，分发压岁钱。[②]其二，祭祖和祭祀。大年三十吃饭之前要泼水饭，为的是祭奠先祖，一般是大年三十和正月初二、初三泼水饭，而正月初一不泼。此外，在舍色等彝族撒尼村，家里养有牲畜的，还须在人吃饭之前，先喂牛、羊等牲畜，以表达感谢之情，祈求来年四畜兴旺。其三，年夜饭里的必备菜肴。“老长菜”是昆明地区年夜饭里的必备菜。寓意长吃常有，长长久久。“老长菜”是白菜、青菜、韭菜等蔬菜一起炖煮，各家口味不同，但一定不能切碎、切断，要完整地一根一根煮。大年三十吃不完的“长菜”，还要一直吃到正月十五，其间还要不断往里加菜，时间长了味道发酸，就成了“老长菜”。这股酸味就是“老长菜”特有的味道。当然，在撒尼人的年夜饭里，“汤圆”也是必吃的。在撒尼语中，“过新年”和“汤圆”都是同一个词，叫“阔希玛”，正是因为过年一定要吃汤圆。[③]

2. 正月初一的诸习俗：岁首祈年和禁忌

正月初一是新年的第一天，人们认为第一天发生的事情会影响一整年的运势。因此，正月初一的各习俗和禁忌也带有明显的神圣属性。

其一，挑水，也叫“请水”。除夕夜十二点一过，到大年初一，人们就要早早去离家最近的井里挑水。人们认为“遇水则发”“水管财”，因此“挑水”就是“挑金挑银”“请金请银”，寓意新的一年财运亨通。此外，

---

① 石林彝族自治县史志办公室：《云南石林旧志集成》，云南民族出版社2009年版，第39页。

② 参见石林彝族自治县志编纂委员会《石林彝族自治县志（1989—2000）》，云南民族出版社2006年版，第141页。

③ 参见《彝族（撒尼）春节习俗》，(2023-01-27) [2024-02-15]，https://mp.weixin.qq.com/s/JsFnEcuepoJi5cmxom_99Q。

水也代表着清洁、平安，挑水也就是把清洁和平安带回家。

其二，敬香灯。大年初一，人们还要到附近的寺庙（彝族撒尼人到村里的山神庙）祭拜，祈求一年风调雨顺。虔诚的人往往除夕夜十二点一过，就要赶到寺庙里烧头香了。而有的撒尼人是在正月初二祭山神，祈求五谷丰登。

其三，叫魂。大年初一一大早，有的撒尼人还要在家里举行简单的叫魂仪式。叫魂的顺序是从老到少，每喊一个人的乳名后，就要用脚重重地在门槛上蹬三下，再喊："归来魂归来，（某人乳名）的魂归来！在天涯也归来！在地角也归来！在水塘边也归来！你魂不归，我们不吃早饭！你魂不归，我们不吃晚饭！归来，魂归来！"①撒尼人平常是禁称成年人乳名的，因此只有在大年初一早上这个"非常"的叫魂里，晚辈才能知晓长辈的乳名。②

此外，还有诸多大年初一的禁忌。如老人在家关门过年，不拜会、不煮生、不用刀、不扫地、不煽火、不骂人、不服药、不汲水、不出财物，妇女不串门、不弄针线，等等。③

（三）公共的春节：正月里"赶跤场，蹬汤锅"

正月一到，石林的过节氛围非常热闹，放炮、走亲戚、拜年、敬香……这也是人们文娱活动最为集中的时候：孩子们会打秋（孩子们编秋辫，拴在大树横枝上，就可以轮流在上面荡秋千）；汉族多唱花灯、舞狮子；彝族撒尼人则在各村举行斗牛、摔跤。

正月里，每个村寨举行斗牛和摔跤的日子是代代相传且固定的，如路美邑镇初三、所卜所村初四、阿玉林村初五、三家村初六、老挖村初

---

① 黄建明:《撒尼彝区的春节》，（2021-02-12）[2024-02-15]，https：//mp.weixin.qq.com/s/zu3RNt-HIdHsRSwUOHzQtw。

② 参见黄建明《撒尼彝区的春节》，（2021-02-12）[2024-02-15]，https：//mp.weixin.qq.com/s/zu3RNt-HIdHsRSwUOHzQtw。

③ 参见石林彝族自治县志编纂委员会《石林彝族自治县志（1989—2000）》，云南民族出版社 2006 年版，第 141 页。

七、寺背后村初八、水塘铺村十五到十六……斗牛摔跤活动往往从午饭后（十二点左右）开始，参赛者多的会一直进行到晚上。围绕跤场，就会形成临时的“街子”，有炸土豆、凉米线、牛羊驴汤锅等餐饮，也有打气球、套圈圈等孩子喜欢的游戏，还有卖衣服、生活用品的百货店。不论汉族还是彝族，人们都熟记各村斗牛摔跤的日子，一到时间就相约前往。而所谓“汤锅”，就是小商贩们在跤场边架上一口锅，在锅中煮牛肉、羊肉或驴肉，然后端给食客一小盆带汤的肉，食客们或蹲或坐，围着小盆夹肉、蘸“糊辣椒蘸水”吃，还会把烧饵块泡在汤里做主食。这也就是“赶跤场，蹬汤锅”。

1.“牛打架”：从“传统赛”到“商业赛”

2008 年以来，随着资本的渗入，许多公司专门组织斗牛、摔跤比赛，进场观看则需购买门票，线上直播也需付费观看。人们就把村寨自办、不收门票、毕摩[①]参与、定期举行（一般在六月二十四火把节和正月里）的叫作“迷信跤”“公益赛”，由公司举办、要收费、时间不固定的叫作“商业跤”“商业赛”。

（1）斗牛的传说

石林县西街口乡尾都渣村的毕氏高祖墓碑上记载了一则关于斗牛的来历：清道光二十三年（1843）的一天，尾都渣村民毕福宝在一个叫“日费度”的地方种地，忽然间他的牛开始刨地、鼻喷息，毕福宝发现，原来是糯衣村的牛在附近的洼地里吃草。糯衣人就劝毕福宝放开缰绳，让两牛相斗。结果两头牛一直斗到黄昏都没有分出胜负，引得越来越多的村民前来围观。毕福宝就和糯衣人商量，到来年的今天再拉牛来相斗。这一天正好是农历六月二十三。从此，尾都渣村的斗牛比赛就形成了。[②]这是目前所能查到较早的关于石林斗牛来历的记载，在尾都渣村周边也流传有该传说。2005 年《斗牛的来历》被列入昆明市第一批非物质文化遗产保护名录。

---

① 毕摩：即彝族的祭司，“毕”意为有诵经的，“摩”意为有知识的长者、老师。

② 参见昂自明、昂继忠《撒尼人的斗牛》，(2021-08-04) [2024-02-15]，https://mp.weixin.qq.com/s/eSy4wUwILK3doSdPgBGEUw。

（2）撒尼人与牛

牛一直是彝族撒尼人不可或缺的生产生活伙伴，因而也被视为重要的家庭成员。撒尼人有这样一句古话：“父母去世了子女还能活下去，耕牛不在了儿女就不能活下去了。”可见牛在撒尼人心中的地位。

撒尼人一直有人牛同屋的居住习惯。民国二十七年（1938），施蛰存先生受同学李埏之邀，前往路南（今石林县）游览，他在游记中就记述了他在月湖村所见的撒尼民居：“一座三开间屋子，中间是堂屋，左右是牛栏，楼上是卧房。”[①]第二年，李有义先生也到路南尾则村调研，他在《汉夷杂区经济》一文中描述了当地的房屋布置：“瓦房多分两层，楼下供人和畜生居住，楼上则堆放粮食及农具杂物”，“牛圈和人的卧处都是在一间房屋以内，这种情形并不限于较穷的人家为然，即村中最富裕的几家，有闲房的亦是人畜住在一起”。[②]李有义先生这样分析原因：“（1）牲畜特别是牛和马是他们最重要财产的一部分，须特别加以保护，万一因疏忽而遗失或生病，是经济上一种大损失。（2）牛马在夜间仍需饲草，与人在一起较方便，可免深夜出屋之苦。”[③]由此可见，撒尼人和牛同屋居住的习惯，至少已存在近 90 年。

当下，许多撒尼人修建了新房，牛圈依然毗邻人的居所，甚至牛可以将头伸到人们用饭的桌子上。每年除夕，在自己享用年夜饭前，撒尼人还要先给牛喂米饭和腊肉，表示对它一年辛苦付出的感谢。正月初二，撒尼人都要给牛戴上红布，牵着牛在村子中心走几圈，表示对它的尊敬。

其实，撒尼人多半已不需要牛来做农活了，但有条件的撒尼人家里依然要养牛；未能养牛的撒尼人也有看斗牛赛的爱好。撒尼人就把这些尤其喜爱牛以及在斗牛赛里牵牛的人叫作“牛虿子”。例如，笔者在长湖镇舍

---

① 施蛰存：《路南游踪》，载刘世生《汉夷杂区社会研究——民国石林社会研究文集》，民族出版社 2008 年版，第 92 页。

② 李有义：《汉夷杂区经济》，载刘世生《汉夷杂区社会研究——民国石林社会研究文集》，民族出版社 2008 年版，第 187 页。

③ 李有义：《汉夷杂区经济》，载刘世生《汉夷杂区社会研究——民国石林社会研究文集》，民族出版社 2008 年版，第 187 页。

色村调研时得知，一位舍色村的撒尼青年到外地当兵，即使远隔千里，也要在手机上看斗牛的直播赛，而他的表弟在家务农，就养了五头牛，家中全是牛参加各种比赛而获得的奖状。提起家里的牛，撒尼青年满脸自豪，仿佛是讲到自家孩子一般。而说到和他感情最深、饲养时间最长的一头牛，撒尼青年几近落泪：这头牛曾获奖无数，还为他家赢来一辆五菱宏光拉货车，但最终在一场比赛中骨折，从此失去了比赛能力。它受伤那日，全家老小痛哭流涕，至今撒尼青年的手机屏保仍然是那头令他自豪的牛。

正月初三，笔者在大屯村斗牛商业赛中也访谈了一位来自西街口镇的牛主。他告诉笔者，自家养有两头牛，小牛叫“小不点”，大牛叫“大米渣”。牛主说，养两头牛比养孩子费心费钱多了，因为两头牛的口味和性格各不相同，比如“小不点”平日喜欢清淡的饮食，不沾油荤，而比赛前喜欢吃老腊肉、喝苞谷酒。牛主表示，其实他心底对牛是非常愧疚的，因为一头牛一年内最多参加三四场比赛，但他好胜心太强了，已经拉这头牛参加了第五场比赛。

（3）斗牛比赛的组织

当下，斗牛“公益赛”和“商业赛”比赛规则大体一致：其一，根据牛的品种（水牛、黄牛、野牛等）和体量（体重和胸围）分成若干组别，分别进行牛与牛的一对一对决，逐轮淘汰。其二，每场对决限时六分钟，如两牛不斗，则用绳子将两牛的鼻子牵往一处，碰鼻后两牛自然就相斗。其三，比赛时间内，一头牛逃跑就算输，而牛仔们会奋力拉停乘胜追击的胜者牛，以保护参赛牛不受重伤。

斗牛“公益赛”和“商业赛”也存在差异：其一，斗牛“公益赛”一般由各村组织，举办时间每年固定。除非特殊原因，如路美邑镇的斗牛历来是正月初三，但多年遭冰雹，于是从2024年起就将斗牛时间推延至正月初四。其二，斗牛“公益赛”的举办目的是祈求风调雨顺、五谷丰登，因此即使缺乏观众，也必须举办。斗牛“公益赛”由毕摩的祭祀仪式开场，有大三弦舞蹈“踩场”[①]；结束时也由毕摩诵经结束。“商业赛”则删去了毕摩的仪式，保留了斗牛开场时的歌舞表演。

2005年，斗牛习俗就被列入了昆明市第一批非物质文化遗产保护名录。目前石林县境内共有80多个斗牛场地，其中最大的可容纳观众10多万人；一年有大、中、小型斗牛比赛百余场，参赛斗牛有数千头。[②]每逢赛事，宜良、陆良等附近县区都会有观众前来观赛。

2.“抬跤”：从“公共”到“村落”

摔跤是石林彝族撒尼人世代相传、历史悠久的传统体育项目之一。早在19世纪末（清光绪年间），法国传教士保禄·维亚尔就记录了他在石林见到的摔跤比赛：“……这种摔跤比赛已成为当地居民的习俗，每天晚上小孩子们都要聚在一块练习。”[③]由此可推测，彝族撒尼人的摔跤比赛至少有100年的历史。

民国六年（1917）《路南县志》中“夷俗·游戏”也有相关记载，且明确说明了摔跤举办的目的——禳灾驱疫：“又有所谓跌交会者，其会无常，或因村中牲畜有瘟疫传染乃议举行，若汉俗斋醮之属。先行定期，通告各村，汉人有相识者亦邀请参观。选平原宽广之地，名曰‘交场’。届期，各属男女毕集，有力者出而相较，初入场鞠躬相向，继维以握手。其斗力以跌至地者为负，不相搏击，有跌至血流蔽面而未肯甘休者。若连胜数人，名‘拔杠子’，言无敌也。共相喝彩、敬酒、挂红。礼毕，相与笙歌，爆竹迎送回家，以为非常之荣幸云。”[④]此处的“跌交”即现在所说的

① 调研得知，斗牛开场时要有歌舞“踩场”，是因为最早的斗牛是在天然凹地，人们“踩场”是要将比赛场地踩平整，以方便比赛的进行。

② 参见中国人民政治协商会议石林彝族自治县委员会、石林彝族自治县文化广播电视体育局《石林彝族自治县非物质文化遗产保护名录》，云南人民出版社2018年版，第95—96页。

③ 黄建明、燕汉生：《保禄·维亚尔文集——百年前的云南彝族》，云南教育出版社2003年版，第14页。

④ 石林彝族自治县史志办公室：《云南石林旧志集成》，云南民族出版社2009年版，第455页。

“摔跤”，石林方言中的“抬跤”，而“交场”即“跤场”。其中所记述的，就是摔跤的举办和禳灾驱疫密不可分。此外，彝汉共同观赛在当时也已普遍，如“汉人有相识者亦邀请参观”。

民国九年（1920）《路南县地志》中也有一段对摔跤极精彩的描写：“其抬交形状颇有可观，两人相对，佝偻其躬，头相向，手前后荡如时钟之摆坠然，足趑趄行如斗鸡作势然，久之交手，有如鹤舞，有如龙骧，有如鳅滑，有如狮搏，时上时下，时覆时翻，乍见者莫不以为真斗殴，而不知其初无芥蒂于间，徒博丈余之彩红、杠杆之名耳，真令人绝倒也。”①

民国二十七年（1938），施蛰存先生在游记中也记述了他在月湖村所见的正月十五山神庙祭祀，其中也提到了摔跤：“据说富裕一点的村子，这天还得举行盛大的抬交会。所谓抬交者，就是摔跤之类的竞技，两个人都脱了上衣，比赛体力，谁先被对方摔倒就算谁输。许多人比赛下来，最后一个获胜者就得披红挂彩，由全村男女簇拥着送回家去，这是青年人每年中最光荣的事情。革温村因为太贫苦，所以他们的抬交会规定了每三年举行一次。”② 这也说明了摔跤与祭祀的密切关系。

2011 年“摔跤（彝族摔跤）”被列入第三批国家级非物质文化遗产扩展性项目名录。长期以来，石林先后为国家、省、市输送了大批摔跤运动员，因此石林也被誉为“摔跤之乡”。

石林几乎每个村寨都有举行摔跤比赛的固定时间和地点（即“跤场”）。但不同于如火如荼的斗牛比赛，摔跤少有“商业赛”，目前多为村寨自办、以祭祀为出发点的“民间跤”。为满足观众们的期待，近年来有些村寨的固定摔跤比赛也已被斗牛赛代替。当下，摔跤和斗牛的分量和主次已发生了变化，摔跤逐渐从范围较大的、占据主体地位、吸引四方游人观看的“公共”活动缩小到仅为本“村落”人自己参与的祭祀活动。

---

① 石林彝族自治县史志办公室：《云南石林旧志集成》，云南民族出版社 2009 年版，第 745 页。

② 施蛰存：《路南游踪》，载刘世生《汉夷杂区社会研究——民国石林社会研究文集》，民族出版社 2008 年版，第 93 页。

（1）摔跤的传说

石林的斗牛和摔跤比赛历来相伴相随，其举办的场地也都叫"跤场"。而有一则关于摔跤来历的传说，更是直接指出了二者的渊源：一位汉族哥哥因战乱而逃到撒尼人居住的地方，而后与一位撒尼牧童结识，成为结拜弟兄。一天，两兄弟在山上放牛，牛忽然不吃草、不喝水，肚子鼓胀。两兄弟推断牛得了草结食病，他俩就找来草药喂牛，不一会儿，牛拉了稀粪，又吃起草来。两兄弟高兴得搂着对方的脖子在地上打滚。这一场景被一位老人看见，以为他们在打架，问明原因后，老人就让他们比比谁的力气大，来庆祝牛恢复健康。他们商定以双肩落地为输，三跤两胜为赢。后来汉族哥哥回了故乡，两兄弟就以摔跤比赛为每年相见的约定。[①] 这则传说也于 2005 年被列入了昆明市第一批非物质文化遗产保护名录。

此外，所卜所村的一位毕摩告诉笔者，他的经书里还有另外一则关于摔跤来历的传说：在九乡[②]，两个人从山上采来龙爪菜[③]，一人拿一根，当作两个小人来相斗，但在相斗的过程中，龙爪菜的茎断了。两人觉得不过瘾，于是决定人与人直接相斗，这就是摔跤的起源。

（2）摔跤比赛的组织

当下，各村寨定期举办的摔跤比赛，业已成为集山神祭祀、体育竞技、人情交往于一体的村寨集体活动。以下将以笔者前往的一场摔跤比赛为例，介绍摔跤活动的流程和组织。

松树凹村，隶属于石林县路美邑镇所卜所村委会，是一个仅 130 户的撒尼小村。每年正月初五，松树凹村都要举行本村的传统摔跤活动，以祈求新的一年风调雨顺、五谷丰登。午后十二点，毕摩到山神庙举行祭祀仪式，而后到半山腰铺满松毛的天然凹地绕场三圈，为全村祈福，再以村中两位老者的摔跤表演赛为开场，寓意为以老带新、代代相传。

---

① 参见中国人民政治协商会议石林彝族自治县委员会、石林彝族自治县文化广播电视体育局《石林彝族自治县非物质文化遗产保护名录》，云南人民出版社 2018 年版，第 55—56 页。

② 九乡：九乡彝族回族乡，位于宜良县东北部。

③ 龙爪菜：蕨菜。

比赛时，根据年龄和体重，分为幼儿、少年、青壮年几个组别，再以抓红布条的方式决定对手，分别进行擂台式对抗。报名参赛的有本村人，也有邻村人。比赛双方系红色或蓝色腰带，双方可以抓住对方腰带，充分发挥各种摔跤技巧，以双肩落地为输，三跤两胜为赢。比赛过程中，如遇精彩对决，村民还会直接拿现金给裁判，表示要“奖励”比赛选手。最后选拔出四个组的第一名，四人以抽签决定最终次序，领取奖金和布条（根据跤手摔倒对手的人数发给数量不等的红、蓝、黑布作为奖励）。最后获得第一名的“大力士”由长者把当天最长的红布挂在身上，举着挂有红布的高竹竿，在毕摩的带领下绕场三圈，这也就是“挂大红”“抬高杆”。

笔者所观察到的这些仪式和流程，和 19 世纪末法国传教士保禄·维亚尔所记录的摔跤仪式大体一致：“一旦当地歉收，死人就多。各村村长聚在一起商量，许愿要组织一至三天的摔跤活动……摔跤活动开始时要由毕摩做祈祷，念着经绕场一周……结束时把桅杆上的红披巾交叉套到第一名的胸前。”[①]

比赛结束后，每位村民都可以领取一块被山神保佑过的红布，旧时男子会用来做裤腰带，母亲会为孩子缝红衣；现在村民会给孩子系上，或系在自家汽车的倒车镜上。傍晚，全村再一起到村待客处吃饭，一直到夜幕降临，围着篝火喝酒、唱歌、跳舞，这一场“山神庙摔跤”才算结束。

笔者了解到，即使在新冠疫情的防控期间，一到正月初五，松树凹村依然会由毕摩举行祭山神的仪式，只是没有组织大规模的摔跤活动。“山神庙摔跤”一直是全村人翘首以盼的一年一度的盛事，尤其是有小孩儿的人家，一定会带孩子前来摔跤，再领取山神保佑的红布。每年摔跤活动的举办，也是全村人群策群力、各司其职的结果。2024 年这场摔跤活动，就由全村 130 户共筹资金、食物（每户每口人凑二两米）和用具（祭祀所用炮仗、白酒皆为村民捐赠），共同举办。村民告诉笔者，每年要等这样的“山神庙摔跤”举办完，村里的年也才算过完。当前村里许多年轻人外出

① 黄建明、燕汉生：《保禄·维亚尔文集——百年前的云南彝族》，云南教育出版社 2003 年版，第 89—90 页。

务工，小孩也在外上学，但通过每年的“山神庙摔跤”，同龄人之间通过摔跤建立了联系，培养了友谊，人们在敬神娱人的活动中也得到了放松，巩固了本村的凝聚力。

3. 此消彼长：斗牛与摔跤的次序颠倒

受商业等因素的影响，近年来斗牛比赛的举办次数、规模日益扩大，奖金和门票价格越来越高，观众规模也越来越大。但与此同时，摔跤比赛存在运动员之间相互认识而相让的情况，因此摔跤比赛的观众有所减少，其举办次数也远不及斗牛比赛。为迎合观众需求，很多村落每年定期举办的摔跤比赛也已变更为斗牛比赛。比如，笔者调研得知，所卜所村历来是正月初四举行摔跤比赛，斗牛其实只是摔跤比赛的开场表演，但从 2024 年起则改为了斗牛比赛，开场时以两位老人的摔跤表演为开场。

原本只是“开场表演”的斗牛，如今已成为跤场里的“主角”，而一直作为“重头戏”的摔跤却成为斗牛的“开场仪式”。实际上，当下人们生活需求的变化是斗牛和摔跤次序颠倒的主要原因。正如美国社会学家萨姆纳所言，“需求是人的第一体验，时间不停地带来各种迫切的需要，人们必须毫不犹豫地去满足它们”，因此，创造民俗的动力来自生活需求。[①] 当下，人们在正月里更多的需求是家庭出游、娱乐休闲，斗牛比赛的娱乐性和偶然性较大，具有较强的观赏性，斗牛就恰好满足了人的这种需求。与此同时，摔跤的主要目的是山神祭祀，其神圣性和象征性显著，且存在运动员之间相识而相让的情况，比赛的真实性下降，因此逐渐被斗牛比赛取代，缩小为村落内部自办的祭祀活动。斗牛和摔跤的这种此消彼长，实际反映了人们对娱乐的世俗需求增加，而祭祀的神圣需求有所下降。

（四）家庭再团圆：正月十六小年习俗

在北方，小年是在腊月二十三，南方大多在腊月二十四。但在云南的部分地区，小年却是在正月十六。小年的习俗是祭祀灶神，康熙《路南州

① 参见高丙中《民俗文化与民俗生活》，中国社会科学出版社 1984 年版，第 83 页。

志》中也有“十二月二十四日祀灶”[①]的记载。但经笔者调研，目前石林祭灶的习俗已几近消失。当下，人们过小年的主题是“阖家团圆”。以笔者家为例，正月十六当天，全家要聚在一起吃饭。一般会杀一只鸡做汤，且一定要吃汤圆。此外，正月十六，小孩子还可以“偷青”，就是到别人家的地里去“偷菜”。偷青蒜、白菜、青豆米，意思是“清清白白”“健康平安”。正月十六那天，种菜的人家不仅不会阻拦，还会欢迎小孩子的“光顾”，因为这也意味着“被偷过”的菜地在新的一年里会大丰收。

三、结语

作为彝汉杂居地区，石林的春节文化连接了彝汉民族，彝族汉族兄弟习俗互嵌、互融、共享，世俗和神圣性质互嵌、混融，生动地体现了民族共同体生活场景。“家庭的春节”“村落（社区）的春节”“公共社会的春节”构成了当地人不同维度的年节活动。可以说，在石林，冬腊月的杀猪饭、年末岁首的种种习俗和禁忌以及正月里的村寨活动，共同组成了一个过年的“过渡礼仪”。从冬腊月与同事、同学、朋友吃杀猪饭，到家庭内部的年夜饭、各亲疏关系的拜年，再到乡亲邻里的斗牛、摔跤、唱花灯，共同编织成了覆盖所有人重要社会关系的完整年节礼仪活动。而在其中，春节的私人属性和公共属性也得到了平衡，不仅是家庭内部的团聚，更是村落、社区以及地方社会的联结和凝聚。

随着当前社会的发展，春节习俗也呈现出融合与变迁共存的发展态势。习俗变迁所影射出的恰恰也是当下人们生活需求的变化。正如萧放教授所言：“在全球化与商业化的浪潮中，春节的变化正在发生。以家庭为依托的春节，也因为大家庭的减少与缩小，面临着节俗重心以家庭与社会并重的趋向。”[②]当下石林的种种春节习俗也正处于公共属性和私人属性、世

① 石林彝族自治县史志办公室：《云南石林旧志集成》，云南民族出版社2009年版，第39页。

② 萧放：《文化遗产与文化资源——现代语境下的春节习俗意义》，《江西社会科学》2006年第2期。

俗属性和神圣属性调和并重构的复杂过程中。不论是冬腊月的杀猪饭，还是正月里的斗牛和摔跤，这些当下正“火热”的习俗，实际上是满足了人们在年关亲朋相聚、人情往来的社交需要，调节了人们各层级的社会关系，因而在当下显示出旺盛的生命力。此外，多主体的参与也推动了春节各种习俗的传承和发展。在石林，既有政府主办的村晚、民俗游街、民俗展演、农民画展等春节系列文化活动，又有各村筹办的斗牛摔跤、公司组织的商业斗牛赛，还有以家庭为核心自办的杀猪饭……这些丰富多彩的活动组成了石林人过春节的“年味儿”，在多主体参与中，春节习俗也得到了活态传承。

人们“过年”的方式既有传承也有变迁。因为在具体的语境中，民俗传承一直是一个动态的、变化的过程，民俗会随着时代的变化而变化，并不存在想象中“原汁原味”“原生态”的民俗。[①] 尤其在人口流动加速、城市化和现代化席卷的当下，“横向的联系和过程广泛地取代了纵向的联系和过程”，“许多民间文化财富不再是越过漫长的时间之流被传承，而是跨越广袤的空间被交换、被采纳”。[②] 因此，民俗也不再被理解为一种“实在”，而是一个“过程”。[③] 对石林人而言，购票观看斗牛商业赛、用手机看斗牛直播，或许也已成为他们过年的“新传统”；“村晚”“民俗游街”等活动被广泛接受，或许也成为更多人过年的一种“新习俗”。春节习俗也正是在这种新与旧、私人与公共、世俗与神圣、本土与异域的平衡之中，不断调整、重构，更加适应“人”的生活的。

---

① 参见刘晓春《从“民俗”到“语境中的民俗”——中国民俗学研究的范式转换》，《民俗研究》2009 年第 2 期。

② ［德］赫尔曼·鲍辛格：《技术世界中的民间文化》，卢晓辉译，广西师范大学出版社 2014 年版，第 136 页。

③ 参见刘晓春《探究日常生活的“民俗性”——后传承时代民俗学“日常生活”转向的一种路径》，《民俗研究》2019 年第 3 期。

参考文献

1. 萧放:《春节》，天津人民出版社 2023 年版。

2. 萧放、郑艳:《四时节气》，长春出版社 2022 年版。

3. 岳永逸:《大春节观的确立：从旁观型春节到参与型春节》，《西北民族研究》2013 年第 4 期。

26

新媒体时代的传统与新兴春节习俗文化变迁调研

——以江南地区正月初五接财神为例

周亦婷

中南大学中国村落文化研究中心硕士研究生

一、调研背景

春节是我国传统民俗文化和民族神圣信仰的集中体现。春节习俗众多，从腊月二十三至正月十五每天都有相应的习俗和仪式活动。长洲、元和、吴县的志书皆云："五日，祀五路神，始开市，以祈利达。"[①]正月初五常被看作"接财神"的日子，为祈求新年财运亨通、大吉大利。赶早"接财神"作为春节正月初五的习俗流传至今。"五日财源五日求，一年心愿一时酬。提防别处迎神早，隔夜匆匆抢路头。"清人蔡云这首《竹枝词》描述了众人为担心别家抢先"迎神"而在正月初四就行动的现象。部分地区在正月初五有准备鲤鱼、进寺庙祈福、燃放烟花爆竹的习俗。春节习俗并非仅是一种传统文化的表现，更是满足特定文化需求的例证。在新的时代背景下，传统接财神习俗逐渐淡化了其浓重的宗教色彩，随着世俗因素的增加，不论是财神信仰还是与接财神习俗相关的文化现象均经历了巨大的演变，其与民众的日常生活联系也有所调整。

随着网络时代的崛起，新媒体以其数字化、广泛传播、即时和高效等特性，迅速发展成为继传统媒体如报纸、杂志、广播和电视之后的"第五媒体"。因为，各种媒介形式的不断介入，春节习俗正在发生着变化，出现了与传统春节习俗有着很大不同的新兴春节习俗。传统春节习俗兼具世俗性与神圣性，新兴春节习俗代表的则是一种快感商品。[②]随着新媒体技术的发展，传统的春节习俗也随之发生了巨大变革。从最初的短信拜年，到如今普及的微信拜年；从传统的实体红包，到如今便捷的手机红包；从

① （清）顾禄：《清嘉录》，来新夏点校，江苏古籍出版社1986年版，第165页。

② 参见樊亚平、程浩《媒介重构：春节习俗的变与不变》，《当代传播》2019年第2期。

微信的“摇一摇”，到支付宝的“集五福”；新媒体技术的不断创新和应用，极大地改变了春节传统习俗，为其注入了新的活力，重塑了其现代意义。在此背景下，随着微信、微博等平台的广泛使用，初五迎接财神的传统也扩散到了网上，正月初五在微信朋友圈发送接财神相关的图片、文字和视频逐渐成为春节接财神的新兴习俗。“富与贵，是人之所欲也”，在谈论传统与新兴接财神的现象时，其背后蕴含的文化意义和人类学意义值得探究。

二、调研意义

近年来，财神信仰全国各地迅猛扩大，年轻人群体中还出现了“财神殿里长跪不起”的现象，财神已经是人们最为崇拜的神灵之一。所以，对正月初五接财神这一春节习俗进行研究具有重要意义。

首先，通过对新媒体接财神习俗的考察研究，成功突破了传统的民间信仰研究范式。传统观点认为民间信仰主要流传于乡村社会，然而财神信仰及其相关的接财神习俗却在都市社会及年轻群体中蓬勃发展。这一现象随着社会的不断变迁，也呈现出现代化的变革趋势。因此，探讨财神信仰在新时代下的发展，有助于深入理解传统到新兴接财神习俗的文化变迁。

其次，春节作为中国传统民俗节日，具备诸多人类共同关怀，如家庭和谐、社会包容、人与自然和谐共生等。研究正月初五接财神习俗，有助于促进中国传统节日的现代传承，进而弘扬其深远的文化内涵，发挥其积极的社会价值，提升中华文明的传播力、影响力，有力促进世界不同文明的交流互鉴。在此情况下，调研接财神习俗能更好地展示和研究春节习俗活动，促进春节习俗的保护传承与发展。

最后，通过以微信朋友圈接财神代表的新兴接财神习俗的研究，可以促进传统节日文化的个性化表述。借助新兴媒体的方式深入挖掘传统节日文化的内涵，有助于唤起人们对集体记忆和情感共鸣的重要性。进而建立起对于中国传统节日与习俗的文化自信和认同，从而为构建文化强国做出积极贡献。

三、调研方式

（一）参与观察法

采用参与观察法。一方面是传统接财神习俗，在 2024 年正月初五（即 2024 年 2 月 14 日）前往寺庙道观，调研地点为江苏省无锡市宜兴市化城寺和江苏省无锡市宜兴市周铁城隍庙，调研记录江南地区传统接财神习俗的情况。另一方面是新兴春节习俗，在 2024 年正月初五观察调研者的微信朋友圈，详细观察记录接财神的推送次数和具体内容，并进行描述和分析。

（二）问卷调查法

通过问卷调查，了解大众对春节传统接财神习俗的认识与参与，研究在新媒体背景下大众对于新兴接财神习俗与仪式的接受和影响程度。问卷通过两种途径发放，第一种是在实地调研时发放，第二种是邀请在网络上发生接财神相关信息的人群填写问卷，问卷总共收集到 109 份，以第 10 题验证有效性，其中 4 份为无效问卷，有效问卷为 105 份。

四、调研结果

（一）正月初五传统迎财神

财神最早出现的年代，史籍难以考证，以目前资料可追溯到宋代。[①] 北宋末年靖康之变，孟元老离开东京寄居临安（杭州），晚年撰写《东京

① 参见李鉴踪、强华《财神欢乐灶神愁——论灶神和财神的起源、影响及折射的民众心理》，《文史杂志》2020 年第 2 期。

梦华录》一书，在此书中，孟元老描述了过年前家家户户上街购买“财马”（即财神像）的情景。此时的财神没有明确的姓名，只是人们祈求财富的神。

明朝冯梦龙的小说集《警世通言》出现了正月初五“迎财神”的记载：“正月初五，苏州风俗，是日家家户户，祭献五路大神，谓之烧利市。”明朝后期的地方志也有对正月初五接财神的记载。宋代王炁《续文献通考》卷四载：“初五日迎五路神。”从中国社会的现实情况来看，在现实生活中，有很多圣人、英雄、模范在历史的积累中被神圣化，成为人类文明共同体中的被崇拜、被敬仰的对象。在问卷调查结果中（表1），人们目前祭拜的较多财神有赵公明、关羽 、范蠡、比干和五通神，其中有四位都是历史中的圣人英雄，在历史中被神圣化。

表1 问卷第6题“您在正月初五祭祀的财神是谁”结果

选项	小计
赵公明	57
关羽	58
范蠡	31
比干	25
五通神	37
不知道	36
其他（详细）	0

从明清时期起，接财神习俗已经盛行，旨在来年获得财神的保佑。人们会在农历新年期间摆放供品，以迎接财神的到来。据民间传说，正月初五是财神的生日，因此这一天也被广泛认为是接财神的最佳时机。在这一天，家家户户早早开门，准备酒席，以向财神致意并祝贺他的诞辰。尤其是商家，一大早就敲锣打鼓，燃放爆竹，以迎接财神。各商铺信奉关帝圣君的商家，在正月初五要为它供上牲醴，鸣放爆竹，烧金纸膜拜，祈求它保佑一年财运亨通。以浙江嘉兴地区为例，清代《古禾杂识》记载：“初四日午后接灶，至夜则接路头，大家小户门前各悬灯二盏，中堂陈设水果、粉团、鱼肉等物，并有路头饭、路头汤，鄙俚之至。”苏州人初五迎财神的情形：“五日财源五日求，一年心愿一时酬。提防别处迎神早，隔夜匆匆

抱路头。”“抱路头”，即提前到路口迎接财神。[①]老上海有抢路头的习俗，正月初四子夜，备好祭牲、糕果、香烛等物，并鸣锣击鼓焚香礼拜，恭敬虔诚地迎财神。[②]初五日俗传是财神诞辰，为争利市，故先于初四接之，名曰“抢路头”，又称“接财神”。

以上只是正月初五这一天部分地区旧时的风俗习惯。当代年轻人在方式上有所简化，但也有一定传承，比如在正月初五去寺院道观上香祈福、吃特定食物、在家中摆特定物件、放鞭炮等。人们通过这些方式憧憬未来的美好生活，为自己的工作和生活加油。

在寺庙道观的调研过程中，发现参与传统接财神习俗的人群没有局限于某一年龄段，大部分是以家庭为单位出游，将正月初五接财神作为春节习俗的一部分，归类于守岁、祭灶、祭祖、除尘、吃年夜饭、拜年、逛庙等春节活动。实地调研中，2 月 14 日凌晨时已经有大批人群聚集化城寺，从现场能明显发现上香祭拜的人数较多，放置在寺庙空地燃烧的香火也众多，都体现了民众对于财神信仰的虔诚。在问卷调查结果（表 2）中能看到，超过 95% 的群众在参与传统接财神仪式中“感受到参与春节习俗的趣味和快感”，大部分人们都反对“对传统接财神习俗没有特别的感觉”，接财神习俗作为春节众多习俗中的一个，有受到人们的热烈追捧。

在江苏省无锡市宜兴市周铁城隍庙的 2024 年法会安排表上共有 12 个活动安排，正月初五接财神是 2024 年除夕后的第一个活动，是城隍庙一年中最隆重的活动之一，实地调研时正是下午时间，虽然接财神仪式已经结束，但还是不断有人在庙前烧香祭拜，源源不断的人流也正是人们对神灵的虔诚信仰的体现，也能说明正月初五接财神是春节习俗的一部分。从问卷的结果中（表 2）能证实这一点，超过九成的群体都赞同“喜欢正月初五传统接财神仪式”“传统接财神是春节习俗的一部分”，说明人们严格遵守春节习俗的守则。

---

① 参见李鉴踪、强华《财神欢乐灶神愁——论灶神和财神的起源、影响及折射的民众心理》，《文史杂志》2020 年第 2 期。

② 参见李琦《上海接财神习俗及仪式研究》，博士学位论文，华东师范大学，2018 年。

表2　问卷第8题“对传统接财神习俗的评价”结果

题目	完全不同意	比较不同意	不确定	比较同意	完全同意
我喜欢正月初五传统接财神仪式	0%	3.81%	1.9%	23.81%	70.48%
传统接财神是春节习俗的一部分	0%	0.95%	1.9%	31.43%	65.71%
参与传统接财神能让我传承中华民族传统习俗	0%	0.95%	1.9%	26.67%	70.48%
参与传统接财神仪式能让我感受到参与春节习俗的趣味和快感	0%	1.9%	2.86%	37.14%	58.1%
我在将来也会参与传统接财神仪式	0.95%	5.71%	15.24%	38.1%	40%
我对传统接财神习俗没有特别的感觉	34.29%	39.05%	11.43%	8.57%	6.67%

（二）正月初五新兴接财神

伴随着各种新媒体技术的产生，人类信息传播和交往方式发生了天翻地覆的变化。新媒体的介入不仅改变了春节习俗的形式与仪式，还带来了许多新的习俗样式，从而成为春节的一大新趋势。在新兴春节习俗中，传统接财神的平台从寺庙道观变成为网络平台，从烧香祈福变成为在家中摆上电子版财神，或者去寺庙里刮彩票，将“赛博玄学”化为精神支柱。可以看出，新媒介的接触与应用，已成为当今春节习俗中不可或缺的主要元素。各种媒介承担着新兴春节习俗的传播与传承重任，成为呈现形式与内容表达的重要载体。可见，媒介的运用对春节习俗的呈现与传播起着至关重要的作用。

在2024年2月14日即正月初五，笔者朋友圈共有18个用户在朋友圈发送接财神相关内容，发送内容主要是以文字加图片的形式。将接财神内容收集后，发现其中有6个是企业微信号，在发送接财神内容时会夹杂企业广告，这些接财神的意图是与工作相关的。相比一般民众对于财富的直接追求，新兴接财神的意图更加鲜明，发送内容会根据网络账号的属性改变。企业微信号一般会更注重工作产品的畅销，尤其是因为2024年正月初五正好是 2 月 14 日情人节，有较大的消费需求，所以企业微信号大多在接财神时会提到促销，以获得实际上的财富回报。私人微信号发送的接财神内容则是会凸显趣味性，通过视频创作、文字、图片来表达对财富的向往，对美好生活的祝愿，对中华民族价值体系的认同，对民族情感与民族精神浓烈的表达。

在剩余的 12 个用户中，发送的内容多次出现写着“五路财神”的图片，虽然搭配的文案内容存在不同，但是发送此图片的用户都明确知道其信仰的财神是五路财神，新兴接财神习俗通过通俗易懂的图片和内容说明，向人们灌输财神的相关知识，扩大财神信仰。微信朋友圈接财神作为新兴接财神习俗的代表形式，通过网络平台进行接财神习俗文化传播。虚拟网络中的用户通过评论、点赞、转发、发布视频等形式参与到新兴的接财神习俗文化中，并与其他用户进行互动。该习俗在网络中迅速传播，激发了用户的兴奋感，进而促进了越来越多的用户参与，并在互动中促进情感能量的交换，形成了一种群体归属感。① 这种群体归属感有助于传承接财神习俗文化，促进文化的繁荣。这种归属感构成了人们对于“习俗文化”的身份认同，新兴接财神习俗正是如此，人们对于新兴接财神习俗的归属感，同时也是对“春节习俗文化”的身份认同。

表 3　问卷第 9 题“对新兴接财神习俗的评价”结果

题目	完全不同意	比较不同意	不确定	比较同意	完全同意
我喜欢正月初五在微信朋友圈接财神	0%	6.67%	5.71%	24.76%	62.86%
正月初五在微信朋友圈接财神是春节习俗的一部分	1.9%	6.67%	12.38%	20%	59.05%
我身边的亲朋好友都在朋友圈接财神，所以我也发	2.86%	10.48%	5.71%	26.67%	54.29%
我在将来也会在微信朋友圈接财神	0.95%	9.52%	9.52%	24.76%	55.24%

① 参见赵智敏、孙婷婷《从共享到共情：抖音 APP 春节习俗文化传播的互动表征》，《新闻爱好者》2022 年第 1 期。

续表

题目	完全不同意	比较不同意	不确定	比较同意	完全同意
在微信朋友圈接财神能让我传承中华民族传统习俗	0.95%	3.81%	8.57%	24.76%	61.9%
在微信朋友圈接财神互动性强，有参与感	0%	4.76%	4.76%	36.19%	54.29%
在微信朋友圈接财神娱乐性强，有趣味性	0%	2.86%	2.86%	39.05%	55.24%
微信朋友圈接财神会取代传统接财神仪式	16.19%	40.95%	27.62%	8.57%	6.67%
微信朋友圈接财神操作简单便捷	0%	0%	1.9%	27.62%	70.48%
微信朋友圈接财神是传统接财神习俗的延伸和补充	0%	0.95%	3.81%	40.95%	54.29%
在微信朋友圈接财神会让我感到担心和不安	43.81%	41.9%	6.67%	5.71%	1.9%

通过问卷调研结果（表3）可知，超过八成的人都认为“正月初五在微信朋友圈接财神是春节习俗的一部分”，认为新兴接财神习俗是一种特别的网络民俗，其本质上也是为自己注入能量，用虔诚的心和轻松的态度来振奋新一年的心情。大部分人都认为“在微信朋友圈接财神能让我传承中华民族传统习俗”，可以看出，近年来网络平台已成为传承春节习俗的重要渠道，新媒介则作为具体载体承载着各类春节习俗内容。从春节习俗的呈现方式到内容表达，均依赖媒介的支持。在这一过程中，媒介充当着主导角色，对春节习俗文化的传承起到了至关重要的作用。因此，春节习俗仪式已几乎完全转变为以媒介为主导的媒介仪式。“在微信朋友圈接财神互动性强，有参与感”“在微信朋友圈接财神娱乐性强，有趣味性”“微信朋友圈接财神操作简单便捷”，这些几乎得到所有参与问卷调查的填写者的认同，因为使用新媒体的新兴接财神习俗更有意思，也不需要烦琐的准备和外出，对比传统接财神习俗更有参与感和趣味性。还有许多人是因为“我身边的亲朋好友都在朋友圈接财神”，所以一起参加新兴接财神活

动，这也说明新兴接财神更具有参与性。此外，超过八成的人不同意“微信朋友圈接财神会取代传统接财神仪式”，超过九成的群众赞同“微信朋友圈接财神是传统接财神习俗的延伸和补充”，认为新兴和传统接财神习俗之间更多是传承关系，存在很多共有基因，这些都是对中华优秀传统文化的认同，都体现中国人的人情、人性的文化内涵。

五、调研结论

（一）空间：祭祀场所的变迁

传统接财神习俗注重仪式，追求热闹，通过在特定的空间举行特定的祭祀仪式来达到敬神和娱乐。中国民间文化中的“热闹”，是一个常见的词语，年节习俗中同样追求热闹的效果，因此北方有社火等各类活动，还有大量体现“狂欢精神”的庙会。由此可见，中国人追求“热闹”古已有之，并且具有敬神和娱乐的双重功能。[①] 传统的节日庆祝和纪念活动往往是一系列“在场”的仪式，由个人或集体亲身地、直接地参与其中。[②] 在实地调研中，寺庙和道观是传统接财神习俗的特定场所，民众在烟雾缭绕的香火中通过上香或是磕头等祭祀手段，向财神表示虔诚的信仰。传统接财神习俗是在人与人面对面的接触中进行的，即使是简化后的传统接财神仪式依旧是沿用其一贯的神圣形式，作为实体空间场所的寺庙和道观是传统接财神习俗的神圣空间，上香和放鞭炮作为简化后的神圣仪式，通过身体操练的行为传承接财神习俗。

而在新媒体时代，接财神习俗的空间场所发生了改变，从以往寺庙道观的实体空间转为了虚拟的网络平台，媒介替代了“在场”的经验，为受众打造了“观看的仪式”。接触和使用新媒介成为新兴春节习俗的重要内

① 参见罗亮星、李国太《神圣与世俗：巴蜀汉族丧葬仪式音声的人类学阐释》，《四川师范大学学报（社会科学版）》2022 年第 5 期。

② 参见徐伟、郑景文《传播仪式观视角下的新媒体时代传统节日文化传播》，《新媒体研究》2019 年第 19 期。

容，从微信、抖音、微博、B站等网络平台搜索查看正月初五接财神，可以发现新兴接财神习俗以文字、图片、视频为媒介，来欢迎财神的到来，以简化和娱乐化的方式进行接财神习俗展演。正如上面提到的“五路财神”图片，虽然文案内容存在不同，但是发送此图片的用户都明确知道其信仰的财神是五路财神，新兴接财神习俗通过通俗易懂的图片和内容说明，向人们灌输财神的相关知识，扩大财神信仰。

但影像符号建构下的世界并非等同于真实世界，因此有部分学者认为新兴接财神习俗的流行可能会导致传统节日博大精深的文化精髓被异化[①]，认为习俗场所由实体空间转变为虚拟空间并不是好事。当人们的注意力被精心建构的符号和热闹的社交氛围剥夺时，习俗的重点会被模糊，其原本的真实意义会被忽视。

（二）活动：单一向多元化发展

从调研问卷结果（表4）中可以发现，目前参与过新兴接财神习俗的人数是明显多于参与过传统接财神习俗。这很大一部分是因为新媒体的发展，新兴接财神习俗更容易被接受和使用。

表4　问卷第5题“您在正月初五参与过哪些接财神活动”结果

选项	比例
传统接财神仪式	10.48%
网络平台发送接财神内容	40%
两个选项都有过	49.52%

在调研中可以发现，在正月初五接财神这一习俗上，新兴春节习俗的确存在与传统春节习俗非常明显的不同。新兴接财神习俗相较于传统接财神习俗而言，无论是在习俗内容、习俗形式还是在形式谱系上都存在着很大差异。实地调研中，当代年轻人在正月初五迎财神的方式上有所简化，将从前具体复杂的仪式简化为寺院道观上香祈福、放鞭炮迎接财神等。此

① 参见胡馨麓《寻找“年味”：春节传统文化在B站中的传播——基于传播仪式观的视角》，《传媒论坛》2022年第14期。

外，由于新冠疫情导致线下活动停止，寺院道观在2020年至2023年春节并未开放上香活动，到2024年才开始正常开展活动。虽然这些简化的迎财神仪式有一定的传承意义，在当今缺乏仪式的社会背景下，人们的未来预期与信心受到了严重影响，因此，复兴与传承春节仪式的重要意义在于响应中国当代社会的综合需求。借助春节习俗的仪式实践，将中华民族的深厚历史和文化底蕴隆重展现，更将传统文化与现代社会有机融合，具有重要的学术价值意义。

表5　传统与新兴接财神活动对比

传统接财神活动	新兴接财神活动
上香祈福 放鞭炮迎接财神 吃特定食物、供奉特定物件	接电子版财神 接财神网络小游戏 买财神周边 去寺庙里刮彩票 创作财神相关视频

对比传统与新兴接财神活动（表5），传统接财神习俗活动体现为中华民族的文化符号[①]，通过与财神习俗相关的神话传说等语言文字叙事符号，包含财神形象的年画、灯笼、剪纸等物象景观叙事符号来体现两者的神圣性，通过财神祭祀、吃特定食物、在家中摆特定物件、放鞭炮等仪式行为叙事符号来共同营造狂欢热闹、喜庆吉祥的节日氛围，这些叙事符号神圣性指向鲜明。但还是存在活动结构单一的问题，传统接财神活动的平台还是局限于特定的宗教场所或者家。相比较之下，新兴接财神活动则更加多样化。在新兴春节习俗中，传统接财神的平台从寺庙道观变成网络平台，从烧香祈福变成在家中摆上电子版财神，去寺庙里刮彩票，或者是玩接财神的网络小游戏，将“赛博玄学”化为精神支柱。购买财神周边是一个新的趋势，财神爷形象的冰箱贴、玩偶等都受到了人们的热烈追捧。在正月初五当天，新兴接财神习俗不受任何时间地点的限制，即使远在天涯海角，只要有网络的地方，就可以迎接财神，享受财神信仰下的狂欢活动，因此新兴接财神习俗活动更加多元化。

① 参见游红霞《春节：中华传统 文化纽带》，《中国民族》2024年第1期。

（三）文化追求：民间信仰升华为民族认同

传统接财神主要是民间信仰的体现，宋代的周密在《武林旧事》中记载："凡家道殷实者，于是日祭神拜神以祈丰年，有祝文者。虽无文而必恭肃肃然，以其虔诚恭敬，至乎隆重也。"传统接财神习俗并非人人参与，大多是信仰财神的民众进行祭祀，但是新兴接财神习俗完全不同。新媒体改变了大众参与接财神习俗的"在场"形式，将参与门槛降低至平民百姓以及各行各业，普罗大众在新媒体平台五花八门的文化景观中感受到了记忆深处的"年味"。

新兴接财神习俗虽然相较于传统接财神习俗已发生巨大变革，仍然保持着中国优秀传统文化特色，具备象征中华民族的意义。从精神意识的角度分析，传统与新兴接财神习俗实际上蕴含着共同的思想观念、道德伦理和行为规范，涵盖着中华民族对财富的向往、美好生活的祝愿、辞旧迎新、感天敬祖、趋吉避害等一致性、群体性的情感诉求。这些愿望与诉求都是基于普通大众最基本的生活需求。像前几年城市管理禁放鞭炮，因此"电子烟花"受到欢迎，还有一项传统技艺"打铁花"也成为鞭炮的替身。但在新兴和传统春节习俗背后，都是人们对于春节和年味的热爱与追求，贯穿其中的是浓浓的亲情、乡情和生命的乐观主义情怀，这是春节最深刻的"文化基因"。

接财神习俗之所以能绵延至今并且不断返本开新，是人们的信仰之力不断推动发展，见证的正是文化根脉的赓续传承之力。虽然春节已有 4000 多年的历史，随着新媒体的快速发展，春节的形式固然已经发生了很大变化，就如同新兴接财神习俗相较于传统接财神习俗在内容形式上发生很多变化和新发展，但春节习俗背后所蕴含的喜庆团圆、积极向上的精神风貌却是永恒的主题。随着现代媒介的发展，新兴接财神习俗已演变为市场逻辑和商业目的主导下的世俗商品和媒介狂欢。然而，作为一种传统文化根源，它仍蕴含着育化和促进民族认同的深刻意义。尽管如此，新兴接财神习俗活动仍具有明显的仪式性，显现出传统与现代的融合。在此背景下，传统与新兴春节习俗的文化追求由民间信仰升华为民族认同，呈现出习俗形式与内容的变化，凸显出中国人的人情和文化内涵。

六、调研总结与不足

随着社会的现代化、城市化和全球化进程不断推进，中国人过春节的庆祝方式发生了显著转变，部分春节传统习俗也随之式微甚至消失。接财神作为春节习俗的重要一部分，传统接财神习俗在现代受到一定程度的简化，新兴接财神习俗受到更多欢迎。调研发现传统接财神习俗与新兴接财神习俗两者之间发生了变迁，祭祀场所从寺庙道观的实体空间转为了虚拟的网络平台，祭祀活动从单一向多元化发展，文化追求从民间信仰升华为民族认同。传统与新兴接财神习俗都表达了对春节喜庆团圆、积极向上的精神风貌的追求，以及对中华文化的认同和归属。

本次调研还存在以下一些问题。首先，调研问卷虽然采取线上与线下相结合的方式，但大部分参与填写者都是调研者所在地区，因此存在局限性。其次，由于宗教仪式在同一天举行，调查只能覆盖有限宗教场所，相关资料数据不够完整、深入，还需进一步补充完善。

27

在场的盛宴：传统诗文中新疆春节的民族交往交流交融

侯雅妮

新疆大学中国语言文学学院文艺学专业硕士研究生

在悠久的历史长河中，我国各民族共同缔造了灿烂的中华文化。春节便是中华民族文化中绚丽多彩的篇章，是各个民族的共同节日。可以说，春节的各种风俗，是许多民族不断丰富集合而成的，并不是单一民族的单一文化。因此，春节是铸牢中华民族共同体意识的重要载体。春节也是各民族文化交融的大舞台。

丝绸之路开通以来，中原文化和新疆各民族文化交往、交流、交融是持续不断的，实现了从语言文字、风俗习惯，以及文化信仰等各个方面、各个维度的文化融合。民俗文化之中，特别是重大的节日文化对促进中原地区与新疆各民族文化的交往、交流、交融起到了非常重要的作用。自清代以来的文学作品对此记叙十分丰富，在物质生活、精神情感、文化艺术中交往、交流、交融的民族年俗或许能给今天构建新时代节庆风俗的向心力和凝聚力带来启示。

一、新疆春节的物质生活交往

清代大量有关于新疆民俗春节的诗歌呈现出边地移民地带的多元文化形态和特色。其中最基础的，也是最为直观地呈现在新疆各族人民的交往、交流、交融中的内容是物质生活交往中的新疆春节的内容。乾隆平乱收复新疆后，实行屯垦制度，中原百姓纷纷入疆，带动新疆的多元饮食特色。纪昀在《乌鲁木齐杂诗》中记载："酒果新年对客陈，鹅黄寒具荐烧春。近来渐解中原味，浮盏牢丸一色匀。"又注："新年客至，必陈馓饵四器，佐以烧酒，比户类然。近能以糯米作元夕粉团，但比内地稍坚实，其他糕饼，亦略如京师之制。"[①] 正反映了这种饮食文化的交流，在新年到来之际，相佐的烧酒是四川的烧春酒，并且仿制的元宵用料更加扎实。同

① 周轩、修仲一：《纪晓岚新疆诗文》，新疆大学出版社 2006 年版，第 48 页。

时，这里的“馓饵四器”则体现了新疆本地的饮食文化特色，在年节时一定会准备馓子、各类糕点还有干果以备待客。

除此之外，新疆和中原的饮食文化沟通，交往交流交融是持续不断的。《乌鲁木齐杂诗·物产其九》之中写到中原的柑橘运往新疆，深受喜爱：“朱桔黄柑荐翠盘，关山万里到来难。官曹春宴分珍果，谁怯轻冰沁齿寒。”除此之外，还有其他瓜果：“红笠乌衫担侧挑，苹婆杏子绿蒲桃。谁知只重中原味，榛栗楂梨价最高。”以及中原的海鲜：“不重山肴重海鲜，北商一到早相传。蟹黄虾汁银鱼鲞，行箧新开不计钱。”

并不只是中原的山珍海味运往新疆，新疆特有的甜蜜富饶的丰产也广为中原地区所喜爱，《乌鲁木齐杂诗·物产其一》中写道：“种出东陵子母瓜，伊州佳种莫相夸。凉争冰雪甜争蜜，消得温暾顾渚茶。”这是赞扬新疆的甜瓜运往内地甜似蜜。《乌鲁木齐杂诗·物产其一》中载：“蒲桃法酒莫重陈，小勺鹅黄一色匀。携得江南风味到，夏家新酿洞庭春。”这是赞扬新疆官制的葡萄酒，这些优秀的物产流传至今，仍然是新疆本地特产品之最。

《乌鲁木齐杂诗》还记载了疆内节庆时重要的饮茶习惯的由来，《乌鲁木齐杂诗·民俗其九》中载：“闽海迢迢道路难，西人谁识小龙团。向来只说官茶暖，消得山泉沁骨寒。”又注道：“佳茗颇不易致，土人惟饮附茶……附茶者，商为官制，易马之茶，因而附运者。”福建的佳茗小龙团跨越山海运到乌鲁木齐，但当地的百姓主要依靠饮用官茶来驱寒，很多人不识得这种茶。乌鲁木齐人喜欢饮用一种商人为官方制作的“附茶”，伴随着茶马古道运到乌鲁木齐。这所谓的“附茶”就是“茯茶”，现在已成为不论节庆也广受全疆各族人民欢迎的日常饮品。

对此，《乌鲁木齐杂诗》的记载并非孤例，张荫桓来到新疆后曾作《新疆岁暮行》，详细记载了年末乌鲁木齐年货交易盛况：“库车脆梨巴旦杏，烦痾得此真醍醐。西瓜藏窖甘若醴，展效直与白虎俱。野鸡黄羊足馈岁，塔城千里邮冰鱼。细鳞巨口长数尺，遥怜水族斋桑堧。蜀姜冬深仅一至，每饭不撤徒相需。”[①] 这里所提到的库车脆梨、巴旦杏以及又甜又大的

① 吴蔼宸：《历代西域诗钞》，新疆人民出版社 2001 年版，第 303 页。

西瓜等水果如今仍是新疆特产中品质尤佳的产品。野鸡和黄羊也是新疆畜牧业中肉质鲜美的代表。塔城的“冰鱼”至今也仍是闻名遐迩，表现出新疆各地区物资经济的交流十分频繁。邓廷桢在另一首诗《岁除志感兼呈少穆尚书四首》中写道：“兹土亦云美，含豪纪岁时。黄羊供节物，苍鹿佐春卮。蛮部争输赆，番僧解祝厘。皇舆恢二万，原不是天涯。”[①] 这首诗也佐证了春节时期“纪岁”丰富的物产和部族交际，表现出中原和新疆地区在春节期间友好往来，物资经济交往、交融、交通，选购年货的一派富饶景象。

民国时期，宫碧澄在记载《新疆的新年》一文中对于新疆这种自清朝延续下来的春节饮食文化，做出了更加细致而生动的记载：“未到年前先过腊八和祭灶。腊八粥是用高粱、红豆、葡萄干，核桃仁、杏仁、红枣等做的。祭灶像在内地似的，焚香送皂，吃关东芝麻糖或糖元宝。”“除夕前八九天……住在乡下的人们有的拉着炭柴，有的挑着野猪、野兔、野鸭，有的赶着绵羊或肥猪，纷纷地到城里来卖远路，来的有额尔齐斯河一车车的冰鱼，库车一筐筐脆甜可口的香梨……”蒙古族在大年三十要全家围坐吃手抓肉和奶制品，他们把奶制品的白色看成一年中最吉利的象征。回族人在春节要吃粉汤饺子，寓意吉祥如意。满族则要吃沙琪马，认为财源像金丝一样连绵不断。

新疆地区自古以来就是东西交流的门户和中介，历来是多元文化和多种物产交流荟萃。作为这样的中枢之地，美食文化也成为新疆各民族交往、交流、交融的生活方式以及凝聚力最好的物质表现。在春节期间，美食文化为新疆人民的团结精神和幸福生活增光添彩，也表现出新疆与内地紧紧相连、同气连枝的共同文化源流。

二、新疆春节的精神情感交流

家庭成员之间的精神情感交流与维系是各大节庆习俗中所必不可少的内容。在新疆春节的传承之中，家庭成员的活动也多见于文学作品的记

① 吴蔼宸：《历代西域诗钞》，新疆人民出版社 2001 年版，第 192 页。

载里。刘荫楠曾在《乌鲁木齐掌故》之中记载了春节期间的种种仪式。譬如，腊祭就是要把族谱之中各代的名字写在专门印制的“家谱联”中，悬挂在正屋的中间，以示怀念。腊月民间还要给老人小孩儿压岁钱、做新衣服，以及腊月击鼓表示迎新年，腊月初八喝腊八粥，到腊月底，城里乡下的人们都要开始置办年货。吃的、喝的、玩的、用的，琳琅满目，男女老少各买新年所需，还要给小孩儿买鞭炮来放。在腊月二十三那一天用糖果和年糕祭灶，又称“过小年”，希望灶王爷能够上天言好事。从腊月二十四开始，一直到年底进行大扫除。①

除此以外，还有一些新疆春节当地符合各地区具体风俗的习惯。乌鲁木齐的长辈们习惯在农历腊月二十三这天过小年，要吃年糕和祭灶，家家都要用糯米来蒸制年糕，取“年年糕”的吉祥如意之意。还要准备“万年粮”，从腊月中旬开始，家家户户要备下能够吃十多天的“年年有余粮”。根据各家不同的习惯，包包子、炸油果、做年糕、炖条子肉（合碗子），以及必不可少的饺子和蒸馍馍花卷儿等。除夕要围炉贴春联和福字，过年时要在大年二十九或年三十围炉聚餐过一个团团圆圆的幸福年。有时还会在火锅中煮丸子，寓意全家团圆，经过油炸的油饼则表示红红火火。

在正月初一要起早逛庙会。烧香拜庙，祭祀祈福。正月十五则是延续下来的逛花灯的传统，大街小巷各家各户都要张灯结彩，成为鱼龙花火的世界。拜庙会祈求来年红红火火、风调雨顺，是春节的重要精神寄托，庙会具有精神团聚的功能，这一全民狂欢性的活动对民众生活具有重要的作用，在调节平淡日常的同时也能够更好地处理自身与社会的关系、个体与家庭的关系。新疆春节所体现的中国传统庙会的狂欢精神，是国家正祀与民间信仰的互动。民国的《哈密志·舆地志·风俗》中记载：“元旦佳节，男女登堂，拜贺新年，富者盛设筵宴款待，彼此洽酒，互相请答，人情颇为醇厚。”②

这样热闹的情感交流活动，是各民族共同参与的盛景。马达汉途经阿

① 参见刘荫楠《乌鲁木齐掌故（二）》，新疆人民出版社 2003 年版。

② 钟方：《哈密志》，台北成文出版社 1968 年版，第 75 页。

克苏拜访当地道台，记叙农历新年的情景，他见到道台衙门宽敞的院子里有各色穿着节日服装的人群。其中，还有男扮女装的维吾尔人。一队人排成游行的队列，开始沿街巡游，庆祝中国新年而取悦城里的居民。院子里还留下了一队各色维吾尔人群，扛着道台的仪仗，和道台一起外出进行团拜活动。维吾尔人民和汉族人民一起共同参与其中，人们在各街头巷尾拥挤着。面貌不同、服装各异的人，一个个用着维吾尔语、哈萨克语、吉尔吉斯语、乌兹别克语、蒙古语、锡伯语、索伦语在彼此交谈、应答着，还在买卖东西。① 伊犁的藏传佛教还要请喇嘛为官民来“跳布扎”，以在新年之中吉祥如意，驱逐邪祟。② 这里以春节为系，在特定的时间举行并伴随不同阶段而施行特定的仪式，把民众从日常的随意性召集出更多的精神情感的共同性，因而具有更大的凝聚力。这里所起到的精神情感的抚慰功用与逛庙会大致类似，成为新疆当地的特色春节精神祭祀活动。

在春节期间的情感交往、友人相交之情也有迹可循，如林则徐与袍泽相交之情：“正月元旦，甲辰，晴。五鼓焚香，望阙叩头，又拜迎诸神，黎明邓嶰翁前辈来，遂与同至福泽轩文一飞寓中，并邀一飞赴将军参赞处贺年，俱晤谈。又于同城内互相答拜者二十余处，惟花毓堂一处得晤，午后文一飞来。是晚，邓嶰翁及子期、吟仙俱来同饭，二鼓散去。”“正月十三日，丙辰，晴。将军、参赞俱送汤圆。将军又送烟火，绥定镇亦送花炮来。”“正月十五日，戊午，晴。遣人赴各处贺节，午后嶰翁来，遂留晚饭。并邀子期、吟仙俱来，食毕放烟火，月色如昼。与嶰翁诸人踏月出游。有演台阁、唱秧歌，二鼓归，作诗一首与嶰翁。”林则徐在其中所叙之情点到即止，袍泽相交之情显得尤为可贵。嶰翁、子期、吟仙乃是亲朋好友，便称字以显亲切，在贺节之时往往相与步于中庭，真情就在这一饮一食之间，谈话聊天，烟火出游之中流淌。而同僚上下级之间也有互相答拜者二十余处，在年节之时相互送饭成了同侪之间友好往来的人情联系。

① 参见［芬兰］马达汉《马达汉西域考察日记（1906—1908）》，王家骥译，中国民族摄影艺术出版社 2004 年版，第 137 页。

② 参见李烛尘《西北历程》，杨晓斌点校，甘肃人民出版社 2003 年版，第 88—89 页。

新疆的春节作为一种集体活动，不仅在特定的时空所聚集了大量各民族的人民，而且作为一个热闹的共时性重大事件，它具有情感的凝聚力和向心力，在精神上将各民族统一起来，既包括日常的人际交往、买卖交易，也包括平时不多见的歌舞娱乐、仪式表演、祭祀活动等热闹的精神狂欢，整体氛围热烈而欢快。通过春节，新疆的各民族群众实现了家庭的情感团聚、各民族间的情感维系以及亲朋好友同侪之间的情感流动。这些社会关系在春节期间的交流促成了个体与群体、个人与社会之间精神共识与美好愿景的达成。

三、新疆春节的文化艺术交融

春节作为中华民族最为盛大的节日活动之一，在节庆之中的娱乐活动文化向来是不可少有的。新疆春节的内容结合中原已有的春节娱乐习俗，传承并结合当地特色发展了许多各民族交往、交流、交融的内容。比如，元宵节观灯正是自古以来春节民俗中重要的一环，随着内地百姓大量移居新疆，大量的春节娱乐活动也移入了新疆，元宵节观灯在诗歌中也多有体现。纪昀在《乌鲁木齐杂诗·游览》中记载："绛蜡荧荧夜未残，游人踏月绕阑干。迷离不解春灯谜，一笑中朝旧讲官。"又自注云："元宵灯谜，一同内地之风，而奇怪俚荒唐，百不解一。"这是在猜灯谜。另有两首，分别是："犊车辘轹满长街，火树银花对对排，无数红裙乱招手，游人拾得凤凰鞋。"（其注云："元夕张灯，诸屯妇女毕至，遗簪坠珥，终夜喧阗。"）"摇曳兰桡唱采莲，春风明月放灯天。秦人只识连钱马，谁教歌儿荡画船。"（其注云："灯船之戏，也与内地仿佛。"）[①] 元宵节观灯划船，行人摩肩接踵、纷至沓来，以至于连妇女的首饰和鞋都丢失，以此表现出来年节灯会热闹的景象，这一缩影可以展现出新疆春节灯会当时与内地相仿的隆重盛景。

这样元宵节观灯的景象，作为春节传统盛会里最重要的娱乐活动之一，

① 周轩、修仲一：《纪晓岚新疆诗文》，新疆大学出版社2006年版，第27页。

除了乌鲁木齐以外，伊犁巴里坤等地的诗歌也都有所记叙。赵钧彤在伊犁作《庚戌元夕五绝句·其四》来描绘伊犁元宵节之娱乐景象："军城日暮奏笙箫，泥溅春袍铁马骄。莫怪衰翁花满眼，投荒又见五元宵。百日勤劳一夕欢，长街如笋起灯竿。拟将春夜千条烛，照破边沙万古寒。千尾金蛇万个雷，柳营深闭锦云堆。遥看赖有攻梯法，男妇喧阗上屋来。社鼓声沉漏鼓兴，客窗月照纸如冰。游人睡尽闲人觉，卧看清清无焰灯。"[①] 这里所描绘的形象十分生动，"百日勤劳一夕欢，长街如笋起灯竿"。辛勤的劳动人民在屯垦一年之中的劳累如过年节这一般热闹的景象，长街之中明灯挂起如同春笋，"千尾金蛇万个雷"，锣鼓喧天，鞭炮齐鸣。诗中描绘的灯笼、烟花、爆竹与社鼓一派喧闹之景，也表现出当时伊犁军屯年节的盛景。

这样的景象在巴里坤镇西府也有呈现，赵钧彤作《元宵次镇西府题》二绝句，记载镇西府元宵节的盛况："六鳌双凤颂声兴，火树银花丽句称。争意元宵有生面，雪山坳里上春灯。镇城箫鼓纵奇观，客邸行沽亦尽欢。试听连天喧爆竹，投荒更破一春寒。"这里元宵节的盛景已与中原一般无二，在并不那么发达的镇西府巴里坤也已然在元宵节能够彩灯盈市和爆竹喧天，说明在当时春节已经深入新疆各地区，成为具有影响力的文化节日。

林则徐日记诗歌中有不少记载新疆春节民俗的资料。如《癸卯日记》中详细记载了伊犁歌舞正月元旦的情形，其诗为《元夕与嶰筠饮，遂出步月，口占一律》，其中两联是："踏月吟鞋凉似水，遏云歌板沸如潮。楼前夜市张灯灿，马上蛮儿傅粉娇。"[②] 这里描绘愉快的歌声飞入云霄，楼前张灯结彩，各民族装点粉墨、精心装饰后出门逛街游夜市的美妙图景。又一首描绘了伊犁人民过除夕的场景。"边氓也唱迎年曲，到耳都成老者歌"两句，表明道光年间伊犁除夕有唱迎年曲的习俗。第三首则记载较详："流光代谢岁应除，天亦无心判菀枯。碎裂肝肠怜爆竹，借栖门户笑桃符。新幡彩胜如争奋，晚节冰柯也不孤。正是中原薪胆日，谁能高枕醉屠苏。"这里描绘的"爆竹"和"贴桃符"也就是贴春联，以及"新幡彩胜"都是

① 星汉：《清代西域诗辑注》，新疆人民出版社1996年版，第158—162页。

② 刘长明、周轩：《林则徐新疆诗文》，新疆大学出版社2006年版，第51—54页。

沿袭至今的习俗。唐宋以来，以丝绢或者剪纸，剪成各种形状戴在头上以庆祝春节。爆竹一声，辞旧迎新，噼啪作响。无论是春联还是剪纸，或是丝绢所制作的门神和装饰在各处飞扬飘舞。

林则徐在乌鲁木齐观赏元宵节时，在日记中记道："红庙元夕灯市颇盛，自城内之关外，通衢多竖牌坊，燃灯数夜。"此外，春节期间还有演唱戏曲的娱乐活动，"正月灯市最盛，例禁演戏，避其名谓之太平歌"。戏曲是当时节庆之中十分重要的文化活动，进入乌鲁木齐之后成为春节联欢的文化交融曲目。

由此进一步发展，宫碧澄在《新疆的新年》中同样记载了过年时乌鲁木齐在20世纪30年代丰富的娱乐活动："已万家灯火，烛影摇曳。爆竹遍响，欢语交杂，这就是男女老少们所盼的除夕到了。""到了新春的七八日，各家都在闲暇的时间，个人除了玩牌的娱乐之外，群体还组织了高跷、旱船、狮子、龙灯、花鼓等各种游戏。逐日排成了行列，沿街沿户的在表演。至夜间，通衢灯市如画，格外热闹。歌舞喧天，万人空巷，闹个通宵达旦，在泥泞的道路中，人们不避艰辛，不避风寒，不顾人的拥挤，争向热闹的地方奔跑。"如此生动的画面展现出了介于历史传承和现代转型之间的新疆春节热闹而欢快的景象。少数民族上层人士鼓励出资春节的娱乐表演。"每年春节哈密厅指令商总组织龙灯、高跷、狮舞、旱船等到王府表演。回王对领队者除招待宴食，还要给众演员发赏包，一般赏银一百两。"

其中，文化的交融是最重要的内容，中原的春节文化与新疆本土的文化产生合流。哈萨克族的库鲁恰尔节，也就是哈萨克族的春节，通常在农历的正月十五，或正月二十五举行。因为时间与春节相近，渐渐地与春节的文化活动交织，形成具有新疆当地文化特色的新年庆祝文化。哈萨克人民会装扮家具，搭建帐篷，挂上布幡，弹琴唱歌，赛马竞技，共同庆祝传统新年节日的到来。而维吾尔族在新年节庆期间进行的家庭团聚，祭祖拜神，互相访问，招待宾客，互送礼品，跳舞唱歌，宴饮烹调以及看戏等新年文化的庆祝内容，也与春节期间祭祖团聚、宴饮看戏等主要的文化活动大致相符。

春节的节庆文化也对新疆各少数民族庆祝自身的传统节日产生了影响。在南疆的巴音郭楞蒙古自治州哈尼族人民的花山节（俗称“花会子节”）是一年中最为盛大的节日。节日期间哈尼族会在这一天乘坐马车或骡车相互拜访，互赠礼品，进行歌舞表演和其他精彩的演出，最重要的是放烟花活动，过山花节时间大致在二月初八，这样烟花文化就受到春节节庆文化的很大影响。分布在新疆伊犁和克孜勒苏柯尔克孜自治州的乌孜别克族，最重要的节日是努尔苏丹节（别称是“奉天节”）。由于乌孜别克族以畜牧业和经商业为主，十分注重人际往来和社会关系。在正月十五的第二个星期六，乌兹别克族人会走街串巷，互相宴请，进行大量的传统文化交流活动。新疆春节的多元文化使得各民族的重大节日之间也有密不可分的联系。每个民族富有自己的珍贵的文化传统和节日传统，但这些传统的文化和节日并不是孤立的，而是互相影响的、相辅相成的。新疆的春节就是其中最明显的典范。新疆春节成为维护各民族历史和文化渊源的体现，折射出各个民族社会习俗、人际交往、生产生活、传统文化、宗教信仰和道德准则的文化共同体的产生和发展过程。在多元文化的历史和时代背景的不断催生下，春节成为新疆各民族建立民族团结的纽带，体现了新疆各民族欢度节日，对于美好生活的共同祝愿。

新疆春节通过仪式文化的建构，发挥着对于集体记忆的塑造和整合，成为日常生活秩序的文化规定和文化浸润，成为新疆各民族之间交往、交流、交融的文化沟通之间的桥梁。新疆春节所融汇的娱乐活动展现出了各民族追求幸福生活的美好感情和理想愿望，体现了全体人民的智慧和优秀的文化自信的精神来源，使得各民族在娱乐活动的交往、交流、交融中达到共情和快乐的情感维系。

四、结语

物质生活的交流带来物质和经济的共飨，新疆春节的物质生活不仅带动了新疆内部地区之间的物资和经济的交融，也使得新疆丰饶和甜蜜的物产和中原地区交流不断。精神情感的交流、文化艺术的交融带来精神文化共同体的构建，使得新疆各少数民族在中华民族的大家庭中，在春节这一团圆佳节共情。春节习俗集中了全体人民的智慧，它蕴含着各族人民对于理想生活和审美价值观念的追求，蕴含着最美好的感情和愿望，体现了中华民族优秀的传统文化和民族精神，是中华民族多元一体文化宝贵的财富和自信力量的来源。

传统节日因其开放性切实促进了民族的互动与融合，这就为现代国家打破传统节日的民族与地域界限，利用全民性节日、纪念日来促进民族文化互动与融合、构建文化认同提供了借鉴。新疆各族元旦大欢宴达到了“文物汇殊俗，官民洽比邻。一堂十四族，歌舞太平春”的效果。这或许能为今天中国构建边疆民族地区的和谐社会关系，构建多元一体的中华民族共同体精神带来些许启示。

28

浙江台州春节元宵民俗调研

洪小友

浙江省台州市民间文艺家协会理事

2023年12月22日，第78届联合国大会通过决议，把中国这一传统民俗节日——春节（农历新年）确定为联合国假日，充分体现了中华文明的传播力与影响力，将有力促进世界不同文明的交流互鉴。为了更好地展示和研究春节元宵丰富多彩的民俗活动，促进其保护传承与发展，助力中国春节申报人类非物质文化遗产名录，根据中国民间文艺家协会节日文化研究中心举办的“2024年春节元宵节调研征文”活动通知精神，本人通过春节期间走访调研，并结合多年来对台州地方民俗文化的研究与积累，将本地春节元宵习俗进行简单汇总，供相关专家参考，为促进春节元宵节保护传承与发展贡献自己的一份微薄之力。

一、台州风俗的形成

台州的风俗是中华风俗的一部分，它既与全国各地的风俗基本同一，又有自身一定的地域特色。其同一性，源于与中原文化的长期、全面的交流与融合。其特殊性，源于台州自身的自然环境以及历史的、社会的多方面因素，历经千百年来的历史沉淀，形成了富有当地特色的地域民俗文化。汉代以前，台州是越族的居住区，有着越族自己的风俗。《史记•封禅书》记“昔东瓯王敬鬼”。最早的关于古代台州风俗的明确记载始于《晋书》，记临海郡民“火耕水耨，渔猎山樵，饮食颇给”而“信鬼神，好淫祠”，可见原始的宗教信仰在古代台州长期存在。

汉代以后，特别是三国、东晋以后，北方人口大批南迁进入台州一带，随着民族的融合，以中原习俗为主的许多北方习俗随之传入，与当地的原有习俗逐步融合。台州的岁时习俗，由于农业的进一步发展而在经济生活中居于主要地位，后世台州的种种岁时习俗，此时大体上都已形成。南朝梁代宗懔的《荆楚岁时记》所记载的正月初一等岁时节日，当时在台州都已流行，这种来自北方的习俗在台州一带传播的速度相当迅速。到了宋代，特别是南宋定都临安以后，北方人口再次大规模进入台州，北方习俗在台州的影响更加深广。南宋时，理学盛行，大理学家朱熹来台州各地讲学，流风所及，以至民间婚嫁、丧葬、岁时、礼仪等有“遵文公（朱熹）家礼”之说。在华夷有别于忠君等儒家思想的长期影响下，台州人特别崇尚气节，崇拜忠臣义士。这种崇重气节的理念与质朴的民风相结合，在民间形成鲁迅先生所说的“台州式的硬气”，认理而不计利。

台州风俗的形成还必然会受到自然环境的影响，因台州处于我国东南沿海，海域辽阔，平川肥沃，山地宽广，山海平原兼备，加以气候温暖多雨，物产丰富而不单调，素称“桔果鱼米之乡”。沿海居民打鱼晒盐，平原居民种粮植果。而众多的小集镇则商贸与手工业发达，各行各业都有自己的习俗，从而使台州的民俗更加丰富多样。在封建社会中，台州这种长期基本自给自足的状态自然会对当地的风俗产生影响，民风偏于保守，习俗在一经营成后也往往不易多变，同时，现代化的进程直接影响着民俗的明显改革。

二、台州的春节习俗

台州是浙江中部的港口城市，人口来源复杂，台州市府驻地椒江旧称“海门”。经过千百年形成了相对稳定的春节习俗，即使在近数十年剧烈的社会变革时期，仍然较多地保留了传统习俗。其中部分虽有迷信色彩，但随着社会的进步而大为减少，而欢庆娱乐的色彩大为增强。流行的春节元宵习俗，反映了台州传统文化的一个侧面，形成了台州丰富的民俗文化。

（一）台州人如何准备过春节

过去台州人过年前都做些什么，从下面的几首歌谣就能简单明了地告诉我们，台州人如何做好欢度春节的准备工作。

过年谣

十六勿讲起，十七浸糕米。

十八磨糕粉，十九来做糕。

二十买年货，二十一打炮婆。

二十二切烤糖，二十三落海门。

二十四掸蓬壅，二十五送长工。

二十六叫老司，二十七杀大（du）猪。

二十八包粽，二十九打冻，

三十日除夜，初一坐格吃调泰。

初一糕，初二糕，初三上路桥，

初四吃了个精打光！

台州的年味在腊月十六开始就已经渐渐浓郁，因为年糕和糕点需要的工序多，又不容易腐坏，所以做糕是过年打头阵的工作。腊月十七当天，人们就早早将做糕的米、蒸笼等相关材料准备好，将米浸泡在水里几个小时。当时，每个生产队里都有石磨和捣臼，年轻力壮的男人将石磨清洗干净，等到腊月十八这一天，各家各户都将家里备置好的糕米拿到生产队里磨成粉状。腊月十九，此起彼伏的捣年糕声成了农村最动听的音符，这种邻里互助手工做年糕的基本方式在20世纪90年代后已经基本消失，换成了机器做年糕代加工的形式和近几年的直接购买加工点的机器年糕。过去从腊月二十起，人们就开始到附近街上小集市购买年货，各种小件的年货都可以买到，若是要买大件的年货，就要到繁华的海门、路桥等地，所以海门人就有“二十三落海门”之说。

打炮婆、切烤糖是孩子们最盼望、最开心的时刻，这意味着他们马上有香脆的炒米糖等过年零食吃了。炮婆也就是用做爆米花的工具打出来的米，将炮婆混合糖浆、芝麻、花生等在锅里翻炒，再冷却压制平实，用刀切成一片一片的，便成了美味的炒米糖。孩子们在大人做烤糖或者炒黄豆等零食的时候会眼巴巴地围着转，等着大人施舍些解解馋，于是孩子们最常唱的歌谣则叫《光光锵》。

光光锵

光光锵，光光锵，

炒豆炒米过年夜，

年夜吃到，炒豆炒米连路拗（吃）！

腊月二十四将屋子里里外外打扫干净，过去地主家在二十五这一天结算工钱，让常年雇用的长工回家过年。在二十七杀猪前，杀猪的主人家得提前找杀猪师傅，否则所有师傅都忙着干活，当天可没有工夫帮忙杀猪了。

过年时一些老人都会说：“小人忖过年，后生忖老嬷（老婆），老人忖谢年。”从腊月二十五开始，各家就忙于“谢年”了。

狗捣米谣

一捣长命富贵，二捣谷米成仓，

三捣三国为宰相，四捣四子得团圆，

五捣五子登科，六捣六连环，

七捣福禄荣昌，八捣八仙过海，

九捣九龙献宝，十捣十完全。

这是一首很有趣的歌谣，应该说在20世纪七八十年代之前过年时，在台州各地还会经常看到带着装有踏板铃铛工具和一条训练有素的狗狗的要饭艺人，来到每家每户边唱歌谣边让狗狗表演，送上美好祝福，然后讨要钱物食品。礼物不管多少，引来了大人小孩的围观。

拜岁谣

拜岁滴笃，馒头猪肉。

拜岁过上八，清汤没得喝。

拜岁过十四，有肚没得置。

过年前忙着做糕点，买年货，杀猪宰羊，为的就是从大年三十开始能毫无顾忌地吃个饱。过去生活条件差，一年的辛苦在这几天终于得到释放，但一般到初四，备好的大鱼大肉基本吃尽，而到了初八就只能吃清汤挂面了，所以上面的关于拜岁的歌谣，特别形象地展示了这个场景。

这些记忆中的歌谣，像一支支淳朴的小诗，蕴含着一代人美好的祝福与遐想，能勾起上一代人内心深处的呐喊。如今能够唱这些歌谣的人都是六七十岁以上的老人，现在的年轻人听都没有听过，更不要说会唱，如果不能被及时记载下来，最终将会失传。笔者从20世纪80年代初开始从事当地民间习俗的搜集整理工作，这些歌谣大多被录用在90年代的省、自治区、直辖市三套民间文学集成卷和2006年的非遗普查卷中。

（二）台州人还保留着哪些过年习俗

1. 腊月二十三送灶神

祭灶，即祭拜灶王爷，称“拜灶司菩萨”。因传说玉皇大帝命灶王爷管理人间各家灶火，故被作为一家的保护神受到崇拜。因灶王爷腊月二十四要上天禀奏人间一年的善恶事，故在二十三举行祭灶。祭品主要是“祭灶糖”（用一种黏性很强的糖制成），还有其他糕点水果。人们用祭灶糖的目的，是讨好灶王爷，粘住他的嘴，让他在禀奏时多说好话，免得在玉帝面前瞎汇报。

送灶司菩萨的仪式放在当天晚上更深人静时，要由家中的男主人来操办，俗称“女不祭灶”。祭品用冰糖、柿饼、麦芽糖或山粉糊羹等，据说这些食品能把灶司爷的牙齿和嘴巴粘住，这样的话灶司爷回到天庭张不开嘴就不会乱汇报了。台州有些地方，还将糖涂在灶王爷嘴巴的四周，边涂边说：“好话多说，不好的话别说。”这是用糖粘住灶王爷的嘴，让他别说坏话。传说灶司爷是个非常健忘的神仙，吃了这餐饭就忘记了上餐吃什么，台州有句老话叫“灶司爷饭吃了”，比喻健忘的人。灶司爷在上天前吃了甜食，自然忘记了主人以前对上苍及对自己的不好，只说这家人的好话了。祭完以后把灶司菩萨的神像揭下来，和纸马、纸钱等一起焚化。纸马是送给灶司菩萨回天庭的坐骑，纸钱是送给灶司菩萨的路费。祭灶司爷后的供品一般不给小孩吃，传说小孩吃了快忘记。送走灶神后还要在原神位前设柑橘糖果，以供奉前来代职的天神。此习俗在20世纪90年代通过农村改土灶为煤气灶后，并随着老一辈人不断过世，据调查到目前已经基本消失。

这里附一则传说——吃灶司爷糕快忘记说法的来历：

灶司爷即灶神，也称灶司菩萨、灶王、灶君、灶王爷、灶公灶母、东厨司命等，是中国古代神话传说中的司饮食之神。在椒江流传着这样一个说法，人们常常把快忘事的人认为是吃了灶司爷糕的缘故，这里还有一段有趣的传说。

据老人们说，在很早以前，人们都要在家门口贴门神，前门是秦叔宝和尉迟恭，后门是钟馗神像。玉皇大帝给每家每户派了一位灶君每天晚上上天向他汇报本家情况，一段时间后玉帝每晚要听取这么多的汇报觉得很烦，重新规定每月初一、十五上奏一次，腊月二十四上天述职，第二年重新派新的灶神来。灶司爷想借此机会向人们敲诈勒索，收取供品，不然上天汇报时就说这家人的坏话，借玉帝的手来惩罚他们。

人们为了对付灶司爷，把“拿了人家的手短，吃了人家的嘴软”这一套人世生活经验，也用在了对付灶神的供奉上。每遇到初一、十五上供，都要做几块又糯又黏的糯米糕等食品，使灶司爷吃了嘴被粘住张不开口。等到腊月二十四灶司爷上天述职的时候，特地选择了一些又甜又黏的供品，如糯米糕、山粉圆块、糖瓜、汤圆、麦芽糖等。总之，选用这些供品目的是要粘灶神的嘴巴，让他上天时多说些好话，所谓“吃甜甜，说好话；好话传上天，坏话丢一边”，用这些供品让灶司爷吃了以后嘴被粘住张不开口。加上每家每户的灶台离后门近，灶司爷每次上天都要从后门进出。守在后门的钟馗对他平时的行为也不满意，当灶司爷出后门上天汇报去时，钟馗神都要大叫一声：“灶司爷，你到哪里去？”让灶司爷吓一大跳忘了要告状的话。当玉帝问他时，一来受了钟馗神的惊吓，二来吃了又黏又甜的供品嘴巴被粘住，只能说个含含糊糊。玉帝见灶司爷每次都这样也不以为然，乐得少管闲事。

后来人们把供过灶司爷的食品，都要单独放置不给小孩吃，如果吃了，孩子的脑袋瓜不聪明忘记快，吃灶司爷糕快忘记的说法也就一代代流传下来了。

2.“小除夕”掸蓬塵

腊月二十四，俗称“小除夕”。这一天有掸蓬塵（灰尘）的风俗。民谚称“腊月二十四，掸尘扫房子”。扫尘就是年终大扫除，北方称“扫房”，南方叫“掸尘”。

在春节前掸蓬塵（掸灰尘），是台州人素有的传统习惯。每逢春节来临，家家户户都要打扫环境，清洗各种器具，拆洗被褥窗帘，洒扫庭院，掸拂尘垢蛛网，这也形成了家家户户欢欢喜喜搞卫生、干干净净迎新春的气氛。按民间的说法：因“尘”与“陈”谐音，新春掸灰尘有“除陈布新”含义，其用意是要把一切“穷运”“晦气”统统扫出门。腊月二十四对庭院内外进行彻底的大清理，这是过去台州一带特定的日子。可见，这一习俗寄托着人们破旧立新的愿望和辞旧迎新的祈求，也是冬季讲究卫生、预防疾病的传统美德。

这一天，家中男女老少一起动手，疏通烟囱，清除炉灰，洗刷碗盏器皿和盆桶，清洗门窗，洗晒衣服被褥，等等。过去民间对掸蓬塵工具也非常讲究，掸帚要用新竹的竹枝扎成，掸刷要用今年的新早稻草缚制，因为新竹象征以新除旧，早稻草象征迎春早得吉。掸蓬塵这项活动目前台州人在腊月二十四之前或最迟当天完成，基本沿袭了传统时间。

腊月二十四，过去帮大户人家的长年（长工）忙完这一天后，第二天（二十五）可以带着到手的工钱回家过年了，“二十四掸蓬塵，二十五送长工”形成了传统的民间习俗。

3.腊月二十六杀猪割年肉

俗话说“腊月二十六，杀猪割年肉”，说明这一天主要筹备过年的肉食。杀猪，当然是杀自家养的猪；割肉，是指没养猪的人家到集市上去买过年吃的肉。将“割年肉”放入年谣，是因为农耕社会经济不发达，人们往往在年节中才能吃到肉，故此称为“年肉”。

4.谢年习俗

谢年是台州人过年前一项必不可少的重头戏，是家家户户必做的民间祭祀活动，时间大多定在十二月下旬。“谢年”即祭祀天地神灵，感谢他们保佑自己全家平安度过了一年，祈求来年风调雨顺，五谷丰登，国泰民安。

台州民间的谢年活动十分庄重，许多百姓喜欢择个良辰吉日，置办好三牲福礼谢年。谢年分谢天地、谢本保庙和谢家神等。每次供品以猪肉、年糕做成魁头（即猪头、鸡、猪蹄、肉、鱼、元宝），活的小鲫鱼、豆腐等为主盘，其余根据各家情况多少不论，如鸡、冬笋及橘子、苹果、梨、香蕉、糖果，等等。盘头凑到八盘、十二盘、十六盘等均可，以双数为佳，好事成双。谢天地的猪肉须用双刀，猪肉盘头上要放些盐，并放上五双筷子，还需要一壶黄酒（摆祭时倒 5 杯酒、5 杯清茶），供桌前方点上一对大红烛，香炉上插上敬香。谢年时，大人祈祷，不许孩子随便嬉笑乱语，气氛神秘庄重。

祭祀的程序是先谢天地，再谢庙宇神灵，后谢家神。祭祀时在道地头竖放一张长凳，上面放一口铁锅，用来烧千张、纸币、元宝及从庙宇拜来的文牒（现在改专用铁桶烧了），边上放一只盛有水的水桶和五谷的畚斗。谢天地及庙宇神灵供桌朝外，谢家神供桌朝内，对着廊下供奉着的佛篷。谢了天地和庙宇神灵后，都要放鞭炮，谢家神就不需要了。谢年后的千张灰不能随便乱倒，过后收集好倒在大河中。到目前为止，台州各地仍然保留着谢年这种传统习俗，许多店家也十分注重一年一度的谢年，祈祷来年生意兴隆。总之，谢年在一定程度上代表着老百姓追求美好生活的朴实愿望。

相传过去有户贫苦人家，由于年成不好连地租都交不了。临近除夕，他家好不容易向别人借了几个铜板，买了一小刀猪肉谢年，他刚刚把猪肉烧好准备祭祀，地主便进门逼租，眼看着锅里的猪肉就被抢走了。这户人家没办法，只好把肉汤摆上供桌，点了香烛谢年。旧时大户人家用全猪全羊，因猪肉多了防止坏掉腌上了许多盐，福禄寿三星路过，吃了地主家的腌猪肉，口渴得要命，见到这家贫苦人家供桌上的肉汤刚好解渴，反而觉得贫苦人家想得周到，便给这户人家加福、加禄、添寿。这仅仅是传说而已，权作笑谈。

5. 腊月二十八挨粽（包粽子）

过去贯穿整个春节的食俗是年糕或粽，年前做好年糕、包好粽，是台州老百姓的普遍共识。包粽一般选择在除夕前的一二天，正月初一早上祭祀用到的就需要8只白糯米粽。现在生活条件好了，家家户户除了包祭祀用的白粽外，还要包红枣蜜枣馅、栗子馅、蛋黄和肉馅等之类的粽子享用。

6. 除夕习俗

除夕即除夜，是农历一年的最后一天，十二月大为三十，十二月小为二十九，除夕又称为大年三十，是我国古老而隆重的节日，也是一年四季八个节中的最后一个节日（一年有四季八个节，第一类为死节，即清明、七月半、冬至和除夜，是中华民族孝文化的体现；第二类为活节，为元宵节、端午节、中秋节和重阳节。除夕那天信仰佛教的家庭会做除夜祭祀祖宗）。除是除旧迎新，除夕即旧岁至此而除，来年另换新岁的意思。

除夕这一天，家里家外不但要打扫得干干净净，还要贴门神、贴春联、贴年画、贴窗花和福字。王安石《元日》诗云："爆竹声中一岁除，春风送暖入屠苏。千门万户曈曈日，总把新桃换旧符。"《梦粱录》卷六："十二月尽，俗云'月穷岁尽之日'，谓之'除夜'。士庶家不论大小家，俱洒扫门闾，去尘秽，净庭户，换门神，挂钟馗，钉桃符，贴春牌，祭祀祖宗。遇夜则备迎神香花供物，以祈新岁之安。"

台州人过"大年三十夜"是很讲究的，除夕这一天要"做除夜"，家家户户都要请老祖宗，一般都是家中老人主持，家中老少皆参与，桌上摆放九大碗：八碗各色菜肴（传统的八碗为猪肉、肉皮、鱼、虾、芋头、川豆芽、笋干丝、豆腐或油泡）和一碗年糕，年糕象征年年高升，九个酒盅也斟满黄酒，点上三支清香、二支红烛，祭拜天地祖先，以祈祷来年风调雨顺、家人平安健康。求老祖宗们照顾家门吉庆，合家老少平安。供奉结束后还要烧些纸钱、元宝等给祖宗享用。

祭祀祖宗后，是最热闹愉快的时候，丰盛的饭菜摆满一桌，合家团聚，然后全家人围坐桌旁一起享用供过祖先的饭菜，叫吃"团圆饭"，俗称"年夜饭"，共享天伦之乐。此前，外出的人一般都要纷纷赶回家，与亲人团聚，欢度佳节，全家人团聚一起，开始迎接新年到来，其乐融融。

过去椒江人在吃团圆饭时，桌上的"鱼"是不能全部吃光的，因为这鱼代表"富裕"，剩下一点表示"年年有余"。一年一度的团圆饭充分表现出中华民族家庭成员的互敬互爱，这种互敬互爱使一家人之间的关系更为紧密。家人的团聚往往令一家之主在精神上得到安慰与满足，老人家眼看儿孙满堂，一家大小共叙天伦，过去在抚养子女时所付出的心血总算没有白费，这是何等的幸福。而年轻一辈，也正可以借此机会向父母的养育之恩表达感激之情。现在条件好了，好多单位及家庭连年夜饭都安排在酒店吃了。过去吃过年夜饭后，各家各户还要烧一锅饭放在介橱里，留到新年初每天烧饭时打上一些过年的冷饭，寓意有吃有剩连年有余，现在除了年纪大的老人还会多烧些米饭留冷饭外，年轻人基本上不注重这些了。

除夕的高潮是长辈们给小辈发“压岁钱”，家中小孩须向长辈跪拜，谓“辞岁”。长辈用红纸包封“压岁钱”分赠小孩。

《燕京岁时记》:“凡除夕，蟒袍补褂走竭亲友者，谓之辞岁。家人叩谒尊长，亦曰辞岁。新婚者必至岳家辞岁，否则为不恭。”“以彩绳穿钱，编作龙形，置于床脚，谓之压岁钱。尊长之赐小儿者，亦谓之压岁钱。”因为“压岁钱”是用红纸包装，故又称红包，古时候也有用红线将一百个铜钱穿成一串，表示长命百岁。“岁”与“祟”同音，压岁钱的含意就是希望能镇压邪祟，年年平安。儿媳妇为长辈们添福寿，不能早睡，坐得越久，长辈的福寿越长，这是表示孝心。相传守岁始自南北朝，（南朝梁）徐君倩《共内人夜坐守岁》诗:“欢多情未极，赏至莫停杯。酒中喜桃子，粽里觅杨梅。帘开风入帐，烛尽炭成灰。勿疑鬓钗重，为待晓光催。”旧俗这天晚上要在每间屋内都点上蜡烛，亮到天明，称为点“间间亮”。“当家人”往往通宵不睡，也有的全家人一起“守岁”。守岁既含着对逝去的年岁的眷恋，也有对新岁的期冀。子夜初交，就是新年了，所以俗话说:“一夜连双岁，五更过两年。”现在守岁的习俗慢慢淡化了，大多人家一起坐在电视机前看“春节联欢晚会”到午夜。深夜放一挂鞭炮，谓之当年最后一天的“关门炮”。

（三）台州的春节习俗

春节是岁时习俗中最隆重的节日，即正月初一，这一天古称为上日、元日、朔旦、元正、正日、正朝等，也有称为三元（岁之元，时之元，月之元）等，不一而足，总之，是指一年中一切生产、生活活动的开始。

台州人正月初一早起，放开门炮（爆竹），设香案，准备糕点水果供谢天地、家神。谢天地需要点上三支清香、两支红烛，桌前面摆放三杯清茶，还有白粽子、豆腐和油泡拼成的主盘、各类水果糕点等，一般以六、八、十二盘双数最好。走廊佛篷下摆放四杯清茶，装有粽子、豆腐和油泡的四个盘子，意为供谢观音、土地、财神和三官大帝。摆祭完毕后，与邻里亲友见面互道恭喜，供品要供到正午前才能收，收前要燃放鞭炮。20世纪70年代之前，对祭拜习俗有经验的老人们很早起床，在住房堂前，手拿三支点燃的红香分别按顺序对着东南西北方向遥拜，祈求在新的一年中四方大利、风调雨顺、五谷丰登，称为“开四门”。

在长期的农耕社会中，人们过着日出而作、日落而息的劳作生活，一年到头鲜有完全休息的安定日子，唯有春节前后的一段时间里，可以完完全全地歇下来，既可以享受一年丰收的喜悦，也可以为新的一年的工作做各项准备工作，在此期间拜拜菩萨，拜拜祖先，拜望亲属好友，举行一系列的庆丰和祭祀活动，祈求来年丰收。于是，春节成了全民欢庆的日子。这时候即便是远在千里之外的游子，也会千里迢迢地赶回家来团聚，于是，春节又成了团聚的日子、祥和的日子，为了不破坏这种团聚祥和的气氛，于是，又产生了春节的一系列禁忌。

初一这天，有许多禁忌：不准扫地，不动刀剪，不催债，不劳作，不经商，不准往地上倒水，不吵骂打架。即使平日有仇恨，这一天也要和睦相处，意在人、神祥和。这一天家中的井水也禁止汲用，相传井神以一年为一天，大年初一就是她的早晨，井面是她理妆的镜子，搅动了恐怕会惹她生气，不肯降福。因此，当天需要洗切的食物，一般都在头一天晚上准备好，刷牙洗手等用过的水必须倒在木桶或缸里，不能随便倒在地上。目前，不扫地、不动刀和不往地上倒水等习惯仍然在台州农村流传。

正月初二清晨，各家各户用三牲粉蹄酒肉祭拜天地祖宗财神，燃放爆竹，谓之“开年”，以迎接新的一年到来。开年祭祀活动皆争先恐后，甚有于夜半后行之，爆竹之声，彻夜不绝。

正月初二，台州人称为“白日子”，凡上一年有家人亡故的要在家里设立孝堂（灵座），孝堂周围布置亲戚头年三十送来的挽幛。当天迎接亲朋好友携带纸烛前来叩拜祭奠，主人家办理酒席答谢，称为“接纸”。初四相邀八位邻里老太婆为亡灵念经，现在条件好了，大多请和尚道士前来为死者超度，当天下午拆除灵堂焚烧，称“倒座”。故此，这两天忌串门拜年，并把不懂俗规串门的看作“大不吉利”，甚至拒之门外。

正月初四，民间还举行迎灶神仪式。人们在年前举行送灶神，到初四一早，需重新准备供品，烧纸马，粘贴“灶司菩萨”的画像，以迎接灶司爷下界，称为“接神”。

正月初五，商家大多开展接财神并祭拜活动。相传正月初五为财神诞辰，到了初五这天，凡希望财运亨通的人们，必备牲宴接神，商号尤郑重其事，特于是日开市，金锣爆竹，牲礼毕陈，以争先为利市，必早起而迎之。过去，台州椒江海门被誉为“小上海”，商业发达，商家特多，故初五日祭财神特旺盛，是日香案满街，爆竹震天，人人拱手道贺，句句吉利之言，街上充满了喜庆祥和希冀之色，当天商店即恢复营业。

“新年以后，新亲外戚，例须亲往叩岁，主家置酒相待，并须还叩。”（《海门镇志·岁时》）走亲访友，送年礼，吃年酒，统称“拜岁”。拜岁以初三、初五和初六最佳，以初八为限。主要以女婿全家带着礼物到丈人家或晚辈到长辈家拜岁为主，长辈为随来拜岁的小孩送红包（拜岁钱）。过去春节期间舞龙、滚狮等民间娱乐队伍穿村过庄，表演相娱；莲花落、排街、送麒麟、狗捣米、猢狲戏、花鼓等江湖艺人挨家挨户登门表演，主家给予赏赐，直至元宵。随着社会的发展和人民生活条件的改善，现在没有人从事这些乞讨活动了，舞龙、滚狮、莲花落、排街等被列入当地非遗项目。

正月初八，俗称“上八”，是一年年成好坏的预告。如果这天天晴，年成就好，民谚：“初八晴，好年成。”这天晚上家家户户放爆竹，祈求降福，烟花爆竹映红了半边天，称之为“闹上八”。

《尚书·舜典》记载：“月正元日，舜格于文祖。”文祖是尧的大祖，格是感动的意思，这是说，舜在春节对文祖是有所礼拜的，这就是至今春节必挂祖先神像以祭拜（或不挂神像而拜）的最早记载，其风可谓古之已然了。春节另一个大动作就是放炮仗（爆竹），所谓“爆竹一声除旧”。鞭炮古称炮仗，作用原为辟疫驱疠，其说始于东方朔的《神异经》，“西方深山中有人，长尺余，犯人则病寒热，名曰山臊。人以竹著火中，噼卟有声，而山臊惊惮”。以后春节放爆仗，大有除旧迎新的意思，旧岁从此除了，即使有几多的苦难的曲折也都除了，新岁于是来临。近年来根据消防工作的需要，台州各县市区根据本地情况开展了定时定点燃放烟花爆竹活动。

台州春节活动和全国各地大致相同，相同的部分不外乎贴对联，放炮仗，互相拜年直至正月十五闹花灯。据《海门镇志》记载：“旧历正月初一日，家家户户均贴春联。门口设香案，置糕果供神。男女老幼，都换新衣，纷纷到各神庙烧香，鞭爆之声，轰隆盈耳。各家均以粽子、年糕、汤团充食；糕取高升、团取团圆之义。”因为正月初一忌动刀，故糕须于除夕夜切好，初一早上吃年糕喻“高升”，中午吃糯米糖圆喻团圆，晚上吃粽子喻脱去衣服睡个囫囵觉。而嗜赌者却最忌这一天吃粽子，他怕今年赌运不济，被剥个囫囵精光。

从清末民初开始，台州各地兴起春节这天去祖坟上“拜坟岁”的风俗，这大约取自过去的拜祖先画像之俗吧。这一天，许多家庭合家老小带上祭拜祖宗之物件去郊外或山上的祖坟去向祖宗拜岁。这天野外游人比肩继踵、络绎不绝，蔚成大观，这活动既对祖宗表示怀念尊敬之情，又去郊外山上活动筋骨，呼吸新鲜空气，真是一举两得。

三、台州的元宵节习俗

（一）台州的元宵灯会

每年的正月十五，是我国民间传统岁时节日中最为热闹的节日——元宵节。台州同全国各地一样，结合当地习俗开展一系列的相关庆祝活动。

正月十五晚上俗称“正月半夜”，台州的正月半夜灯会与各地大致相同，商家在门口挂上荷花灯、鲤鱼灯、花鼓灯、橄榄灯等各式各样争奇斗艳的花灯以酬神和娱民，并在屋檐下蒙上各色布幔，以保护花灯。20世纪60年代以前，元宵节的活动内容有走百步、闹花灯、放烟花、猜灯谜，等等。台州的旧时习俗，正月十三上灯，到十八落灯，家家户户闹元宵。十三、十四夜大多在家中点灯，十五夜才到街上迎灯。古时候富家太太小姐平常夜里从不出门，只有在元宵佳节晚上，姐妹婆媳等才手挽手嘻嘻哈哈地出门散心，走上几百步到大街上逛一逛，叫作“走百步”。大家看花灯猜灯谜，高兴一会儿。而大街小巷中到处可见小孩手里提着白兔灯四处奔走，其热闹场面可想而知。20世纪70年代以后家庭张灯结彩的情景不多了，改由政府举办大型灯展，或由企事业单位出资，搞大型彩车花灯，用电灯代替蜡烛。《西游记》《三国演义》等彩灯人物比真人还大，开着车上街游行炫耀，很有气势。目前每到正月十五晚上，椒江老街、市民广场或一些市区公园和乡村文化礼堂，由各级政府部门或协会组织举办大型有奖猜灯谜活动。面对琳琅满目、雅俗共赏的灯谜，广大市民积极参与，场上人流如织。

“正月十四夜点间间亮”的风俗，就是在每个房间点上一支红蜡烛。据传说当年戚继光于海边大败倭寇，正好是正月十四傍晚，当时余下的倭寇如丧家之犬，纷纷窜到荒山野岭和民间住宅的园头墙角躲藏。戚继光率军赶到，兵士和百姓一道，点灯燃烧，搜索残兵，顿时每间房屋灯火辉煌，倭寇无处躲藏被一网打尽。为了纪念戚家军的胜利，点“间间亮”的风俗被流传下来。

另，据传说，南宋建炎年间（1127—1130），金人南侵，康王赵构从海上逃走，途经台州。那天刚好是正月十五，他晚上登金鳌山观海，忽然见到椒江上漂来无数灯火，感到十分奇怪。侍从告诉他，这是江上漂来的橘灯。赵构来到江边观看，并要侍从们跟着凑热闹，买了两船橘子，取出橘肉让大家吃了，留下橘壳制作橘灯，放在江上漂流。

1.黄岩：十四夜“间间亮”，十五夜“放橘灯”

1949年以前，每到正月十四晚上，黄岩城里家家户户点上灯火，挂上当地特色的橘篮灯、橘花灯、凤凰橘灯，点“间间亮”。正月十五晚上，黄岩城外的澄江上还都要举行“放橘灯”的活动，同时橘乡百姓还要起舞狮、舞龙、花鼓、旱船等丰富多彩的民间文艺活动。据《黄岩县志》记载，这种风俗至少有1000年的历史。每到正月十五晚上，黄岩城里的男女老少倾城而出，澄江两岸坐满了看“灯”人，临时摆的小摊聚集，人来人往，非常热闹。在椒江还有一种传说是小康王南逃放橘灯的说法。

点“间间亮”，据说起源于明朝，与戚继光抗倭有关。椒江和路桥也有“间间亮”的风俗。

2. 仙居：无骨花灯欢闹元宵

仙居花灯历史悠久，分布很广，种类繁多。如横溪、板桥的板龙灯，高迁上屋村的长旗灯，朱溪、下各的跳跳马灯，下塘村的鲤鱼跳龙门灯，田市镇水口山村的卷地龙灯，前王村的轿里狮子灯、推虾灯，等等。每逢元宵佳节，仙居山乡各地花灯竞彩，热闹非凡。尤为奇妙的是仙居皤滩“针刺无骨花灯”，被人们誉为“灯海明珠”。

3. 玉环：西台鱼灯演绎渔乡风情

元宵节玉环岛上处处鼓乐喧天，龙灯、马灯、狮子等兽形灯灯舞纷呈，听说当地最有名气的是“西台鱼灯”。

西台鱼灯有两队，分别在前台、后台两地，并各有其特点。前台的鱼灯表现上比较奔放、浑实，场面也较开阔、宽松，而后台的鱼灯则比较细腻、灵活，活动幅面也较小，故而也适合女子舞跳和在舞台上表演。舞灯人各执一盏鱼灯，分成两个顺序对应的队列。随着轻松热烈的吹打乐声，各队列中的海豚先行亮相清场，然后由龙珠导引，敖龙登场，各种鱼灯尾随而出。

4. 温岭：“扛台阁”唱文艺主角

扛台阁是温岭渔区元宵文艺活动中的重要内容。台阁是将一张方桌和一张长桌拼在一起，反过来桌脚朝天，用各种彩纸、彩布、彩花扎成彩架，成为一个漂亮的小戏台，上面挂着雪亮的汽灯和相应的戏剧场景，里面有几个五六岁的小孩子，化装成诸如《三打白骨精》《哪吒闹海》等戏剧造型，由十几个年轻力壮、热心群众性文娱活动的渔民抬着，紧跟着锣鼓和火，随着浩浩荡荡的游行队伍走街串巷，遍游各村。热情好客的渔区人民，还会以观赏台阁的名义，邀请一些远地村庄的亲属来家做客。据说扛台阁这一活动可以延至正月二十几甚至二月初。

5. 椒江：元宵夜“绰小老爷”习俗

台州椒江地处港口，有大量的码头工人和渔民，他们好动，喜闹。于是，是夜活动重点便是“闹花灯”，而其中闹得最猛的便是椒江。过去椒江人把庙里的神像称为“老爷”，小神像便称为“小老爷”。椒江百姓向有在正月半夜张灯迎神的习俗，即是所称的“绰小老爷”活动。

为了正月半夜的出迎，椒江每个寺庙都备有出迎用的小神像。出迎的座椅是两支大竹杠中间绑一个坐垫，像一只抬人用的过山滑竿，神像就坐在这个垫上，由健壮的青年扛在肩上，在一群该庙所在地青年的护卫下参加游迎活动。正月十五晚上一到，大街上的商家户户张灯结彩，处处大放光明，把整条大街照得白昼似的。吃罢元宵的老百姓，扶老携幼纷纷上街，街上则是人山人海，摩肩接踵，兴高采烈，万民空巷。

“绰小老爷”的前导是两条龙，随着喧天的锣鼓声，两条大龙在耀目的灯光和震天的鞭炮声中飞舞，然后是出迎的神像队伍。不知是什么年代，也不知是谁定下的定例，全海门寺庙中只许13尊神像可以进入这支队伍，而第一尊必定是杨府庙的杨府爷。其余则依次是武圣庙、天后宫、龙翔庙、南门殿、后晏宫、前晏宫、财神庙、石公庙……按各地一般习俗，武圣庙所祀的关羽已经被封为“关帝圣君”，称帝了，这应该是第一尊。然而在椒江，即便是“帝”，在老百姓眼中，还得屈尊让给保境安民有功的杨府爷。关帝庙的周仓爷为第二尊，为什么呢？因为关羽已是“帝君”了，帝有帝的尊严，故自己不出门，只派他的马夫“周仓”代他出迎，聊表与民同乐的意思。

抬神像和护神像的都是血气方刚的年轻人，大家都不愿自己的神像落后，每年常常为谁先谁后闹得不可开交，有时还会发生争斗，然而，“杨府爷”的首席位置却谁也不敢来争，足见杨府爷在海门人民群众心中的威望。“绰小老爷”还有一个习俗就是开鞭炮战。背小老爷和卫护小老爷之人均须赤脚穿草鞋，而沿街的所有鞭炮均不朝天放而往他们的脚下扔，一时炮声震耳，火光阵阵，热闹非凡。他们都要以经得起鞭炮炸而保持迎神队伍之井然来显示自己是好汉，即使双脚被炸得鲜血淋漓亦在所不惜。整个行程的高潮是队伍最后停留在杨府庙前供群众观赏的时间，整条南北新椒街这里最阔，观众集中得也最多。13 尊披红戴绿的小老爷在海门主要街道迎游一圈后到这里就结束了。在这里所有的小老爷均依次排好，供群众观赏，街中间是舞龙、舞狮、花鼓、大力士等活动，各庙的锣鼓队在一起吹打，老百姓把早已准备好的鞭炮集中往这里放，街上掀起一阵阵高潮。行程结束的标志是杨府爷回庙，而后其余的小老爷亦各自打着锣鼓回各自的家，整个行程才告结束，杨府庙前鞭炮纸屑可以平到街沿，足见鞭炮数量之多。这项活动据初步调查在“文化大革命”之前结束，再也没有举办过这样声势浩大的活动。

正月半夜活动之后，商家正常营业，农民准备春耕，各业小贩小手工业者亦都开始了各自一年生计的准备，一个春节的活动才最后宣告结束。

（二）台州元宵节饮食习俗

元为“开始”“第一”，宵指“夜”，元宵意为新年第一个月圆之夜，又称元宵、元夕。民间又将其俗称为“上元”，与七月十五中元、十月十五下元合称“三元”。元宵节源于西汉，上元张灯始于唐而盛于宋，传至今日已1000 余年，在传统意义上，过完元宵，才算是“完整地过完年”。

如果将春节比作一台大戏，那么除夕就是这台戏的高潮，而元宵节则是这台戏的压轴。“蜃楼海市落星雨，火树银花不夜天”，说的就是元宵节绚丽、热闹的景象。元宵节这天，全国老百姓都有吃上一碗热气腾腾的汤圆的习俗，可是在台州，老百姓吃的不是汤圆，而是糟羹。

相传唐朝初年，台州沿海一带常常有匪徒侵扰，台州刺史发动民众修城防盗。有一年正月十四夜，城中要闹花灯，恰逢匪徒乘机侵袭，刺史边修城边派兵剿寇。当天晚上天下着大雪，老百姓为了慰劳士兵，以山粉和各种辅料制成糟羹犒劳，此后台州各地形成了正月十四和十五晚上吃糟羹的习俗。

台州老百姓吃的糟羹分为咸羹和甜羹两种。咸羹主料为米粉，配料有肉丝、冬笋丝、香菇丝、木耳、豆腐干丝、油泡、川豆板、香芋、菠菜或芥菜等。先把配料在锅里炒好，再掺入新磨的米粉调制成带咸味的糊状。甜羹则用山上葛根粉，也可用蕃莳粉（又称山粉）调制成糊状，加上切成小方块的年糕、冬笋丝、香菇丝、荸荠丝、桂圆肉、莲子、红枣、芝麻、枸杞、桂花、红糖等配料，当地俗称“山粉糊”。在过去由于生活条件限制，配料放多少因家庭情况而定，现在生活条件好了，糟羹配料中也可以根据个人喜好而加入了海鲜类、猪耳朵等，但还是离不开传统的烧制方法。

甜羹“山粉糊”为椒江、路桥和黄岩三区元宵节晚上的主食，咸羹主要以临海、天台和三门等县市为主，目前虽然各地每家每户元宵夜都要烧制一些咸羹或甜羹，但现在生活条件好了，饮食习俗也在逐渐演变，只是象征性地吃一点罢了。

1. 三门：午吃“麦焦”晚吃糟羹

三门人过元宵，一般是中午吃“麦焦”，晚上吃糟羹，且要比比谁家烧的滋味好吃。最有意思的是，元宵节晚上，三门人吃糟羹是全免费的，什么人都可以到另一个人家去吃一碗鲜美的糟羹，且主人都以来自己家吃糟羹人多为自豪。

元宵节晚上，上一年结婚的新娘子，还得烧几锅甜糟羹，民间称之为“新娘糟羹”，以表示日子过得甜甜美美。“新娘糟羹”必须由新媳妇亲手做，然后放鞭炮请全村的人来吃，如果味道好，大家吃得高兴了，那么这位新媳妇就基本确立了在这个村的地位了。如果做得不好，大家背后就会议论。

2. 天台：家家户户要吃“糊辣沸”

家家户户、老老少少吃“糊辣沸”闹元宵的习俗，是天台的一大特色。“糊辣沸”是一种用米粉或山粉调成的咸羹，菜肴全部切成小方块，主料选用精肉、冬笋、荸荠等，再调配上一点辣椒粉，烧煮得热气腾腾，既能开胃和中，又富有营养。现在“糊辣沸”也有做成甜的。家庭主妇在“山粉”或“番薯粉”中，调配进桂圆肉、红枣、苹果片、莲子，吃起来另有一番滋味。

十五元宵十四过，不吃汤圆吃糟羹，这是关于台州人过元宵节的一句老话。那么，台州人吃元宵为何与全国各地大相径庭呢？至于这一风俗，笔者整理了民间流传着的许多个传说版本，最早的版本当数隋朝的隋炀帝。

隋炀帝与糟羹的传说

隋炀帝的父亲隋文帝是个明君，他总结出南北朝动乱的教训，推行贤明政治，不到10年，就把国家治理得井井有条。隋炀帝继位后，好大喜功，想做出比他父亲更伟大的事业。他在位期间，开运河、打高丽，滥用民力、穷奢极欲，弄得老百姓怨声载道。

而残暴的隋炀帝哪里体恤得了民情？这年正月十五，运河竣工，隋炀帝下旨全国上下都要张灯结彩，吃甜食以示庆贺国泰民安，生活甜美。

皇帝的圣旨，老百姓哪敢不听？于是，乡野百姓每家用葛根粉和些红糖，搅拌成粉糊，吃了完事。

隋炀帝自认为开了大运河，既可运兵运粮，又可下江南尽兴游玩，哪知这反而成了一根导火索，引发全国范围的农民起义，天下大乱，隋朝崩溃覆亡。

大业十四年（618），江都兵变后，唐高祖李渊建立起新的王朝，隋亡唐兴，为了表示天下大团圆，唐皇下旨天下百姓在正月半夜改吃汤圆。台州虽然地处浙江东部沿海，相比京杭一带，显得荒僻闭塞，许多老百姓受够了隋炀帝的折磨，对于改朝换代还心有余悸，但皇帝的话不可抗拒，胆小怕事的老百姓就提前一天在葛根粉里放了糯米团子，这样的元宵佳节，既没有背叛隋炀帝，也没有违背当今皇帝的旨意。

后世人众兴旺，山上葛根粉较缺，就改用蕃莳粉（又称山粉），叫作山粉糊。后来有人不喜欢吃甜的，就加上肉丝、冬笋丝等其他配料，做成了咸羹。台州人吃糟羹逐渐演变成甜羹和咸羹两种，也有的改用糯米粉为包皮里面嵌上红糖做成糖圆吃。就这样，这个风俗一直沿袭到今天。

孝子改节的传说

相传明代，临海城关有个叫秦鸣雷的年轻人，自幼父母双亡，过继给伯父秦文，秦文对秦鸣雷视同己出，可天不遂人愿，没多久伯父秦文一病不起，竟不久于人世。伯母杨夫人安葬了丈夫，没有嫌弃秦鸣雷，含辛茹苦拉扯他长大成人。秦鸣雷不负所望，刻苦读书，于嘉靖二十三年（1554）高中状元，曾任南京礼部尚书，总校《永乐大典》。

做了大官后的秦鸣雷对伯母极为孝顺，伯父死后，伯母每天打斋念佛，初一、十五两天还要戒荤吃素，秦鸣雷于心不忍，为了使伯母也能和家人一起享受节日的口福，于是将元宵节提前一天。秦鸣雷孝心可鉴，老百姓称道，慢慢演变成元宵节吃糟羹的风俗。

戚继光抗倭的传说

相传有一年正月十四，戚继光带兵进驻临海桃渚城，解粮官张里道将军来帐前禀报，说大批军粮第二天上午才能解到，而库里的粮食当晚已不够用，请示能否向城里百姓借粮。

戚继光说桃渚城里的百姓多次遭倭寇洗劫，有存粮的百姓为了支援戚家军，天天省吃俭用，怎好再给他们增加负担！戚将军让张里道回去再想办法。张里道思来想去，想出了一顿饭两顿吃的办法。他带领士兵把剩下的粮食磨成粉，兑水熬成糊状，再加入各种蔬菜、肉类、豆制品和调味品，制成味道不错的糟羹。当晚和第二天早上，全部将士都吃这种糟羹，才勉强等来了军粮，渡过了难关。

消息传出，桃渚百姓非常感动，为纪念此事，台州人把元宵节提前一天过，糟羹也成了元宵的传统食品。

除了以上三个传说，民间还流传较多版本传说，相比较而言，唐初的筑城开工说被大多数人认为相对符合一些。

相传唐初大将尉迟恭征来大量民工修筑台州城。开工这天是正月十四，天寒地冻，大雪纷飞，滴水成冰，冻得民工双手麻木，连工具也拿不住，任凭筑城官催逼，工作效率依然很低。

这时，有个民工心想：天气实在太冷，只有喝酒才能御寒。可是民工都是穷人，哪有钱买酒。于是他向筑城官建议："老酒糟里有余酒，去酒坊里弄些不要钱的酒糟来，加上菜、米粉，煮几锅'糟羹'给大家喝，暖和了身子好干活。"

筑城官一听，觉得有理，当下就派了几个身强力壮的民工，弄来几担酒糟，烧了大批“糟羹”。民工喝了糟羹，果然周身发热，干活也有劲了，筑城进度很快。从此，每年正月十四吃糟羹的风俗，便在台州流传了下来。

民间没有相对统一的说法，既然约定俗成，那么自然而然有他的道理。现如今，台州各地依然保存着元宵吃糟羹的习俗，一般是正月十四吃咸的糟羹，正月十五吃甜的糟羹，寓意先咸后甜，生活越过越甜美。湿冷的天气，一碗热气腾腾的甜羹，黏稠甘甜，诱惑难挡。元宵节吃过糟羹，大家碰见时就说发财羹吃了没有，还相互到各家去吃发财羹。然后，人们走上街头，观花灯、玩焰火、看舞狮、猜灯谜……

民俗是几百年几千年流传下来的文化，就让这些传统文化在岁月中积淀，就像一碗糟羹，芬芳而馥郁。在调研整理过程中，笔者深感保护和传承工作的重要性，同时也为自己在几十年来业余时间致力于这项工作付出的努力与取得的成绩感到欣慰。

29

盱眙地区元宵节习俗的探索与思考

赵海洋

江苏省作家协会会员，盱眙县政协文化文史委主任

习近平总书记指出，中华民族有着5000多年的文明史，创造和传承下来丰富的优秀文化传统。我们要很好地传承和弘扬，因为这是我们民族的“根”和“魂”，丢了这个“根”和“魂”，就没有根基了。[①]

元宵节是中国最具特色的传统文化节日之一，又称上元节、小正月、元夕节或灯节，为每年正月十五。正月是农历的元月，古称“夜”为“宵”，正月十五是一年中第一个月圆之夜，所以称正月十五为元宵节。

元宵节的历史久远，相传源于2000多年前的汉武帝时期。漫漫历史长河，留下众多吟咏元宵节的诗词。早在1000多年前的唐代，苏味道就写下了脍炙人口的《正月十五夜》:“火树银花合，星桥铁锁开。暗尘随马去，明月逐人来。游伎皆秾李，行歌尽落梅。金吾不禁夜，玉漏莫相催。”诗句描写了初唐时期都城元夕狂欢的盛景，灯火辉煌，京城弛禁，整个都城成了欢乐的海洋。“东风夜放花千树。更吹落、星如雨。宝马雕车香满路。凤箫声动，玉壶光转，一夜鱼龙舞。蛾儿雪柳黄金缕。笑语盈盈暗香去。众里寻他千百度。蓦然回首，那人却在，灯火阑珊处。”辛弃疾的一首《青玉案·元夕》更是成为元宵佳节传诵的经典。

而在古之春秋善道的盱眙，古往今来，流传着许多与元宵节有关的诗词。明代吴百朋，字惟锡，义乌人，嘉靖进士，巡抚南赣汀漳，官至刑部尚书。在盱眙曾写下《上元日登山有感》(四首)，其二有:“夹岸淮流北，迎峰塔影幽。千家灯火夜，迴立漫凝眸。”书写了淮河两岸，古泗州城与盱眙城元宵夜的灯火璀璨，而诗人独自登山的惆怅。[②]

---

① 参见《习近平新时代中国特色社会主义思想专题摘编》，党建读物出版社、中央文献出版社2023年版，第324页。

② 参见政协江苏省盱眙县委员会文史资料委员会《盱眙古诗词选》(内部资料)，1989年，第133页。

一、元宵节来源的民间传说

正月十五元宵节，据说和汉朝大臣东方朔有关。在盱眙，流传着这样一个传说。东方朔非常有才，深受汉武帝的宠爱。有一年冬天，东方朔在御花园中看到一宫女趴在井上，抹着眼泪，似要投井。原来宫女叫元宵，入宫多年，思念家人，不能相见，于是有了轻生的念头。东方朔安慰元宵，说出在民间广传的偈语："长安在劫，火焚帝阙。十五天火，焰红宵夜。"偈语传到汉武帝那里，汉武帝很紧张，请教大臣如何处理。东方朔献计，火神君爱吃汤团，十五那天做出汤圆，焚香上供，敬奉火神君。另外，家家门口挂灯笼，放鞭炮，普天同庆，造成城中失火之景象，达到消灾解难之目的。汤圆是元宵所煮，故名元宵。由于那天普天同庆，元宵走出宫中，得以与家人一见。自此以后，人们就将正月十五这一天称为元宵节。[①]

元宵节这一天到处张灯结彩，通宵灯火辉煌。在盱眙，还流传着这样一个有趣的传说。相传很久以前，盱眙南边的山上有很多凶禽猛兽，四处伤害人畜，人们就组织起来将它们打死。又说有一只神鸟因迷路而降落人间，落到了盱眙南山上，结果被不知情的猎人一箭射死。玉帝得知后非常生气，立即传旨，下令天兵天将于正月十五到人间放火，把盱眙山区射死神鸟的人烧死。天帝的小女儿心地善良，得知这个消息后，想到一旦天兵去盱眙南山放火，一定会殃及无辜百姓。于是，她冒着被父亲责罚的危险，偷偷来到人间把这个消息告诉了人们。射死神鸟的猎人听说这个消息后不知如何是好。这时，有个老者想出个法子，他说："在正月十五、十六、十七这三天，每户人家都在家里张灯结彩，点响爆竹，燃放烟火。这样，玉帝就会以为凡间失火，人们都被烧死了。"大家听了都点头称是。于是到了正月十五这天晚上，家家都张灯结彩，燃放烟花爆竹。玉帝往下一看，人间一片红光，响声震天，连续三个夜晚都是如此，他以为射死神鸟的人已在大火中化为灰烬，于是不再追究了。这样，人们保全了自己的生命财产。从此每年正月十五家家户户都悬挂灯笼，燃放烟火，久而久

① 参见侯明铎《风俗民情》，江苏凤凰文艺出版社 2019 年版，第 55 页。

之，便成了一种习俗。[①]

盱眙元宵节张灯结彩的习俗由来已久，据清代乾隆《盱眙县志》卷五“风俗”记载：“元夕：设采张灯，叙宴里人，鸣鼓游嬉。达曙而散。”[②]光绪《盱眙县志稿》卷一《疆域》之“风俗”也有记载：“上元灯火。龙灯极天娇。邑人李嶟瑞观灯诗：‘往还只有叶公龙。’”[③]

二、盱眙地区元宵节习俗的基本表现形式

盱眙地处淮河下游，洪泽湖南岸。自秦置县，迄今已逾2200多年。历经岁月变迁，盱眙这块土地也留下了丰厚的文化积淀。由于盱眙地处南北分界线上，不管是在传统节日文化、礼仪习俗，还是饮食民俗等，都在不断接受着南来北往风土民情的传播与熏陶，从而形成了既包容各地特色，又具有盱眙地方特色的风土民情。正月十五闹元宵是盱眙由来已久的传统节日，又随着社会的变迁，赋予了许多新的内容。

元宵节在盱眙又被称为小年，在盱眙，向来有小年大似年之说，这一天是一定要隆重庆祝的。这样的庆祝，当然不仅体现在张灯结彩，更体现在一个“闹”字。在盱眙，这一天最为热闹，集中体现在吃和玩。

吃，主要是吃汤圆。汤圆就是元宵。元宵节是新年的第一个月圆之日，吃元宵也就象征家庭像月圆一样团圆，寄托了人们对未来生活的美好愿望。

过去，盱眙制作汤圆的面粉有两种，一种是糯米面，另一种是黏芦秫面。糯米面是用糯米磨成的面粉，白色，黏性很大。而黏芦秫面则是用黏芦秫磨成的面粉。黏芦秫是芦秫的一种。盱眙地区种植的芦秫分为大芦秫和小芦秫。大芦秫是玉米，小芦秫则是高粱。小芦秫又分为两种，一种是普通的小芦秫，另一种就是黏芦秫。区分这两种小芦秫，主要看它们所结

① 参见侯明铎《风俗民情》，江苏凤凰文艺出版社2019年版，第57页。

② （清）郭起元：《盱眙县志》，盱眙县历史文化研究会点校本，第40页。

③ （清）王锡元：《光绪盱眙县志稿》，夏维新点校，广陵书社2021年版，第11页。

的穗子。普通的小芦秫成熟后，其穗子呈椭圆状的球形，而黏芦秫成熟后，其穗子是散开状的。黏芦秫的产量不如普通的小芦秫产量高，过去人们种植它就是为了在新年期间能够吃上一碗汤圆。1949 年后，盱眙的水利灌溉条件不断改善，水稻种植面积不断扩大，糯稻逐渐取代黏芦秫，糯米面也逐渐替换了黏芦秫面。现在，盱眙地区已经很少有人再种植黏芦秫了。

吃汤圆之前要搓汤圆。汤圆面用温水和出来。汤圆有两种，一种是实心的，另一种是空心的。实心汤圆没有馅，把和好的汤圆面揪一小团搓成圆球形即可，煮熟后往往要蘸着糖吃。而空心的就是带馅的汤圆。汤圆馅以红糖为主，也有白糖、豆沙、山楂等。白色的糯米面搓成的汤圆，一口咬开来，红糖化成的糖汁吱吱冒出来，红白分明，不由得令人食欲大开。而过去用黏芦秫面搓成的汤圆呈暗红色，它的吃法如同糯米面汤圆，有空心带馅的，也有实心无馅的。吃元宵的时候，许多人家还喜欢在汤圆锅里下一些饺子，汤圆和饺子一起煮熟，混盛在一起吃，甜的是汤圆，咸的是水饺，一家人围坐在一起，其乐融融。在一锅汤圆中，其中一个包有硬币，谁吃到谁在这一年里就有喜气、财气、运气。

元宵节的玩更是丰富多彩。其中，逛街、逛集镇、逛庙会，就是一个重要内容。过去，盱城北头有一个东岳观，明清时期香火很旺盛。它后面是丰登桥，前面是码头街，隔淮河相望的是古泗州城的南门。当时的盱眙交通主要依靠淮河水运，因此，东岳观附近聚集了众多会馆，成为商贾云集之地。正月十五这一天，东岳观不仅有众多祭祀进香的香客，也有城乡各地的男女老少一齐前来观赏游览，状如赶庙会一般。

在东岳观不仅可以品尝到各种各样的小吃，而且还可以尽兴游玩，观看各种演出，有大鼓书、杂耍、高跷、舞龙、舞狮、花船、戏曲表演等，形式多样，节目丰富多彩。因此，去东岳观游玩的人们往往乐而忘返。东岳观曾挂有一副上联，“东岳观，唱西厢，南腔北调”，形象地描绘了当时的盛况。此联曾向社会上征集下联，可惜至今没有人对出来。

盱眙不仅有东岳观，还有其他庙宇。例如河西地区有兴隆寺，河东地区有观音寺，甘泉山有都梁寺，南片山区有东高庙、西高庙，等等。这些寺庙都会在正月十五举行庙会，也就成了正月十五男女老少争相玩耍游览的好去处。[①]

三、盱眙地区元宵节习俗的弘扬与传承

从正月初一开始，盱眙各镇街都有花船、高跷、舞龙、舞狮等民间文艺表演活动。这些活动多由群众自发举办，一直延续到正月十五达到高潮，使得元宵节一下子成了盱眙城乡一个隆重的民俗大节。特别是在举行会演时，各表演队伍相互暗中较劲，使出各种解数，力求技压对方，使各个镇街在元宵节这一天显得尤为喧闹热烈。

每年正月十五元宵节这一天，在县城老北头第一山街区举办灯会竞猜灯谜的同时，还在南头的龙虾节广场举行民俗文艺会演，全县各镇街优秀的花船、秧歌、高跷、舞龙、舞狮、钱杆、十三番锣鼓等民间文艺节目集中演出，万人空巷，把“闹元宵”的“闹”推向了高潮。

2024 年是盱眙第九届民俗会演，人们载歌载舞，欢度元宵佳节。桂五镇的十三番锣鼓，盱城街道的花船闹元宵，官滩镇的渔鼓舞，河桥镇的钱杆舞，鲍集镇的舞龙表演等，都各具特色。激情、欢乐、祥和的民俗节目，赢得观众的阵阵喝彩。最为人们所喜闻乐见的有玩花船、渔鼓舞、小驴灯等。

花船又称旱船，是在陆地上行走的船。相传是根据盱眙沿湖沿淮的渔民在水上打鱼的生活情景而构思创意出来的。由于它的表演和道具、人物简单，场面明快，唱腔朴实，生活气息浓郁，已经成为盱眙地区广大人民群众最喜爱的一种民间艺术形式。盱眙花船作为盱眙民间舞蹈之一，喜庆而诙谐，具有浓厚的生活气息和情趣，鲜活而有美感，深受广大人民群众喜爱，虽历经岁月而经久不衰。特别是其表演过程中集音乐、舞蹈、工艺美术、人物造型于一体，载歌载舞，穿插说唱，或诙谐幽默，或妙语如

① 参见侯明铎《风俗杂谈》，江苏人民出版社 2019 年版，第 42 页。

珠，民间小调优美动人，为广大群众所喜闻乐见。[①]

渔鼓舞，是渔民人家喜爱的传统节目。渔鼓又名“端鼓”，它流行于洪泽湖及淮河流域的七里湖一带，它之所以形成舞蹈，是在渔民举行祭奠活动的基础上发展起来的。据说渔鼓舞起源于盛唐时期，当时唐王李世民梦游地府时曾许了四个愿，其中一个就是举行“水陆大会”超度亡灵。由于在举办“水陆道场”活动时就以渔鼓作为道具进行演唱，从而使渔鼓的曲艺舞蹈形式得以流传下来。[②]

小驴灯，在盱眙民间被称为“毛驴灯”或“跑驴”，也是一项以舞蹈表演为主的文娱节目，在盱眙全县范围内流传得较为普遍。每年元宵节会演中都少不了小驴灯的身影。小驴灯的道具很简单，它主要是用竹片扎成驴形框架，形成前后身模型，外面用纸或布糊成驴的形状，中间留孔以备表演者站立其中。表演时演员将毛驴的头、尾分置于前后，并用布带系紧，绘上色彩，饰以尾巴或响铃。表演中角色为一妞一丑，跑场时演员一男一女扮成“新媳妇回娘家”之类戏剧人物，一般是男角赶驴，女角骑驴，有时也会反串，人们称之为“二小赶脚”或“傻柱子接媳妇”。而《喜回娘家》就是在盱眙盛行的小驴灯节目之一，故事描写的是新媳妇回娘家时，媳妇骑驴，丈夫赶驴，小两口一路上经历种种曲折。如跨过一条河沟时，毛驴一下陷进泥坑，拔不出腿来，夫妻俩齐心合力，终于克服困难，将驴从泥沟中救出，再高高兴兴地上了路。表演中间穿插的骑驴、牵驴、过沟、驴犟、驴惊、越坎等幽默滑稽的动作，充分体现了盱眙山民特有的风趣和智慧。[③]

四、盱眙元宵节习俗传承中的创新与发展

弘扬中华优秀传统文化，要处理好继承和创造性发展的关系，重点做

① 参见侯明铎《风俗杂谈》，江苏人民出版社 2019 年版，第 183 页。

② 参见侯明铎《风俗杂谈》，江苏人民出版社 2019 年版，第 188 页。

③ 参见侯明铎《风俗杂谈》，江苏人民出版社 2019 年版，第 189 页。

好创造性转化和创新性发展。盱眙南北融合，兼收并蓄，传统习俗随着社会的发展，正应时而变。这在创新发展、精神文明建设、文明城市创建、构建我们的精神家园中，发挥着积极的作用。以渔鼓舞与小驴灯为例。

传统的渔鼓舞演唱时人数不等，多由 8 人至 10 人组成。渔鼓的表演形式流入盱眙地区后，每当大祭祖或在九月十七祭奠洪武的押粮官大王生日时进行表演。至明末清初时洪泽湖、淮河、七里湖、女山湖一带的渔民为求风调雨顺和鱼虾丰收，在表演的时候除了在服饰上饰以各种神、佛图腾，还增添了带有鱼、虾、稻、麦等各样图案的剪纸，把它们挂在船头前舱的高处或摆设在河岸边。演出者一般坐在高台之上或显眼醒目之处进行演唱。其他人左手持渔鼓，右手持鼓槌，边敲边舞。

渔鼓舞的表演以击鼓为乐，没有其他伴奏乐器，其发展到今天，已经成为渔民生活中的一种习俗。在表演中，男演员添加了跌、打、滚、爬等在水中劳作的各种动作，让场面显得非常热烈。而女演员则舞姿优美，表现了渔家儿女的多姿多彩。在演唱的曲调上，以流行于盱眙的泗州小调、洪山腔、香火戏、渔鼓道情、琴书、鼓词等为主。近年来，它已经演变成舞台表演的节目，在每年正月十五的民俗会演中，以“官滩渔鼓”的形式登场，充分展现了盱眙地区的渔民生活场景。[①]

小驴灯传承到今天，表演的内容很少是“回娘家”了。在抗日战争期间表演的是支援前线，20 世纪六七十年代表演的是送公粮。不管内容如何变化，其中驴犟、驴惊、越坎等基本动作仍一直保留下来，并被表演得更加淋漓尽致。表演时，只见舞台上小驴儿满场跑动，赶驴的鞭声阵阵，而小驴儿又犟又踢，一个个动作惟妙惟肖，栩栩如生，总是给人们带来无尽的欢乐。[②]

这些文娱表演，源于生活、高于生活，是充分反映盱眙各地民俗风情的重要载体，都已被列入非遗项目得以保护，成了弘扬优秀传统文化不可或缺的重要部分。

---

① 参见侯明铎《风俗杂谈》，江苏人民出版社 2019 年版，第 188 页。

② 参见侯明铎《风俗杂谈》，江苏人民出版社 2019 年版，第 190 页。

五、元宵节习俗面临的困境与机遇

社会的快速发展与科技的创新，尤其是网络的发达，多媒体手段精彩纷呈的展现，传统的庆祝活动正受到多元化社会结构的深刻影响。就元宵习俗传承来看，元宵灯会中的诸多非遗项目，不仅面临着生存的挑战，更面临着后继无人的尴尬。如何走出困境，需要人们很好地去研究与思考，更亟待国家出台相关的激励措施与保护政策。同时，人们也需要加强节日保护意识，共同促进中华优秀传统文化更好地发展，让流传千年的传统文化得以延续。

科技的创新，也给传统剧目的发展带来了机遇，增添了活力。一方面，传统工艺与现代美学的结合，声光电的应用，使得元宵花灯等传统剧目能够以更加多样化的形式呈现，从而吸引更多的人参与。另一方面，科技手段可以更加丰富的表演形式，比如利用无人机编队表演替代传统焰火，用 VR 虚拟现实技术让不能亲临现场的人们也能“身临其境”地体验节日氛围，去传递元宵佳节所带给我们的厚重内涵。

总之，元宵节作为中华文化的宝贵遗产，希望在传承、发展与创新中得到不断的提升。更期待着通过全社会的共同努力，我们能在欢度元宵佳节的同时，让年越来越热闹，让节越来越有味，让生活越来越精彩。

30

春节元宵民间习俗调查报告

倪贤秀

湖北省武汉市汉阳造纸厂退休职工

序　言

2023年12月22日，第78届联合国大会通过决议，将中国的春节（农历新年）确定为联合国假日。这充分展现了中华文明的传播力、影响力，将有力促进世界不同文明的交流互鉴。

众所周知，春节（中国农历新年）作为中国传统的民俗节日，是阖家团圆、辞旧迎新的日子，是举国同庆、万众欢乐的良宵佳节，承载着国人历史悠久、人文底蕴丰富的年俗文化传统，同时彰显了家庭和睦、社会包容、人与自然和谐共生等人类共同价值。

据悉，全球约五分之一的人口会以不同形式庆祝中国春节，这是国人的节日，也是海内外炎黄子孙共同的节日。

为促进春节民俗文化的保护、传承与发展，助力中国春节申报人类非物质文化遗产名录，有必要研究春节丰富多彩的民俗活动，并加以总结和归纳。

笔者对不同时代、不同地区、不同人群进行调查访问，通过受访者的讲述，总结春节元宵民间习俗的几个典型样本，形成本《调查报告》，试图唤醒民间记忆，留下鲜活的民间档案，以供留存和借鉴。

一、过了腊八就是年

讲述者：王先生，男，45岁，山东济南，国企职工

我们北方的春节，其实从农历腊八就开始了，所以北方有句俗语是“小孩小孩你别馋，过了腊八就是年”。但说实话，这些年这个习俗也有些式微了，直到2024年。

我所住的社区内，不知何时起，一家义工社团在此入驻。他们租赁了社区两间空置的房屋，专为社区的老人做一日三餐。一间充当厨房，常

常传来饭菜的香味，丝丝缕缕不绝；一间简单地装修后，成为老人们的食堂，早中晚提供热腾腾的膳食。

这里没有固定的“厨师”，服务人员均是来自社会上的义工。于是，经常可以看到，西装革履装扮的成功人士，匆匆从驾驶的豪车的后备厢，搬出一大堆刚刚买来的新鲜食材，白领装扮的年轻男女，认真地忙着削土豆皮，或是炸一大锅的鸡蛋，还有笑容可掬的美女帅哥，亲切地给老人们添饭打菜，仿佛面对自己的是长辈和亲人……

没有什么豪言壮语、高谈阔论，既然来了，大家就都忙着做事，趋之若鹜，毫无怨言地奉献着自己的热情与真诚。最后，在义工们的带动下，社区里的居民也坐不住了，由起先好奇地观望，到最后只要有空闲，也常常跑去“帮忙”。虽然除了收获义工们的微笑和感谢，没有任何实际的“好处”，然而大家就是这样乐此不疲。

冬天来了，我偶尔在义工社团的驻地墙壁上看到一则告示，说是过几天就是腊月初八，为了感谢社区居民的支持与“帮助”，社团举行免费分发“腊八粥”的活动，希望届时居民们踊跃参加为盼云云。“腊八粥”，说实话，当我还在幼年时，家家户户都会熬一大锅粥，热热闹闹地过一个腊八节。而近年来，这个传统却越来越式微，都让人忘怀了还有这样一个民间的节日了。寒冬腊月，窗外是凛冽的北风，或许还有飘飞的雨雪，手捧一碗滚烫的腊八粥，痛痛快快地喝下去，那美味、那香醇、那冒汗的满足与享受，至今让人难忘啊！于是，我对 2024 年的腊八节，不由得充满了期待。

盼望着，盼望着，腊八节终于来临了！天遂人愿，那天没有雨雪，没有大风，天气虽然寒冷，但抑制不了人们的热情。一大早，义工社团在厨房大门外，支起长棚，垒起了土灶，架起一口硕大的铁锅，旁边堆满了木柴，一场腊八节的狂欢就要开始。熊熊的灶火烧了起来，当一大锅的水沸腾翻滚的时候，在大家的欢呼声中，志愿者把整包的东北大米，还有一袋袋小米、糯米、莲子、银杏果、花生、红枣、松子、黄豆、红糖等一股脑儿地放进锅里，然后不停地搅拌，静待腊八粥煮好。

这真是一个节日，感觉社区所有的人都出动了，大家翘首以待，兴奋地谈论着。勤快的人，按捺不住开始帮着打下手，时不时地加一根柴火，或是搅拌一下大锅；豪爽的人，干脆回家再拿些食材，比如红豆、黑豆等，洗干净加入锅子里。腊八粥素来以品种多者为胜，因此，食物的品种越多，越受欢迎。

毕竟是冬天，天上铅云密布，风吹在脸上带来些许寒意。但熊熊的灶火，映红了人们的热切期待的脸膛。经过长久的熬煮，一口大锅里滚开又滚开，终于，腊八粥的甜香慢慢地弥漫开来，热气腾腾地，强烈地刺激着人们的嗅觉和味蕾。等待是幸福的，而成功的那一瞬间，则让幸福达到顶点。当社团的负责人舀起一小勺粥，轻轻吹去热气，慢慢啜了一口，然后，竭尽全力地大声宣布："腊八粥已经煮好，腊八节正式开始！"全场欢声一片，大家全都"嗷嗷"地叫着，手里抢过方便碗，场面一度险些失控。好在，义工们训练有素，他们安排大家排好队，让老人和儿童先尝。一人一个方便碗，再发一个勺子，大家排着长龙一样的队伍，缓缓往前。而排到前头的人，由衷地道一声"感谢"，就捧着一碗滚烫的腊八粥，迅速地撤离队伍，跑到一旁，或站或坐，小心翼翼地品尝起这冬日里的美味。

沸腾的腊八粥，香甜而又软糯，在寒冷的冬天品尝，别是一番滋味。因为滚烫，所以不能尽兴地大口食用，却意外地让美味驻留唇齿的时间延长，让幸福也缓缓地荡漾着；一口一口地咽下去，粥的醇香与温暖，立刻弥漫在唇齿、胃腹乃至全身，使得冬天也不再寒冷。不大一会儿工夫，一大锅的腊八粥就分发殆尽，满场尽是喝粥的吸溜声，或许这是人间最好听的声音，分外动人。

我是比较矜持的那一类人，所以排在了队伍的末尾，好在还盛了一碗，预备慢慢地品尝，让香甜的幸福走得慢些，更慢些。可是，邻居透露了这样一个信息，社区还有老人行动不便，没有来到现场，因此，他们没有品尝到腊八粥。社团的人得知后，一再向大家表示歉意，并且他们自己也都留下自己的那份腊八粥，分头给老人送去。我也加入了他们的行列，端着那碗粥，送到了社区的一位老人的家里，塞到她的手上。看着老人香甜地品着腊八粥，一颗老泪掉进热气腾腾的碗里，不知为什么，那参加了一场盛会，最后却没有品尝到甜美果实的淡淡失望，此刻都离我远去。

人世间，施与受，舍与得，无时无刻不在上演。或许，施舍与得到相比，会更加让人感到幸福。施舍是另外一种得到，一种因帮助他人、成人之美而获得的人生价值认同与精神快慰。腊八节是普世的节日，其实更是“佛成道节”，追根溯源，这个节日所尊崇的慈善、感恩、布施、欢喜，才是节日的本意。

腊八节生生不息，腊八粥口口相传，过了腊八就是年，这是个不一样的腊八节！而正是源于这些精神层面的传统才赋予了腊八和春节这中华传统节日永远的生命力——这，就是我从一碗腊八粥中获得的深刻感悟！

二、年年冬至，新春腊味浓

讲述者：刘女士，女，40 岁，湖南长沙，民企员工

每当春节越来越近的时候，按家乡长沙的民俗，每年过年都是要腌鱼腌肉的，谁家腊货腌得多，即表明其家境兴旺，所以在冬至前后家家户户都忙着腌鱼腌肉。

我家自然也不例外。筹办腊货，向来由老妈一手操持。从物资匮乏的年代走过来，她对奶奶当年的“吝啬”至今耿耿于怀，于是非常“贪多求全”，腊鱼腊肉灌香肠，一个品种也不能少，且讲究“堆头”，照她的话说，“这样才显得有过年的气氛”。

只是去年办的腊货委实太多，吃到盛夏仍剩下不少，无论是冰冻冷藏，还是用酒糟，家里依然“销”不动，最后无奈而又心疼地将一大包腊货送给了隔壁的太婆了事。鉴于这一“惨痛”的教训，老妈再三强调，今年（兔年）过春节前一定少腌一点，应个景就行了，免得到时候吃不完浪费。

话虽如此，眼见街坊邻居忙着置办腊货，她又坐不住了。其实，哥和我虽各自组成了小家庭，但仍一起过年，嫂子已经托娘家腌了不少鱼、肉，而我的单位也会分一些过年的物资，因此老妈根本用不着慌张的。然而，多年的积习总让她觉得差点什么，非得时不时地采购一些才心安理得。那几天，我每天下班，她都要问一声：“分了东西没有？”“还没呢，急什么？”她若有所失，匆匆忙忙地赶往小菜场，不一会儿拎着几条鱼、

一块肉喜滋滋地回来，熟练地腌制起来。家里人都劝她别腌多了，她连声答“晓得晓得，有分寸的”。

日子一天一天地过，不知不觉屋檐下的竹竿上，腊货渐渐越挂越多。起先只是两三条鱼，后来又加上一两刀肉、几串香肠。后来，几乎隔天一个变化，不断有新的腊货加入，在灿烂的阳光下鲜红欲滴，煞是好看。嫂子把腌好的腊货拿回来了，凑在一起满满一竹竿，沉甸甸的，压得竹竿颤颤悠悠，而我分的年货也早已都一一到位，其中也有一些鱼、肉制品，免不了腌起来。看着这些腊货，老妈心里欢喜得很，嘴上却在埋怨：“哎呀，一不小心又腌多了！”

过年前几天，老妈回乡去“吃酒”，“先富起来了”的表弟拖回一车鱼，让她选几条。老妈可不含糊，挑着大的一气拿了5条，有50多斤。想想家里实在是不方便晒了，就央求乡里的亲戚帮忙腌，等以后回乡时再拿。回到家，老妈算了一下账，估摸着今年的腊货比去年又多了很多，吃不完已成定局，这回她真有点发愁了。面对我们的唠叨，她只好讪讪地笑：“哎，一不小心又腌多了，等明年一定少一点，少一点……”

我们都笑得弯了腰，再也不相信她的话了！

三、“过新年，穿新衣”风俗今昔

讲述者：陈先生，男，50岁，江西南昌，自由职业

“过新年，穿新衣”，应该是我们这个民族的年俗传统之一。春节，国人除了极大地满足口腹之欲外，还追求服饰的新，稍微富足一点的人家，都会给家人购置新衣，以示新春的气象。我家也不例外，随着时代的发展，也呈现出不同的历史变迁。

（一）

20世纪70年代末80年代初，整个社会的服饰风格，从颜色上看依然是灰黑白，缺乏色彩；从纺织材质上看，以的确良、化纤为主。

之前，军装一度是那个时代最时髦的服饰。当年我从一所普通小学考

进市里有名的重点中学时，过年了，经济拮据的母亲为我添置的唯一一件新装就是“绿军褂”。因为是化纤的，便宜，耐穿，经脏，这是母亲选购它的重要理由。可惜，随着时代的发展，它终究有点落伍，其尊贵的地位慢慢被更时尚的以棉制为主的夹克衫取代。

后来，母亲终于给我买了一件棉制的夹克。绿军褂从此被压在箱子底下。

（二）

20世纪90年代，随着社会的变革，纺织品和服饰也发生了巨大的变化。经脏耐用但不透气的化纤、的确良等纺织品已经失去了优势，转而被天然的材质取代，棉、毛、丝、麻重新成为纺织品的主角。随之而转变的是，那种制式服装一统天下的局面一去不返，取而代之的是个性化的回归。当然，以今天的眼光来衡量，仍然不够时尚，但起码人们从制式服装中突围出来，开始自己制作。比如，自助织毛衣就风靡一时。母亲给我也织了一件，它不仅是一件毛衣，也灌注了母亲深沉的爱。

记得那年冬天，临近春节，窗外寒风凛凛，气温极低。傍晚，青年的我正在看电视，寒冷让我哆嗦了一下。母亲说：“快过年了，你没有暖和的毛衣穿，我来织一件吧。”

第二天，母亲到商场买毛线和织毛衣的针。她还去找街坊的婆婆嫂子们虚心请教毛衣现在流行的式样，该织多少针时还央求一个“高手”起了个头。

从没有织过毛衣的母亲开始织毛衣。当晚，她埋头苦干，连最喜爱的电视剧正播映到紧要关头，也来不及瞅上一眼。半夜，她还没睡，坐在床上，就着台灯的灯光，一针一线地忙活着。天寒地冻兼老眼昏花，母亲眯缝着眼，打着呵欠，努力地工作着，偶尔停下来搓一搓冻得发红的双手。

我看看闹钟，凌晨三点多了！我劝母亲休息，明天再织。她口里答应，手却一刻不停。我叹了口气，钻进热被窝。一晚上睡不踏实，总是听到她打错了针脚又拆掉重来的懊恼声……

就这样，她编啊，织啊，终于花三个晚上、两个白天的家务空余时间织好了——对她这个“生手”来说，真是非常大的成绩。大年三十，我终于穿上了新毛衣，颜色鲜丽，样式新潮，大小正合适，又厚实又暖和。我说:“谢谢妈！”还说工作了会给妈买好多好多新衣服。

母亲彻夜不眠，勤织不辍。那密密麻麻的针脚，无不渗透着长辈对后辈的深切关怀与挚爱。而毛衣，确实要比其他材质的衣服保暖，这多少也反映了服饰的变迁和社会的进步。

(三)

时光已经推进到21世纪的今天，我们的纺织品和服饰已经发生了翻天覆地的变化。多元化、个性化的时尚纺织品、服饰层出不穷。

棉、毛、丝、麻等天然纺织原料虽然大行其道，但服饰的材质讲究，具有良好的抗菌性、透气性、回弹性、吸水性和亲肤性，服饰也更追求流行、时尚。同时，我们紧盯世界服饰潮流，有条件选择最时尚的衣服来装扮自己。而且，随着网络的盛行，我们足不出户就能网购下单，直接将中意的服饰迅速地买回家来。

龙年春节前夕，已人到中年的我，坐在家里电脑桌前，在淘宝上忙碌着。显示器上出现一件时尚的老年女式大衣，浅绿色，有型有款。一位中老年女模特从各个不同的角度展示着这件衣服。

我把母亲叫过来，让她看。母亲摇头，说:“太新潮了吧，不像老年人穿的。”我笑了，说:“这不是挺好的吗？别人能穿，你当然也能穿。”

春节前几天。我听见有人敲门。打开门，一位快递员递给我一个包裹。我撕开包裹，那件时尚的大衣呈现出来。我招呼母亲来换上。她扭捏地不换。我强行以命令的语气让她穿上。

母亲到她的房间去换新衣，却迟迟没有出来。我敲开她的门，走了进去。母亲穿着新衣正在镜子前从各个角度欣赏。衣服很合身，时尚的新衣让她年轻了至少五六岁。我夸张地赞扬着。母亲笑得合不拢嘴。过年期间，母亲穿着新衣再也不舍得换下来。母亲出门去购物，为了配衣服，还特意拎了个新潮的包。

我家春节新衣的变迁非常普通，普通到没有任何传奇色彩。但唯其普通，却是无数中国家庭春节服饰变迁的缩影。

你能从外表上看到我们的服饰越来越时尚，越来越环保，而我却从内心深处发现，这种变化后蕴藏着的内涵，那就是我们越来越能感受到的近在咫尺的春节幸福变迁！

四、故乡文化年味浓

讲述者：郑女士，女，35 岁，河南郑州，公务员

以往每年春节，我和家人都回到故乡河南宝丰过年。说到过年的文化传统，这么多年，中央电视台的《春节联欢晚会》年年都陪伴着我们度过欢乐的除夕佳节，成为十几亿人的春节民俗。可是，您知道吗？就在我的故乡宝丰县，年年新春都会有一场号称“中国新春民间曲艺盛会”的文化活动陪伴着人们欢度佳节呢！

春节期间，我借回到故乡宝丰之机，又一次兴致勃勃地参加了这里著名的新春“马街书会”，徜徉在喧嚣热闹的马街，再次感受到悠久深厚的书会文化，念兹在兹，难以忘怀。

要知道，马街书会是一种汉族民间曲艺盛会，据悉已拥有 700 年的悠久历史。每年正月十三，全国数千名曲艺艺人负鼓携琴会聚于此——河南省宝丰县城南 5 公里处的马街村，这里也因此被誉为全国各地说唱艺人的“朝拜圣地”。他们在马街火神庙旁举行祭拜师祖和收徒拜师仪式，然后以天作幕，以地为台，以曲会友，亮书、卖书。京韵大鼓、山东琴书、三弦书等 40 多种曲艺曲种和上千部传统及现代曲目在这里集中展现。2006 年，马街书会曾被列入首批国家级非物质文化遗产名录。2013 年河南省宝丰县马街书会被光荣地命名为河南省首批省级特色文化基地。总之，马街书会历史悠久、文化资源丰富，是一项新春佳节期间开展的极富地域特色的文化活动。

这些年，马街书会依然鲜活。不仅在当地负有盛名，即使在全国也声名鹊起，在宝丰马街，每到正月十三，数千名来自全国各地的曲艺艺人朝圣般地会聚在此，在马街小村的河坡、山岗、麦地、小路旁吹拉弹唱，观

者如堵，径自沉浸在书会的世俗欢乐之中去了……

年年新春逛书会，是宝丰人的传统，已有700年的悠久历史，今年亦然。其实，“醉翁之意不在酒”，他们并不在意乡村的风景，而是注重享受这种说唱艺术混杂表演的热烈氛围。他们摩肩接踵，于边走边看、悠游闲逛之中可以消磨一天。一直陪伴他们、为之助兴的则是聚集在马街的各色民间艺人。其实，新春佳节之际，瓦肆勾栏，花朝庙会，艺人说书唱曲贺岁助兴的风俗古已有之，这从各种文学、历史书籍中可以找到其踪迹，只是随着岁月流转、时代变迁而式微。但马街独特的市井氛围，却让这一本来湮没的历史文化现象昔日重现，并成为马街乃至全国的一大鲜明的特色。徜徉在热闹的马街，触目所及，各色艺人在著名的火神庙里烧香朝拜后，就可以尽情地施展自己的绝活，期待“一曲成名”，毕竟这其实就是全国民间曲艺的一次盛会。

新春的马街，河南坠子、湖北渔鼓、四川清音、山东琴书、凤阳花鼓、上海评话等曲艺样式可谓穷形尽相、应有尽有；简板、琴弦、大鼓、二胡，种种民族曲艺乐器“欢聚一堂”，互相呼应，乱糟糟却又别有情调。艺人们举着写有节目的牌子在游客中逡巡，携着各自的“吃饭家伙”在人群中穿梭，三弦、大鼓、评书、道情、乱弹，各色节目纷乱上场，互相竞争，艺人们忙得不亦乐乎。也许混迹于此的每一名艺人都有属于自己的故事和辛酸，但既然来此谋得扬名立万，就得收拾起身世感怀、命运嗟叹，卖力而敬业地为别人送上笑声与欢乐。豪爽不羁的客人是不在乎什么音乐造诣和艺术品位的，只需博观客一笑，便可以赢得“粉丝”，从而拥有竞争书会状元的一定的资本……这里与阳春白雪、文质彬彬绝缘，要的就是下里巴人、逗乐搞笑——市井生活，在这里呈现出赤裸裸真实的况味！

在马街这个地图上湮没无闻的小村庄，却浓缩了中华春节传统民间文化的一大特色，其演绎的各类曲艺，是一种最为世俗最为本真的独特风貌，氤氲浓郁的民间艺术风韵，又是一幅极具人间烟火气的风情画、一帧生活气息浓郁的市井图。

在马街，新春正月十三这一天，从黎明到黄昏，怀着找乐子的“不为无聊之事，难遣有涯之生”的游客、怀着朦胧的成名立万的扮作笑脸的艺人，再加上烧香礼佛的、兜售小吃食的、擦鞋的、做卫生的……各色人等发出属于自己的最大声浪，融合成嘈杂无序而又韵味无穷的交响曲，共同演绎着属于咱老百姓的生活秀，展示出这一老街的岁月稠——所谓的“中国新春民间曲艺盛会”，其真谛恐怕在这里能得到最好的诠释！

五、舌尖上的家乡年味

讲述者：张女士，女，45 岁，湖北鄂州，创业者

记忆中，外婆家住麻城木子店镇西北部的龙门河村，位于大别山下，属典型的边远山村。

小时候，每年过春节，我都会跟随妈妈回到故乡的山村。这里历史悠久，古色古香，蕴含浓厚的荆楚传统文化。这里的民居与城里大相径庭，以传统民居最为称道。

当然，我印象最深刻也最为怀念的还是外婆家货真价实的农家饭菜，妈妈说这是故乡的味道，永远也忘不掉。记得龙门河村外婆家的厨房，也与麻城乡下其他农家一样，烧的是火笼，用的是吊锅。燃料是柴火，做饭时得专人负责烧火。火烧得旺旺的，农家的质朴与温馨扑面而来。外婆用铁锅煮的锅巴饭，干焦酥脆，令人味蕾大开，这种纯正的米饭香气在城市基本是闻不到的。铁锅焖出的米饭，由于米是新米，且慢火烹制，饭熟时格外地清香。而饭底的锅巴更堪称一绝，呈金黄色，又焦又脆，且厚厚的一层，兼具锅巴的咬嚼韧劲和米饭的蓬松柔糯。我最爱的便是它，总是盛一大碗，无须任何菜肴佐餐，吃得香喷喷的。当然，如果再加上一些酽酽稠稠的米汤，那就更是绝配了。

外婆笑眯眯地，将从菜园子里刚采摘的新鲜蔬菜炒成的各种小菜，还有鲜红的腊肉，一筷子一筷子地搛到我的碗里，免得我一个劲地吃“白饭”。

当然，为了招待“贵客”，外婆通常还会做一道拿手的“粉蒸肉”。可别小瞧了这“粉蒸肉”，是用村子里上等的豆粉或者甘薯粉蒸制的；至于山村豢养的土猪肉，也绝非城里吃的化学饲料催肥的生猪。这道菜，外婆

把火候拿捏得恰到好处，端盘上来时呈鲜红色，兼异香扑鼻，令人垂涎三尺。细品这道菜，豆粉熟糯香甜，肉切成肥瘦适中的细条，蒸得烂烂的，入口即化。它不用放一丁点儿酱油味精之类的调料，完全保留了其本真的味道，只略带点儿甜味，其特点是香甜适口，丝毫不显油腻，自成风味。

“粉蒸肉”已足令我大快朵颐，然而“炖鸡汤”才是外婆农家菜中的极品。鸡是自家喂的肥嫩老母鸡自不待言，关键是其做法。把拾掇好的土鸡加上调料置入瓦罐中，放进适量的甘甜井水，这道菜既能补气，又益健康。外婆总是将整只密封的瓦罐放进火笼里，完全依靠柴火燃烧后灰烬的热量，慢慢将其煨熟。外婆说，如果烧松枝的话，效果还要好。几个小时后，灰烬逐渐冷却，而瓦罐里的炖鸡汤却已煨得烂熟浓酽，开启瓦罐，那股异香会让你止不住淌口水，更不要说喝上几口了。

冬天回木子店镇龙门河村外婆家过寒假，绝对是舌尖上的极致享受。“老米酒啊，蔸子火，过了皇帝就是我”，这是外婆教给我的当地民谣，我感觉事实也的确如此。外婆的屋角有一个火笼，梁上则悬着木质滑竿吊一铁锅，吊锅在火笼上可随意升降。冬天，外婆用火笼烧柴，家人或来客围坐四周，一边烤火，一边闲聊。平时放吊锅可烧水，吃饭的时候，外婆随意将几样烧熟的菜放入锅内，可以吃热菜，喝老米酒。千万可别小看了这老米酒和吊锅，木子店老米酒和东山吊锅相传已有3000多年的历史。木子店老米酒用当地优质糯米配以特制的酒曲，加上大别山特有的矿泉水精酿而成；东山吊锅则绝对是民间的创造，是一种独特的民间美食，使用传统的罐钩铁锅，分层次铺上各种丰富的菜蔬，用木柴明火或炭火一锅煮，气氛温馨，风味独特。

外婆家吃饭不用桌子，大家就围坐在吊锅边吃饭。小时候我也学大人一样，右手拿筷子，左手放碗，要站起来竖起筷子到锅里去夹菜。至于大人百忙之中，还可以在食指和中指之间夹只酒杯喝老米酒，对我来说则是一个不可能完成的任务。铁锅套在挂钩上，盖着火苗。待锅烧热后，外婆赶紧切几块腊肉，有时是一条鱼，再把干野笋、干萝卜、酸菜、盐辣椒、青菜、千张、炸豆腐等配菜一股脑儿地置于其中，加水、放盐烹煮，外婆有时还喜欢放点干辣椒壳与生姜片之类来调味。屋外寒风凛冽，大雪纷飞，屋里火笼烧得亮堂堂的，吊锅里煮得旺旺的，热气腾腾，香气四溢，一边扒饭，一边咽菜，偶尔啜饮一口色泽清亮、浓郁香甜的老米酒，有健脾胃、舒筋络、消痛化瘀的功效。老米酒加吊锅，可谓绝配，大家围坐一起，酒香、菜香馥郁，其乐融融，人间小团圆在此显露无遗，天伦之乐于斯尽情演绎，确实别有一番风味活跃在舌尖，氤氲在心间……

龙门河村外婆的农家菜，特别是东山老米酒、吊锅，算是我的“私家菜”吧，可惜不能常常吃到，但正是那种无穷的回味与无尽的期望，越发显得珍贵与温馨，叫人永远难以忘怀！

近年来，外婆家乡举办了老米酒暨吊锅文化美食节，可品尝生态吊锅，可畅饮东山老米酒，开启了“生态吊锅美名扬，腊肉米酒袭人香，绿水红叶映脸庞”的大别山体验之旅。为了舌尖上的故乡梦，为了那念念不忘的乡愁，龙年春节我一定要回到那千里梦寻的大别山下，回到魂牵梦萦的外婆家，去重温那些古老民居、童年美食和温馨记忆！

六、春节压岁钱的记忆

讲述者：王小姐，女，38岁，广西南宁，自由职业

2024甲辰龙年春节即将来临了，这让我想起以往的难忘记忆。

每当过年了，人人都兴高采烈，但最开心的还要数孩子们，因为除了那么多好吃的、好玩的，还有或多或少的一笔压岁钱可拿。但在我的童年，过年却分外尴尬与难堪，主要因为家里经济困难，常常没有压岁钱，那种滋味，如今的孩子们是不能理解的。

那还是20世纪80年代，我读小学。家里举债盖了一栋楼房，父亲长年生病，母亲没有正式工作，家庭收入低，且还要还债，生活的拮据可想而知。过年对于我家来说，是不折不扣的“年关”。所以，父母和亲戚们达成了默契，互相都不给孩子们压岁钱。当别的孩子喜滋滋地炫耀自己又得到多少压岁钱的时候，我只能无比失落地走开，待在没有人的角落，小小年纪便尝到了“向隅而泣”的苦涩滋味。

但我那年的运气却特别好，竟得到了一笔意外的压岁钱。一位远房伯

伯过年前几天来走亲戚，吃过晚饭，他和几个邻居打牌，结果手气旺得不得了，居然赢了100多块。高兴之余，他塞了30块钱给我，说是给我的压岁钱。30块钱在当时还是孩子的我的心目中，不啻一笔“巨款”，况且我根本没有指望过这种“待遇”，潜伏的愿望突然得偿，我却呆住了，迟迟不敢伸手去接。后来，还是母亲推了我一把，笑着示意我接过来并谢谢伯伯。紧紧地攥着三张崭新的纸币，我无声地笑了。

当晚，我把钱压在枕头下面，翻来覆去地睡不着，小小的脑袋瓜子不停地盘算着：“老师要求我们《现代汉语词典》人手一册，必须是商务印书馆出版的，比较权威。家里没钱不能买，平时要找同学借，很难为情的，甚至遭到过白眼。如今好了，我也有可以自己支配的压岁钱了，明天就到新华书店去买回来。嗯，精装版是没可能的，就买那本望眼欲穿、摩挲良久却只能怅然放下的平装版的吧！八九块钱也就足够了。剩下二十多块钱，攒着慢慢花。有时候同学买零食，总要分我尝尝，老是吃人家的，怪不好意思的，也该对人家表示表示了……”

可我知道，年前母亲要还一笔债，家里没钱了，母亲正在为这个犯愁。我躺在床上呆了半晌，想起枕头下的30块钱，虽然很不舍得，但还是一骨碌爬了起来。我冲出门，把钱塞进母亲的手里，像个大人似的说：“用这点钱再添点钱还债吧。反正我总是没有压岁钱，也习惯了！”母亲先是一惊，接着欣慰地笑了，但继而转过头去，像是在抹眼泪儿。后来，我蒙眬睡去，恍惚中感觉父亲母亲走进了房间，赶紧闭眼装睡。有人掖了掖被角，摸了摸我的额头，细心而温柔，不用说肯定是母亲。紧接着，是母亲的声音，压得很低沉：“这孩子，她想买《现代汉语词典》好长时间了，我们再困难，也不能耽误她读书呀……”“是啊，可有什么办法呢！”母亲没再吱声，拉着父亲的衣角蹑手蹑脚地走到门外，两个人谈着什么……

压岁钱得而复失，我梦寐以求的《现代汉语词典》，即便是平装版也离我远去，但我心里倒也坦然了。大年三十的晚上，听着外面热闹的鞭炮声，我蒙蒙眬眬地进入了梦乡。在梦中，我走进书店，买了那本《现代汉语词典》，欢呼雀跃地出门。突然身后一声厉吼：“小孩，回来，没给钱呢！”我从喜悦跌进了失望的冰窖，心怦怦地跳，想要逃，却软软地没有力气……

突然醒来，原来是一场梦。咦，怎么枕边真的有一本《现代汉语词典》呢？我抱着厚厚的辞书，嗅着油墨香，爱不释手。抬起头，望见母亲慈爱的脸庞和温和的微笑。啊，一定是她省下钱来给我买的。

后来，我才从哥哥那儿得知，家里实在太困难，给我买了这本《现代汉语词典》，母亲不得不去找人家借了点钱，才勉力张罗着过了年，后来她节衣缩食，攒了很长时间的钱才还了那笔债。此后，当我每次翻阅这本《现代汉语词典》时，都会想起春节压岁钱的事，喜悦已经消失得无影无踪，拿在手中、暖在心头的，却是一份沉甸甸的母爱。

七、感受秦淮新春灯会

讲述者：丁先生，男，50岁，湖北武汉，自由撰稿人

龙年春节，兔踞龙盘的南京城，处处呈现出非凡的气象，不用说氤氲王者之气的紫金山、明孝陵，也无须渲染肃穆巍峨的中山陵，光是那一条从历史深处流淌而来的秦淮河，就不知承载了多少历史文化的余脉，至今仍生生不息。

十里秦淮，金粉楼台，画舫凌波，桨声灯影，构成了一幅如梦如幻的胜景奇观，恐怕是最能代表六朝古都、繁华金陵的处所了。当然，春节来到石头城，倘若不游冶一番夜色中的秦淮河，观赏一番秦淮灯会，凭吊感怀这千古风流，那么当引为平生憾事——好游历者是不会错过如此良机的！

秦淮灯会是流传于金陵的特色民俗文化活动，又称“金陵灯会”，主要在每年的春节至元宵节期间举行。秦淮灯会源远流长，在南朝即出现，其盛况堪称全国之冠，享有“秦淮灯彩甲天下”的美誉。历来灯会期间，游人如海，万灯齐明，一派热闹景象。明初以来，著名的秦淮河“灯船”也随之蜚声天下。历史上的秦淮灯会主要分布在南京秦淮河流域，20世纪以后它主要集中在夫子庙。六朝时，秦淮河及夫子庙一带就是文人墨客聚会的胜地。南宋以降，儒学鼎盛，江南贡院的建成，遂成为古代最大的科

举试场，秦淮于是一举奠定了江南文化中心的地位。

如今，位于秦淮河北岸的夫子庙犹在，这原来是供奉和祭祀孔子的地方，算来已历千年。孔庙至今香火不绝，文化气息浓厚，堪称十里秦淮的心脏地带，当然也是如今秦淮灯会的主会场。与之相辉映的，则是贡院的标志性建筑明远楼，楼高三层，呈四方形，飞檐出甍，四面皆窗。“明远”出自《大学》“慎终追远，民德归厚”的寓意，是当年江南“明经取士，为国求贤”的所在。夫子庙和贡院的古建筑群，再加上周边明清风格的茶楼、酒肆、店铺、客栈，均古色古香，秦淮旧景呼之欲出。

在欣赏秦淮灯会之际，顺路拜谒孔庙，瞻仰贡院固然不失为追思怀古之举，但寻访秦淮河畔的文化遗迹，却更令人欣悦。“朱雀桥边野草花，乌衣巷口夕阳斜。旧时王谢堂前燕，飞入寻常百姓家。”这首脍炙人口的绮丽诗篇，居然可以在此一一踏访印证，仿佛时空于斯时斯地交错重叠，顿时令人发思古之幽情。

乌衣巷在夫子庙文德桥以南，其实早已随着频仍的战乱和岁月的沧桑沦为废墟了，但你偏偏可以看到一栋石砌木质的建筑，竟然命名为“王谢古居”，门牌地址赫然标明是“乌衣巷 9 号”，不免由衷地感到时间的无情与温情。夕阳残照，漫步古巷，你会惊讶地发现，自己恍若置身于千百年前，不时地遇到诗文中的名人住所，与历史遗址不期而遇。比如当年王献之迎接爱妾的“桃叶渡”，《桃花扇》中的秦淮名妓李香君的“媚香楼”，还有明代中山王徐达的府邸花园“瞻园”，李白笔下“二水中分白鹭洲”的白鹭洲……名胜纷至沓来，你一边惊喜一边惶惑，许多熟悉的诗文立刻变得更加清晰和有分量，不禁为秦淮河的千古风流蕴藉之名不虚传而暗自叹赏。

然而，新春之时，秦淮的魅力之源仍然在于水上，在于灯彩。尤其是夜幕降临之后，秦淮河才真正展现出她那最旖旎也最神秘、最华丽也最风尘、最真切也最缥缈的一面。其实，历经千载，河水已难称清洌，反而呈现出墨绿墨绿的色泽，颇为沉重滞涩，似乎连荡起的几道波纹也挟带着历史的重量而颇为费劲，但是河水流经夫子庙、得月楼、文德桥、秦淮人家以及长廊之间，不知怎么的就显出了美感。从南朝肇始，此地就是名门望族聚居之所。从新春到元宵，酒家林立、夜夜笙歌、灯火楼台、繁华豪奢，堪称“江南锦绣之地，金陵风雅之薮”，可见秦淮灯会之历史悠久、阜盛隆重。这种格局迄今并无大的改变，两岸茶楼酒店鳞次栉比，仍不失“十里珠帘”的韵致。

“梨花似雪草如烟，春在秦淮两岸边。一带妆楼临水盖，家家粉影照婵娟。”这是清代孔尚任在《桃花扇》中描摹的秦淮河畔两岸的风光实录。今天的秦淮人家仍然保留着古韵遗风，小楼筑于水岸，从院落的背街一面或是可凭栏的亭台，便可以最近距离地亲近秦淮河。但是这里与一般的江南水乡的特质又大异其趣，既有小桥流水的景致，却又显得大气而豪阔，疏朗而悠远。因此，在秦淮灯会正热闹的时候，寻一临河佳处，或啜酒品茗，或行吟眺望，是最为相宜的。

“烟笼寒水月笼纱，夜泊秦淮近酒家”，月夜的秦淮河最是绮丽。如今，灯会更加鼎盛，灯彩更加异彩纷呈，著名的有“金犬吉祥”“秦淮娃娃闹春节”和“金鸡报晓”，还有传统作品“荷花灯”，无不栩栩如生。秦淮灯彩的扎裱技艺不断提高，并推动了剪纸、空竹、绳结、雕刻、皮影、兽舞、秧歌、踩高跷等民间艺术的发展。两岸灯火依旧灿烂，而最负盛名的灯船则尤其令人赞叹。河上的游船画舫，不论大小，都一律悬挂着灯彩，穿梭往来，与天上的繁星交相辉映，这是怎样的一番盛况啊！正值元宵佳节，秦淮河上燃放万盏花灯，华灯灿烂，这是何等的壮观啊！朱自清的散文名篇《桨声灯影里的秦淮河》所描绘的梦幻一般的夜色，恐怕这一刻在许多人心目中得以重温了。遥想当年，还有歌女名妓的轻歌曼舞，丝竹管弦，以及流连其间的骚客才人的风流缱绻，千古佳话。想来秦淮河该是寂寞的，因为曾经那么多说不完的逸闻韵事，曾经涌现的那么多可歌可泣的历史人物，如今风流星散，都被雨打风吹去，只剩下满河的灯彩依然璀璨。

近年来，秦淮灯会被列入首批国家级非物质文化遗产项目。如今，我们在龙年春节再来夜泊秦淮，寻觅“诗与远方”，尽管已很难尽情领略六朝烟月、金粉荟萃的况味，但如此良宵如此灯会，抚今追昔，在名篇佳句中寻味，在冥思动容之间怀想，隔了岁月积痕与时空距离，却仍然算得上一种风雅而不一样的缅怀与体验吧！

31

江苏省兴化市魏家村春节年俗调研报告

高鹏程

中国人民大学社会学专业博士生

一、引言

春节是中华民族最为重要的传统节日，至今已有数千年的历史。时至今日，在各地传承过程中，历史悠久的春节诞生了许多独特的年俗。为更好地记录春节丰富多彩的民俗活动，促进其保护传承与发展，助力中国春节申报人类非物质文化遗产名录。笔者于 2024 年 2 月 5 日至 18 日返乡期间，对所居住的村落魏家村进行了为期两周的田野调查，该调查立足社会学、民俗学的研究视角，以参与式观察、深度访谈等方式，重点考察了魏家村春节期间传统年俗活动及近年来的年俗变化，并结合当前“乡村振兴”“移风易俗”等国家政策，思考传承保护传统年俗对于乡村振兴的价值与意义。

正如民俗学者刘晓峰所言，如今的春节并非某一特定日期，而是一个以除夕和元日为核心的节日群，地处江苏里下河地区的东高魏村同样如此。[①] 与北方不同，当地的春节一般从腊月二十四送灶算起，直至正月十八结束。在近一个月的时间中，春节节日群系统发展出了许多具有地域特色的年俗活动。范·根纳普在其《通过仪礼》一书中，根据时间的线性变化，将节日、人生仪礼等划分为分离仪式（rites of separation）、过渡仪式（transition rites）和融入仪式（rites of incorporation）三类。[②] 受其启发，笔者也将东高魏村春节传统年俗划分为“脱离旧年”“迎接新年”“过渡状态”等三种类别。

① 参见刘晓峰《春节研究——新年节日群的内在结构与演变》，《清华大学学报（哲学社会科学版）》2024 年第 2 期。

② 参见范·根纳普《〈通过仪礼〉第一章 仪式的类型》，岳永逸译，《民俗研究》2008 年第 1 期。

二、田野介绍：苏北魏家村

魏家村位于江苏省兴化市竹泓镇西南部，是一处自然村，与东浒村、高舍村共同组成行政村东高魏村。行政村距离集镇 8 公里，共有 12 个村民小组，农户 615 户，人口 2073 人，耕地面积 2400 亩。[①] 魏家村人口约为 500 人，村内三大姓分别为魏、苍和高，村民之间大多有或近或远的亲属关系。

村落产业以农业生产为主，种植作物包括小麦、水稻、棉花、油菜、芝麻等。近年来，青壮年劳动力流失严重，大多数青壮年都在乡镇或外地务工，只有春节、清明或有红白事时才会回村。村中多为留守老人，且大多年龄都在 70 岁以上，以至有老人直言："我们这块以前是很热闹的，现在人越来越少了，年轻的都搬出去了，老的全慢慢死了，白天连个鬼的影子都望不到！"[②] 在调研中笔者发现，村民们的日常开支并不算大。除了米面之外，日常饮食所需的蔬菜几乎都是自己种植的，平时的生活用品都是在需要时才会到集镇上购买，且频率仅有每月一次。为推动村落经济发展，由村委统一组织牵头，除村民一些自留地外，将村里大部分土地都流转承包给了种粮大户。以笔者家中为例，2024 年流转土地 9 亩，分别承包给三家大户，每亩单价为 1050 元。[③]

魏家村所在的兴化境内，共有大、中、小各类河道 12124 条，总长达到 10526 公里，是名副其实的苏北水乡。盆地状的地理位置加之境内水资源的丰富，在历史上，每当夏秋水灾发生时，兴化常作为上游地区洪水的泄洪处，故而在兴化有"宝塔尖上挂水草"的谚语。在上游泄洪时，常常会淹没整个兴化地区，水位甚至能高过宝塔尖，待水位退下后，塔尖会

① 数据来源：东高魏村村委。

② 访谈人：高鹏程，受访者：苍爷爷，访谈时间：2024 年 2 月 6 日，访谈地点：魏家村。

③ 数据为笔者代表家中领钱时采集。

有水草缠绕在上面。[①] 魏家村就坐落于一条大河之上，河水从村子中穿过。在面积不大的村子里，有大小桥梁共 10 座，且几乎家家有船。在村民的饮食结构中，水产品占比较高，水生特产包括菱角、茭白、水芹、黄鳝、螃蟹、河虾及各类淡水鱼。村民还会根据河流分割村落的布局，将魏家村分为河东、河西、河南与河北等四个部分。

村里有民间信仰寺院一座，村民称之为“大庙”，除供奉有佛像之外，还有数量众多的无名神像。因大庙有较为宽阔的院子，故而平时也会作为操办红白事的地点。大庙往东约 50 米处，有一座较矮的土地庙，高约 2 米，进深 4 米。[②] 除春节有村民前来祭祀之外，这也是村里“报庙”所在，村民将土地庙称为“小庙”。

积年累月的农业生产与丰富的河流资源，催生出许多与土地、河流、桥梁等信仰崇拜有关的民风民俗。如在每座桥的桥头，都会设立一个小香炉，以供村民燃香。此外，平时也不可在桥上撒尿、吐痰等。笔者在调研期间，采录到一首名为《桥经》的民间文字，全文如下：

> 上桥头，念桥经，桥公桥母笑吟吟。两边栽的是垂杨柳，中间走的我念佛人。下桥头，转桥弯，歪歪扭扭到莲山，莲山有座观音庙，男女老少把香烧。阿弥陀佛！[③]

据村民介绍，这是在过桥时为了表示敬意而念诵的。村民家中的房子多为单层或双层独栋。每家一楼正厅布置相同：大门朝南，北面墙上悬挂有各类大型装饰画，有“松鹤延年”“三星高照”“麒麟松子”“梅兰竹菊”“西方三圣”等不同主题。装饰画前摆放有长供桌一张，长度一般与房子宽度契合，下有多个柜子和抽屉，可供摆放各类杂物。供桌上供有佛

---

① 访谈人：高鹏程，受访者：魏奶奶，访谈时间：2024 年 2 月 6 日，访谈地点：魏家村。

② 此处数据为笔者 2024 年春节期间所测量。

③ 访谈人：高鹏程，受访者：大庙管理人员，访谈时间：2024 年 2 月 9 日，访谈地点：魏家村。

像若干，一般为陶瓷材质的观音像，有些家庭还会供奉毛主席画像和财神像。佛像前有锡制的一套五供（一只香炉、一对烛台和一对花瓶）。由此可见村落中传统民俗的厚重历史。

三、脱离旧年：祭拜与辞别

此类年俗在时间上，包括了除夕及之前的一段时间，祭拜与辞别，是魏家村脱离旧年系列年俗活动的主题。

（一）腊月二十四：送灶

在全国许多地区，都将腊月二十三或腊月二十四称为“小年”，而魏家村却无此说法。村民们在腊月二十四送灶，称当晚为“二十四夜”，由此开始进入春节，并自觉遵守春节期间的各种禁忌。送灶当日，村民先以食物供奉于灶头的灶王像（其实大多都是印刷的财神像）前，焚香祷告一番后再将神像恭敬焚烧，意为灶王爷已送走。在笔者调研期间发现，当地因新农村建设，许多村民家中的灶台因焚烧秸秆、木头等造成污染而被拆除，因此祭灶习俗的流程近年来变得十分简单。如供品只有一碗白米饭，上有红枣数颗。

（二）腊月二十六：辞年

辞年意为辞别旧年，这一日的主要习俗是祭拜祖先，以祈求祖先庇佑。辞年并无具体的日期要求，一般都在腊月二十四至除夕之前这段时间内。祭拜祖先不用亲临坟地祭拜，而是在家门前画出一个圈，在圈内焚烧元宝、纸钱等物，并口念祭祀对象的称呼。如祭祀曾祖父，即口念“老嗲嗲[①]来拿钱啊”即可。随着城镇化的发展，外出务工人员一般在腊月二十九甚至除夕当日才会返家，因此会由家中留守的老人替代完成辞年。

① 嗲嗲：兴化方言，即爷爷，在当地曾祖父被称为“老嗲嗲”。

（三）除夕系列年俗

1. 敬菩萨

除夕当日，村民会在上午按顺序去村里的积善寺（民间信仰活动场所）、土地庙、车辆前方以及家中大厅烧香祭祀多次，当地方言称为“敬菩萨”。除春节外，每逢婚丧嫁娶、满月做寿等重大人生仪礼发生时，村民也会敬菩萨，以祈求庇佑、一切顺利。敬菩萨的供品有：生五花肉一块（两斤）、熟鸡蛋一个、苹果八个、小酒杯三只、白酒一瓶（品牌不限、越贵越好）、线香一把、红烛一对、黄元（即神马）三张、百响鞭炮两挂、九响礼炮两只。五花肉和鸡蛋一同放在青花碟子中，上面放有小葱和稻草编成的麻花绳，称为“铆子”。携带供品需用竹篮（上覆红布遮挡）或红色塑料袋。有部分收入较高或家中有重大变故的村民，还会以“六只眼”敬菩萨。“六只眼”即指供品为一个生猪头、一只脱毛公鸡（需留尾部羽毛）和一条活鲤鱼（首选金色，选活鲤鱼是为结束后放生）。

在敬菩萨时，首先将青瓷盘恭敬地放在神像前，依次摆放三只酒杯。随后点燃蜡烛，竖在供品两旁，并点燃三支线香。打开白酒，向酒杯第一次倒酒。此时需要点燃鞭炮，依次是一挂百响鞭炮、一只九响礼炮，再一挂百响鞭炮和一只九响礼炮，再向酒杯第二次倒酒。之后拿着剩下的线香和三张黄元，在各神像蒲团前叩拜，把线香全部扔进寺庙院子中的大香炉，焚烧黄元，向酒杯第三次倒酒。等待一会儿后，把酒杯中的酒依次倾倒，再将供品上的“铆子”撤下扔在地上，收拾装好后便可回家。

2. 贴春联

贴春联是除夕当日最重要的年俗活动之一。在过去，尚有一些老人坚持自己书写春联。随着老人们的离世和技术的发展，印制春联已经成为村里的主流。年前，村民就纷纷在赶集时挑选好了除夕将要张贴的春联。就春联的类别而言，还可以分为对联、福字及门联。对联的长宽不一，有贴于大门的宽幅对联，有贴于门框上的细窄对联，还有贴于大门照壁上的单联，一般写有“姜太公在此百无禁忌”“对我生财”等吉祥话。福字大小不一，依据各家需要不同而张贴于各处。门联是以红纸雕镂而成，张贴于门楣处的一种春联，根据门楣长度，有三张、五张、七张等不同的贴法。

此外，近年来还出现了许多新兴材料和形式的装饰性物品。如有塑料材质的静电窗花，可直接用清水粘贴，方便易取；塑料拉花，从两头拉开分别黏在墙壁上，可作装饰；红色布灯笼，可放入电动蜡烛，十分喜庆。这些都在近年来深受村民们欢迎。在贴春联之前，村民要先去村里的大小庙里敬菩萨。之后才可以回头张贴春联，以迎接即将到来的新年。

3. 吃年夜饭

与全国其他地区一样，魏家村村民们对于年夜饭十分重视。他们认为，这不仅是阖家团聚时所吃的一顿饭，更是在旧年的最后一餐，象征着来年的风调雨顺、五谷丰登。

在菜品的选择和搭配上，魏家村年夜饭主要有几个特点。一是讲究冷热搭配。尽管春节期间温度较低，但必须要有六种或八种凉菜，以取“六六大顺”“来年必发”的好彩头。二是年夜饭中必定要有鱼、水芹和秧草。鱼取“年年有余”之意；水芹因中空而有“路路通”的美称，寄托了村民们对来年事事顺利的愿望；秧草即为苜蓿嫩芽，用黄豆酱清炒，取吉祥如意的口彩。三是尽量不上纯白色的食物。如腌萝卜多为红萝卜，而不用白萝卜，以求得吉利。

吃年夜饭之前，要先敬菩萨、迎接灶神回家。在家敬菩萨的流程与在寺庙相同，唯一多的就是会点燃“斗香”。斗香是一种特制的香，点燃后从上往下层层燃烧，能持续10多个小时。由许多股线香攒聚捆扎而成，自下而上堆放为塔形，共13层，高约2米。每层绑有彩纸花，两侧插龙凤彩色纸旗，取其形状故名斗香①。之后盛白米饭一碗，上放红枣数颗，摆放在家中正厅的条台上，以迎接灶神回家。尽管叫作年夜饭，但在魏家村，吃饭的时间一般都在下午四点左右，且越早越好。这体现出当地浓厚的农业耕种传统，因有顺口溜“吃得早，不薅草”，意为旧年年夜饭吃的时间早，新

① 斗香：在《红楼梦》中有多次描写，如第七十五回载“月台上，焚着斗香”，第一〇六回载“（贾母）又命自己院内焚起斗香，用拐拄着出到院中”。

一年农田里杂草就会长得少。吃饭时，需安排家中最长者（一般为年长男性）面朝南坐。如为圆桌，坐在正北方；如为八仙桌，则坐于东南方，成为“坐上面”。无论何时吃饭，一定要确保“上面”有人。除了相互敬酒说吉祥话之外，不可以用汤泡饭，否则新年很多好事会“泡汤”。

4. 跨年守岁

东高魏村的村民们一般来说，并不会通宵跨年守岁，而是等到正月初一起床后才会恭贺新禧。年夜饭结束后，村民们收拾好卫生会处理各自的事情。有些会以打牌的方式跨年，有些则会守在电视机前观看春晚，有些会早早休息，以便于第二天的早起，还有一些会准备第二天客人来访时的吃食。在睡觉前，长辈会给晚辈一份红包放在枕头下，名为“压岁钱”。

四、迎接新年：转变与祈福

此类年俗在时间上，包括了正月初一到初五的一段时间，转变与祈福，是魏家村迎接新年系列年俗活动的主题。

（一）正月初一：登门拜年

村里的新年不是从子时十一点或十二点算起，而是以早晨醒来的时间计算。早晨醒来后，需先吃一块前一晚放在床头边的大糕和果子，以期甜蜜地度过新的一年，之后才可讲话。

如房间内有人同睡，要根据其人的身份不同，立刻说一些恭喜的话语，如做生意的人“生意兴隆、财源广进”，读书的人“学业进步、心想事成”，年老者“身体健康、阖家幸福”等。如遇本命年，村民会穿全新的红色秋衣、秋裤、袜子等，以压邪祟。其他村民也会尽量穿红色，以期待一切顺利。在正月初一的早晨，家中老人会特意晚起，等候晚辈到房间拜年。互相恭喜完后，长辈还会发放红包给晚辈，祝愿其心想事成、新年顺利。

吃早饭前，同样也要敬菩萨、点一份新的斗香。桌子用红色桌布铺好，摆上烫好的“茶头”，以供早饭和招待登门拜年的亲友。“茶头”指早晨喝茶时的配菜，一桌至少要有四种，包括芫荽烫百叶、果子与大糕、酱菜嫩生姜、烫芹菜等，此外还可以有各类糖果、点心、坚果、葡萄干等。全家人坐下喝茶，先吃一些茶头，再上一些粉丝、蒸包子以做主食。

尽管如今电话、网络极度发达，线上拜年成为很多人的选择，但在魏家村，只要回到村里，就必须登门前去拜年。笔者在年幼时，每年都会跟随父母上门拜年，即使天降大雪也必须走完。拜年的范围一般是血亲长辈、同族长辈、尊者师长等人，往往需要花费几个小时的时间。登门拜年时，需携带给主人礼物，一般为两样，包括牛奶、酒水、香烟、麦片、水果、桂圆、红枣、京果粉、各类补品等。主人将客人招呼至自家桌子坐下，喝茶吃茶头，略聊上两句。如客人中有小朋友或仍在读书的成年人，主人都会给一份红包，金额一般为 100 元或 200 元。

（二）正月初五：迎财破五

迎财神和破五是正月初五最重要的两个年俗。村民认为，正月初五这天是财神临门的日子，因此必须接财神，以祈求来年财源广进、家宅富饶。在前一天夜里，村民们就早早准备好迎接财神。为了能够顺利熬到十二点，村民们大多会聚在一起打牌，待十二点将到时再散去。接财神的方式很简单，即在十二点到来时，准时点燃鞭炮和礼炮，燃放的数量和规格按各家的经济承受能力即可，没有具体的规定。有些村民认为多多燃放鞭炮能够增加好运，因此往往会点燃许多。接财神的鞭炮声会在十二点准时响起，一直持续到早晨七八点钟，十分壮观。

此外，在初五上午，魏家村还联合其他自然村共同举办财神春供会，将寺庙中的神像抬出游街，与之一道的还有灵媒、舞龙队、舞蹈队、信众等，浩浩荡荡数百人，沿途民众都在家门前设香案祭拜。初五又被称为“破五”，即到了初五，所有春节期间的禁忌都可以被打破，人们的行为方式也就没有了约束。对于一些人而言，此时春节已经到尾声，将要收拾行李离开家乡奋斗。

（三）正月新年其他年俗

1. 回娘家

正月初二为姑娘、女婿回娘家的日子。这一天，主人家早早起床收拾，准备各类菜肴，等待姑娘、女婿回家。

2. 上门舞龙

每年春节，各村都会组织舞龙队到村民家中拜年。每支队伍都会有一位领头人，他能说会道，对各家情况都较为了解，手拎皮包，装满了烟和红包。舞龙队进入村民家中后，会在院子里停留，龙头对准家中的神案，领头人会唱一些兴化小调，并融入吉祥话语，如恭贺发财、家宅平安等。每说一句，队伍中的其他人就会同喊“好”，节奏清晰。这时主人家要点燃鞭炮欢迎舞龙队，龙队也会将龙头三点，以表尊敬。主人家此时要给红包和香烟，为表回报，龙队会在院子里上下翻腾舞动后再离去。魏家村因常住青壮年较少，因此舞龙队都来自其他村子。10 多年前魏家村也曾组织过舞凤凰队，其形式与舞龙队类似，但唱念的曲调更为多样，深受村民欢迎，但因组织者大多去世，至今已无法见到。

五、过渡状态：规范与禁忌

在根纳普看来，从旧年往新年转变的中间过程，是处于一种“模棱两可”的状态中的。[①] 因此，身处这一状态中的村民们为了确保过渡的稳定，逐渐发展出了许多规范与禁忌。就魏家村而言，可分为食物规范与各类禁忌。

（一）食物规范

正如上文所言，魏家村是典型的水乡农村，因此食物颇有水乡特色。早在年前，村民们早早就开始大量准备各类吃食，以供整个春节期间都可以吃到。这些食物古老传统，寄托着民众对新生活的向往和美好的祝福。在魏

① 参见岳永逸《范·根纳普及其〈通过仪礼〉》，《民俗研究》2008 年第 1 期。

家村，过年时必吃的有腊货、大糕、果子、米团、肉圆、鱼圆和粉丝等。

1. 腊货

腊货的制作周期较长。进入农历腊月之后，村民们就开始了各类腊货的准备与制作。种类包括香肠、腊肉、咸鸡、咸鱼等。

2. 大糕

大糕是整个苏北地区过年必备的吃食，因产地为盐城市阜宁县，故又称阜宁大糕。大糕由糯米、青红丝、白糖等制成，呈长条状，表面干燥。在出厂时，厂家就已用专门机器将其切为薄片。这是家中敬菩萨、春节招待客人必备的食物。

3. 果子

兴化人将江米条称为“果子”。与一般江米条不同，这类果子用面粉炸制而成，外面裹有白色的糖浆，吃起来酥脆爽口。常与阜宁大糕同盘以招待客人。

4. 米团

兴化方言称米团为“团”，用大米粉制作而成。团有拳头大小，制成后蒸熟，放入水中存贮。有实心和豆馅两种。将吃时用热水煮开，蘸白糖吃，或将其晒干切片，与年糕类似。

5. 肉圆

兴化方言称肉圆为“肉坨子”，以猪五花肉、面粉按比例混合后炸制，外形焦黄、口感酥脆。可直接食用，也可以做菜汤或红烧等，是兴化春节期间不可缺少的食物。

6. 鱼圆

兴化方言称鱼圆为“鱼坨子”，以草鱼、青鱼、鲢鱼等刺较少的河鱼制成。先片出鱼肉、挑出鱼刺，用菜刀剁成肉糜，前后达数小时之久。待肉糜出胶后，混入一定比例的山芋粉，在开水中氽熟。鱼坨子可撒上葱花、白胡椒粉后直接食用，也可以做菜汤等。

7. 粉丝

过年吃粉丝的习俗并非整个兴化地区所有，而是仅仅分布于魏家村所在的竹泓镇周边。从初一到初五，每天早上都要吃粉丝。粉丝是红薯粉，以温水泡软后煮熟，捞进调好的酱油汤里，再加入红烧后的鱼坨子、肉坨子，有时还会加几块咸鸡，撒上葱花和白胡椒粉即可上桌。

（二）行为禁忌

1. 言语禁忌

村民们认为，人的语言会有一种无法言表的力量，因此在春节期间，特别重视言语上的禁忌，害怕因自己言语的不当而招来祸患。笔者在田野过程中就听说了一个这样的故事：

> 以前有户人家春节做团子包馅料，然后家里的小孩子也参与其中。但因为没有经验，搞得有大有小，于是家人就让小孩子只做小的，但是小孩子说："我大的小的全都要包，把你们都包进去。"后来那户人家出门，全部遭遇车祸不在了。[①]

村民在诉说这个故事时，特别强调过年期间言语的力量，很忌讳说与死亡、疾病、去世人名字等有关的话语，而是不停地说着吉祥话。如打碎一只碗时说"岁岁平安"，想骂人时则说"恭喜发财"，将鸡蛋称为"元宝"，将乞丐称作"财神菩萨"。

2. 行为禁忌

除了言语上的禁忌，春节期间，村民们对于自己的行为也较为克制。如忌讳在初五之前动刀；忌讳初五前向外扫地，认为这是将财富扫地出门；忌讳将斗香燃尽的香灰踢翻等。

六、结语

春节是中华民族最有代表性的传统节日之一，在地大物博的中华大地

① 访谈人：高鹏程，受访者：大庙管理人员，访谈时间：2024 年 2 月 9 日，访谈地点：魏家村。

上，诞生了许多独特而有魅力的传统年俗。春节更是不可替代的中华优秀传统文化资源，承载着中华民族的古老基因和独特血脉。本报告以江苏省兴化市竹泓镇东高魏村下辖的自然村——魏家村为田野调研点，尝试以民俗志的方式记录当地的春节年俗。但因时间冲突，笔者未能将正月十三至正月十八的元宵节习俗纳入考察范围。

年俗的形成与发展总是与时代相同步，时至今日，魏家村的传统年俗也烙印上了现代的痕迹。如民间俗信的色彩更加淡化，年俗的传承以人为本，拜年活动普遍从线下转为线上，人们的食物选择与出行方式更加多元等，让浓浓的年味继续传承。与此同时，春节期间的魏家村，也出现了一些城乡转型时期普遍的问题，如压岁钱金额较大，造成村民之间的攀比；回村青年们缺少文化娱乐活动，导致打牌、赌博等现象较为严重；燃放鞭炮、燃烧香烛造成空气污染，燃尽后的垃圾随意丢弃，造成河流污染等。

传统年俗的传承总是危机与希望并存的，这就要求各地在春节年俗的传承过程中久久为功，不断探索相关的长效机制，以推动传统节日的当代振兴，并将其作为乡村振兴的重要文化资源，以促进乡村文明新气象持续焕发。

32

民俗观的嬗变：中原地区80后三兄妹的龙年春节民族志研究

景绍渊
南京报业传媒集团融媒中心品牌推广部副主任

2024年2月11日，大年初二，我从南京坐上了“回娘家”的高铁，和先生、4岁的女儿，一起奔回老家河南过年。在笔者长久以来的记忆中，大年初二“回娘家”这一习俗，是印刻在脑子里的。从小时候起，看着每年春节，村子里那些嫁出去的女儿回到村里探望长辈，到现在自己也已远离了那个乡村，嫁到了江苏南京，从异省回到搬进县城的家探望自己的爸妈。我认为，在我的观念中，“回娘家”这一民俗是被认同且愿意传承和实践的。但是，也有很多民俗观念在我和我的同辈中、兄弟姐妹中发生了变化，是什么呢？

笔者采用个人民族志、参与观察的研究方法，用“我”第一视角记录和阐释2024年龙年春节期间，中原地区一个多孩家庭三兄妹的春节生活。通过春节期间的生活安排以及特殊仪式、对话对谈等，揭示当代80后对于春节这一传统节日民俗的观念的变迁，也呈现出中原一带的现代家庭还在坚持哪些习俗，隐藏在一些民俗中的男女观念的差异是加深了还是淡化了，抑或是消失了？以期通过该研究，补充和丰富中国传统民俗研究领域。

一、家庭背景分析

我生于1985年，女，在家中排行老三，上有一兄，生于1982年，还有一姐，生于1984年。在我的老家河南登封，尤其是农村，同一时期，有两个或三个及以上孩子的家庭很多，我的家庭就是如此。在那个计划生育非常紧张的时代，我的农村老家，父母长辈的意愿还是想多生育。现在经常有人打趣地对我说:“你已经有一个哥哥，一个姐姐，为什么家人还再要一个呀？”不管是父母的多子多福的心态，还是与同村的其他人家相比，也要有3个孩子，在缴纳了超生的罚款后，我和我的哥哥姐姐，都有了户口，没有耽误义务教育阶段的教育。在农村老家，一个家庭里父母都是双职工的会相当困难，我的妈妈是当地小学的老师，爸爸在镇上的一个矿企上班。虽然父母亲都有工作，有了稳定的经济来源，但是家里的农活也一样不能落下。从小时候我就看到了父母亲勤劳善良的一面，看到了他们按照祖辈留下来的传统过着普通人的日子，也按照传统的民俗过着每一个节日，尤其是春节。

至2024年龙年春节，我哥哥的小家庭有4名成员，两个儿子分别就读大学和中学。我姐姐的小家庭有5名成员，大儿子就读大学，龙凤胎的两位孩童就读小学。而我的三口之家，一个4岁的女儿上幼儿园小班。这个龙年春节是在县城的家里度过的，在我的印象中，从农村老家搬进登封市是在2002年左右。俗话说，父母在哪里，哪里就是家。对于我而言，父母一直和哥哥住在一起，那里就是我要回的家。姐姐成家就在县城，距离父母的家走路也就10分钟的路程。我自2010年在南京安家之后，几乎每年春节都会回老家，除去疫情等不可抗因素，通常我们这个小家的安排是，除夕在男方的父母家度过，大年初一或初二“回娘家”。为什么不是坚定的民俗践行者在初二回家，而有时候会选择大年初一回家呢，这与现代交通工具的变化有重大关系。能抢到哪天的票就哪天回去，早一天到达，也在“年”里。

二、80后三兄妹龙年春节观的主要特征

（一）除夕夜里的各自团圆——“小家”观

2月9日除夕夜八点左右，我拨通了母亲的微信视频通话，视频里爸妈哥嫂和侄儿一家人在吃晚饭，这一通电话持续时间不足1分钟，主要是给爸妈祝福，寄托除夕夜里的思念。紧接着另一通视频电话拨给了姐姐，姐姐和姐夫一家人同样聚在一起，这通电话也是几十秒时间。我和我的公婆一家人在南京的一家养老院过春节，我们没有在家里过春节，有一个重要的原因是，忙年要“忙”，公婆的年纪大了且身体不好，根本“忙”不起来，而我和先生因为工作的原因，在时间上不充足，且在“忙”年的技

能上也不足。于是，这个春节，我们这个小家的年夜饭订的是预制菜，除夕当天就在养老院的套房，看春晚守岁。就“守岁”这一传统，我和我的小家是十分遵守的，一定会熬过零点才去休息。但是我的爸爸妈妈则并不如此，印象中，早些年爸爸还是会熬过零点，然后在院子里放爆竹。现在爸爸妈妈也因身体原因，吃过晚饭后不久也就休息了，熬岁的习俗留给了年轻的哥哥嫂嫂和孩子们。

就我们三兄妹的除夕而论，明显可以看出比较遵守传统观念。爸爸妈妈跟着儿子过年，我和姐姐两人都分别在自己的小家庭，跟着男方的父母亲一起过年。就我而言，的确不能体会在一个小家庭中，双方都是独生子女的感受，尤其是不在同一城市的夫妻两人，就势必有一方的父母是不能和孩子团圆的。因此，互联网上也有关于去哪一方过年的争辩。时代有烙印，势必会给人们的生活和观念带来变化。对于出生于多孩家庭的我而言，因为有兄长，父母亲和兄长一起过年的传统就保留了下来，而且家里没有其他反对的声音，都认为是理所当然的。我和我的姐姐，近年来，在除夕这一重要日子，也是顺从和接受了传统观念中在男方的家庭过年的习俗，且并没有想要改变过。

（二）独属于“男性”的祭祀——“男子祭祖”观

在中原一带，除夕当天有祭祖的习俗。小时候，总是看到爸爸带着准备好的祭祀食物，拿着烧纸等给爷爷奶奶上坟。那个时候，农村地区依然是土葬，在村里经常看到隆起的坟堆。北方地区的孩子超过 12 岁以后，才会被大人带到像坟堆、灵场这样的地方。因此，长兄再大一些，就跟随父亲在除夕当天上坟。我和姐姐，印象中曾经去过，但是在嫁人之后，再也没有参与过除夕当天为家中仙逝的长辈而进行的祭祀活动。近些年来，已经搬进城的哥哥一家，在除夕当天，通常会开车带着父亲再次回老家祭拜。在此还有一个有意思的对话。春节期间，我们前去拜访伯母，也就是我的父亲的嫂子。我的父亲仅有一兄，伯伯在多年前已经去世。伯母对我说道:“除夕那天下午，你大哥回老家上坟，看到坟头上有东西，有人来过了。我就跟他说，那还能有谁，肯定是恁叔家来上过坟了。”的确如我这位伯母所言，除夕当天上午，我的哥哥回家祭祖了。也如伯母所说，他的儿子，也就是我的堂兄同样延续承担了祭祖的责任。他祭拜自己的父亲和我们共同的爷爷奶奶。

在新时代的今天，像我们这样的传统式家庭，对于祭祖这样的观念，依然是顺从、接受、延续传统。同时，也说明了一个在中原地区仍然占主流思想的生育观，即家中要有一位男孩子，以延续祖上的香火，也承担着祭奠祖辈的责任。如果家中没有儿子，只有女儿，祭奠祖上的事情，可能会落在依然在世的老一辈的男子身上，至于后世将会如何，自有其发展。当然，这其中却绝不会出现由女儿的丈夫回到女性一方家中祭奠女方祖辈的做法。这其中蕴含的是传统家族观念中的“男女”性别观。

（三）电子化的压岁钱和必到的“礼”——“节礼”观

压岁钱，通常是家中长辈给晚辈的，寓意压住“岁”这个“怪物”，祝福孩子们健康成长的。在中原地区，未出嫁的孩子都可以获得长辈的压岁钱。在我们大家庭中，哥哥最先成家得子，大约在 2005 年，于是，我和姐姐在哥哥得子的那年开始，就会给这个侄儿压岁钱。根据自己的经济收入情况，表达祝愿。随着时间推移，姐姐家也开始添丁，于是每逢春节，我会给哥哥姐姐家的孩子发压岁钱。哥哥和姐姐之间也互相给孩子压岁钱。从传统祝福的意义而言，并不存在不妥，但是从实际的家庭支出而言，哥哥和姐姐家可以达到微平衡，而我的小家庭，则会有支出的压岁钱多，而很多年都存在收不到压岁钱的情形，于是在春节期间的财礼方面出现不平衡。2024 年的龙年春节，我给孩子们的压岁钱是每人 300 元，因我年初二到家，我更愿意采用线下红包的方式一一发给每个孩子，体现仪式感，且趁机鼓励孩子说几句祝福的话语。我的姐姐，在我未给她家的孩子发压岁钱之前，即大年初一，就通过手机微信转给我 1000 元，作为我家女儿的压岁钱。按照近几年的标准，姐姐家的孩子可收入 900 元压岁钱，在姐姐这里，我可以有差额 100 元的“便宜”可占。在哥嫂那里，我家乐乐的压岁钱，都由嫂子安排。前几年因疫情未回家，嫂子会通过微信方式转账，今年的春节，嫂子也使用线下红包的方式，给了 600 元的压岁钱，与我给他们两个孩子的压岁钱总额相等。

再论春节礼，北方的传统中，女儿回娘家，存在女婿要好好孝敬一下丈母娘的意味，通常需要携带大包小件的礼物。的确，于我而言，春节回家准备爸爸妈妈的礼物，准备哥嫂一家、姐姐姐夫一家的礼物是必然的，只是在春节前就通过邮寄的方式已经安排送货到家了。但即使是这样，依然觉得两手空空回家不尽合适。于是，回家当天，还是会在行李中装入给爸爸妈妈带的小件物品，比如给爱美的妈妈带的化妆品，给父亲带的护腰护膝等保健品。同时，需要说明的是，姐姐会按照登封当地的春节礼，采购牛奶、酸奶、罐头、水果等食品一箱箱地送到爸妈家中。作为儿子，我的哥哥则并不存在专门买年礼一说，但是，过年期间，家中的一切年货、食物等通通由他负责。以上通过三兄妹对“年礼”的准备也可发现，作为和父母亲一起生活的长子，这个家是父母的家，也是他的家，我和姐姐春节探望父母来的是哥哥家，也是父母家。隐喻中还是体现出女儿嫁出去是别家人的意味，在春节回家，必须带节礼，一方面体现对父母的关爱尊敬，另一方面通过节礼也侧面反映女婿家中的经济条件如何，女儿是否在女婿家中获得优越的物质条件。

三、研究结论及思考

中国人的春节，从腊月二十三开始，在北方和中原一带，人们通常默认为过了元宵节，这个年才算“忙”完。对于大多数需要从事工作的中青年而言，春节的“假期”就是国家法定的节假日，7 天至 8 天的时间。如何安排春节假期，也意味着持什么样的观念过春节。不少人在过年的方式上有转变，比如旅游过年，养老院里过年等。虽然地点发生了变化，但是多数人仍然保持着一家人在一起过的传统。在我和兄姐的心中，父母在哪里，就在哪里团聚，在哪里过年。因此，近些年来，一直都保留着在河南老家过年的传统。除了上文提到的除夕、祭祖和节礼的记述之外，于我而言，我发现，兄弟姐妹同辈之间的沟通和走动更多，与表亲之间的联络和走动弱于和堂亲之间的走动。印象中的小时候，过年期间，跟着爸妈去姨妈、舅舅家，一天一家这种串门走亲戚的时光不见了。究其原因，我认为是我们长大了，他们家的孩子也都长大了。大家都各自从一个小家庭变成了好几个小家庭，继而形成了大家庭。春节期间，每一个姨妈、舅舅家都迎来了他们的子女与他们的团聚时刻，自然而然，对个人的体悟，就会感觉到与父母的兄弟姐妹们这样的上一辈之间的关联弱化。

随着时代不断变化，80 后一代逐步进入 40+ 岁的年纪。通过这个龙年春节，我的观察和体悟有以下三点结论和思考：一是我和兄、姐这样的三孩家庭，对于春节中的传统习俗，持接受和延续态度，如除夕在男子一方过年、初二回娘家，家中祭祖的责任由男性承担等。这其中蕴藏着其他的问题是，对于独生子女的家庭，春节回哪一方过年，以及仅有女儿的家庭，未来家中祭祖的习俗如何延续？二是于哥哥而言，家中有两名男孩子，于姐姐而言，家中有儿有女，通过与他们交谈对孩子们未来规划的了解，也的确透露出在家庭中承担照顾父母责任以及在其他方面男女分工的差异，因此，对于下一代的孩童而言，我们的言传身教，同样蕴藏着我们对某一些我们认同的传统观念的延续和传承。三是随着时间推移，如果父母中的一人离世，于我而言，则与现在不会发生太多变化，仍然保持在春节期间与长辈团聚的愿望。如果我们的父母离世，那么对于我而言，春节是否回到河南老家过年，以及在老家停留多久就会发生很大的变化。其实这样的情形，已经在历代人们的身上体现了，只是不同时代呈现出来的特征有差异。对于 20 世纪 80 年代出生的我们而言，我是非常庆幸有兄弟姐妹的，也更喜欢这样的家庭结构。我也认为，对于中国流传下来的春节习俗而言，有儿有女的确更有利于节日习俗的传承。但是在当下，虽然国家开放三胎政策，但不想生育或者持有独生子女生育观的人也不在少数，他们对于传统的民俗观会有不同观点，因此，传统民俗的变迁应该需要不同时代的人予以记录、阐释。

参考文献

1.R.Redfield，*The Little Community and Peasant Society and Culture*，Chicago：The

University of Chicago Press, 1989.

2. [美] 威廉 · 菲尔丁 · 奥格本:《社会变迁: 关于文化和先天的本质》, 王晓毅、陈育国译, 浙江人民出版社 1989 年版。

3. 费孝通:《乡土中国 · 生育制度》, 北京大学出版社 1998 年版。

4. 向平德:《城市社会学》, 高等教育出版社 2005 年版。

5. 费孝通:《费孝通文集》(第二卷), 群言出版社 1999 年版。

6. 庄孔韶:《人类学概论》, 中国人民大学出版社 2006 年版。

7. 董晓萍:《田野民俗志》, 北京师范大学出版社 2003 年版。

8. [日] 田村和彦:《民俗学视野中的日本民俗文化保护政策——以〈文化遗产保护法〉中的民俗保护条例为中心》, 宗晓莲译, 载周星《国家与民俗》, 中国社会科学出版社 2011 年版。

9. 钟敬文:《民俗学概论》, 上海文艺出版社 1998 年版。

10. 吉星:《中国民俗传说故事》, 中国民间文艺出版社 1985 年版。

11. 梁石、梁栋:《当代实用对联大成》, 农村读物出版社 2004 年版。

33

广东湛江茂名一带年例习俗的演变探究

黎明

广东省湛江市民间文艺家协会常务副主席，湛江市文化馆、非遗保护中心研究馆员

春节期间，粤西湛江各地的年例活动有如百花竞放，遍及广大城镇乡村。过年例的村庄街道路旁插满彩旗，各家各户张灯结彩，广邀亲友走访相聚“吃年例”。白天游神、舞狮、歌舞，各种民间艺术表演应有尽有，晚上粤剧、木偶戏、电影，各样文娱活动尽献于众，鞭炮声、锣鼓声此起彼伏、热闹非凡。各地举办年例的时间不尽相同，春节、元宵、端午期间是诸多村庄集中举行年例的高峰期，其他时间从正月到腊月，每个月都会有不同的村庄举办年例活动，从年头做到年尾，连续不断。

一、形成起源

据地方史志记载，广东的年例活动历史悠久。光绪《茂名府志·风俗》卷六“风俗十二”篇记载:“自十二月到是年（农历二月）乡人傩，沿门逐鬼，唱土歌，谓之‘年例’。”记录了春节期间，当地人们跳傩舞、唱民歌，沿门逐户祭社，祈求风调雨顺、年丰人寿，“做年例”的情形。明嘉靖十八年（1539）《钦州志》、清嘉庆《灵山县志》都有跳古傩、过年例的相关记载。明嘉靖三十六年（1557）《广东通志》记载:“雷州府于元宵鸣锣鼓，奏管弦，装鬼扮戏，沿街游乐。”记录了广东湛江雷州地区当时过年例、闹元宵时，敲锣打鼓、乐队齐奏、跳傩舞、沿街巡游庆祝的情景。据廉江《石城县志》记载，明朝清官海瑞的老师梁逵是本地吉水镇人，人们为了纪念他，每年农历二月二举行“伯公巡游”，直到今天，吉水镇每年的二月二年例巡游，还能看到《海瑞赴廉谢恩师》的木偶飘色。

湛江的年例活动多姿多彩，以隆重、规模大、范围广、群众参与性强、流派众多等特点独树一帜。在湛江地区关于年例的形成，民间有四种比较广泛的说法。

一是为庆贺一年丰收的例会而办。唐朝以前，地处粤西的土著们还没有过年的习惯，而是选择谷作成熟的时候庆祝丰收，举行祭祀，祈祷来年风调雨顺、平安丰收。因而慢慢地逐渐演变成为庆贺一年丰收的例会“年例”。作为一种盛大的传统民俗文化活动，“年例”在粤西地区的湛江、茂名一带非常盛行，虽然没有一个统一的固定日子，但已经成为当地的一种气氛浓厚的风俗。

二是由元宵节衍化而来。依据是各地做年例的时间主要集中在正月的元宵节期间，一般从正月初二开始，元宵节前后最多，有 300 多个村庄过年例。另外，年例时村里彩旗飘扬、庙里香火最旺、家里张灯结彩，颇似过元宵、逛庙会一样。历经演变，民间把年例和元宵节、庙会、社祭、祖先迁居纪念等融为一体，每年都集中热闹地举办一回，逐步演变成现今隆重热烈、极受当地人们重视的综合性民俗节庆活动——年例。

三是由冼夫人造访本地的日子而定。依据是冼夫人是南北朝时期岭南百越族的著名领袖，率兵平定海南 540 年的兵乱，为维护国家统一、民族团结做出了卓越贡献，她对粤西及海南等地有深远的影响。当地人们为了纪念她，就把当年冼夫人征战时经过当地、造访本村的时间定为年例。目前，湛江沿海一带的村庄，大部分都建有冼夫人庙，在各地的年例游神中，冼夫人的神像也很常见。

四是为驱逐瘟疫祈求人寿年丰而做。依据是粤西地区自然环境恶劣、高温湿热、常发瘟疫。主宰瘟疫的瘟神狡猾多变，当一个地方驱赶它的时候，它就跑到另一个地方。为此，勤劳智慧的人们就采取各地各村轮流过年例的方法驱逐瘟疫。目前，在当地就有流传久远的雷州傩舞，在雷州和麻章的 10 多个乡镇依然在跳这种古老的傩舞。

民俗的形成是复杂而漫长的过程，由特定的自然环境和具体的社会条件孕育而成，存在诸多因素。关于年例的形成起源，民俗专家的观点比较一致，认为年例是以祭祀文化为核心，由历史上多次南迁带来的中原文化、汉闽文化等丰富多元的文化与古越文化、土著文化交融为补充，不断发展演化而来，再以民俗的形式传承下来。

二、丰富内涵

年例的主旨是敬神游神、祭祀社稷，祈求风调雨顺、百业兴旺、国泰民安。我们透过丰富的内容可看到其历史的变迁和深刻的文化内涵。

一是时间形式多样。由多元文化与土著文化交融发展而来的广东湛江年例文化，呈现出多样性的特点。各地的年例日不同，从正月初二起至清明节呈高峰，之后一直会延续到腊月，入秋以后的年例叫“翻秋年例”。在天数上，一般为一天，也有两三天的，比如吴川梅菉头的年例是正月十六、十七两天。次数上，一般一年一次，有的村庄是一年两次至三次，比如吴川兰石镇多个村庄一年中有3个甚至3个以上的年例，其中兰石村有6个年例节，分别为正月十三、三月初三、四月初四、六月十六、七月初七、九月初九。其中正月十三的年例最为隆重，家家户户大摆宴席、游神、唱大戏，其他几个年例的日子规模则小很多。

二是文化习俗各异。年例民俗活动有常见的祭祀、游神，龙、狮、麒麟、飘色、民歌、戏剧、木偶、锣鼓、武术表演等，也有颇具地方特色、令人神秘惊奇的上刀山、下火海、穿令箭、滚刺床、叼犁头等民间技艺呈现，还有傩舞、石狗、鱼灯等图腾信仰崇拜。各地各有讲究，如遂溪县是醒狮之乡，多以舞龙舞狮为主，但遂溪殷屋村却有“狮子不能进村”的习俗，所以，该村只能舞龙和舞鹰雄。雷州乌石是个港口，当地有一种蜈蚣舞，舞完了用竹篾烧火赶走瘟疫，以祈祷海不扬波，人丁兴旺。吴川梅菉舞貔貅，为的是镇宅避邪，广纳天下财。雷州松竹等地和麻章旧县舞傩，为的是驱魔除疫庆丰收。

三是祭祀神明不同。主要有观音菩萨、妈祖、康王、关帝、华光、土地神、冼夫人、雷祖、罗侯王和各自的先祖等。多元文化带来多神崇拜现象。除了沿海口岸独尊妈祖庙外，湛江雷州许多庙供的是雷神、妈祖与观音的三神合一，这是宋代以后闽南人大量迁雷，妈祖文化在雷州广泛传播的结果。在年例之风最甚的吴川，康王、冼夫人、妈祖大行其道。这与吴川的历史形成有关。据史志记载，历史上两次闽人南迁，第一次是南宋皇族遗裔为逃避元兵追杀，由闽入粤，由雷入琼，护驾的10万福建军民在粤西大量散落；第二次是明朝海禁，耕海的闽人被迫上岸，流落高雷者不少。闽人敬奉海神妈祖（即天后），并把这种信仰传给后人，今天，天后庙在民众中得到普遍尊崇。康王是北宋抗辽名将康保裔，这位中原名将在湛江吴川广被敬奉，梅菉祖庙供奉的就是康王。比如吴川梅菉头村的祖庙供有 94 尊神像，到年例时，游神的队伍浩浩荡荡，颇为壮观。松竹镇山尾村的三宝堂供奉菩萨、玄坛雷首与三山公；白沙镇东岭村的雷麦陈三殿宫供有雷神、麦陈二将；南兴镇下田村帝帅庙供奉北帝、南极、天罡、玄坛与上元；太平镇东岸村供奉三官公、关圣公与观音，家家户户奉祀雷首公；太平镇调浪村奉祀万天雷首保运天君、五显火轮华光大帝、英武、观音等诸神；麻章太平镇麒麟村供奉兴武、郛王、白马、雷首诸神。无论供奉哪个神，都预示了族人对神所代表的精神与文化的敬仰，以祈祷风调雨顺，百业昌隆，人丁兴旺，为的是承前启后，继往开来。

四是游神方式不一。游神一般要几天几夜，巡游遍所有村舍人家。除了常见的陆地游神，湛江坡头麻斜一带还有抬着神像在岸边海水中巡游，抖神轿和把神请到船上，出海巡游的习俗。另外，近年来，雷州东岳和麻章志满也有通过风筝、遥控飞机游神的先例。

五是雷神崇拜突出。主要源于雷文化是原生态的土著文化，沿袭了古越族人对自然多雷的崇拜，他们崇拜雷神，建雷公庙，铸造云雷纹铜鼓，祭雷酬雷。现在，雷州仍有雷公庙、雷祖祠、雷皇庙、南天宫、辛天庙、邓巡宫、帝帅庙、雷龙朱帅庙、镇海雷祠等奉祀雷祖雷神的场所，并一直沿用。同时还保留和形成了雷州话、雷州石狗、雷州换鼓、雷州陶瓷、雷歌、雷剧、雷州音乐、雷州傩舞等丰富多彩的雷州民俗文化遗存。

六是吃年例是重头戏。吃年例也叫食年例。家家户户大摆宴席招待亲朋好友，主人家只需传个话，亲戚朋友和周围村庄百姓都来看热闹助兴，主人认识的客人带着主人不认识的客人都来了，主人也毫不见外，一律热情款待招呼茶饭，每席都有一二十道菜式，大家便很快融为一体，无拘无束地谈笑风生。

三、多变形式

湛江年例遍地开花，时间形式各不相同，以下是部分比较有特色和代表性的村庄的年例时间和形式样本。

梅菉大团聚：吴川梅菉头年例每年正月十五至十七举行，通过游神、游飘色、摆盅、吃年例、唱大戏等，祈祷消灾避祸、人畜平安，祝福百业兴旺、国泰民安。年例期间，家家户户大摆宴席，以丰富的酒菜茶饭热情招待亲戚朋友，充满浓厚的乡土气息，是广东年例的典型体现。飘色是吴川年例中必不可少的项目，吴川飘色习俗已久、变化多样、制作精湛，2008 年被列入第二批国家级非物质文化遗产名录。

旧县跳傩舞：麻章旧县村年例是每年三月二十五至二十八，四天的时间里以游神、跳傩作为主要内容，游遍、跳遍境内所有村舍，家家户户迎送祭拜。村里还要集体统一举行大巡游和跳傩舞活动，鼓乐队、彩旗队和飘色、八音、龙狮等盛大巡游，隆重表演，全村男女老少和前来吃年例的亲朋好友围观助阵，节日气氛浓郁。由麻章考兵、雷州走清将、吴川舞二真、舞六将等组成的湛江傩舞于 2008 年被列入第二批国家级非物质文化遗产名录。

太平爬刀梯：麻章镇麒麟村年例是每年二月十一，上午十时在村广场，随着三声震天的炮铳响，青壮年轮流抬着神轿，绕刀梯接力奔跑半个小时后，数十根大绳将两根原木组成的 20 多米高的刀梯缓缓拉起，刀梯上 36 把钢刀，刀刃向上，均匀固定，10 多个身穿白色服装、腰束红腰带的小伙子，赤脚踏着钢刀登上顶层，然后迅速下梯，再度攀登，周而反复。表演完毕，又在三声巨炮响声中，放下刀梯，整个仪式降下帷幕。爬刀梯是一项传统、庄严、神奇的民俗活动，2008 年被列入广东省省级非物质文化遗产名录。

白沙过火海：雷州白沙镇年例是每年正月十五，村民们把成吨的木柴架起来烧 12 个小时后，在火场上祭祀一番，接着村里的年轻人在锣鼓声中，身系红腰带、穿短裤、光脚丫，从通红的火堆上快速跑过，重复多次，踢得火花四溅、烟雾笼罩，活动结束时，村民们把还冒着火星的灰烬铲回家，撒到后院的家畜圈或塘边，祈求人畜平安、五谷丰登。过火海2009年被列入湛江市市级非物质文化遗产名录。

东岸磨刀节：麻章太平东岸村年例是每年五月十三，也叫雨节、磨刀节和关公诞。村民们把数百只自养自烤的烧猪集中在一起供奉祭拜，弘扬中华民族美德，纪念忠勇仁义的关公，祈求国泰民安、风调雨顺，场面壮观，形式独特，民俗性强。2015年被列入广东省省级非物质文化遗产名录。

北坡游鱼灯：遂溪北坡墟村民们正月初三就开始准备竹篾，扎制鱼灯，准备游鱼。正月十五年例一早到二圣、华光、白马、土地庙和南天宫祭拜祷告。晚上，全村男女老幼手举各式各样的鱼灯到村广场集合，结队沿着村道小巷浩浩荡荡且舞且游。伴随着锣鼓和爆竹声，只见鱼灯轻盈游动、栩栩如生、神胜于形，气氛异常热闹。持续四个多小时，至深夜游遍全圩后结束，人们把得意之作和当年的生肖鱼灯拿回家收好，受损的鱼灯则烧掉，以求吉利。

良垌百鸡宴：廉江良垌镇年例是每年正月十五，各村各户集中在一起过年例，在湛江有无鸡不成宴的说法，年例时每家杀大阉鸡敬神待客是必不可少的事，大家把煮好的鸡盛在盘子里，集中摆放到祠堂前，数百只鸡放眼望去一片金黄，阵容十分庞大壮观。鸡嘴里还夹上一个装有钱币或米、糖的红包，祈求风调雨顺、五谷丰登、大吉大利。

四、发展演变

坡头镇博立乡九头岭村是一个小村庄，据村中老人陈伯称，该村系从吴川塘尾村搬迁而来，之前一直随塘尾村在正月十三做年例，祭祀活动是“拜老爷”。由于该村是个小村，为了壮大村子，早几年村里建起了石狗公庙，改敬奉石狗公，寄予人丁兴旺，发展壮大族群。石狗公庙建成于腊月初九，于是这一天就成了九头岭村的年例。这个鲜活的案例说明，年例作为一种群体性习俗，会在不同的历史时期根据不同的条件演变。

在数百年的传承中，湛江的年例也历经演变，甚至一度中断。据了解，明、清时期，年例开始载入粤西地区的很多地方志，民国初年和20

世纪50年代初期也比较盛行，但在随后的“文化大革命”中，因“破四旧”（旧思想、旧文化、旧风俗、旧习惯）影响，大部分地方的年例曾一度中断。20世纪80年代以来，随着改革开放和经济的飞速发展，粤西政通人和，国泰民安，于是民间开始恢复年例习俗且全面流行开来。由于年例的游神、祭祀等活动带有强烈的民间味道和宗教色彩，被有关部门和有些人看作或认为是搞封建迷信活动而被禁止，甚至拆除庙宇建筑，收缴神像、锣鼓、旗牌、香炉等。年例禁而不止，越禁越多，于是许多地方通过改建“宗族祠堂”和“文化活动室”，在年例活动和内容上融入各行业的宣传口号，开展电影放映、文艺演出、民间艺术巡游等，20世纪80年代中期，年例活动大面积广泛恢复。

为满足农民对精神文化日益增长的需要，构建和谐农村，湛江市于2004年大力推进特色文化村、文化室和文化节建设，让先进文化进村入户，入心入脑。活动开展后，广大农村开始挖掘、保护和利用本村的特色文化资源，纷纷自办文化节。将年例办成了文化节，文化节内容丰富多彩，既有充满现代气息的球类比赛、时装表演、农民卡拉OK歌唱大赛，又有传统特色浓郁的醒狮武术表演、醒狮邀请赛、草龙舞表演等。文化节在继承传统的基础上，为年例注入了新的时代内容和文明元素，比如年例飘色巡游中有了计生宣传、神五上天、北京奥运等内容；“爱国、守法、诚信、知礼”等公民道德教育也融入了年例的醒狮表演、雷剧演出和书法、篮球比赛中。

纵观近年来湛江的年例，也呈现出新的精神风貌，将新的政治社会需要与传统文化融合，成为年例演变的普遍规律，2024年百姓村的年例打出了往年没有的“忠、义、信、和”的牌子，是对儒家文化的回归，而麻章年例的主题宣传是“创卫”。同时，现代人文化生活的多元化，也促使年例这一古老而独特的民间习俗推陈出新、不断发展，渐渐融入新的时代生活气息，增加彩车、飘色、粤剧、轻音乐、电影、歌舞、杂技、篮球赛等，让年例成为老少咸宜的文化大餐和综合性的文化活动。

五、现实意义

一是增进感情促和谐。在民间有年例大过年的说法，即年例要比春节人多、隆重、气派。年例是各村各家一年中人最齐、最热闹的时候，亲戚朋友借机互相往来，酒足饭饱之后聚集在一块儿交流思想，增进感情，成为一个亲情、友情回归，凝聚人心、谋划发展的节日。不少外出人士还利用年例返乡的机会投资置业，捐资修路、助学、敬老等，支持家乡建设发展。此外，因为各村庄的年例时间都不同，大家正好利用这个机会，到处走走，看看各地的民俗风情和建设发展，进行对照比较，相互汲取经验，既开阔了视野，也获得了一种思想上的认识和启发，成为一种非常有益的节日交流文化。

二是推动经济促发展。“年例”作为粤西影响力最大、范围最广的节日，也具有经济功能——年例经济。作为当地群众一年中最大的盛事，“年例”期间商机无限，由于年例集中，物价不但没降，反而有上升，特别是年例中主要的菜式原料如鸡、猪肚、白鸽、海虾、鱿鱼等每年都比平常升幅超过20%以上，而其菜式花色也有一定升幅。年例期间由于食品及相关物品需求量空前增大，一些居民也做起了临时商贩，走街串巷觅商机，甚至一些外地群众闻讯也来到湛江地区做年例生意。“年例”期间，有的家庭图“省事”，到酒楼订酒席待客，酒楼饭店生意爆满。

三是传承民俗促保护。年例催生了一系列的“专业队伍”。由于准备酒席需要大量的碗碟，自己家的远远不够，就有了专门出租碗碟和桌椅的生意和行当。同时，户外摆酒席也要搭遮阳挡雨篷，就有上门搭帐篷的服务。另外，年例对当地民间艺术的传承保护和繁荣发展作用巨大。年例期间会有丰富多彩的民间艺术表演，平时难得一见的民间艺术也揭开神秘的面纱，让群众一睹其风采。目前，许多民间艺术都面临人亡技绝的困境，原因之一就是缺乏市场，缺乏关注，养在深闺人不识，稍有余力的，也只能借年例之机多亮相，促进民俗的传承、保护和发展。

四是活跃文化促繁荣。年例期间往往有许多村庄都会请剧团和戏班唱大戏，粤剧、雷剧、木偶剧等表演团体进村演出，有些大村甚至数天连唱，从而带旺了“两广”的粤剧团和一大批文艺团体，形成了独特的“戏曲现象”。有资料显示，仅吴川、茂名、电白等地的年例，就养活了两广几十个剧团，被业内称为粤剧的春天，又分为“春班”“秋班”。

六、传承发展

民俗文化是一种潜移默化的社教，是一种效应的民心警钟。作为一种传统习俗，年例在传承和发展过程中既融合了健康向上的内容，在活跃文化交流的同时也滋长了奢侈和攀比浪费等。有民俗专家认为：年例是以习俗的力量让民众自动在集中的时间段经历相同的活动，在相同的仪式中体验相同的价值，一个共同的社会就这么让人们和谐地延续下来。这就是传统节日最经济、最有效的生活文化再生产功能。

民俗节庆仪式活动在封建历史时期的政治制度下是被允许的，而且官员们都热心参与各种节庆，利用节庆习俗唤起民心向背，达成一种团结友爱的社会风尚，倡启民族精神文明。那么，在新时代的今天，年例作为一种大文化，包含着巨大丰富的文化财富，需要政府做好挖掘和保护工作，从中提炼出物质财富和精神财富。

年例作为一种传统民俗，需要引导。需要用科学的、发展的眼光看待年例中存在的神灵祭祀、宗教信仰内容，客观看待年例对社会生活的影响。

年例作为一种载体，是先进文化进农村的有效通道。加强引导，抵制浪费，丰富内容，让新文化、新思想在农村扎根发芽、蓬勃发展，提高年例的文化品位，让年例成为新时期的农民文化节非常重要和有意义。

参考文献

1.（清）屈大均：《广东新语》，中华书局 1997 年版。
2. 张智：《中国风土志丛刊》，广陵书社 1997 年版。
3.（明）陈大科、戴耀修、郭裴等纂：《（万历）广东通志》，万历二十七年刻本。

4.（明）曹志遇等纂修：《（万历）高州府志》，明万历刻本。
5.（清）徐成栋纂修，孙焘校正：《廉州府志》，清康熙六十年刻本。
6. 梁猷刚：《广东省海南岛汉语方言的分类》，《方言》1984 年第 4 期。

34

喜看“乡风”笑春风

刘萍

河北省民间文艺家协会副主席

满族二贵摔跤、八大怪、九曲黄河灯……癸卯年正月十四，承德隆化县章吉营村街头热闹非凡，2000多人的村有600多人参与了社火表演，由中国民协、河北省文联主办的“我们的节日——2023中国·隆化元宵节民俗展演”在此拉开帷幕。与此同时，在河南鹤壁、湖北恩施等五地，“我们的节日·元宵节”活动也相继展开。

立春时节的中华大地，千家万户红红火火闹元宵。动人的民间烟火气，映照着民间文化、乡风民俗在新时代新生活中焕发出新的光彩。

笔者专程观摩了隆化章吉营村的社火拉街表演。在队伍里，偶遇一位82岁的王大娘，她一路追随演出队伍，因为这里有不少老熟人：“八大怪”里背小虾米灯的，是她邻居家六岁的娃娃；高跷队里最靓的仔，是她打工回来的大外孙儿。另一边还有她老闺密家两口子表演的“莲花落”，韵味十足……王大娘一番花式推介后，问我：“俺家乡的花会社火好不好看？”我说：“像田野里最美的春花。”这回答引来她和村民一阵爽朗的笑声。

这场600多人参与的社火表演，最后汇成了整个村庄的节日狂欢。充满乡土味的浓情，让我这个外乡人也沉醉于那份甘醇，“直把他乡作故乡”。党的二十大报告提出，推进文化自信自强，铸就社会主义文化新辉煌。从王大娘和章吉营村村民身上，我看到了发自内心的文化自信，看到了“我家乡风美，笑迎春风来”的怡然自得，还看到了他们对美好生活的向往……

民族要复兴，乡村必振兴；乡村要振兴，文化为引领。在中国，乡村是乡土文化的根，是农民美好生活的载体，是万千非遗项目赖以生存发展的土壤。乡村要振兴，首先要唤醒乡村优秀传统文化，并坚持创造性转化、创新性发展，使其与时俱进，重新走进人们的生活。

由于受到工业化、城镇化浪潮的冲击，乡村一度出现了空心化现象。但近年来，随着全国脱贫攻坚战的全面胜利，乡村振兴全面推进，广大农村迸发出生机与活力。现在再到农村走一走，你会看见热气腾腾的生活场景：这里有欢庆的锣鼓、热闹的花会社火，有快乐的孩子、活力四射的年轻人，还有怀抱乡土情怀返乡的老者……中华优秀传统文化蕴含的文化凝聚力和认同感，对于乡村振兴来说至关重要。而留住乡土文化，也就留住了传统文化的重要基因，留住了抚慰乡愁的精神家园。

保护文化遗产，既要向它的历史深处追溯，又要激发它走向未来的活力和自觉。丰富灿烂的中国乡土文化，诞生于广袤田野，世代传承生生不息。它总与最鲜活的人联系在一起，从生活中来、到生活中去——这样活态的流动，才体现着优秀文化所蕴含的创新能力。但遗憾的是，一度也有许多非遗或乡土文化与时代脱节了，面临后继无人、传承乏力的困境。这为我们提出一个新课题：如何在全面推进乡村振兴中，重新找到传统文化与现代生活的结合点，为乡村振兴塑形铸魂？

在隆化，笔者惊喜地看到了一些有益的尝试，让古老乡土文化和乡风习俗，发出与时代同频共振的脉动。

群众广泛参与，是章吉营村、蓝旗村等地乡村文化“生态恢复”的基础。这两村参加元宵节民俗展演的村民人数，分别达到了 600 人和 800 人。而且，从服装道具、化妆造型到装台排练、演出管理，各个环节都有村民参与。这无疑能够加深村民对村庄和故乡的认同感，进而塑造对乡风民俗和乡土文化的共同记忆。推而广之，又会不断汇聚起人们对伟大祖国和中华民族的认同与热爱。

其次，年轻群体参与度提高，展现出乡村文化生活令人欣喜的变化趋势。六岁儿童能舞灯，中小学生有模有样“扭寸跷”，年轻人走上街头表演炫酷的高跷热舞，他们还在直播中称其为“最炫中国街舞”，让老民俗走红网络……年轻群体对古老民间文化的创造性转化、创新性发展，令他们成为新时代非遗传承和乡村文化振兴中不可缺少的力量。

农民群众永远是乡土文化的创造者、传承者和受益者，引导和动员农民群众积极投身乡村文化建设，是乡村振兴的必由之路。大家不妨学学承德隆化，他们大力支持和发展群众性文化活动，让老百姓成为舞台的主角；他们对乡村文化建设给资金、给条件；他们建设新时代文明实践中心宣传社会主义核心价值观，设立村级文联，开展基层文艺志愿服务和培训；他们对老祖宗留下的文化遗产视若珍宝，爱如生命；他们还把非遗项目“活化”与温泉康养产业结合起来，推进乡村文旅融合发展……因为这些努力，我们有幸在这个春天，看到了深藏于燕山古驿道上的灿烂民间文化，也感受到了“古老乡风笑迎新时代春风”的阵阵暖意。

在中华大地上，一个个村庄的文化活了，才能聚人心、长精神，才能扎实推进宜居宜业和美乡村建设，也才会真正迎来乡村振兴万紫千红的春天。

35

秩序与狂欢

——广东湛江年例民俗调查笔记

刘洋

中国民间文艺家协会节日文化研究中心秘书长

岭南春早，春节却结束得迟。元宵前来到湛江，这里的年例活动正如火如荼。在粤西地区，年例的时间跨度很长，有的在春节元宵节期间，有的是纪念村庄始创或重大事件的日子，如广东湛江麻章太平镇仙村的年例在十一月二十七，算是最迟的。年例常见的民俗有吃年例、祭祀、游神、舞龙舞狮、飘色、民歌、粤剧、武术表演等，在湛江不同地区还有各自的特色。年例活动多由民间自发组织，可谓全民参与，年味也因此越发浓郁热烈。跟随我们的节日·2024广东湛江年例民俗调研组，我们走进了这个节日。

一、游神民俗形态各异，暗含遵守公共秩序的核心推动力

吴川兰石镇的鞭炮阵阵，来吃年例的车停满了入村的主路。正月十三是这里的年例时间，俗话说民以食为天，各家大摆宴席招待亲朋好友，主人家认为来吃年例的人越多越好，朋友带来的朋友也一律得到热情接待，一回生二回熟，为此也涵养了粤西人民“五湖四海皆兄弟”的豪爽性格。

民国时期被严令禁止的游神习俗，在近年的春节民俗中占据着重要的地位，湛江也是如此。这里庙宇道观众多，供奉的神明主要有观音、妈祖、康王、关帝、华光、冼夫人、雷祖、土地神、罗侯王和各姓氏的先祖等，各处不同，游神方式也各异。正月十三湛江吴川兰石镇的游神是在兰石古庙附近的空地上举行的，空地中间竖起一捆竹竿，其上燃着篝火，出庙巡游的菩萨端坐于神轿之上，由四人一组抬着神轿，绕竹竿快速奔跑，抬轿者口中呼嗬有声，几台神轿你追我赶，仿佛竞赛般激烈，跑得几圈会换一组抬轿人，其中不乏女子，抢着去抬轿的人应该都来自本村。围观的人群密密匝匝好几层，熊熊篝火和着几乎没有停歇的烟花轰鸣，就这样毫无防备地，把我们带进了人间烟火的节日氛围里。

正月十四吴川市中街村的游神，则是由舞龙舞狮开道，神轿抬着菩

萨到村中各家门口巡游。各家院外门前早就摆好了供桌，以整只熟鸡、鸡蛋、呈圆形的一块鸡血、熟肉、一小撮盐、酒水为主要祭品，辅以水果、零食等，燃上香烛，待龙狮来前点起一挂鞭炮，鞭炮响处，一家人虔诚跪拜，祈求菩萨福佑。游神的队伍在村落间逡巡而过，家家企盼，供品丰俭由人，获得庇佑的满足感却是由衷洋溢，人们恭敬而神圣地维护多年传承而来的习俗，深信从祖辈流传下来的仪式依旧能为如今的生活带来福气。

湛江临海，海上游神确是坡头区坡头镇罗侯王庙会独有的节俗。罗侯王庙为纪念元代朝列大夫、广州路总管罗郭佐一门忠烈而建，历史人物为平定海寇壮烈捐躯，后来被百姓尊为地方神明，庇佑当地。每年正月初十、十五和二月二十二此地都会举行罗侯王庙会和海上游神，我们有幸遇见的是正月十五的海上游神仪式。据说有近20台神轿汇集海边浅水区，正月海风寒凉刺骨，虽然岸边观者如潮，里外三层满满当当，就算裹紧了羽绒服也抵挡不了凉意，但抬神轿的人们到了海边，拖鞋一甩，外套一脱，便热火朝天地朝那碧绿的海水里走去，庄重地颂神、抖神（抬着神轿急走并左右摆动神轿）仪式后，抬着神轿走入海水之中，让海水清洗轿上的神像。海水深处可过腰过肩，抬轿人却始终神情坦然，配合默契，好像完全不觉得冷，担当这重任于他们也是荣耀。海上游神仪式持续通宵，抬轿人会轮番替换，据说有神的护佑也不会因此生病。岸上围观的人群十分拥挤，担心天黑观众误随神轿入水发生危险，近水处会有武警维持秩序，入水的神轿附近有巡逻船只随时关注，与其他大型活动相比，出动的治安人员较少，但是现场我们随意访谈了些本地观众，他们都会颇为自豪地表示，游神活动这么多年从来没有出现过踩踏之类的安全事故。可见在以民间力量为主导的年例活动中，敬神之心无形中化成了遵守公共秩序的核心推动力。

二、中国节日的狂欢是暗含秩序的狂欢，与西方解构权力的狂欢概念有所区别

在湛江市东海岛东山镇正月十六的元宵巡游和赤坎区百姓村正月十七的巡游中，最惊心动魄的要数“穿令”和“滚刺床”的民间绝技。“穿

令”指游神的人面部以银质令箭穿过，神奇的是穿令几乎不流血，据说拔掉后也会很快痊愈，穿令者带着令箭坐在游神的车上或立在神轿上，与神灵同时巡游。访谈得知，接受“穿令”者都是男性，提前需完成一些斋戒仪式，巡游当天会有专门的仪式执行者在祝祷完毕后轻车熟路地一一穿令，每人脸上少则一枚，多则两三枚令箭，长短粗细不一，穿令者可以在巡游途中随时终止并拔出令箭，但穿时并不见有人抗拒或者呼痛。穿令的人能得到神的福泽，这一年都有好运，所以尽管看起来吓人，却参与者甚众，其中不乏青少年，他们因为口鼻被穿不能言语，但都表情安宁平和。“滚刺床”的人也是被神选中的，赤膊在由数层构棘铺成的“床”上前后翻滚，巡游时亦赤膊躺于“刺床”之上，但基本不见伤痕。百姓村的“刺床”由村内两大姓各派出几名代表接受神降，最后两姓各一人担当重任，与“穿令”者不同，“滚刺床”者的状态是神而非人，基本全程闭目，北帝庙前在“刺床”翻滚时还会有一些明显不属于这个时代的手势和舞动。这些难以解释的状态和奇迹，以及游神活动热闹又暗含秩序的场面，很容易让人联想起巴赫金的“狂欢”理论，强调民间的文化力量及其对人内心精神世界的影响力。不同的是，西方的“狂欢节”内涵在于对国王、教会等凡俗或宗教权力的戏谑和解构，凸显民间的平等自由，更多需要放在宗教的观念下来理解，是对日常生活中宗教束缚的补偿；而儒家文化强调“祭如在，祭神如神在”，年例中的“游神”依然保持着对神灵的崇拜和尊敬，并且把神的力量传递到人的身上，通过请神加入娱乐活动来扩大神的影响力，以获得庇佑作为民间幸福欢乐的理由，这其中神界和人间的秩序依然存在，但秩序带来的不是压迫和紧张，而是合乎本心的认同与遵守。

赵世瑜教授在《从本土经验提炼中国传统节日》中写道:“在很多大型活动里面，不管是神诞日，还是像传统春节这样的活动或是其他的活动，乡村的游神活动是非常有序的，这些非常有序的活动被安排在白天，到夜晚则会有所不同，白天和黑夜有明显的时间分野。有序和无序的活动，狂欢和非狂欢的活动被安排在不同的时间和空间当中。中国的传统文化经过长期实践，确实具有了本土特色。”“从中国的本土节日来讲，最后的结局都是从无序重归有序。”可见，秩序依然是在节日这个脱离日常生活的特殊节点中被默认和遵守的准则。

巴赫金认为，全民性是狂欢节的本质特征，人们生活在狂欢节之中，其中没有表演者和观赏者之分。如果说，在游神活动过程中还有可能对表演者和观赏者有一点区分，那么在遂溪县北坡镇的游鱼习俗里，“全民的狂欢”这一特点则被凸显得淋漓尽致。

起源于清代康熙年间的遂溪北坡游鱼灯，是这里元宵节期间的独特民俗。鱼灯由村民各家自制，外面以纸或布装饰，内置各色彩灯，有鱼、虾蟹、乌龟等，形态各异，有的传统，有的颇为惊世骇俗，比如有家鱼灯分明就是翼龙，还能吐火。鱼灯用一根木棍顶起，举在手中，汇集起来便是一片鱼龙翔舞。正月十四入夜，暮色沉沉，却难以阻挡游鱼灯的热情，镇上的主街有舞龙和舞狮的巡游，龙头喷火，一派祥和，举着鱼灯的人们从四面八方赶来，渐渐在龙狮队伍边围拢，望去只见五光十色的鱼身摇曳，天上璀璨的烟火一朵朵绽放开去，映照在所有喜悦的眼睛里，书写着宋词里的浪漫——“东风夜放花千树，更吹落、星如雨。宝马雕车香满路。凤箫声动，玉壶光转，一夜鱼龙舞”。是的，随着龙狮结束表演走向街道开始巡游，所有鱼灯都跟随其后，鱼贯而行，组成一条绵亘的队伍，无论村民还是游客，只要手举一盏鱼灯，便可参与“游鱼”，所有人都可以在表演，同时也在观赏，完完全全融入这节日的氛围里，享受“我们的节日”带来的欢愉。和“游神”一样，“游鱼”的狂欢也隐含着秩序，没有看清是否有神轿领头，但舞龙舞狮的引领一目了然，在村内的行走也是按照之前拟定的路线。在这样唯美浪漫的场景里，许多孩子眨巴着天真的眼睛坐在长辈的肩头，快活地举着家人手制的鱼灯，咯咯笑着随“游鱼”队伍走街串巷，过节的幸福感应该会伴随他们走向更远的生活，成为生命力量的一部分。

三、青少年的参与为节日民俗传承带来更多可能

游神民俗比较让人振奋的是经常有青少年参与，很明显，他们对此充满兴趣。罗侯王庙会海上游神时，我们遇见过七八岁的孩子作为伴奏乐

团的成员，坐在三轮车上有板有眼地敲着锣鼓；百姓村巡游队伍里，至少有四五个“穿令”者是不到十岁的男孩，上房揭瓦的年纪，却懂得稳坐在游神车上，接受神灵的福佑。遂溪县黄略镇殷屋村“舞鹰雄”民俗中，表演者大部分是十来岁的少年。还有一项民俗的主角就是孩子，这便是集戏剧、美术、音乐、魔术、杂技于一体的综合造型艺术吴川飘色。

飘色人物依靠一根隐蔽着的色梗支撑，凌空而起的人物造型称为“飘”，在柜台上小舞台或坐或立的人物造型称为“屏”，题材一般是历史故事、神话故事，近年也有现代题材，一板飘色就像一座活动的小舞台，在巡游队伍中格外鲜艳夺目又天真可爱。飘色上的人物都由孩子来扮演，在长达一小时的巡游中，这些四岁到十岁的孩子们需要被绑在飘或屏上坐着，扮演成历史或神话人物，巡游前还要早到化妆，挺辛苦的，有的在巡游途中坐着就睡着了，但是当我们问到喜不喜欢飘色时，孩子们都迫不及待地表达了欢喜和自豪。有的孩子才八岁，就已经参加了四次飘色巡游，四岁开始年年不落。在正月十四鼎龙湾的飘色巡游时，扮演送子观音的小女孩抱着的玩具娃娃接了水管，还可以远远地向围观的人们滋水，小女孩玩得不亦乐乎。青少年的参与让节日充满了生命力，也为节日民俗的传承带来了更多的可能。

飘色巡游队伍里舞龙舞狮的许多是十来岁的少年，为孩子们化妆、固定飘色和推着巡游车、敲锣打鼓伴奏的多半是中年人，饶有兴致观赏品评的老年人也不少，这项民俗几乎可以陪伴一个平凡人的一生，也好像相对容易实现代代相传，因为好看又有趣。

在人们抱怨生活简单重复，城市里过节平淡麻木的时候，这些经历了岁月更替依旧流传下来的独特节俗，便是属于这方百姓的精神港湾，是他们无论怎样辗转也要回家过节的动力和期盼。百姓村的年例在正月十七，上班的日子里全村男女老少都在热热闹闹地过节。我们很难不羡慕这里拥有这样的节日，不是简单地放一天假，而是早早筹备起来，用全部的热情和动力毫无保留地去制造充满幸福感的节日；是脱离了平淡生活，在神灵的庇佑和赐福之下，遵循代际传承的秩序，尽情享受狂欢的节日。